Über dieses Buch

Horst Stern hat immer fasziniert: durch seine Filme im Fernsehen der siebziger Jahre, durch die Zeitschrift ›natur‹, die er begründete und zum Erfolg führte, durch seinen Roman ›Mann aus Apulien‹. Damit hat er größte Öffentlichkeit gefunden und wurde zum Leitbild einer ganzen Generation. In dieses Lebenswerk sind die vielfältigen Fäden seines Wirkens und Schreibens hineinverwoben, die ein Lebensmuster ergeben, das nur annähernd beschrieben ist, wenn Horst Stern als ein herausragender Lehrmeister in Sachen Natur bezeichnet wird. Denn er hat auch immer gegen den Strich gedacht, geschrieben, gehandelt. Er hat sich nicht eingereiht unter die Konjunkturritter, die jüngst die Natur als »Bio«-Etikett denaturierten und die Landschaft im Zeitgeist materialisierten. Nicht fröhlich ist die Bilanz dieses »Teilnehmers am Forum der Machtlosen«, denn wirklich gerettet wurde sie nicht, die Natur: »Zugehörig zum Bettelorden amtierender Naturschützer, war ich Mitverlierer so vieler Kämpfe um Moore und Auwälder, Watten und Sände.«
Ulli Pfau, der Horst Stern in einem Fernsehfilm porträtierte, hat in diesem Lesebuch Texte, Polemiken und Schriften von Horst Stern zusammengestellt, die ihn als brillanten Autor zeigen, dessen eindringliche Sprache nicht zu trennen ist von der Intensität seiner Botschaften. Mit polemischer Lust schreibt er gegen die Ahnungslosen, gegen die sentimentalen Tierliebhaber, gegen die zoologische Ignoranz der Jäger und Springreiter. In diesem Buch kann man lesen über den Igel und den Rothirsch, über den Wald und den Ginkgobaum, über die Rhetorik eines Bundeskanzlers oder über die Wahrheit, wie sie ermüdet, wenn sie nur wiederholt, aber nicht begriffen wird.

Das Horst Stern Lesebuch

Herausgegeben von
Ulli Pfau

Deutscher
Taschenbuch
Verlag

Originalausgabe
September 1992
© für diese Ausgabe:
1992 Deutscher Taschenbuch Verlag GmbH & Co. KG,
München
Umschlagtypographie: Celestino Piatti
Umschlagfoto: Isolde Ohlbaum, München
Gesamtherstellung: C. H. Beck'sche Buchdruckerei,
Nördlingen
Printed in Germany · ISBN 3-423-30327-1

Inhalt

Horst Stern – »Die Wahrheit ist ganz einfach«
Vorwort von Ulli Pfau 7

»Ach, Sie sind Tierfreund?« 17
Ein Atemzug pro Stunde 26
Der deutsche Wald kann mehr als rauschen 39
Lanzarote – Land aus Asche 49
Was denn – nichts über Dackel? 56
Das hält ja kein Pferd aus 57
Bemerkungen über den Rothirsch 65
Wissenschaft und Journalismus 78
Die sogenannte heile Welt 95
Offener Brief an den Jäger Walter Scheel 103
Auch 1985 noch ein Veilchen 116
Ordnung gegen Natur 123
Waldeslust gestern, heute, morgen 132
Tierversuche in der Pharmaforschung 151
»Sehr geehrter Herr Bundeskanzler...« 166
Zwischen Bomben und Busen 174
Die alternative Regierungserklärung – Umweltpolitik .. 179
Die ermüdete Wahrheit 185
Die ungehaltene Rede 189
Mann aus Apulien 198
Sintra – diesseits von Eden 231
Jagdnovelle 249
Das füg auch keinem Pferde zu 270
Das unerlöste Land 281
Das Gebirge der Seele 297
Baum oder Zahl? 305

Quellennachweis 317

Horst Stern – »Die Wahrheit ist ganz einfach«
Vorwort von Ulli Pfau

»Wir sind als Art biologisch unentrinnbar ein Teil der Natur – lebend an ihr Leben, leidend an ihr Leiden, sterbend an ihr Sterben gebunden«, schreibt Horst Stern 1980 für die Nullnummer seines Umweltmagazins ›natur‹. Ein langes Journalistenleben lang hat Stern diese einfache Wahrheit Millionen von Lesern, Zuhörern und Zuschauern nahegebracht. Eine einfache Wahrheit, die so unendlich kompliziert ist. Denn sie verlangt vom Gewohnheitstier Mensch einen fundamentalen Perspektivwechsel in der Betrachtung und – wichtiger noch – in der *Behandlung* der Welt, in der wir leben und *von* der wir leben. Ohne diesen Perspektivwechsel und die daraus notwendigen politischen Konsequenzen – so Stern und mit ihm eine ganze Generation seriöser Wissenschaftler, Journalisten und Umweltaktivisten – werden wir unseren Kindern einen verwüsteten Planeten hinterlassen.

Dieser alarmierende Befund ist heute längst Allgemeingut, nicht zuletzt durch die Beharrlichkeit medienwirksamer Autoren wie Konrad Lorenz, Hoimar von Ditfurth, Horst Stern. Apokalyptische Visionen sind schick geworden, und Hochglanzmagazine werben seit langem mit dem ökologischen Holocaust. Wir alle haben uns an die alltäglichen Horrormeldungen gewöhnt, die in den 20-Uhr-Nachrichten zum Abendessen serviert werden. In Talkshows schwadronieren die Lieblinge des Zeitgeistes von der »Lust am Untergang«.

Aber weiterhin ungebrochen gilt die Kunst des Machbaren als das Nonplusultra.

Das journalistische Werk von Horst Stern ist Ursachenforschung. »Der Mensch schwankt«, schreibt er im Vorwort des Buches ›Rettet die Vögel‹, »zwischen schrecklicher Vermenschlichung und schrecklicher Vernichtung der Tiere.« Tiere aber in Lieblinge und Schädlinge einzuteilen, verrate nur, daß der Mensch allein sich als Krone der Schöpfung betrachte. Gegen diese Hybris, die eine äußerst gefährliche Mischung aus Machtbesessenheit, Arroganz und Ahnungslosigkeit sei, hat Horst Stern ein Leben lang angeschrieben. Um am Ende dann zu resignieren.

Begonnen hatte er als Schriftsteller. Der gelernte Bankkaufmann aus Stettin arbeitet nach seiner Rückkehr aus der amerikanischen Kriegsgefangenschaft zunächst als Dolmetscher bei der US-Army in Ludwigsburg. In dieser Zeit schreibt er Kurzgeschichten und Gedichte. 1949 wird er freier Mitarbeiter bei den ›Stuttgarter Nachrichten‹ und berichtet über Militärgerichtsprozesse, die er wegen seiner guten Englischkenntnisse leicht versteht und pointiert zu schildern weiß.

In Stuttgart lernt er Wolfgang Bechtle kennen, den Herausgeber der Zeitschrift ›Kosmos‹, für die Stern bald schreiben wird. Bechtle, »ein Mann, der mit Fröschen in der Tasche rumlief«, zeigt Stern seinen kleinen Privatzoo. Rasch stellt Stern an sich fest, daß er es mit Tieren kann, daß sie ihn in ihrer der Natur völlig angepaßten Lebensweise faszinieren. »Bei mir geht die Tierliebe durch den Kopf«, sagt er. »Mein Verhältnis zu Tieren war immer geprägt von einer ganz starken intellektuellen Neugier. Ich wollte immer wissen, wie Tiere eigentlich funktionieren und warum sie so funktionieren und was die Wissenschaft darüber ermittelt hat.«

Stern pachtet einen Obstgarten auf dem Stuttgarter Frauenkopf und studiert die Lebensgewohnheiten von Waldkäuzen, Fröschen und Igeln, züchtet Falken und hält sich eine Vielzahl von Haustieren. In diesen Jahren eignet er sich ein heute enzyklopädisch anmutendes biologisches Wissen und Verständnis an, auf das er in den kommenden Jahrzehnten seiner Arbeit immer wieder zurückgreifen kann.

Der Süddeutsche Rundfunk wird auf ihn aufmerksam, und 1961 beginnt Stern mit Schulfunksendungen, in denen er einem jugendlichen Publikum seine Erlebnisse mit Tieren schildert. Über seine erzählerische Begabung hinaus wird eine weitere hörbar: seine Fähigkeit zur Artikulation, zur eindringlichen sprachlichen Präsentation seiner Texte. Mit rauher Stimme und spitzer Zunge erzählt er von den Naturbewohnern – und auch vom Unverstand jenes besonderen Tieres: des Homo sapiens.

Ende der sechziger Jahre versucht der Fernsehdirektor des

Süddeutschen Rundfunks, Horst Jaedicke, Stern dazu zu bewegen, seine Tierbetrachtungen auch im Fernsehen vorzutragen. Stern will nicht so recht, hat Bammel vor der Kamera, weil er selbst auf dem Bildschirm erscheinen und dem Publikum seinen Kopf zeigen soll.

Das Ergebnis ist bekannt. ›Sterns Stunde‹ wird zu einer der großen Erfolgssendungen der ARD in den siebziger Jahren. Sterns ›Bemerkungen‹ zu Pferden, Schweinen, Hunden, Hühnern, dem Tier im Handel oder im Zoo hinterlassen je nach Interessenlage jauchzende oder aufheulende Zuschauer. »Er greift zur gefährlichsten Waffe«, heißt es dazu im ›Spiegel‹, »er informiert sich und denkt nach«. Sterns Texte, vorgetragen mit eingezogenem Kopf und mit einer Stimme, der anzumerken ist, wie sehr ihn selbst die Ergebnisse der eigenen Recherche schmerzen, sind eine Klasse für sich.

Unvergessen bleibt jener Fernsehfilm am Weihnachtsabend 1971, in dem Stern sich mit der Zunft der Jäger anlegt. Es gibt zuviel Wild im Wald, behauptet er in dem Fernsehfilm. Dieses viele Wild verbeißt den Jungwald, was zu Überalterung und damit zum Tod des Waldes führt. Als erster Journalist von Rang beschreibt Stern damit einen Tatbestand, der zehn Jahre später zu einem beherrschenden Thema wird: das Waldsterben. Seine Schlußfolgerung: »Es ist an der Zeit, das Rothirschgeweih als Statussymbol zu entzaubern. Wenn die Renommierjäger mit ihren Knochenschauen an Herrenzimmer- und Kegelbahnwänden endlich niemandem mehr Eindruck machen, dann ist endlich das Schußfeld frei für die biologische Jagd.« Und der Film endet mit dem Satz: »Man rettet den deutschen Wald nicht, indem man ›O Tannenbaum‹ singt.«

Gelassen reagiert Stern auf Anfeindungen und Verleumdungen, die seinen Filmen nachfolgen. Eliten aus Politik und Wirtschaft sehen ihre Privilegien gefährdet und müssen sich der Kritik stellen. Bereitwillig, aber in der Sache unnachgiebig verteidigt Stern die Ergebnisse seiner Recherchen in vielen öffentlichen Diskussionen. Niemals wird ihm im Laufe seiner 35jährigen Tätigkeit als Journalist ein Fehler nachgewiesen. So bleibt er bis heute bei seiner Überzeugung vom Unfug des Springreitsports, den er als dem Pferd widernatürlich bezeichnet; bleibt ein entschiedener Gegner der Massentierhaltung, weil er sie als Tierquälerei betrachtet. Und wird nie müde, die abgehalfterte Männerherrlichkeit in ihrer denaturierten Jagd nach Bärenfellen und Vierzehnendern zu verspotten.

Die Öffentlichkeit reagiert: Stern wird mit Preisen und Auszeichnungen geradezu überschüttet. 1974 verleiht ihm die Universität Hohenheim einen Ehrendoktor, eine seltene Auszeichnung für einen Journalisten. In seiner Dankesrede ›Wissenschaft und Journalismus‹, einem Lehrstück über die Moral und Ethik des Journalistenberufes, plädiert Stern für die eigene innere Anteilnahme bei der Arbeit: »Gedämpft und in den Schwingungen begrenzt wird der Journalist allein durch sein Gewissen, dessen starke moralische Ausprägung freilich die Voraussetzung für jede seriöse journalistische Wegweisung zur Wahrheit ist.« Und weiter: »Nichts ist im Journalismus von der Lebenswirklichkeit abstrahierbar, wenn die Abstraktion nicht zu banal handwerklich oder berufsethisch fragwürdigen Begriffen wie dem der Objektivität gerinnen soll, hinter der sich oft die Nichtskönner, die Langweiler verschanzen.«

Mitte der siebziger Jahre treibt Stern die Brisanz seiner Themen weiter. Immer deutlicher wird ihm, daß das Unheil, das der Mensch in der Natur anrichtet, nicht nur das Werk einer Handvoll mächtiger Fortschrittsfanatiker ist, sondern daß da mehr dahinter steckt. Der Mensch, den Stern immer häufiger ein »luxurierendes, biologisch unangepaßtes Wesen« nennt, läuft Gefahr, in seinen Untergang zu rennen, weil er für die existentiellen Gefahren, die er heraufbeschworen hat, offenbar kein Wahrnehmungsvermögen hat. Stern übernimmt damit die Weltsicht seines Lehrmeisters Konrad Lorenz, der lange schon die Hybris des Menschen verspottete: den Irrglauben, der Mensch stehe an der Spitze einer naturgesetzlichen Evolution, wo er doch in Wahrheit einer Kolibakterie ähnlicher als irgendeinem Schöpfer sei.

Jetzt entfesselt sich die ganze Sprengkraft Sternscher Analyse. In dem Maße, in dem er die menschliche Sichtweise auf die Natur und das Tier *politisiert,* wird die ganze Dramatik unseres Raubbaus an der Natur offenkundig.

Und er mischt sich ein, sucht beharrlich jede Chance, Einfluß zu nehmen auf politische Entscheidungsprozesse. Er begründet seine Position zur biologischen Jagd vor einem Bundestagsausschuß, wird vom damaligen Innenminister Gerhart Baum in eine Umweltschutzkommission berufen, gründet mit Lorenz, Grzimek, Sielmann die »Gruppe Ökologie«, verhindert als Naturschutzbeauftragter des Landkreises Lindau eine Industrieansiedlung am Bodenseeufer, attackiert medienwirksam Publikumsauftritte von Politikern (»Warum jagen Sie, Herr Bundespräsident?«), wird schließlich zur Symbolfigur eines wachsenden ökologischen Bewußtseinswandels – und scheitert an der Ignoranz und Arroganz einer hemmungslos fortschrittsbesessenen Elite aus Wirtschaft und Politik. Bitter schreibt er in dem schon zitierten Vorwort zu ›Rettet die Vögel‹: »Dem Technohybriden ist mit den Naturgeschöpfen der einzige Maßstab abhanden gekommen, an dem sich ablesen läßt, was allein uns vor uns selber rettet: die Einsicht, daß wir ein Teil der Natur sind, nicht ihr ein und alles.«

Besonders enttäuscht ist Stern von Bundeskanzler Schmidt, dem er mehr Einsicht in die Notwendigkeit umfangreicher Maßnahmen für den Umweltschutz zugetraut hatte. Statt dessen muß er mitansehen, wie Schmidt zum Befürworter des unwirtschaftlichen und von schweren ökologischen Schädigungen begleiteten Main-Donau-Kanales wird. In einem offenen Brief »Sehr geehrter Herr Bundeskanzler« macht er seinem Ärger erregt und polemisch Luft.

1979 dann, für Millionen Zuschauer völlig überraschend, beendet Horst Stern seine Fernseharbeit. Niemand kann verstehen, daß er, auf der Höhe seines politischen und moralischen Einflusses, so einfach aufgibt.

Die Gründe für diesen Schritt waren vielfältig, Stern hat sich in den Folgejahren immer wieder um Klärung bemüht.

Zum einen: Mit seiner dreiteiligen Reportage ›Die Stellvertreter – Tiere in der Pharmaforschung‹ hatte Stern die Möglichkeiten des Mediums Fernsehen offensichtlich überfordert. Er war mit Kamera und Mikrofon in die Versuchslabore der pharmazeutischen Industrie gegangen und hatte Millionen von Zuschauern furchterregende Bilder von Tieren als Opfern von Wissenschaft und Forschung gezeigt. Den Bildern allerdings unterlegte er einen sehr differenzierten Kommentar. Der Mensch selbst, so Stern, sei die Ursache für die Notwendigkeit von Tierversuchen. Denn die Tiere in den Labors seien nur die *Stellvertreter* für menschliches Leid, das man mit Medikamenten lindern könne. Die Wirksamkeit dieser Medikamente und ihre Unbedenklichkeit für den menschlichen Organismus aber müsse oft zwangsweise am Tier ausprobiert werden. Und nicht zuletzt würden Tiere sogar in die Versuchslabors geschickt, um Medikamente gegen vermeidbare Krankheiten (wie zum Beispiel viele Erkrankungen der Herzkranzgefäße) zu testen. Soweit Sterns Kommentar. Die Botschaft der Bilder aber war so emotionalisierend, daß er vollkommen mißverstanden wurde. Stern wurde als seelenloser Knecht der Pharmaindustrie beschimpft, ohne jedes Herz für die in den Labors leidende Kreatur. Obwohl er versucht hatte, die pauschalen Forderungen der Tierversuchsgegner etwas zu relativieren, traf er nur einmal mehr den Nerv einer rein auf Emotionen gründenden Tierliebe, die seine differenzierte Betrachtungsweise völlig zum Verschwinden brachte.

Zum anderen war er seiner Rolle als Klagemauer der Fernsehnation überdrüssig. Stern, ohne jedes Interesse für Publicity und ohne Neigung, seinen Namen zu kapitalisieren, mußte mitansehen, wie er dazu mißbraucht wurde, wenn es um die Botschaft »grün« oder »tierfreundlich« ging. Von Fotografen und Werbeberatern verfolgt (»Sie müssen nur einen Beutel hochhalten und sagen: ›Bei diesem Tee habe ich meine besten Gedanken‹«), sah er die Ernsthaftigkeit seines Anliegens zur Show herabgewürdigt.

Vor allem aber wollte Stern noch einmal etwas Neues ausprobieren. Er wollte die Ökologie als drittes großes Magazinthema gleichberechtigt neben Politik und Wirtschaft stellen. Angelockt von einem Schweizer Verlag, dessen Handlungsspielraum nicht eingeschränkt schien durch die Macht von Inserenten, gab er seinen Namen und seine Arbeitskraft für eine Zeitschrift, die ›natur‹ heißen sollte.

Und wieder hat er Erfolg. Praktisch über Nacht wird ›natur‹ zu einem Maßstab dafür, wie man qualifizierten und engagierten Umweltjournalismus anschaulich und spannend präsentiert. Die Zeitschrift wird zu einem Zentralorgan in der Diskussion ökologischer Probleme und ihrer notwendigen politischen Konsequenzen. Ein Beirat, bestehend aus

Biologen und Sozialwissenschaftlern, bürgt für den hohen Maßstab der Themenvergabe und ihrer Darstellung. ›natur‹ versteht sich als eine Zeitschrift mit unmittelbarer Nutzanwendung. 1983 wird in einem ausführlichen Sonderteil eine ›Alternative Regierungserklärung‹ publiziert, die ein (damals noch fiktives) Ministerium für Umwelt und Naturschutz gleichrangig neben das Finanzministerium stellt.

Vier Jahre hält es Stern bei ›natur‹. Dann will der Verlag doch nicht ganz auf kapitalkräftige Werbekundschaft verzichten. Enttäuscht, selbst hier den Kürzeren gezogen zu haben und resignierend über seine Wirkungslosigkeit auf der politischen Bühne, schreibt Stern: »Die Wahrheit ist müde geworden. Sie weckt in der Politik niemanden mehr auf.« Zum Jahresende 1984 quittiert er die Herausgeberschaft und verläßt die Zeitschrift.

»Und dann hat mir die Literatur das Leben gerettet«, sagt er heute. Nach 30 Jahren Journalismus meldet sich eine alte Leidenschaft zurück. Schon in den sechziger Jahren hatte Stern einen historischen Roman über den Stauferkaiser Friedrich II. begonnen. Nie fand er die Zeit, das Manuskript abzuschließen.

1986 dann erscheint der Roman über Friedrich II. und heißt ›Mann aus Apulien‹. Das Buch wird ein von Kritik und Leserschaft hochgelobter Verkaufserfolg. Stern wird als Spätberufener gefeiert, als jemand, der möglicherweise sogar sein eigentliches Talent bisher in den Dienst einer wichtigen, für ihn aber falschen Disziplin gestellt hat.

Da ist kein Widerspruch. ›Mann aus Apulien‹ ist die Fortsetzung seiner journalistischen Arbeit mit literarischen Mitteln. In der Welt Friedrichs, im frühen 13. Jahrhundert, trifft man gute alte Bekannte wieder: den naiven Tierfreund (Franz von Assisi), den Vertreter der rationalen Wissenschaft (Thomas von Aquin), den opportun Wendigen (Walther von der Vogelweide), die Arroganz der Macht (Klerus) und den Allmachtswahn des Menschen (Friedrich selbst). In der Welt des Staufers suchte Stern nach einer historischen Verlängerung dessen, was er selbst aus eigenem Erleben und Beobachten erkannt hat.

Drei Jahre später dann der zweite literarische Versuch: ›Jagdnovelle‹. Das Motiv ist altbekannt: der Mensch, der mit

Hilfe seiner technologischen Überlegenheit einen alten, futtersuchenden Bären zur Strecke bringt. Und das nur, weil er auf das Fell scharf ist. Brillant setzt Stern literarische Mittel ein, gibt dem Bären Gedanken und Gefühle, reduziert dagegen die menschliche Hauptfigur weitgehend auf seinen Jagdinstinkt. Die ›Jagdnovelle‹ ist eine meisterhafte Variation jener Frage, die Stern ein Leben lang umgetrieben hat: Was stößt dem Tier zu, wenn es auf den Menschen trifft?

Man ist geneigt zu sagen: Das Werk von Horst Stern ist monumental. Zumindest ist es monolithisch: in seiner Zielstrebigkeit, seiner Wahrheitsliebe, seiner Moral. Stern ist in einer seltenen Art und Weise beharrlich: Einmal gefundene Themen greift er immer wieder auf: die Jagd, den Springreitsport, die Unterwerfung von Tier- und Pflanzenwelt unter ökonomisches, profitorientiertes Nutzdenken.

Seine Schriften sind das Zeugnis eines Autors, der auf dem schwierigen Grat zwischen Engagement und Analyse immer die Balance gehalten hat. Sterns Fähigkeit, aus eigener Anschauung heraus Themen in ihrer dauerhaften Aktualität und Brisanz zu erkennen – und dazu noch meist als erster –, macht seine Texte so unverbraucht und haltbar. Auch solche noch, die vor 35 Jahren entstanden sind. Da gibt es Entdeckungen wie ›Waldeslust gestern, heute, morgen‹, die in jedes Schulbuch gehörten, andere wie ›Wissenschaft und Journalismus‹, die Pflichtlektüre in der Journalistenausbildung sein müßten. Und immer wieder sind es ähnliche Themen, an denen Stern sich abrackert: der Wald, die Jagd, das Springreiten; die Unmöglichkeit einer Versöhnung von Ökonomie und Ökologie. Die Schlußfolgerungen sind stets einfach und plausibel – nur steht ihnen eben der Mensch im Wege.

Und nun wird so einer 70 Jahre alt. Ein schwieriger Zeitgenosse, der da zurückgezogen unter uns lebt, sich monoman und unzufrieden an einem neuen Stück Literatur quält. Da ist nichts Abgeklärtes an Horst Stern, nichts Gelassenes, kein Zurücklehnen eines Elder Statesman. Nie ist er damit fertig geworden, was so alles schief läuft in der Welt.

Über seine Vergangenheit will er nicht sprechen, sie erinnere ihn zu sehr an seine politischen Niederlagen, sagt er. Nur was er tatsächlich erreicht habe mit seinem Engagement, will er gelten lassen. Und viel sei das ja nicht gerade, sagt er mit Bitternis. Aber wer will den Bewußtseinswandel, den unsere Republik in den letzten 15 Jahren durchgemacht hat, in meßbare Zahlen fassen? Und: Wer würde Horst Stern dabei als treibende Kraft dieser Entwicklung vergessen?

Mag sein, daß einer wie er, der nur auf die Durchsetzbarkeit seiner Ziele aus war, ungeduldig wurde, weil er wußte, daß die Natur nicht mehr warten kann. Weil ihm Körnermühlen einfach zu langsam mahlen, die globale ökologische Katastrophe immer näher rückt. »War das Zynismus? Das war es wohl, wenn Zynismus verstanden wird als Imponierverhalten der Unterlegenen im Rangkampf der Zeitgeister. Zugehörig einst dem Bettelorden der Naturschützer war ich Mitverlierer so vieler Kämpfe um Moore und Auwälder, Watten und Sände. Und um gemächlich dahinmäandernde klare Bäche, deren grüne Ufer sie in Beton faßten, um sie für den schnellen Geradeauslauf des Wassers zu ›ertüchtigen‹.«

Das Wissen um Ursachen und Hintergründe über das, was man salopp die Ökokrise nennt, ist verfügbar. Zum Beispiel in den nun folgenden 27 Texten. Sie sind nur eine kleine, vielleicht aber repräsentative Auswahl, aus einer kaum mehr rekonstruierbaren Zahl von Buchtiteln, Schulfunksendungen, Filmmanuskripten, Reden, Essays, Denkstücken des Autors und Zeitgenossen Horst Stern. Es sei ihm gedankt dafür, was er zur Qualität und zum Umfang der gegenwärtigen Umwelt- und Naturschutzpolitik beigetragen hat.

Ulli Pfau, im Sommer 1992

»Ach, Sie sind Tierfreund?«

›Lauter Viechereien‹ nannte Horst Stern 1957 sein erstes Buch. Es ist eine Sammlung von Tiergeschichten, die er in den frühen fünfziger Jahren für die Wochenendbeilage der ›Stuttgarter Nachrichten‹ geschrieben hatte. Für das Honorar, so erzählt er heute, kaufte er damals vor allem Futter für seine Tiere, die er in Haus und Garten hielt.

Ich sagte es schon, daß der Umgang mit Tieren nicht dazu angetan ist, den Menschen im Urteil seiner Artgenossen als ein ernstzunehmendes Exemplar erscheinen zu lassen. Es sei denn, er wäre ein Professor der Zoologie, bei dem man es hinnimmt, ja, zu erwarten scheint, daß er Tisch und Bett mit Meerschweinchen, wenn nicht gar Schlimmerem, teilt, daß er in den Westentaschen Mehlwürmer oder Mäuseschädel aus Eulengewöllen mit sich herumträgt und Schriften liest, die so erschreckende Titel wie ›Die Funktion und Variation der Spechtzunge‹ tragen.

Ist man aber ein schlichter Bürgersmann mit einem auf Gelderwerb gerichteten Beruf, und hat man bis dato nach Feierabend das sacht dahinplätschernde Leben eines Mitläufers der Kunst und Kultur geführt, so sieht man sich, sobald man sein Interesse ernsthaft den Tieren zukehrt, unter Kollegen und Freunden alsbald dem Verdacht ausgesetzt, jenem so dummen wie überheblichen, oft kolportierten Wort nachzueifern, das abgeklärte »Persönlichkeiten des öffentlichen Lebens« gern zitieren, wenn ein Zeitungsmann sie fragt, warum sie die Einsamkeit ihrer späten Jahre mit einem Hund oder einem Kanarienvogel teilen: »Seit ich die Menschen kenne, liebe ich die Tiere.«

Gerät man aber nicht in den Verdacht menschenfeindlicher Schrulligkeit, so hängt einem der Ruf an, ein sanfter Trottel zu sein. Ich habe einen Redaktionskollegen, der mir durchaus wohlgesinnt ist. Gelegentlich nun wird er von Leuten, die mich nur als Zeitungsschreiber kennen, gesprächsweise gefragt, »was denn das für einer« sei. »Ooch«, pflegt mein Kollege dann zu sagen, »der ist soweit ganz nett. Neulich fuhr ich mal mit ihm in seinem Auto, und da lagen ein paar Steigeisen hinten drin, und auf dem Rücksitz fand ich ein Buch, ›Die Genealogie der Mäuse‹...« Es läßt sich denken, daß ein so charakterisierter Mensch sich hernach im Bewußtsein der Frager nicht anders ausnimmt als ein milder Fall von Delirium tremens.

Ich kann nicht sagen, daß die Lektüre eines Buches wie des eben genannten großes Vergnügen bereitet, aber leider kann man zu einer Rötelmaus, die uns im Wald hier und da einmal aus ihrem Loch heraus anschaut, nicht gut sagen: »Und nun, Kleines, erzähle mir mal was von deinem Leben und deiner Stammesgeschichte!« Da muß man sich schon bei den vielgeschmähten Professoren Rat holen, denen es begreiflicherweise nicht darum geht, ihren Lesern ein ästhetisches Stilvergnügen zu bereiten.

Doch hätten Sie recht, sollten Sie einwenden, daß man, um eine Rötelmaus zu fotografieren, nicht unbedingt wissen müsse, wie es beispielsweise mit der Adaptationsfähigkeit ihrer Augen bestellt sei. Darauf könnte man zweifellos verzichten, hätte man sie erst einmal vor dem Objektiv der Kamera. Der Jammer ist nur, daß man sie da eben nicht hinbekommt, wenn man nicht weiß, wie ihre Sinne funktionieren. Und das gilt für jedes Tier.

Weit schlimmer wird die Sache noch, wenn man von den Tieren nicht nur ein Bild auf Zelluloid, sondern eines aus eigener Beobachtung gewinnen möchte. Da muß man sie schon ins Haus holen.

Und das geht so: Sie gehen an einen Zeitungsstand und kaufen sich Tierzeitschriften. Darin finden sich viele, viele Anzeigen, so daß Sie den Eindruck gewinnen, der Tierhandel sei ein mit Macht aufstrebender Wirtschaftszweig. Aber das täuscht. Schaut man sich manche solcher Tierhandlungen mit eigenen Augen an, so ist man bedrückt von der armseligen Hinterhofatmosphäre, die dort häufig herrscht. Besucher mit empfindsamem Gemüt neigen dazu, spontan den ganzen Laden aufzukaufen, ihn in den nächsten Wald zu tragen und dort aufzulösen, damit die Tiere endlich in Luft und Sonne kommen. Es ist ein Jammer, wenn man ansehen muß, wie ein Vogelkäfig, zum Beispiel, der gerade groß genug für zwei Wellensittiche wäre, mit zehn bis fünfzehn frisch gefangenen Distelfinken, Girlitzen und Zeisigen vollgestopft ist, die sich, von Passanten vor der Schaufensterscheibe angegafft, tobend das Gefieder zerstoßen und sich gegenseitig mit Kot beschmutzen. Badewasser bekommen die Vögel oft wochenlang nicht, und kauft man – wider besseres Wissen und bloß aus Mitleid – ein paar solcher Hascherl, so hat man lange zu tun, ihnen das verdreckte Gefieder zu säubern. Und oft genug liegen sie bald darauf tot im Käfig, weil die früheren Käfiggenossen sie vom Futter wegbissen oder weil das Futter falsch oder schimmelig oder überhaupt nicht da war. So ein Piepmatz kostet den Händler im Einkauf oft nicht mehr als ein, zwei Mark. Wird er ihn nicht schnellstens los, braucht er mehr Futtergeld, als er für den Vogel je bekommen wird. Und kostet Zeit etwa kein Geld? Zeit, um in einem solchen Laden Dutzende von Vögeln, Dutzende von Lurchen, Hunderte von Fischen und was weiß ich nicht noch alles zu pflegen?

Wir kommen vom Thema ab. Da lesen Sie also eine Anzeige: »Vkf. 1,0 Dompf., 1,1 Distelf., 0,1 Kreuzschn., 4,4 Schwarzpl. u. a. einh. Waldvg.« Daß es sich um Dompfaffen, Distelfinken, Kreuzschnäbel, Schwarzplättchen und andere einheimische Waldvögel handelt, das kriegen Sie gerade noch mit. Schwieriger ist es schon mit den Zahlen vor den Namen. Es sind dies weder Gewichtsangaben noch etwa Noten für mehr oder minder guten Gesang. Die Ziffern geben vielmehr das Geschlecht und die Anzahl der Vögel bekannt: Vor dem Komma stehen die Männchen, dahinter die Weibchen. Der in unserem Fall zu verkaufende Dompfaff ist also Junggeselle, die Distelfinken sind ein Pärchen, der Kreuzschnabel ist eine Jungfer oder Witwe, und die Schwarzplättchen schließlich sind ein Doppelquartett.

Gut. Sie schreiben also hin. Und eines Sonntagabends ruft Sie der Bahnhof an, es seien »lebende Tiere« für Sie eingetroffen. Tiere kommen nach einem geheimnisvollen Gesetz immer sonntagabends an, wenn sie gerade ins Kino oder ins Bett wollen. Vermutlich kommt dies daher, daß die Tierhändler samstags ihren Laden aufräumen. Und nun hängt alles weitere davon ab, wie Ihre Frau über Tiere denkt. Denkt sie nicht gut über sie, so herrscht, während Sie sich die Schuhe anziehen, um dann zum Bahnhof zu fahren, eine Stimmung im Haus, als stünde der böseste Dauerbesuch zum Abholen auf dem Bahnsteig bereit. Denkt Ihre Frau aber gut über Tiere, so ist die Stimmung nicht besser, und wehe Ihnen, das Schuhband reißt in der Eile! »Nun mach doch schon, du Rohling!« heißt es dann. »Willst du die armen Tiere denn in ihren Käfigen verhungern und verdursten lassen?«

Zeitungsredaktionen, die eine Foto-Ecke unterhalten, bekommen manchmal Briefe. »Sehr geehrte Herren!« heißt es da. »Ich möchte Tierfotograf werden und stelle mir dieses herrlich vor. Was empfehlen Sie mir für eine Ausrüstung?« Redakteure haben nie die Zeit, solche Briefe so zu beantworten, wie dies wohl nötig wäre. Hier aber, an dieser Stelle, kann ich mir die Zeit nehmen und schreiben:

Sehr geehrter Herr: Ehe wir auf Ihre Frage nach der technischen Ausrüstung eines Tierfotografen eingehen, möchten wir Ihnen ein paar kleine Geschichten erzählen.

Es gibt einen wunderschönen Vogel, der Flamingo heißt. Wer ihn nur in unseren Tiergärten gesehen hat, hat ihn in Wahrheit nicht gesehen, denn was dort auf gepflegtem Rasen und in ausgemauerten Teichen blaß und müde wie verblühende Lilien steht, ist so traurig anzuschauen wie ein ehemals kostbares Bild, das man aus seinem Rahmen riß und Bedingungen aussetzte, die seine Farben zerstörten.

Aber wir wußten, wo der Flamingo noch frei und in seiner ganzen farbigen Herrlichkeit auf Schwingen durch den Himmel zieht, die keine Tiergärtnerschere je stutzte, wir wußten, wo er sich paart, wo er brütet. Camargue heißt das Gebiet, und die Ornithologen Europas sprechen es aus, als sagten sie: Paradies. Es liegt in Frankreich, an seiner südlichsten Küste, wo sich die mächtige Rhône teilt und zwischen ihren Armen eine urweltlich einsame Landschaft hält. Schwarze Stiere ziehen hier durch den gleißenden Tag und die samtblaue Nacht, und an ihren Mäulern und Hufen haben sie das Salz, das dort unten die Luft, die Erde und das Wasser beizt. In den Pinien, landeinwärts, stehen hoch in den Kronen die Seidenreiher, und wenn der orgelnde Mistral ihnen das blendend weiße Schmuckgefieder zaust und sie herabzuwehen droht, dann fliegen sie in windgeschützte Lagunen und lauern unter dem flirrenden Filigran alter Tamarisken auf Fische. Nicht weit davon, in einer dicht über dem opalfarbenen Wasser aufragenden Lehmwand, brüten die Bienenfresser, kolibribunte, behende Vögel.

Das alles kannten wir. Nur die Flamingos, denen die Camargue letzte Heimat bei uns ist, die kannten wir nicht. Um sie zu sehen, um sie zu fotografieren, fuhren wir mehr als 1000 Kilometer. Und nun, sehr geehrter Herr, hören Sie gut zu: Wir fuhren auch wieder mehr als 1000 Kilometer zurück und hatten nichts von den paradiesischen Bildern gesehen, die wir uns von der Kolonie der brütenden Flamingos erhofft hatten. Nicht, daß sie nicht dagewesen wären, nicht, daß wir nicht alles versucht hätten, zu ihnen zu gelangen. Wir fuhren in die Saline, in deren abgesperrtem Bereich die Vögel leben. »Je regrette...« sagte Monsieur Le Directeur. »Ich bedaure. Fahren Sie nach Arles, dort wohnt der Professor, dem die Kolonie untersteht.«

Wir fuhren nach Arles, der glutheißen Stadt Vincent van Goghs. Es war um die Mittagszeit. Verzagt wie die Schulbuben standen wir in der Studierstube des Professors. »Je regrette...« sagte Monsieur Le Professeur und strich sich seinen prächtigen weißen Kinnbart, den er unseretwegen von der Suppe hatte erheben müssen. »Sie wissen, Messieurs, dieser mörderische Winter 1955/56, der hinter uns liegt! Die Kolonie wurde um viele, viele Vögel dezimiert. Wir fanden Hunderte erfroren im Eis. Begreifen Sie, bitte, daß wir jetzt, in der Brutzeit, keine Störung der Kolonie dulden können, durch nichts und niemanden. Je regrette...«

Und nun hören Sie noch einmal gut zu, sehr geehrter Herr: 2000 Kilometer zu fahren und einen Traum begraben, das ist bitter. Aber noch bitterer sind so entsetzliche Verluste unter Tieren, um deren Bestand man ohnehin bangen muß. Auch das sollte ein Tierfotograf begreifen lernen. Und verzichten. Denn er müßte sich der Fotos schämen, die ihm nur gelangen um den Preis vieler Flamingoeier, auf die sich die Möwen stürzten, als die brütenden Stelzvögel, von dem Eindringling gestört, ihre Nestmulden verließen.

Wir sahen die Kolonie als einen zartrosa Streifen weit hinten am Horizont, begnügten uns mit dem Anblick eines kleinen Trupps dieser Vögel, als sie gründelnd unter dem Ufer entlangzogen, und machten uns auf die lange, lange Heimfahrt.

Nun gut, werden Sie sagen. Schließlich müßten es keine Flamingos sein. Hirsche, zum Beispiel, wären doch schon sehr schön. Freilich, freilich – Hirsche sind auch sehr schön. Dürfen wir Ihnen noch eine kleine Geschichte erzählen?

Also dann: Es war im Herbst 1956. In einer Zeitung unseres Gebiets erschien eine Meldung mit der Überschrift: »Im Schönbuch schreien die Hirsche!« Vermutlich war der Redakteur, der sie verfaßte, sehr stolz auf diese urige Zeile. Hätte er sie doch, samt der Meldung darunter, in den Papierkorb geworfen! Aber woher sollte er wissen, daß man den Hirschen in der Brunftzeit nichts Übleres antun kann, als ihnen ganze Scharen von Spaziergängern auf den Hals zu schicken, die für ihr Leben gern einmal einen richtigen Hirsch so gesehen hätten, wie sie ihn zu Hause, gestickt oder gemalt, über dem Sofa hängen haben: mit vorgerecktem Hals, eine kleine Atemwolke in die neblige Luft stoßend.

Das ist ein durchaus berechtigtes Verlangen, und wir wollten ja nichts anderes. Nur wußten wir, daß man nicht hoffen darf, einen Hirsch zu sehen, wenn man sich mit Frau und Kind hinter einem Baum versteckt und seine Lieben zur Ruhe mahnt. Daß wir dann, die es doch besser wußten, dennoch einen Hirsch nicht anders als einen in der Ferne ziehenden Schatten zu sehen bekamen, obwohl wir den Revierförster kannten, obwohl er uns den besten Hochsitz anwies, obwohl wir Stunden um Stunden in die Dämmerung starrten, während uns der Nebel durch die Kleider kroch – das, sehr geehrter Herr, ist wieder so eine Sache, die noch vor der Technik des Fotografierens kommt, eine Sache, über die man Ihnen nichts sagt, wenn Sie im Laden etliche Hundertmarkscheine für ein Teleobjektiv auf den Tisch legen, das allein noch keiner Maus imponiert, geschweige denn einem Hirsch.

Nun, gut, sagen Sie unverdrossen. Es müßten ja keine Hirsche in der Brunft sein. Man wüßte doch, daß sie im Winter gleich rudelweise an die Futterplätze kämen, und da könnte doch jeder Knipser ein Bild fertigbringen!

Machen wir es kurz, denn wir wollen Sie nicht langweilen:

Wir fuhren im Februar 1957 ins Allgäu. 300 Kilometer hin, 300 Kilometer her. Der Förster dort hatte uns angerufen. Noch gestern seien die Hirsche am Futterplatz gewesen. Wenn wir Bilder wollten, er würde uns erwarten. Und miteinander erwarteten wir dann die Hirsche. Sie kamen auch. Doch leider erst abends um acht, als man sie selbst mit den Augen nur noch als Schatten ausmachen konnte. Und als wir genauer hinsahen, waren es nicht einmal Hirsche, sondern Tiere, also weibliche Stücke; zwischen ihnen drängten sich ganze zwei Spießer!

Wie gesagt: 600 Kilometer insgesamt, sehr geehrter Herr, und das einzige eindrucksvolle Bild, das wir sahen, war eine Omnibusladung voll amerikanischer Touristen, die am Straßenrand angetreten waren und alle, alle aus 1500 Meter Entfernung Schloß Neuschwanstein knipsten. Vor Lachen verloren wir zu allem hin noch Objektive, die unter Brüdern gut ihre 350 Mark wert waren.

Dies wird ein langer Brief, doch ist der Gegenstand wichtig genug. Darf's also noch etwas mehr sein? Da wäre dann noch die Geschichte vom Rotkehlchen, das keines war. Sie ist schnell erzählt.

Wir bummelten einmal um die Monatswende März/April durch den Wald. Es war die Zeit, wo viele Vögel, die uns im Herbst verlassen, in ihre Brutheimat zurückkehren, und in diesen Wochen tragen Leute, denen an der Natur etwas gelegen ist, ein Gefühl mit sich herum, das nahe verwandt ist jenem, welches einen Menschen bewegt, der zum Bahnhof marschiert, um liebe Bekannte zu empfangen. Da macht auch Regen nichts aus, und es regnete an jenem Tag nicht schlecht.

Wir standen unter einer tropfenden Kiefer und sahen einem kleinen Vogel zu, der sich, 50 Schritt weg von uns, in der Spitze einer jungen Birke schaukelte. Im Glas machten wir ihn als ein Rotkehlchen aus. Es stimmte: die kleine, dickliche Figur, der große rostrote Latz, das ausdrucksvolle dunkle Auge und der zarte Schnabel des Insektenfressers.

Befriedigt gingen wir nach Haus. Tatsächlich: befriedigt! Denn wir waren schon von vielen, vielen Waldgängen zurückgekommen, ohne etwas so Interessantes gesehen zu haben wie ein Rotkehlchen. Und ein Rotkehlchen ist, genau genommen, nicht eben viel. Doch muß man in den Holzplantagen, zu denen unsere Wälder langsam werden, Bescheidenheit lernen.

Vielleicht finden Sie es töricht, daß uns dies Rotkehlchen noch weiter in Gedanken beschäftigte. Wir riefen uns jede Einzelheit ins Gedächtnis zurück, und plötzlich kam der Zweifel: War das überhaupt ein Rotkehlchen? Dieser rostrote Latz, hatte der eigentlich die vorgeschriebene blau schimmernde Einfassung? Und hörte er nicht unter dem Schnabel auf, statt, wie sich das bei einem richtigen Rotkehlchen gehört, auch das Auge noch einzuschließen? Aber welcher Vogel, um Himmels willen, könnte so täuschend einem Rotkehlchen ähnlich sehen? Den kennte man doch!

Viele Vogelbücher im Schrank haben den Nachteil, daß man auch in vielen Vogelbüchern liest, wenn solche Zweifel kommen, und Sie glauben gar nicht, wie schnell dabei ein halber Tag herumgeht, der dann nichts anderes einbrachte als die Erkenntnis, daß das »Rotkehlchen« ein – Zwergfliegenschnäpper war.

Ist das nun eine Beschäftigung für Männer? Ist diese Frage – Rotkehlchen oder Zwergfliegenschnäpper? – so bedeutend, daß sie einen Mann peinigen kann? Das kommt darauf an, was ein Mann will. Will er, zum Beispiel, hübsche Mädchen in hübschen Kleidern fotografieren, so ist es für ihn schlimmstenfalls privat von Nachteil, die Flitzi mit der Fritzi verwechselt zu haben. Will er aber Tiere fotografieren und die Bilder gar noch veröffentlichen, so wird er, hat er ein Rotkehlchen mit einem Zwergfliegenschnäpper verwechselt, baß erstaunt sein, wie viele Zwergfliegenschnäpperkenner es doch gibt!

Und nun sagen Sie vielleicht, Sie möchten doch lieber kein Tierfotograf werden. Das ist schade, denn Sie stellen sich dieses nicht zu Unrecht herrlich vor...

So sollte man einen solchen Brief wohl beantworten. Weil Redakteure dazu aber keine Zeit haben, werden Tierfotografen zumeist vor den Schaufenstern der Fotoläden geboren, in denen die verlockendsten Geräte blitzen. Und so kommen dann diese Anzeigen in den Zeitungen zustande: »Hochwertiges Teleobjektiv, 40 cm Brennweite, fabrikneu, Umstände halber günstig zu verkaufen.« Auf ähnliche Weise kriegte ich meines; ihm hatte noch nie ein Tier ins Auge geschaut. Der Umstände halber, die damit verbunden sind.

(1957)

Ein Atemzug pro Stunde

Bericht über einen Wintergast im Hause Stern. Eine Sendung für den Süddeutschen Rundfunk.

Es ist schon ein paar Jahre her, da ging ich eines Abends mit meinem Hund in den Gärten oberhalb von Rohracker am Stadtrand von Stuttgart spazieren. Es war Anfang September; die Trauben hingen noch an den Weinstöcken. Wenn man den Feldschütz gut kennt, kann man's riskieren, hier und da mal von den Trauben zu probieren. Und ich probierte. Während ich noch darüber nachdachte, daß es vielleicht doch besser sei, im kommenden Jahr den Wein aus einer sonnigeren Gegend zu kaufen, nahm mein Hund plötzlich die Nase tief und schoß davon.

Das Gute an Jagdhunden ist, daß sie einem herschleppen, was sie für brauchbar halten; man muß ihnen nicht hinterdreinlaufen. Als ich den Hund in einiger Entfernung kurz aufjaulen hörte, wußte ich, daß er diesmal weder einen alten Schuh noch eine halbverweste Krähe daherbringen würde. Und was er mir dann alsbald vor die Füße legte, war denn auch, wie ich vermutet hatte, ein stachelstarrender Igel. Es leuchtet ein, daß dem Hund in diesem Falle nichts anderes übrig blieb, als zur Belohnung für seine Apportierkunst das eigene Blut zu lecken, das ihm der Biß in den Igel aus dem Fang getrieben hatte.

Ich hatte damals an Tieren gerade nichts Rechtes im Haus, und so beschloß ich, den Igel mitzunehmen, um ihm nach Möglichkeit dabei zuzuschauen, wie er sich in den Winterschlaf begab, dem die Igel ja zusammen mit Hamster, Ziesel und Fledermaus, mit Murmeltier, Siebenschläfer, Birkenmaus und Haselmaus ausgiebig frönen.

Obwohl Löcher in den Fingern von selber heilen, Löcher im Pullover aber gestopft werden müssen, zog ich aus naheliegenden Gründen meinen Pullover aus, legte ihn neben den Igel auf die Erde und rollte den unrasierten kleinen Kerl, der sich in seiner Kugelform nicht rührte, mit dem Fuß sanft auf den Pullover. Schnell war ein Bündel geknüpft, und Mann, Hund und Igel marschierten heim.

In der Nacht, die diesem Abend folgte, knuffte meine Frau mich aus dem Schlaf. »Mein Gott!« raunte sie, »Einbrecher – höre doch!«

Und tatsächlich, aus der Küche kam ein unheimliches Rollen und Poltern. Mutig, wie ich ab und zu bin, schlich ich zur Küche, stieß, wie ich es im Kriminalfilm gesehen hatte, mit einem entschlossenen Ruck die Tür auf, machte Licht und suchte die Küche nach dem Bösewicht ab. Er saß hinterm Kohleneimer, aufgerollt zur Stachelkugel, und sah gelassen seiner Festnahme entgegen. In der Ecke gegenüber lag mit dem Bauch auf der Erde eine leere Weinflasche, und da wußte ich, woher das Rollen und Poltern gekommen war. Der Igel hatte die Flasche umgeworfen und an dem Krach Gefallen gefunden; also war er dazu übergegangen, mit der Pulle unermüdlich Kegel zu schieben. Mir war das sehr recht, denn nun wußte ich, daß der Hund den kleinen Kerl nicht verletzt hatte, und am nächsten Morgen, als ich wieder nach ihm schaute, war auch die flache Milchschale leer, die ich ihm hingestellt hatte, und auch das Hackfleisch war weg.

Igel machen kein langes Theater, wenn sie in Menschenhand kommen. Man kann an ihnen gut beobachten, wie sie die Furcht Stück um Stück ablegen. Es fängt damit an, daß sie das dumme Aufrollen bleibenlassen, das jeglichem Austausch von Vertraulichkeiten so sehr im Wege ist. Die Festung öffnet sich, und die kleine Schnauze mit den Knopfaugen darüber bleibt draußen, zwar zunächst bloß um zu fauchen, aber immerhin. Der nächste Grad der Vertrautheit ist ein Boxkampf. Der Igel rollt sich, wenn die menschliche Hand sich ihm nähert, nicht mehr zur Halbkugel auf, sondern bleibt tapfer auf den Beinen und boxt mit dem ganzen Oberkörper nach der Hand. Nachdem er ein paar Runden haushoch gewonnen hat, nimmt er sozusagen die Deckung herunter und – läßt sich die Flöhe ablesen, die ihn so zahlreich bewohnen. Von da ab gehört er zur Familie.

Nun kommt es mir auf ein bißchen Milch und Hackfleisch für einen Igel nicht an, aber der Kerl sollte ja schlafen, nicht fressen. Zwar macht es einem Winterschläfer nichts aus, über Winter wach und munter zu bleiben, wenn es warm ist und das Fressen nicht ausgeht, doch die richtige Ordnung ist das nicht.

Bei dem Stuttgarter Professor Eisentraut, der den Winterschlaf nach allen Richtungen hin untersucht hat, hatte ich den Satz gelesen, daß der Winterschlaf erstens kein Schlaf sei und zweitens nichts mit dem Winter zu tun habe.

Das war die Meinung eines Teils der Wissenschaft, und sie stützte ihre verblüffende Behauptung auf die Beobachtung, daß einerseits ein zu den Winterschläfern gehörendes Tier trotz Kälte, Dunkelheit und Nahrungsmangel oft nicht in den Winterschlaf verfalle und daß andererseits ein Winterschläfer, sperrt man ihn im Juli in den Kühlschrank, durchaus mitten im Sommer in den Winterschlaf geraten kann. Freilich läßt sich mit der Kühlschranktheorie auch das genaue Gegenteil beweisen; daß nämlich eben doch Kälte, also im allgemeinen winterliches Wetter, nötig sei, den Winterschlaf herbeizuführen.

Doch kümmern wir uns nicht um den Streit der Wissenschaft. Mein Igel bewies, daß 15 Grad Kellertemperatur, verbunden mit Dunkelheit und einer Kiste voll Holzwolle, ihn angenehm winterschläfrig machten. In der Küche war's ihm zu warm gewesen, es roch ihm da auch wohl zu gut, und die Flöhe blieben auch zu munter. 20 Grad waren also nicht die kritische Temperatur bei ihm. Ich quartierte ihn ins Bad um, wo das Thermometer 15 Grad zeigte. Hier wurde der Igel nachts auffallend ruhig, er schien auch weniger zu atmen als in der Wärme, und das ist immer ein Zeichen dafür, daß die Schläfrigkeit oder die Lethargie eintritt, wie die Fachleute es nennen, wenn dem Igel das Kinn auf die Brust fällt wie einem alten Opa.

Fünfzigmal in der Minute atmet ein hellwacher Igel aus und ein. Schon im normalen Schlaf, also im Sommer, schnauft der Igel aber nur noch etwa zwanzigmal in der Minute. Im Winterschlaf aber holt er in der Minute höchstens achtmal Luft, mitunter sogar nur einmal, und manchmal setzt das Atmen minutenlang ganz aus. Auch das Herz schlägt bei den Winterschläfern langsamer. Ein Igelherz macht beim wachen Tier an die 200 Schläge pro Minute, beim winterschlafenden Igel aber nur etwa 20. So spart die

Natur mit den Kräften der Tiere, die schlafend über den kalten, dunklen, nahrungsarmen Winter kommen.

Nun war ich mit meinem Igel nicht so vertraut, daß ich ihm das Ohr auf die Brust hätte legen können, um seine Herzschläge zu zählen; auch hätte er sich's schwerlich gefallen lassen, daß man ihm ein Fieberthermometer zwischen die Zähne, wenn nicht gar noch woanders hin geschoben hätte, um die Temperatur zu messen. An ihr aber läßt sich am sichersten ablesen, ob der Winterschlaf eingesetzt hat, denn der Winterschläfer paßt seine Innentemperatur der ihn umgebenden Lufttemperatur an. Das wird uns nachher noch ein bißchen genauer beschäftigen.

Herzschlag und Temperatur konnte ich also meinem Igel nicht messen; ich war ja auf wissenschaftliche Versuche nicht eingerichtet. Ich griff also zu einem anderen, wenn auch ganz und gar unwissenschaftlichen Mittel, um die Einschlafbereitschaft meines Igels zu testen. Ich stellte ihm wieder die leere Weinpulle ins Bad, mit der er bislang noch jede Nacht, wenn ich ihn ließ, leidenschaftlich Kegel geschoben hatte. Und siehe da: Im Badezimmer bei 15 Grad Lufttemperatur blieb alles ruhig. Kontrollbesuche zeigten Flasche und Igel im Ruhezustand.

Nun ist eine menschliche Wohnung nicht so ganz der richtige Ort für einen Igel, der in den Winterschlaf kommen möchte. Es herrscht zuviel Umtrieb hier, zuviel Lärm. Draußen, in der Natur, kriechen die Igel in Erdlöcher oder wühlen sich an geschützten Orten in große Laubhaufen ein. Also trug ich den meinen in den Keller, stellte Thermometer, Milchschale und Hackfleischbrett neben seine Kiste und harrte der Dinge, die meiner Meinung nach kommen mußten, nämlich Freßunlust, Einwühlen in die Holzwolle und endliches Einschlafen.

Aber daraus wurde nichts. Das Thermometer zeigte zwar 15 Grad, doch mein Igel keine Neigung, von Milch und Hackfleisch zu lassen. Er putzte alles weg. Nun gilt allerdings bei winterschlafenden Tieren keineswegs die Erfahrung, daß man mit vollem Bauch nicht gut schläft. Eher ist das Gegenteil richtig; nie sind Winterschlaf haltende Tiere fetter als kurz vorm Zubettgehen, sozusagen. Fast platzt ihnen das Fell, besonders an der Schwanzwurzel, soviel Fett sitzt darunter. Ihr Körper ernährt sich davon während der langen, bis zu sieben Monate dauernden Schlafzeit. Nur der Hamster hat das, wie jedermann weiß, nicht nötig. Er nimmt sich große Vorräte an Getreide und Kartoffeln mit in seinen Erdbau, fährt Rüben ein, Erbsen, Bohnen und Möhren. Bis zu zwei Zentner, behaupten die von ihm bestohlenen Bauern erbost, aber das ist ungeheuer übertrieben. 15 Kilo dürften das höchste sein, das ein Hamster für einen Winter hamstert. Fressen aber kann er nicht einmal das, obwohl er etwa alle fünf Tage aufwacht und in seine Speisekammer geht.

Aber zurück zu meinem Igel. Weil ihm das Fressen mehr Spaß machte als das Schlafen, fuhr ich schweres Geschütz auf: Ich öffnete das Fenster und ließ kalte Nachtluft herein. Außerdem nahm ich das Fressen weg. Das Thermometer rutschte runter auf zwölf Grad. »Tierquäler!« schimpfte meine Frau, die nur unter einer warmen Daunendecke gut schläft. Es wollte ihr nicht einleuchten, daß ein Igel nur dann so richtig eindusselt, wenn's kalt ist um ihn herum. Und zwölf Grad waren meinem Igel noch immer nicht kalt genug. Zwar hatte er, wie man so sagt, ganz schön müde Stellen im Gesicht und schien nicht mehr so recht bei sich zu sein, doch kroch er immer wieder aus seiner Holzwolle heraus und schleppte sie an seinen Stacheln in der Gegend herum. Probeweise vorgesetzte Milch nahm er gierig, auch Hackfleisch, und mir war klar, warum: Er fror und heizte mit der Nahrung seinen inneren Ofen an; er kämpfte gegen den Winterschlaf. Aber schlafen mußte er. Das gehört sich so für einen Igel. Von wissenschaftlicher Härte durchdrungen, ließ ich den Igel bei offenem Fenster und fallendem Thermometer zu Bett gehen und legte mich, nur um meine Frau zufriedenzustellen und ganz gegen meine Gewohnheit, mit klappernden Zähnen ebenfalls bei offenem Fenster schlafen.

Eines Morgens dann, als ich in den Keller kam und den Igel mit dem Thermometer anstieß, das nur noch sieben Grad zeigte, blieb das Fauchen, mit dem er sonst darauf zu antworten pflegte, aus. Er schlief, endlich, und tat, was die zoologischen Lehrbücher und die Professoren von einem ordentlichen Igel im Winter verlangen. Ich warf noch eine Lage Laub auf die Holzwolle, unter der er lag, räumte das

Freßgeschirr ab und wünschte meinem Igel, obwohl's erst Anfang Oktober war, zur Sicherheit gleich ein glückliches neues Jahr.

Aber das war, wie sich bald zeigen sollte, viel zu weit voraus gedacht.

Zwei Wochen lang geschah nichts. Der Igel lag aufgerollt auf der Seite und schlief; die kleine Schnauze schaute aus einem Loch zwischen den Stacheln hervor. Er reagierte weder auf das Wegnehmen des Laubes und der Holzwolle noch auf ein Anstoßen mit dem Thermometer. Ich hätte ihn – wenn auch wohl nur kurz – gut in die Hand nehmen können, ohne daß er erwacht wäre. Man hat oft schon winterschlafende Hamster ausgegraben; und während auch der gerissenste Tierpfleger es nicht wagen würde, einem wachen Hamster mit bloßen Händen nahezukommen, weil die Nagezähne dieser stets schlecht gelaunten und bissigen Tiere böse Wunden reißen, so kann man doch einen winterschlafenden Hamster unbesorgt aus seinem aufgegrabenen Erdbau herausheben; er behält dabei die Kugelform bei, die er beim Einschlafen einnahm; der Kopf liegt tief auf der Brust, die Vorderfüße hält er angewinkelt wie ein schlafendes Baby, und auch die Hinterbeine sind eng an den Leib gezogen. Am spaßigsten sieht der schlafende Siebenschläfer aus; auch er ist zu einer Kugel zusammengerollt, hat die Nase wenig fein unter den Schwanz geklemmt und diesen, der ja buschig und lang ist wie bei einem kleinen Eichhörnchen, sich wie eine Decke über Kopf und Rücken gezogen.

Ganz anders schlafen die Fledermäuse. Der Unterschied fängt schon damit an, daß Fledermäuse nicht, wie in der Regel die meisten anderen Winterschläfer, einzeln schlafen, sondern in Gesellschaft. Es gibt Höhlen, in denen winters die Decken übersät sind mit Fledermäusen. Die Tiere haben sich mit den Krallen an ihren Füßen in Gesteinsritzen verankert und hängen mit dem Kopf nach unten, tief schlafend, von der Decke. In ihren Füßen ist eine Sperrvorrichtung eingebaut, die ein Abfallen verhindert und die doch keine Muskelkraft verlangt.

Noch aus einem anderen Grund sind winterschlafende Fledermäuse bemerkenswert. Von allen Warmblütern, auf deren unterster Stufe sie stehen, können sie sich am weitesten gefahrlos abkühlen. Bei warmblütigen Tieren, denen der Winterschlaf fremd ist, und also auch beim Menschen, tritt bereits bei einer Körpertemperatur von 20 Grad eine Lähmung des Atemzentrums ein, und der Tod ist die Folge. Anders herum führen Körpertemperaturen von mehr als 45 Grad ebenfalls zum Tod. Bei so hohem Fieber würde das Eiweiß in unseren Körperzellen gerinnen, und das läßt sich durch keine ärztliche Kunst rückgängig machen.

Die Winterschläfer nun vertragen nach unten hin eine ganze Menge mehr. Ihre Körpertemperatur gleicht sich der Außentemperatur an. Nehmen wir den Igel. Klemmte man ihm im Sommer, wenn er mopsfidel Engerlinge und anderes Gewürm frißt, ein Fieberthermometer unter den Arm, so würde das etwa 35 Grad Celsius anzeigen. Dann kommt der Herbst. Die Temperatur fällt, und geht sie unter 17 Grad, dann sinkt die Körperwärme des Igels mit; er wird schläfrig, wie wir gesehen haben. Zunächst wehrt er sich dagegen. Er schnauft mehr, um seinem Blut mehr Sauerstoff und damit Wärme zuzuführen; auch frißt er, was er nur kann. Fällt das Thermometer aber weiter und nützt alles Schnaufen und Fressen nichts mehr, dann schläft der Igel ein. Atmung und Herztätigkeit lassen stark nach, bis sie nur noch andeutungsweise da sind. Die Körpertemperatur sinkt mit der Außentemperatur immer weiter.

Na gut, wird man sagen. Aber im Winter wird's ja doch kälter als plus acht Grad, die ein Keller haben mag. Was dann?

Dieser Einwand ist natürlich richtig. Ein warmblütiges Tier kann Körpertemperaturen unter null Grad nicht überleben, auch ein winterschlafender Warmblüter nicht. Beim Igel liegt die Grenze etwa bei einem Grad plus oder leicht darüber. Beim Hamster sind es vier Grad plus, beim Siebenschläfer ein Grad, beim Goldhamster zweieinhalb, beim Murmeltier drei. Alles ungefähr, und – das darf man nicht durcheinanderbringen – auf die Körper-, nicht auf die Außentemperatur bezogen. Die Außentemperatur ist meist etwas niedriger noch.

Es gibt unter den Warmblütern nur eine Ausnahme von dieser Null-Grad-Regel, und das ist die Fledermaus; ihre Körpertemperatur kann unter diese sonst übliche Todesgrenze rutschen, ohne daß diese Tiere sterben. Bei einer Außentemperatur von minus 3,8 Grad errechnete man bei einer Mausohrfledermaus eine Bluttemperatur von minus 1,9 Grad, und sie ging daran nicht ein. Erst wenn die Außentemperatur auf minus fünf Grad und mehr absinkt, muß auch bei der Fledermaus etwas geschehen, wenn sie nicht sterben soll.

Was aber geschieht bei solchen Frostgraden, die ja im Winter alltäglich sind? Zunächst einmal muß man bedenken, daß die Winterschläfer sich in der Regel Quartiere suchen, die frostfrei sind. Fledermäuse versammeln sich in den Tiefen der Felshöhlen, in die der Frost nicht eindringt. Hamster, Ziesel und Murmeltiere vergraben sich metertief in der Erde, polstern ihre Schlafnester warm und weich aus und verrammeln die Eingänge von innen mit Erde und Steinen, so daß weder Wind, noch Regen, noch übermäßige Kälte eindringen können. Der Siebenschläfer geht nicht selten in Feldscheunen. Der Igel wühlt sich in Wärme entwickelnde Laub- oder Misthaufen ein.

Trotzdem kann ein Temperatursturz vielen Winterschläfern gefährlich werden. Aber für diesen Fall hat die Natur vorgesorgt, und was wir Menschen heute an unseren Gas- und Ölheizungen und in unseren Autos haben, das haben wir den Tieren eigentlich bloß abgelauscht. Eine moderne Heizung brennt ja nicht dauernd auf vollen Touren. Man kann sie auf eine bestimmte, gewünschte Temperatur einstellen. Sagen wir 22 Grad. Wenn die erreicht sind, schaltet sich die Heizung ab. Das ist aber nur erst der halbe Trick. Eine Weile lang ist es im Zimmer nun 22 Grad warm. Dann aber läßt der Herr Sohn, wie üblich, die Tür offen. Vom Korridor zieht's kalt herein, und das Thermometer beginnt zu fallen. Aber es kommt nicht weit, denn die Heizung springt von selber wieder an und bullert, bis die 22 Grad wieder da sind. Das Ding, das diesen Trick besorgt, heißt man Thermostat.

So ist es auch bei den Winterschläfern. Zwei Wochen lang, sagte ich vorhin, schlief mein Igel bombenfest. Zu Beginn der dritten Woche kontrollierte ich wie üblich die Schlafkiste, der aber nichts Besonderes anzusehen war. Holzwolle, Laub und Igel waren an ihrem Platz. Ich wollte schon wieder gehen, als sich der Strahl meiner Taschenlampe in einer kleinen Wasserpfütze spiegelte.

Unser Keller ist absolut trocken. Wo also kam das Wasser her? Als ich genauer zusah, entdeckte ich auf dem Zementboden kleine Fußspuren, die von der Pfütze weg zur Igelkiste führten. Der Igel hat ja keine Haare unter den Füßen, und die fünf Zehen sind hübsch abgespreizt. Man sieht den ganzen Fuß sehr deutlich. Ich schloß messerscharf, daß mein Igel wohl einen fürchterlichen Druck auf der Blase gehabt haben mußte, davon aufgewacht war und fluchend, wie ich von mir auf ihn schließen möchte, sich aus dem Bett gewälzt hatte. Ich lüftete vorsichtig seine Bettdecke, um ihn probehalber anzustoßen, als es mir auch schon aus der Kiste entgegenfauchte, schwach zwar, doch deutlich.

Ich dachte über dieses neue Problem nach, und bei einem Viertele, was in einem Wein-Keller ja naheliegt, faßte ich den Entschluß, erneut von mir auf den Igel zu schließen. »Wenn du nachts raus mußt«, so sprach ich zu mir selber, »was tust du dann, damit sich das Geschäft auch rentiert? Du gehst an den Eisschrank und frißt. Was aber tut der Igel? Kein Eisschrank. Also geht er vor Wut wieder in die Falle.«

Bei diesem Stand meiner Überlegungen holte ich Milch und Hackfleisch, stellte es dem Igel vor die Kiste und verließ ihn. Am nächsten Morgen, als ich wiederkam, waren Milchteller und Fleischbrett leer. Na bitte.

Aber das wollte ich eigentlich gar nicht erzählen. Ich bin nämlich nicht sicher, ob der Blasendruck bei einem Winterschläfer tatsächlich als wissenschaftlich anerkannter Wecker funktioniert, wenn ich auch in einem zoologischen Buch diese Vermutung ausgesprochen fand, freilich vornehmer ausgedrückt, als ich die Sache erzählt habe. Aber eigentlich wollte ich von einem anderen Wecker erzählen, der mit Sicherheit funktioniert: von jenem Temperaturregler nämlich, von dem wir vorhin schon sprachen.

Ich wäre wohl zu diesem Experiment bereit gewesen, denn mein Vertrauen in die Wissenschaft ist groß, doch meine Frau drohte mir die Scheidung an für den Fall, daß ich grausam genug sein sollte, unseren armen, von Blasendruck und Hunger ohnehin schon geplagten Igel nun auch noch nachts ins Freie zu stellen, wo mittlerweile Temperaturen von weniger als null Grad herrschten. Und also kann ich nur berichten, was die Forscher durch Experimente als sicher festgestellt haben: daß nämlich die Winterschläfer, wenn ihre Körpertemperatur die tödliche Null-Grad-Grenze zu erreichen droht, die Atmung beschleunigen, also ihren inneren Ofen anlaufen lassen. Sie müssen dabei nicht unbedingt wach werden. Sie produzieren nur eben genug Wärme, um mit der fallenden Außentemperatur fertig werden zu können. Nur wenn's ganz schlimm kommt, wenn der Ofen zu stark angeheizt werden muß, dann erwachen die Tiere, um notfalls ein geschützteres Schlafquartier und wohl auch Nahrung suchen zu können. Und so hat man die meisten schon mitten im Winter draußen herumlaufen oder -fliegen sehen: den Hamster, den Igel, den Siebenschläfer, die Fledermaus.

Das Anlaufen des Ofens kann man sogar sehen. Wenn man einen Winterschläfer in eine warme Stube bringt, dann dauert es nicht lange und das Tier beginnt zu zittern, die Muskeln fangen an, wie in Krämpfen zu zucken – es wird Wärme produziert. Maikäfer machen ja etwas Ähnliches, wenn sie vor dem Abflug die Flügel sozusagen im Leerlauf schwirren lassen, um den Muskelmotor warm zu bekommen für den eigentlichen Flug.

Das widernatürliche Erwachen der Winterschläfer geht sehr rasch vor sich: In längstens einer Stunde ist das Tier bei voller Kraft und vollem Bewußtsein. Bei einem Ziesel hat man es genau gemessen, mit Fieberthermometer im Maul. Nach 35 Minuten waren aus anfänglich acht 150 Atemzüge in der Minute geworden, aus 28 Herzschlägen 375 und aus sieben Grad Körpertemperatur 27. Der innere Ofen des Tieres brannte lichterloh. Und schaltete prompt wieder ab, als man das Ziesel in die Kälte seines Schlafraumes zurückbrachte.

Ich seh's den Gesichtern der Herren Spielleiter und Tontechniker hier im Studio an – sie hätten gar zu gern gewußt, was ein Ziesel ist, und ob es sich bei diesem Tier vielleicht nicht doch bloß um einen Versprecher von mir handelt, ob das Ziesel nicht mit seinem richtigen Namen Wiesel heißt. Also es heißt schon Ziesel mit Z. Das Wiesel mit W hält keinen Winterschlaf. Das dem Murmeltier ähnliche Ziesel mißt etwa 30 Zentimeter, ist rostgelb gefärbt und hat einen mittellangen, buschigen Schwanz. Es frißt nur Pflanzenkost, wohnt unter der Erde und kommt bei uns nicht vor. Es nicht zu kennen, ist also keine zoologische Bildungslücke. Weiter als bis Sachsen kam das Ziesel meines Wissens nicht auf seiner Wanderung aus den östlichen Steppen nach dem Westen.

Aber wo war ich stehengeblieben? Ja – bei den tiefen Temperaturen, die ein winterschlafender Warmblüter gerade noch erträgt. Nun sind ja beileibe nicht alle Tiere Warmblüter; es gibt da noch die riesig große Gruppe der sogenannten Wechselwarmen. Alle wirbellosen Tiere gehören dazu, und unter den Wirbeltieren auch die Fische, die Frösche, Kröten und Unken, die Schlangen und die Eidechsen. Für sie alle ist es nichts Neues, nichts Außergewöhnliches, daß sich ihre Körpertemperatur der Außentemperatur anpaßt. Eine Giftschlange ist am gefährlichsten, wenn man ihr frühmorgens zu nahe kommt, zu einer Zeit, da sie im wahrsten Sinne des Wortes noch die Kühle der Nacht im Blut hat, also schwerfällig ist und sich in ihrer Bewegungsfreiheit gehemmt fühlt. Da greift sie aus Angst leicht an, während sie nach dem morgendlichen Sonnenbad auf einem wärmenden Stein dem Menschen gern aus dem Weg geht.

Ich bin im Tessin, in der Südschweiz, in einer Schlangenfarm einmal schlotternd vor Angst in ein großes Frei-Terrarium gestiegen, in dem Dutzende von giftigen Vipern gefangen gehalten wurden. Die Frau, die die Farm leitet und die mit diesen Viechern so lässig umgeht wie andere Damen bloß mit einer Handtasche aus ihnen, lachte mich aus: ob ich nicht wüßte, daß Schlangen vor der Erschütterung, die der menschliche Fuß auf der Erde auslöst, fliehen, wenn sie nur irgend können? Und tatsächlich: Zwischen dem niedrigen Gestrüpp, das den Boden des Terrariums bedeckte, konnte man sehen, wie sich die Schlangen drei, vier Meter vor meinen Füßen nach rechts und links teilten, wie die Wogen des Roten Meeres vor dem Stab des Moses, als er sein Volk Israel aus Ägypten führte.

Madame Cetti, die Schlangenbändigerin, war klug genug, mir die Spritze mit dem Gegengift, die sie stets im Haus bereit hält, erst hinterher zu zeigen.

Daß sich der Maikäfer vor dem Abflug aufheizt, sagte ich schon. Schmetterlinge machen es nicht anders. Wenn ein Wolfsmilchschwärmer seine Flügel im Leerlauf schwirren läßt, erwärmt er sich sehr rasch von neun auf 34 Grad. Der Schnellschwimmer Thunfisch hält seine Körpertemperatur durch das Spiel seiner Muskeln zehn Grad über der Temperatur des Wassers. Es ist klar, daß Tiere, die so wenig auf die Temperatur ihrer Umgebung achten müssen, es auch im Winter leichter haben als die Warmblüter. Und so gibt es da denn auch ganz erstaunliche Sachen. Ein Röhrenwurm holt sich selbst bei minus 270 Grad (die nicht mal der Nordpol fertigbringt) noch keinen Schnupfen, geschweige denn den Tod. Stechmücken werden spielend mit 40 Frostgraden fertig, einige Raupen überleben 20 Grad minus, eine Schildkröte fünf. Frösche und Eidechsen sind empfindlicher, und auch die Fische suchen tiefes Wasser auf, das eisfrei bleibt. Unsere Schnecken mauern im Winter ihr Haus regelrecht zu, indem sie es mit einem Deckel aus Kalk verschließen, den sie durch Drüsen absondern. Es ist nicht schwer, sich das im Winter anzusehen, denn man findet auf Spaziergängen immer wieder einmal eine in Winterstarre verfallene Schnecke.

Und damit ist das Stichwort für die Überwinterung der wechselwarmen Tiere gefallen: Sie halten keinen Winterschlaf, sondern sie verfallen, wenn sie nicht wie viele Fische und einige Insekten wach und aktiv bleiben, in eine Winterstarre, in der das Leben nur mit ganz, ganz kleiner Flamme brennt.

Doch wird es langsam Zeit, daß wir wieder nach meinem Igel schauen. Es passierte nichts Aufregendes mehr. Alle zwei bis drei Wochen kam er zu sich, und wenn ich einen kleinen See im Keller fand, wußte ich, daß es wieder Zeit für Speis und Trank war. Ich stellte ihm Milch und Fleisch hin, er fraß davon, mal mehr, mal weniger, und ging wieder schlafen. Der Winter sorgte dafür, daß mein Keller die richtigen acht bis zehn Grad Temperatur behielt.

Dann kam der März und mit ihm die Sonne. Es war Zeit für den Igel, aufzustehen. Ich holte ihn aus dem Keller, brachte ihn samt Kiste in die etwas wärmere Garage, wo ihn auch schon mal die Sonne traf, und eines Nachts dann hörte ich mit großer Befriedigung die Weinpulle wieder rollen, die ich ihm zum Signalgeben hingestellt hatte. Der Igel war wach und munter. Ich hatte ihn gut durch den Winter gebracht und war sehr stolz auf mich.

Meine Freude bekam jedoch einen erheblichen Dämpfer, als ich dem Igel Guten Morgen wünschen wollte. Er rollte sich sofort zusammen und stieß bösartige Zischlaute aus. Jede Vertrautheit, die er mir früher bewiesen hatte, war verschwunden. Er spielte wieder den wilden unrasierten Mann. Es beruhigte mich einigermaßen, in den klugen Büchern, die ich zu Rate zog, zu lesen, daß ein Verwildern der Tiere im Winterschlaf gar nicht so selten beobachtet werde. Das feindselige Benehmen meines Igels richtete sich also nicht gegen mich persönlich. Und schließlich mußte ich meiner Frau widerwillig recht geben, die an diesem Verhalten des Igels nichts Merkwürdiges fand; sie meinte, sie sei es von mir gewöhnt, morgens aus einem unrasierten Gesicht heraus angeknurrt zu werden.

Beleidigt nahm ich meinen ebenfalls beleidigten Igel, wickelte ihn wieder in meinen alten Pullover, rief meinen Hund und trug den Stachelfritzen wieder dorthin, wo wir ihn hergeholt hatten: in die Gärten am Stuttgarter Frauenkopf.

Und wenn er nicht gestorben ist, dann lebt er wohl noch heute...

(1965)

Der deutsche Wald kann mehr als rauschen

Ein Lehrstück im Süddeutschen Rundfunk über den Wald als Pumpwerk, Klima-Anlage, Schalldämpfer, Zuckerfabrik und Bankkonto.

Es ist etwas dran an dem Sprichwort, daß man vor lauter Bäumen oft den Wald nicht sieht. Ich könnte Sie zum Beispiel auffordern, hochgestimmt durch einen herrlichen Hochwald zu wandern. Aber davon würden Sie, was den Kopf anlangt, nicht viel profitieren, denn wer in den Wald nicht einen Rucksack voll Wissen mit hineinnimmt, der bringt auch keines mit heraus. Der Wald steht schwarz und schweiget, heißt es, glaube ich, im Gedicht, und hier hat das Gedicht recht: Der Wald gibt seine vielen, fast technisch zu nennenden Wunder nicht preis, und so gewaltig die Wirkungen des Waldes auch sind, so winzig klein sind die sichtbaren Ursachen – man müßte mit einem Mikroskop in den Bäumen herumklettern, wollte man sie sehen. Das ist zu mühsam. Wer möchte das schon.

Ich weiß nicht, wie es Ihnen ergeht, aber wenn ich durch den Wald laufe und diese wunderschönen dicken, alten Buchen sehe, die sich den Kopf fast an den Wolken kratzen, so frage ich mich nie, was man an so einer dicken Baumtante wohl verdienen könnte, legte man sie um und verscherbelte sie an ein Sägewerk. Ich frage mich: Wie, zum Kuckuck, kriegt sie es fertig, sich das Wasser 60, 80, ja 100 und mehr Meter hoch aus dem Boden in die Arme und in den Kopf zu saugen? Wenn unsereiner eine Limonade bestellt und sie mit einem Strohhalm trinkt, dann kriegt er nicht selten dabei vor Anstrengung hohle Backen. Nun ist aber der Querschnitt der Saugleitungen eines Baumes weit geringer als der eines Trinkstrohhalmes: Eine Gefäßweite von einem Millimeter ist schon selten. Auch gehen diese Saugleitungen im Baum nicht in einem Stück von der Wurzel bis zur Krone hinauf; vielmehr sind sie höchstens meterlang und im Holz des Baumes durch Querwände zerstückelt. Ein Baum enthält ja auch

Luft, und eine Luftblase in einer weiten, langen, einzigen Leitung müßte den Strom des Wassers und damit auch das Leben unterbrechen.

Wer nun in Physik gut aufgepaßt hat, der wird jetzt unweigerlich mit mir zu streiten anfangen und rundweg bezweifeln, daß ein Baum in der Lage sein soll, Wasser über 100 Meter hoch hinaufzupumpen, denn man weiß doch, daß eine mechanische Pumpe das Wasser nur bis zu einer Höhe von zehn Metern durch ein Rohr anheben kann, denn hier herrscht der Normaldruck von einer Atmosphäre, und hier gibt es dann im Rohr einen luftleeren Raum. Ich habe aber keine Lust, mich auf solch einen Streit einzulassen, denn erstens wäre er zu kompliziert, und zweitens ist er unnütz, denn allein daß es über 100 Meter hohe Bäume gibt, beweist ihre phantastische Saugkraft zur Genüge.

Des Rätsels Lösung liegt in dem Wörtchen Kohäsion; das ist der Zusammenhalt der Wasserteilchen untereinander, und man glaubt gar nicht, wie ungeheuer stark dieser Zusammenhalt des Wassers in ganz dünnen, fadenartigen Leitungen ist. In solchen Leitungen wird auch das Zustandekommen von Luftblasen sehr erschwert, und nur Luftblasen könnten die Kohäsion, den Zusammenhalt des Wassers, vernichten. Wo solche zusammenhängenden Wasserfäden aber die Höhe von zehn Metern einmal übersteigen, also über den atmosphärischen Druck Null hinausgehen, da entsteht ein negativer Druck, den man in Minusatmosphären mißt.

Keine Angst – ich höre mit diesem Zeug gleich auf. Aber entweder reden wir in Versen vom Waldesrauschen, oder wir versuchen wenigstens ein bißchen, dem Wald neugierig gegenüberzutreten. Also: die Kohäsion, der Zusammenhalt feinster Wassersäulen, und die Zugspannung der Minusatmosphären – das hält die Leitungsbahnen auch der höchsten Bäume mit Wasser gefüllt. Pro zehn Meter nimmt die Saugkraft einer Buche um drei bis vier Atmosphären zu, und in einem 140 Meter hohen Baum sind bis zu 50 Atmosphären am Wassersaugen. Man hat das gemessen, indem man Wasser mittels einer Pumpe durchs Holz gepreßt hat. Könnte man einen Staubsauger mit einer solchen Saugkraft konstruieren – er schluckte nicht bloß den Staub, sondern den ganzen echten Perserteppich hinterdrein.

Das alles beantwortet aber natürlich noch nicht die Frage, wo denn der Ursprung dieses Pumpsystems liegt, die Kraft, die überhaupt erst anfängt, Wasser anzusaugen. Sie sitzt in den Zellen der Blätter, in den mikroskopisch feinen Membranen, die durch Ab- und Anspannung die Saugkraft erzeugen. Von dieser Saugkraft bekommt man einen Begriff, wenn man von einem Versuch hört, den die Botaniker gern vorführen. Sie pfropfen den Zweig einer Eibe luftdicht auf ein anderthalb Meter langes Glasrohr, füllen es halb mit Wasser, halten es dann mit seinem unteren, offenen Ende in ein Wassergefäß und schauen beglückt zu, wie der Eibenzweig anfängt, das Wasser durch das lange Rohr hindurch zu sich heraufzuziehen. Und wenn man als zuschauender Laie dann in laute Begeisterung ausbricht, dann sagen die Fachleute so stolz, als hätten sie die Eibe gemacht, das alles sei wirklich noch rein gar nichts. Und sie ersetzen das Wasser unten im Topf, in dem die Glasröhre mit dem Eibenzweig steht, durch Quecksilber. Dann krempelt die Eibe sozusagen die Ärmel hoch und saugt hinter der Wassersäule im Glasrohr her auch das Quecksilber zu sich hinauf, das dreizehnmal schwerer ist als Wasser.

Man kann das Steigen durchaus sehen, denn das Tempo ist beachtlich. In der Eiche zum Beispiel macht das Wasser 44 Sachen in der Stunde, wobei die »Sachen«, von denen man als Autofahrer spricht, hier natürlich nur Meter sind. Aber 44 Meter, das ist schon die Höhe eines mittleren Hochhauses mit über zehn Stockwerken, und wenn man bedenkt, daß man die in den Blättern der Bäume eingebauten Pumpen mit bloßem Auge nicht einmal sehen kann, so kann man über ihre Kräfte nur staunen.

Bei solchem gewaltigen Schluckvermögen interessiert natürlich auch, was die Bäume mit dem vielen Wasser eigentlich machen, und da stößt man schon wieder auf etwas Unerwartetes. Noch nicht einmal ein Prozent der Wassermengen, die der Baum aufnimmt, behält er für sich. Er schwitzt fast alles wieder aus, wie unsereins das Bier oder die Limonade im Sommer. Nur heißt es beim Baum nicht schwitzen, sondern vornehmer transpirieren, und es sind bei ihm auch nie die Füße, die schwitzen, sondern immer nur die Blätter. Ein 60 Jahre alter Baumknabe, sagen wir wieder eine Buche, schwitzt an einem heißen Sommertag über 80 Liter Wasser durch die Blattrippen aus, doch hängt ihm dieses Wasser nicht in Schweißperlen an den Blättern, sondern es verflüchtigt sich in Form von Wasserdampf.

Und dann kommt der bekannte Tageswaldwind und weht, wenn er gut gelaunt ist, diese kühle, feuchte, balsamische Luft in die Städte hinein; die verstaubte und vergaste Stadtluft steigt beiseitegedrückt in die Höhe, und die Stadtväter im heißen, stickigen Rathaus öffnen beglückt die Fenster, um, bald gestärkt, weiterberaten zu können, ob sie die städtischen Baumanlagen nicht doch zugunsten des überhandnehmenden Verkehrs noch ein bißchen weiter abholzen sollen.

Langsam, fast zu spät schon, erkennen die Menschen immer mehr die luftreinigende Wirkung der Bäume. Über einem Industrieort hat man den Dreck in der Luft gezählt. 9000 Staubteilchen schwirrten in jedem Liter Luft herum. Am Standtrand, wo die Felder begannen, fanden sich schon keine 4000 mehr im Liter, und im Stadtwald, also in einem noch nicht einmal ganz waschechten Wald, waren es nur noch knapp 2000 pro Liter.

Nimmt der chemische Dunst über den Industrierevieren aber Formen an, wie wir sie aus dem Ruhrgebiet kennen, so kapitulieren auch die Bäume; sie gehen an Gasvergiftung ein, erst die Nadelhölzer und dann der zähere Laubwald. Und wo der Baum stirbt, da stirbt auch der Boden, wenn der Mensch nicht mit Technik und Chemie mühsam ersetzt, was der Wald dem Boden ganz natürlich gab. Abgeholzte, seit undenklichen Zeiten waldlose Gebiete wie der jugoslawische Karst sind eine Warnung für alle, die jeden Wald am liebsten in Bretter zerlegen möchten.

Wald und Wasser gehören zusammen. Der Wald hält die Regenwolken und auch den Nebel länger fest als das Freiland. Der Waldboden ist eine Art Wasserwerk der Natur. Ist er gut mit Wurzeln durchsetzt, die einen Meter und mehr in die Tiefe gehen, so speichern die Hohlräume, die Gänge, die Röhren pro Quadratkilometer 200 000 Kubikmeter Wasser, das sind, wenn ich richtig rechne, 200 Millionen Liter.

Alles Wasser der Erde unterliegt einem ständigen Kreislauf: Es steigt durch die Einwirkung der Sonne als Dampf über den Ozeanen auf, treibt als Wolken an Land, steigt an Gebirgen hoch, kühlt sich ab, fällt als Regen oder Schnee auf die Erde, sickert in den Boden ein, wird von Wurzeln hochgesogen, durch Stämme gepreßt, durch Blätter wieder ausgeschwitzt, fällt wieder auf die Erde zurück, versickert erneut zu Grundwasser, tritt als Quelle wieder aus, fließt in den Bach, in den Fluß und wieder ins Meer. Wasser ist der Segen des Lebens und gleichzeitig seine tödlichste Gefahr. Wo es als Regen ungehindert auf die Erde stürzen kann, wo kein Blätterdach die prasselnde Wucht der Tropfen mildert und zerstäubt, wo kein Blatt durch Ausschwitzen die Natur balsamisch befeuchtet, da reißt das Wasser die fruchtbare Erde hinweg, bis der blanke, tote Stein zum Vorschein kommt.

Der Wald schützt die Erde noch vielfältiger. Er steht wie eine Wand vor dem Wind, der dort, wo die Bäume fehlen, die trockene Ackererde in riesigen Staubfahnen durch die Luft davonwirbelt. Aber auch dem Frost macht der Wald die Zähne stumpf. Er rettet so manchen Kartoffelacker vor dem Glasigwerden der Früchte. Eine ganz lockere Baumreihe schon hat um sich herum eine fast einen Grad wärmere Temperatur als das benachbarte Freiland. Ist die Baumreihe doppelt und hat sie auch noch Unterholz, so ist es hier schon um fast zwei Grad wärmer als auf dem schutzlosen Feld. Und ein richtiges Waldstück hält das Thermometer schon um drei Grad höher. Und das kann bereits über Erfolg oder Mißerfolg einer Pflanzung entscheiden. Schließlich noch ist der Wald so etwas wie Watte in den geplagten Ohren der Stadtmenschen. Wer nur 100 Meter von einer Bundesstraße weg in den benachbarten Wald hineinspaziert, vernimmt den Lärm der Autos nur noch gedämpft. Man hat das gemessen und gefunden, daß bei einem 100 Meter breiten Waldstreifen eine Lärmminderung von 25 bis 30 Phon eintritt, und das ist knapp die Hälfte des Geschreis, das eine mittlere Autohupe macht.

Vom Wald als Klima-Anlage, als Pumpwerk und als Schalldämpfer habe ich Ihnen nun erzählt. Bleiben noch die Zuckerfabrik und das Bankkonto.

Eine 100jährige Buche frißt sich in der fettlebigen Sommerzeit einen ganz schönen Bauch an, wenn ich das so sagen darf, und in diesem Bauch befindet sich durchaus nicht nur

Wasser. Er speichert 52 Kilo Stärke, sechs Kilo Fette und 23 Kilo Eiweiß. Auch in der Rinde sind diese Nährstoffe enthalten, und so kann man durchaus glauben, was man immer wieder einmal liest: daß sich in Alaska oder auch schon in Lappland die verirrten Menschen lange Zeit nur von der Rinde der Bäume ernährten und vor dem Hungertod bewahrten. Ich habe so ein Stück Buchenrinde studienhalber mal gekaut, und seither weiß ich, was der Holzwurm doch für ein schäbiges Leben führt.

Ein Buchenwald kann pro Hektar eine Blattfläche von 30000 Quadratmetern bilden, und diese Blätter produzieren in 150 Tagen, also von Mai bis September, 9000 Kilo Stärke, das sind – ich hoffe, es stimmt – 180 Zentner. Nun sind so große Zahlen schrecklich eindrucksvoll, aber man kann sich nichts Rechtes darunter vorstellen. Also habe ich das umgerechnet, und dann produziert ein Quadratmeter Blätter im ganzen Jahr etwas mehr als ein halbes Pfund Stärke, Das ist eine ganze Menge, und man muß schon kräftig Kartoffeln essen, wenn man so viel Stärke verzehren will, denn auch die Kartoffel, eines unserer Grundnahrungsmittel, enthält Stärke. Und so lebt der Baum im Grunde von nichts anderem als der Mensch auch. Selbst Zucker hat er in den Adern. Er macht ihn im Blatt aus der Kohlensäure, die er sich aus der Luft holt, setzt Wasser hinzu, bekommt so den Zucker und macht überdies dabei noch ganz nebenbei Sauerstoff frei, den wir zum Atmen so bitter nötig haben.

Und den Betriebsstoff für die Zuckerfabrik, also die Energie, die spendet, wie üblich, die liebe Sonne.

Was die Sonne in der Botanik so alles vermag, davon kann ich Ihnen ein Stückchen erzählen, das sich ausgezeichnet zum Nachahmen eignet. Vielleicht haben Sie schon einmal darüber nachgedacht, weshalb das Stielende eines Apfels, der zu einer zum Erröten neigenden Familie gehört, stets intensiver rot gefärbt ist als das gegenüberliegende Blütenende. Die Stielzone, weil oben wachsend, ist der Sonne mehr ausgesetzt als die Blütenzone, und unter der Einwirkung der Sonnenstrahlen entwickelt sich in der Frucht ein Farbstoff, der Anthocyan heißt – was ich mir auch nie merken kann.

Wer aufmerksam im Wald spazierengeht, der wird sich vermutlich über zwei Dinge wundern: Junge Baumpflanzen sehen an ihren Zweigspitzen oft schwarz aus, wie mit Teer überstrichen, und andere junge Bäume hat man gleich ganz mit Draht umwickelt. Beides richtet sich gegen das Wild: Man will ihm den Appetit an den jungen Trieben verderben, will die noch zarten Pflanzen gegen den sogenannten Verbiß schützen. Der Draht aber soll gegen das Fegen des Reh- und Rotwildes schützen.

Sie haben richtig gehört: Ich sagte Fegen, doch mit einem Kehrbesen hat das nichts zu tun. Fegen nennen die Jäger es, wenn Rehböcke sich das Gehörn und Hirsche das Geweih an den Bäumen blankscheuern. Man kann das alles furchtbar durcheinanderbringen: die Rehe und die Hirsche, das Gehörn und das Geweih, und dann ist man unsterblich blamiert, wenn man sich mit einem Förster oder Jäger unterhält. Die meisten Stadtleute halten die Rehe ja für so etwas wie eine stark gekürzte Volksausgabe der Hirsche, und sie sind sehr erstaunt, wenn man ihnen sagt, daß beide Tierarten ihr durch und durch getrenntes Leben führen, daß die Männer der Rehe nicht die Hirsche, sondern die viel kleineren Rehböcke sind. Und daß ein Rehbock kein Geweih, sondern ein Gehörn trägt, umgekehrt das Geweih des Hirsches um Gottes willen nicht Gehörn genannt werden darf. Gemeinsam ist den Rehböcken und den Rothirschen jedoch die Merkwürdigkeit des jährlich sich erneuernden Kopfputzes.

Wer im März oder April einem Hirsch begegnet und mit seiner üblichen Erscheinungsform gut vertraut ist, der kann sich kaum ein Lachen verbeißen: Der Hirsch, der jetzt ohne Geweih herumläuft, erinnert ein bißchen an einen alten Herrn, der seine Brille verloren hat; es hat sich nicht nur sein Gesicht, sondern auch sein Gang ins Komische verändert. Wo aber ist dieses oft mächtige Geweih mit zwölf, 14 oder gar 16 Enden geblieben? Wahrscheinlich hängt es beim zuständigen Jäger an der Wand, nicht als Trophäe, sondern als Stammbaummerkmal und Wachstumsbeweis. Im zeitigen Frühjahr, frühestens im Februar, werfen alle Hirsche ihre Geweihe ab, und die beiden Teile liegen dann als sogenannte Abwurfstangen im Wald herum. Wer sie findet, tut gut daran, sie im nächsten Forstamt abzugeben, wenn er es nicht vorzieht, sie liegen zu lassen, wie es verlangt wird. Man darf sie nicht mitnehmen, das wäre Jagddiebstahl. Aber nicht der materielle Wert läßt die Jäger ein so scharfes Auge auf diese Stangen haben, sondern die Möglichkeit, an ihnen von Jahr zu Jahr zu studieren, wie der Hirsch sich macht, ob er gesund ist, ob er ein guter Vererber zu werden verspricht oder ob man ihn besser abschießen sollte, weil er über keine guten körperlichen Eigenschaften verfügt.

Das Geweih eines Hirsches ist eine komplizierte Angelegenheit, es ist erstaunlich, was die Fachleute da so alles herauslesen. Wie denn überhaupt ein guter Jäger alle bedeutenderen Tiere seines Reviers auf das genaueste kennt. Es gibt keinen Hirsch, keinen Rehbock, keinen Fuchs und keinen Dachs, den ein rechter Jäger nicht nach Aussehen, Standort und Gewohnheiten kennt. Er wird fast nie große Mühe haben, ihn binnen kurzer Zeit aufzuspüren, wenn er das will oder muß. Wo unsereins vielleicht sechs Monate im Wald herumspaziert, ohne auch nur einen Schwanz zu Gesicht zu bekommen, da gelangen die Förster und Jäger in einer halben Stunde ans Ziel. Ich saß mal mit einem dieser imponierenden Männer im Schwäbischen auf einem Hochsitz. Nach etwa 20 Minuten Wartens drückte er die Zigarette aus – das einzig Enttäuschende an ihm, denn ich hatte immer gedacht, alle Jäger rauchen klobige Pfeifen –, er drückte also die Zigarette aus, guckte auf die Armbanduhr und sagte: »So in fünf Minuten muß der Hans da drüben austreten. Er ist ein ungerader Zehner mit nicht allzu schönem Träger. Er wird wohl bald dran sein ...« Ja, und fünf Minuten später trat dann auch Hans, der Hirsch, aus dem Wald heraus auf eine Wiese, um zu äsen. Ich besah ihn mir durchs Fernglas, und es war tatsächlich ein ungerader Zehner, ein Hirsch, der an einer Stange fünf, an der anderen aber nur vier Enden hatte, also eigentlich ein Neuner. Doch Neuner gibt's bloß bei der Straßenbahn, nicht bei den Hirschen. Was den Träger vom Hans anging, den Hals, so schien er mir durchaus gut genug zu sein, um den schönen Kerl noch ein bißchen länger leben zu lassen.

Nicht lange nach diesem Erlebnis, etwa zwei Wochen oder so, da kehrte ich ohne den Jäger auf den Hochsitz zurück. Es war die gleiche Stunde, das gleiche Wetter, sogar der gleiche Wochentag. Ich hatte einen Freund bei mir, und nach etwa 20 Minuten Wartens legte ich meine Tabakspfeife weg, schaute lässig auf die Uhr und sagte: »In fünf Minuten muß der Hans austreten. Er ist ein ungerader Zehner mit nicht allzu gutem Träger. Er wird wohl bald dran glauben müssen...« Nach fünf Minuten dann trat nichts und nach weiteren 20 schließlich eine freche Wildsau aus, die sich das Achterteil genüßlich an einer Fichte rieb und längs der Wiesenfurche davontrollte. »Angeber!« knurrte ich mich selber an.

Noch habe ich nichts gesagt zur Architektur der Bäume, zu ihrer Wurzelbildung, zur Verfärbung ihres Laubes und dazu, daß sie zum Winter hin sich am besten warmhalten, indem sie sich nackt ausziehen, also die Blätter von sich werfen, denn durch die Blätter schwitzen sie ja Wasser aus, wie Sie mittlerweile wissen, und im Winter ist Schwitzen ungesund, besonders dann, wenn man, wie die Wurzeln im Winter, das Trinken einstellt. Wo man schwitzt, da ist Wasser, und wo Wasser ist, da ist im Winter auch Eis. Eis aber sprengt die Gefäße, es sei denn, man hat an den Blättern ein so dickes, wachsartiges Fell wie die immergrünen Bäume, deren Nadeln sich bei Kälte zusammenziehen, kein Schwitzwasser abgeben und also auch nicht dem Eis- oder Dursttod ausgesetzt sind.

Und vom Geld habe ich auch noch nicht gesprochen. Der Wald wird nur in den Gedichtbüchern als Gemeingut besungen, und ich kenne viele Menschen, die sich naiv als Mitbesitzer fühlen. Doch gibt es in ganz Deutschland keinen Baum, der nicht einen privaten, einen staatlichen oder einen kommunalen Besitzer hat. Der Wald ist wie ein Spargutshaben mit langfristig festgelegtem Geld. Die schnellwüchsige Fichte schon braucht 80 Jahre, bis sie hiebreif ist, die Kiefer 100, die Buche 140 und die Eiche sogar 180, und 300, wenn sie ihr Holz als Furniereiche zu Markte tragen soll. Der Wald ist eine Industrie, und 9200 Sägewerke stehen bereit, ihn in Bretter zu zerlegen. Und wer als Spaziergänger über die vielen Holzeinschläge mault, der sollte daran denken, daß gerade die stolzen Wipfel und Kronen des Privatwaldes – und das sind fast die Hälfte aller deutschen Waldbäume – mehr von den Steuern als vom Wind gebeugt werden. Kein Waldbesitzer kann es sich leisten, die Bäume bloß zur Beschaulichkeit der Bürger in den Himmel wachsen zu lassen.

Und es wird ja auch immer nachgepflanzt. Nicht weit von Stuttgart, in der Gegend von Donaueschingen, in den Fürstenbergschen Wäldern, da lebt eine Frau, die in 50 Jahren eine runde Million Tannen gesetzt hat. Das entspricht einem ganzen großen Wald von 200 Hektar Fläche. Und wenn man das weiß, ist man ein bißchen gewappnet gegen die Nachricht, daß im vergangenen Jahr in unseren Wäldern 25 Millionen Festmeter, also Kubikmeter Holz gefällt und verarbeitet wurden.

Aber man kann halt nicht gut in einem Wald spazierengehen, den man gleichzeitig verheizen und auf dem man in Form von Stuhl, Tisch und Bett sitzen, essen und schlafen möchte.

(1967)

Lanzarote – Land aus Asche

Tagebuchnotizen von einer Reise ins Kanarische Archipel.

Lanzarote, 1. März 1968. Ich nahm heute morgen das Flugzeug von Gran Canaria, und meine Neugier auf Lanzarote setzte ein mit einer Musterung der Passagiere, die mit mir die klapprige, zweimotorige Douglas bestiegen. Schwarze pomadisierte Haare, Obsidianaugen, Gesichtshäute von der Textur der Olive, schmale, nicht der Nase und nicht der Lippe zugehörige Bärtchen, Rüchlein von Knoblauch, patinierte Aktentaschen, von Profis gepflegtes Schuhwerk – keiner, der nicht wenigstens eine dieser Signaturen des in Geschäften reisenden Einheimischen trug. Ich nahm nur an mir die Zeichen der Touristen wahr: Kameras, das am Halse offene Hemd, die zerdrückte, um 25 Breitengrade zu warme Kleidung. So faßte ich eine starke Hoffnung auf Landschaften ohne touristische Faulstellen und legte, blicklos für die nach unten wegsackende Szenerie aus Meer, Brandung und Porphyr, das Gesicht in die dröhnende kanarische Sonne.

Ich mag diese saharisch einsamen Dorfflugplätze sehr. Eine verlassene Handvoll weißgetünchter Wände unter welligen Barackendächern, ein Windsack, ein Geranienbeet, ein versteckter Lautsprecher, aus dem eine Frauenstimme plärrt; mit den magischen Namen ferner Städte wird der Zusammenhang mit einer Welt beschworen, die hier zu enden scheint: zwischen Meer und Bergen eine staubige Ebene, ein menschenleeres, mausbewohntes Feld und der Flugplatz darin wie ein Pfahl, auf dem der Bussard fußt. Und so streckt denn die Douglas auch die Ständer vor, spreizt die achteren Flügelkanten bremsend in den Passat und fällt, im Staub der unbefestigten Piste grotesk hüpfend, auf Lanzarote ein.

Die Hitze verschlägt mir den Atem. Meine Mitreisenden eilen mit Alltagsgesichtern in den Schatten der Schalterhalle. Ich dagegen stehe wie betäubt inmitten meiner Siebensachen und versuche, wie ich es vom Segeln her gewohnt bin, meine

Position zu fixieren. In Gedanken fälle ich die Standlinien von Afrika her im Osten und von den plutonischen Inselbergen im Westen; ihr Schnittpunkt weist aus, daß ich die Glut der Sahara 70 Meilen hinter dem östlichen Horizont und Lanzarotes Vulkane im Angesicht habe. Die Flugplatzbar führt bayerisches Bier.

Arrecife, 3. März. Es ist immer wieder dasselbe: Durch den Genuß von Reiseliteratur jeglichen Niveaus nährt man in sich von den Plätzen, die man auszusuchen gedenkt, ein Bild, das von der Wirklichkeit zerblasen wird. Arrecife, Lanzarotes Hauptstadt, erlas ich mir als eine weiße Anhäufung afrikanischer Kuben um einen lockersandigen, von mageren Hunden durchwühlten Markt. Ich meinte bei der Lektüre, den Esel klagen zu hören und das Darmgerumpel der liegend wiederkäuenden Kamele. Ich erwartete also Afrika und fand – zum wiederholten Mal auf meinen Reisen – Amerika: Selbstbedienungsläden, »Bebe Coca Cola!«, Chevrolets und Fords, Chrom in den Bars, Neonlicht über der gepflasterten Promenade am Meer, und in den Läden der Tinnef aus den Dreigroschenkaufhäusern aller Herren Länder.

Parador de Arrecife, 4. März. Lanzarote, Arrecife, Parador – die Ortsangaben beim Tagebuchdatum täuschen einen Fortgang vor, der bisher nicht stattfand. Ich bin immer noch, seit der Stunde meiner Ankunft auf der Insel, im Parador, dem staatlichen Hotel in Arrecife. Ich vergeude meine Zeit mit Baden und Dösen, tue Buße für die Eile, der ich in letzter Zeit so oft beruflich ausgesetzt war: durch die Luft geschleudert an ein fernes, exotisches Ziel und sogleich hingestellt vor Sehenswürdigkeiten, deren Ausstrahlung mich nicht erreichte im Geschwätz der Dragomane, im Gerassel der kollektiv ausgelösten Kameraverschlüsse, im Geblök der zur Weiterfahrt treibenden Omnibushupen. Schon tuschelt das Hotelpersonal: vier Tage auf der Insel und noch keinen Fuß vor die Stadt gesetzt! Ich kapituliere und beschließe, mich morgen zu den Vulkanen aufzumachen.

Montañas del Fuego, 5. März. Ich miete mir ein kleines, offenes Auto, klemme mir ohne Rücksicht auf spanisches Würdegefühl einen breitkrempigen Frauenstrohhut auf den Kopf, werfe Kameras und Bananen, Notizbücher und ein halbes Huhn in den Kofferraum und staube, nach Landessitte jeden zwei- und vierbeinigen Esel anhupend, den Montañas del Fuego, den Feuerbergen entgegen.

Lanzarote unterscheidet sich gründlich von den anderen Inseln des kanarischen Archipels, die trockene Wüstenei Fuerteventuras allenfalls ausgenommen. Lanzarotes Berge, schlummernde Vulkane allesamt, reichen mit ihren Gipfeln, die durchweg nur wenige hundert Meter ansteigen, nicht hoch genug, als daß sich die Passatwolken an ihnen abregnen könnten. Sind Gran Canaria, Tenerife, La Palma eben deswegen Paradiese vegetativer Wollust, so ist die östlichste der Inseln, Lanzarote, der Garten des Bösen, das Malpais. Seine Beete sind die zum Meer hinableckenden Zungen des schwarzen Lavagesteins, und die Blumen, die aus ihnen sanft rot erblühen, sind die alten Krater; ihre im Giftatem der Ausbrüche oxydierten Flanken aus Lockergestein schließen sich wie Blütenblätter um Kelche, aus denen an einem Septembermorgen des Jahres 1730 die Insel den Tod trank.

Ich erkletterte, im Grus der Lapilli rutschend, einen der erloschenen Krater und blickte der Insel in ihr wahres Gesicht, ein Mondgesicht, das der Mensch mit den Griffelstrichen seiner Straßen noch kaum anritzte. Während ich die auf einer riesigen Ebene aufgehäuften Krater besah, wurde ich gewahr, daß mein über das Panorama gleitendes Auge zur Schreibnadel eines Seismographen wurde: Es strich ruhig über die unversehrte Ebene, um dann in heftigen Erschütterungsstößen an den Konturen der Krater aufzugleiten. Die Kurven, die der Blick dabei schrieb, entsprachen in ihrer Formensprache durchaus dem mehr oder minder heftigen Charakter der einzelnen Vulkane: Die Augenkurve blieb sanft gebuckelt, wo das Magma der Ebene nur eine geschwürige Beule aufgesetzt, sie aber nicht durchstoßen hatte; die Lineatur wurde steil und spitz, einer gefährlichen Fieberkurve gleich, wo das Gas aus den Magmakammern die Erdkruste mit ungeheuerlichem Druck gesprengt und das schmelzflüssige Gestein nicht als breitfließenden Lavastrom, sondern als Aschenregen und Lapillihagel an die Luft befördert hatte; und da war schließlich im Diagramm, das mein Auge auf das Blaupapier des Himmels schrieb, die stumpfkegelig breite, in ihrem oberen Verlauf zackig zerrissene Kurve, die der Caldera zugehört, einem weiten Kraterkessel, der, nachdem er sich von Lava entleert hatte, in sich zusammengestürzt war.

Es ist leichter zu sagen, was ein Vulkan nicht ist, als zu sagen, was er ist. Er ist kein brennender und nicht immer ein feuerspeiender Berg. Sein Auswurf ist nicht immer Lava, und in keinem Fall wird ihm seine Speise aus dem schmelzflüssigen Erdkern zugeführt. Es ist auch selten das Magma, das die Erdkruste sprengt; es ist das Gas, das, durch chemische Reaktionen entstanden, im Magma gelöst ist und, vom Druck des auf ihm liegenden Gesteins an weiterer Ausdehnung gehindert, zur plutonischen Preßwehe wird, die den Leib der Erde zerreißt, um durch und durch Böses zu gebären.

Eiterherden gleich sitzen diese Magmakammern in sehr unterschiedlicher Tiefe im basaltischen Teil der Erdkruste. Eine Herdtiefe von nur zwei Kilometern nimmt man beim Vesuv, eine solche von 50 bei einem Vulkan auf Kamtschatka an. Ich schreibe mir noch ein paar Zahlen auf: Rund 550 tätige Vulkane weist die Liste aus, die die historische Zeit umfaßt. Nach einer Statistik, die sich mit der Tätigkeit von 450 Vulkanen seit dem Jahr 1500 beschäftigt, waren nur 13 Prozent der gesamten Eruptionsmasse Lava, 87 Prozent entfielen auf Lockerprodukte, Aschen also, Bimssteine, Schlakken, Magmateile oder Gestein aus den Schlotwandungen, mitgerissen vom ausbrechenden Gas.

»Excuse me«, spricht mich, der ich schreibend auf einer Lavabombe sitze, eine englische Stimme an. Es stellt sich heraus, daß ihr Besitzer, ein Tourist wie ich, mich beim Ausfüllen von Ansichtskarten wähnte. Überwältigt von der Szenerie, hätte er gern von mir gewußt, wo es die Postkarten davon zu kaufen gebe. Der Tag hatte mir, trotz dieser kleinen Faulstelle, großartig geschmeckt.

Parador, 8. März. Ich muß den Ansturm der Bilder verdauen; döse und bade wieder. Womit ich nicht fertig werde: die Nichtigkeit dieser Stadt Arrecife hart am Rande einer Landschaft von luziferischer Schönheit. Doch bezieht der flüchtige Besucher seine Bilder aus einer kurzen und heftigen Konfrontation; er läßt außer acht, daß der langsame Prozeß der Verwitterung nicht nur die Steine, sondern auch menschliches Grauen ergreift.

Die Anhäufung weißer Kuben an einer Meeresbucht – nur nachts, wenn ich die Stadt vom weitausholenden Arm der Mole aus betrachte, finde ich diese Traumvorstellung verwirklicht, und über dem Fort San Gabriel hängt in tintigem Himmel ein Eidottermond. Das Bild ähnelt so sehr einem bemalten Sofakissen meiner Großmutter, daß mir meine Begeisterung suspekt ist. Ich gehe zu Bett. Die Fischmehlfabrik hinter dem Fort sendet Dünste aus, die der Passatwind über mich breitet wie ein von fremder Haut fettiges Laken. Morgen geht es wieder in die reine Luft der Vulkanlandschaft.

Islote de Hilario, 9. März. Lanzarote hält eine Landschaft bereit, in der man den Giftatem des plutonischen Untiers, das die Insel 1730 fast verschlang, durchaus riechen kann: Aus zweien seiner Nasenlöcher, die man in bequemer Nähe eines Ausflugslokals mit Schlacken umwandete, strömt es heiß ins Freie. Der Schaustellcharakter des Platzes datiert von einem Franco-Besuch her; es wurde eigens für ihn eine Straße auf diesen Mond gebaut und nach ihm benannt: Pista del Generalisimo. Davor muß dies einer der wenigen Orte auf der Erde gewesen sein, an dem die Genesis nacherlebt werden konnte. Lava ist, wie jeder Stein, ein schlechter Wärmeleiter. Eine Lavaschicht von neun Meter Dicke braucht 30 Jahre, um sich von ihrer Austrittstemperatur von 1100 Grad auf immerhin noch 750 Grad abzukühlen. Die Temperatur in den Solfataren von Islote de Hilario wurde in 20 Zentimeter Tiefe mit 140 Grad und in 60 Zentimeter mit 360 Grad gemessen. Ich werte es als Zeichen der relativen Unversehrtheit des Platzes, daß diese Daten nicht zum Staunen eines gelegentlich hier heraufkommenden Publikums angeschrieben stehen. Doch liegt Reisig bereit, das sich lodernd entzündet, wenn man es in die Austrittsspalten der vulkanischen Dünste legt.

Mozaga, 11. März. Man kommt auf Lanzarote um eine Beschäftigung mit der kargen Landwirtschaft nicht herum.

Wohin man sich auch wendet, den unversehrten Norden der Insel ausgenommen, man wird überall auf das schwarze Hephaistosgesicht der Feuerinsel stoßen, und auf ihm wölben sich zu Tausenden die Brauen der Windmauern, in deren Schutz jeweils ein einziger Rebstock, eine einzige Feige ihr Reptilienschicksal fristet. Diese Mauern stemmen sich nach Nordosten, dem Passat entgegen, und sie entlassen die Hitze, die sich in ihnen staut, nach Südwesten. Die Pflanzen wurzeln in Picón, dem Lockerprodukt der Vulkane, das die Bauern auf die Felder karren. Die hygroskopische Struktur des Picón, im Verein mit dem feuchten Passat, ist es, die den krüppeligen, am Boden dahinkriechenden Pflanzen das Unumgängliche an Wasser zuführt und erhält.

Ich meine, diese saharische Härte auch in den Gesichtern der Frauen zu lesen, denen man zwischen den schwarzen Äckern begegnet. Es fehlt ihnen der mohammedanische Schleier, doch wird er in seiner Wirkung übertroffen durch die Versteinerung der Gesichter, die bei jeder Begegnung einsetzt.

Ich verbrachte den Abend mit einem englischen Geologen, den ich an seinem stets mitgeführten Hammer identifizierte. Wir redeten von der Wasserarmut des Landes, von der ich, wie man eben so redet, sagte, daß sie eigentlich nicht wundernehmen könne bei dem feurigen Untergrund der Insel. Der Gelehrte lächelte fein, drehte nachdenklich seinen Malvasier im Glas und kam schließlich heraus mit der Sprache: »Wissen Sie«, sagte er, »es gibt da in unseren Kreisen eine Theorie, eine ebenso merkwürdige wie verblüffende, die das Wasser aller Ozeane – and, you know, it's quite a lot of water – aus dem Feuer der Vulkane erklären will.« Ich spürte die Belehrung kommen und trank mir Mut zu.

»Es ist also eine Menge Wasser in den Gedärmen der Vulkane«, fuhr er fort. »Allein am Gas, das die ganze Sache in Bewegung setzt, hat das Wasser einen Anteil von fast 70 Prozent. Das um 1000 Grad heiße Magma enthält vier Prozent Wasser, komisch, nicht wahr? – Und das erkaltete Magmagestein ein Prozent. Wenn man unter diesen Gesichtspunkten zu rechnen beginnt, dann hat die 40 Kilometer dicke Erdkruste beim Übergang vom flüssigen zum festen Zustand drei Prozent Wasser abgegeben – genug, um damit alle Ozeane dieser Erde zu füllen...«

Parador, 19. März. Meine Gänge werden seltener; die Szenerien der Landschaft sind zu dramatisch, als daß man täglich mit ihnen umgehen könnte. Und schließlich kam der Tag, an dem ich, um mit Ernst Jünger zu reden, »das Zimmer besah, das ich im nächsten Jahr bewohnen soll – doch würde ich zurückkehren? Es gibt noch zahllose Inseln auf dieser Erde und in ihren Meeren, und auf vielen wohnen Menschen, weiße, braune und schwarze, die unversehrt sind und an denen man sich noch das Maß nehmen kann. Das sind die wahren Erholungen.«

(1968)

Was denn – nichts über Dackel?

In seinen ›Bemerkungen über Hunde‹ hat Horst Stern auch eine Abneigung parat.

Nichts über Dackel. Ich kann Dackel nicht leiden: Sie brechen einem das Herz, dann heben sie an den Bruchstücken ein Bein auf. Man weiß bei einem Dackel nie, welche Sorte Tränen man gerade in den Augen hat: solche des Lachens, der Liebe oder der Wut. In einer Dackelseele menschelt es wie in keiner anderen Hundeseele. Sie kriegen sogar Bandscheibenleiden. Und Schwäbinnen rufen ihren Dackel »Männle«, während sie zu ihrem Mann nicht selten »Du Dackel« sagen. Was also hat ein Dackel in einem Hundebuch verloren?

(1971)

Das hält ja kein Pferd aus

Schon in seiner ersten Fernsehsendung ›Bemerkungen über das Pferd‹ hatte Stern den Springreitsport als widernatürlich bezeichnet. Das Pferd sei ein Weidegänger, ohne jeden eigenen Antrieb, über Büsche oder Hecken zu springen. Ein Jahr später brachte die Illustrierte ›Stern‹ eine großaufgemachte Reportage mit Bildern von brutalen Stürzen von Pferd und Reiter während berühmter Springturniere. Titel: ›Springreiten – ist das noch Sport?‹ Der Text von Horst Stern, in dem er erstmals von brachialen Dressurmethoden wie etwa denen des Barrens spricht, erzeugte einigen Ärger – nicht nur unter Pferdeliebhabern.

Wenn am Sonntagnachmittag die roten Röcke der Springreiter per Fernseher die Kaffeestunde des deutschen Tierfreundes verschönen helfen, wenn Hans-Heinrich Isenbarts routinierte Sprecherstimme mit dezentem Pathos vom »großen Sport«, vom »großen Herzen« der Pferde redet, dann wissen von den Millionen Zuschauern nur wenige Eingeweihte, daß auf dem Rücken der Springpferde schon längst nicht mehr das Glück dieser Erde gesucht wird. Vielmehr werden in alarmierendem Ausmaß Geltungssucht, Geschäft und Gewalttätigkeit auf den Rücken von Tieren ausgetragen, die man, vorzüglich am Tag des Pferdes, als »herrlichste Geschöpfe der Erde« zu beschwafeln pflegt.

Diese Festtagsmetapher ist voll von zoologischer Ignoranz. Denn Pferde sind vor allem von ihrer Anatomie her zum Springen ungeeignet. Der Grasfresser Pferd ernährt sich nicht mit Hilfe des explodierenden Sprungs, sondern im Weidegang Fuß vor Fuß. Doch als ich diese Binsenweisheit einmal im Fernsehen aussprach, erhob sich heftiger Protest in der Fachwelt, die dazu neigt, die Urteilsfähigkeit eines Mannes an der Geschicklichkeit seines Gesäßes zu messen.

Reiter nennen ein Pferd, das ohne ersichtlichen Grund einen Sprung verweigert, »nicht ehrlich«. Aber jedes Pferd hat immer den allerbesten Grund von der Welt, einen

Sprung zu verweigern – nämlich seine eigene, seine Pferdenatur. Als hochspezialisiertem Fluchttier der Grassteppe, das es von Haus aus ist, wurden ihm niemals in den 70 Millionen Jahren seiner Entwicklungsgeschichte Hindernisse von der infamen Sorte in den Weg gelegt, wie sie die Sprunggartenarchitekten aufbauen – mit einer Raffinesse, die vielerorts an Tierschinderei grenzt.

Pferden, die man in der Natur sich selbst überläßt, fällt es so gut wie nie ein, über ein Hindernis hinwegzusetzen, das sich auch umlaufen läßt. Darum genügen relativ niedrige Zäune, um die meisten Pferde auf der Weide sicher zu verwahren.

Federico Tesio, ein italienischer Landedelmann und wohl erfolgreichster Vollblutzüchter unseres Jahrhunderts, beobachtete einmal drei Pferde, Sieger in vielen Rennen über hohe Sprünge, auf der Weide: »Sie galoppierten nervös vor dem Weidegatter auf und ab und warteten ungeduldig auf einen Menschen, der es öffnen und sie in ihren Stall bringen sollte, wo, wie sie wußten, ihr Futter auf sie wartete. Was in aller Welt war es nur, das sie davon abhielt, über dies Tor von 120 Zentimeter Höhe zu springen? Alle drei hatten viele Rennen über Sprünge von 150 Zentimeter und höher gelaufen, und zwar unter Reitergewicht und ohne Aussicht auf Belohnung. Jetzt waren sie hungrig und ungeduldig, ihr Futter zu bekommen, und warteten doch auf den Jungen, der kommen und ihnen das Tor öffnen sollte.«

Tesio folgerte: »Der Akt des Springens ist gegen die natürlichen Anlagen des Pferdes und wird nur unter Zwang vollzogen.«

Auch Hans-Günther Winkler, der unter der Zentnerlast seines Turniersilbers zu leiden hat, weil Putzkräfte heutzutage rar sind, sprach mir gegenüber offen aus, was man in seinen Kreisen nicht gern nach draußen läßt: »Dieser Zwang ist immer da. Bei schlechten Reitern sieht man ihn, bei guten sieht man ihn weniger. Das ist der einzige Unterschied.« Und dann sinnierte der Warendorfer vor sich hin: »Man muß sich manchmal wundern, daß ein Pferd nicht mit dem Maul hinter sich greift, den Reiter aus dem Sattel zerrt, in die Bahn wirft und mit dem Huf drauftritt...«

Daß das Springen für Pferde, wie Tesio ebenfalls sagt, »ein

künstlicher und unnatürlicher Trick« ist, das kann vom Bildschirm ablesen, wer die Übertragungen von Springkonkurrenzen verfolgt, selbst die der ersten Garnitur. Da kommen sie meist hereingezackelt, »ein wenig heftig« pflegt der Sprecher dann zu sagen, während doch in Wahrheit der Weidegänger Pferd – in Frieden gelassen – eines der sanftesten, ruhigsten Tiere ist. Sie sind, wenn sie in die Springbahn kommen, aufgeladen mit der hochgradigen Nervosität, die der Zwang zu unnatürlichen Leistungen eingibt. Kaum je gelingt es einem Reiter, sein Pferd ruhig zum Gruß gegen die Richtertribüne zu stellen. Mit unziemlicher Hast lüften sie die Kappe, um ja rasch die Hand wieder an die rettende Bremse zu bringen, das Martingal, von dem noch zu reden sein wird.

Fast alle diese sich sichtbar gegen ihre Reiter auflehnenden Pferde flögen aus der Dressurkonkurrenz auf dem Turnierplatz nebenan, schon aus diesem einzigen Grunde: Dressurpferde sind die Ruhe in Person, sie haben keine Scheu vor dem, was da gleich kommen wird.

Kein Wunder: Einem Dressurpferd wird nichts abverlangt, was die Natur seiner Gangmechanik nicht mitgegeben hätte. Der starke Trab des Dressurpferdes zum Beispiel ist exakt Gangart und Figur des Herdenpaschas, der einem auftauchenden Hengstrivalen entgegenstelzt. Oder die seitwärts gerichtete trabende Verschränkung der Beine, die als Traversale dem Laien stets ein wenig nach Zirkuskunst schmeckt: Sie ist nichts anderes als der treibende Annäherungsgang des Hengstes an seine Stute. In jeder Wildpferdherde ist das bereits zu sehen.

Immer wieder werden dem Argument von der Artfremdheit des Pferdesprungs die Nachwuchspferde der großen Hannoveraner-Auktionen in Verden entgegengehalten. Man führt hier das sogenannte Freispringen vor: Sattel- und reiterlose Pferde gehen zum Beweis ihrer natürlichen Springveranlagung vor der Versteigerung über ein paar gut einen Meter hohe Stangen. Ich finde das nicht sehr überzeugend als Beweis für die Zwanglosigkeit dieser Sprünge. Die Hindernisse hängen in einer Stangengasse, in die die Pferde hineingetrieben werden; sie können nicht seitlich ausweichen. Und damit sie vor der ersten Barriere nicht einfach stehenbleiben, postiert man bei den Hindernissen Männer, die mit langen Peitschen der meist mangelnden Freiwilligkeit nachhelfen.

Daß Pferde aus Angst vor Strafe, also unter Zwang, springen können, das befreit die extreme Springreiterei nicht von dem Vorwurf, solche Notanstrengungen der Pferde zum eigenen Vorteil rücksichtslos zu Höchstleistungen – oft im wahrsten Sinne des Wortes – hochzupeitschen. Und obendrein für eine natürliche Sache auszugeben.

Der natürliche Sprung des Pferdes ist allein der in die Weite gerichtete, flach nach oben verlaufende Galoppsprung. Ein Pferd über zwei Meter hohe Sprunggestelle zu reiten, das halte ich für – vorsichtig gesagt – zirzensisch.

Georges Calmon, Frankreichs großer alter Mann des Springsports, nennt den Hindernisbau von heute »diabolisch« und sagt: »Man steigert sich in Überangebote hinein – jeder möchte das bestdotierte und zugkräftigste Turnier haben. Es soll daher möglichst auch das schwerste sein. Ein Derby jagt das andere, eine Meisterschaft die andere. Und die Grands Prix sind kaum zu zählen. Dafür läßt man sich immer höhere und massigere Hindernisse einfallen, ohne sich dabei im geringsten um die Pferde zu kümmern. Man behandelt sie wie Maschinen. Die Folge davon: Einige stehen es vier Jahre durch, manche drei, und wieder andere sind schon nach zwei Jahren verheizt...«

Da ist es wieder, dieses greuliche Wort: verheizen. Doch gibt es clevere Springreiter, die eine gute Tierarztadresse kennen. Die Sache geht so: Man bringt sein Pferd, das vom harten Aufkommen nach vielen Sprüngen chronisch auf den Vorderbeinen lahmt, zum Veterinär, und ein kleiner Nervenschnitt an den Beinen befreit das Tier von seinen Schmerzen. Den Besitzer befreit er von der Angst, sein Pferd womöglich nur noch zum Metzger schaffen zu können. Zwar liegt der sogenannte »Schrottwert« eines Pferdes, verglichen etwa mit dem eines alten Autos, ungewöhnlich hoch, bis zu 1000 Mark für Fleisch, Knochen und Fell, doch ist das nur ein Nasenwasser für ein Springpferd in den besten Jahren, das als Novize vielleicht 20 000 gekostet hatte. Den – vorübergehend – schmerzfreien Gaul kann man gerade eben noch gut verkaufen.

»Der Turniersport«, sagt Georges Calmon, »muß ein Sport von Gentlemen bleiben.« Wie die Dinge liegen, ist dieser Sport heute in der internationalen Spitze eine Sache professioneller Akrobaten mit ein paar Ausnahmevariationen des Genotyps Pferd – Wundertieren, wie sie jede Spezies immer wieder hervorbringt. Bedenklich vor allem ist der Leistungsmaßstab, den sie mit ihren aus der Pferdeart geschlagenen Springwundern der Masse der Springreiter für den Hausgebrauch vermitteln.

Wenn der »Donald Rex« Alwin Schockemöhles zwei Meter überspringt wie einen niedrigen Gartenzaun, dann, so sagen sich Reiter Hinz und Reiter Kunz, müssen unsere Gäule, die doch auch Geld gekostet haben, wenigstens einssechzig schaffen. Und was diesen unglücklichen Pferden in der Hand von gewissenlosen (Provinz-)Ehrgeizlingen dann bis zu dieser Marke fehlt, das wird mit Sporn und Peitsche angeschafft. Wenn diese Gentlemen sich nicht scheuen, ihren den Sprung verweigernden Pferden auf dem Abreitplatz, vor den Augen der Turniergäste, die Peitsche über Kopf und Kruppe zu ziehen, wie das gar nicht so selten zu beobachten ist, dann ist die Frage erlaubt, was sie mit ihren Tieren erst zu Hause, in der Abgeschiedenheit der privaten Reitbahn, machen.

Da gibt es zum Beispiel Hohlstangen aus Leichtmetall, die zwischen zwei Pfosten schwingend aufgehängt werden. Stoßen die Röhrenknochen der Pferde im Sprung gegen die hohlen Schwingstangen, dann verursachen sie den Tieren unvergeßlich schmerzende Vibrationen: Sie heben in Zukunft die Beine höher, mag sich der Rücken darüber auch verkrampfen, teils in Erinnerung an den Schmerz, teils auch als Vorbeugung gegen das Reitergewicht, das dem verspannten Tier beim Aufkommen nach dem Sprung ins Kreuz fliegt und als vermehrter Stauchdruck die Vorderbeine belastet.

Da gibt es in der Schulbahn den Mann mit der langen Peitsche, und da gibt es schließlich das Martingal. Das ist ein Hilfszügel, ein Ausbildungsprovisorium, das indessen zu einer lieben Dauergewohnheit fast aller Springreiter geworden ist, auch der besten: zwei Riemen, die vom festen Bauchgurt her über die Zügel geschlauft werden und dem Pferd mittels Gebißdruck Schmerzen im Maul zufügen, wenn der Reiter die Zügel hart annimmt oder wenn das Pferd versucht, den Kopf hochzunehmen, etwa um durchzugehen.

Seit vielen Jahren rümpfen die Hohenpriester des Pferdesports die meist edlen Nasen über diese beschämende Reitkrücke und verdammen sie als inkorrekt. Es ist leicht einzusehen, warum das Martingal dennoch nicht verboten wird: Der gesamte internationale Springsport bräche von heute auf morgen zusammen. Auch etliche der großen Namen wären ihren plötzlich kopffrei gewordenen Pferden wohl auf die unwürdigste Weise ausgeliefert.

In einem Bericht über das 1970er Grand National von Aintree, dem schwersten Jagdrennen der Welt, »der unerbittlichsten Prüfung auf Springvermögen«, in der wieder einmal von 28 Pferden nur acht ankamen, schrieb ein Fachblatt: »›Racoon‹ (Waschbär) fiel an Hindernis drei und brach sich das Genick. Bei aller Skepsis gegenüber dem immer wiederkehrenden Geschrei der Boulevard-Zeitungen und Tierschützer: Wenn Pferde so fragwürdiger Qualität das Feld verunsichern dürfen, sind Rufe nach einer Zulassungsreform sicher berechtigt.«

Die makabre Kaltschnäuzigkeit dieses Nachrufs enthüllt die Hybris des Zuchtgedankens, der all diesen mörderischen Hindernisrennen zur Rechtfertigung dienen muß. Man verheizt die Pferde reihenweise mit dem Hinweis, daß nur schärfste Auslese die Qualität des »Pferdematerials« von heute sichere. Der Sieger zur Stute (falls er nicht, wie so oft, ein Wallach ist!), der Verlierer zum Metzger.

In kaum einer dieser Veröffentlichungen ist ein Unterton des Stolzes zu überhören, den die Verteidiger solcher Springprüfungen angesichts dieser erbarmungslosen, mit Pferdekadavern bezahlten Härte empfinden. Ganz so, als fiele ein Abglanz dieser Härte auch auf sie, die da am Rande der Bahn artig die steifen Hüte vor aufgetakelten Damen lüften, während sie das Reiten bezahlten Gladiatoren und das Knochenbrechen ihren Pferden überlassen.

Sentimentale Tierbetrachtung schadet den Tieren gemeinhin mehr, als daß sie nützt. Aber hier muß die Frage erlaubt sein, zu welchem anderen Zweck als dem der Befriedigung menschlicher Schau- und Wettlust diese Genickbruch-Sprünge denn gut sein sollen? Es ist nicht die Natur des

Weidegängers Pferd, die Bedarf an Sprungvermögen hat, es ist die auf Nervenkitzel und Rekordlust gerichtete Natur des Menschen, die Bedarf an solchen Tieren hat. Dem Zuchtgedanken – der Selektion von leistungsfähigen Tieren zur Gesunderhaltung der modernen Gebrauchspferd-Rassen – wäre durch die Prüfungen auf den Flach-Rennbahnen, in den Dressur-Vierecken und in human gebauten, der Pferdeanatomie angemessenen Sprunggärten vollauf Genüge getan.

Aber die zoologische Ignoranz geht so weit, daß von zehn Springreitern noch keine drei wissen, wie blind Pferde oft sind, wenn sie über die Hindernisse gehen müssen. Die Pferdeaugen sind die peripher sehenden Augen eines vor allem nach hinten wachsamen Weidegängers. Mit dem Kopf grasend zwischen den Vorderbeinen, haben diese Tiere eine fast totale Rundumsicht, ohne auch nur den Hals bewegen zu müssen. Aber mit dem Kopf gegen ein Hindernis gerichtet, hat das Pferd vor seinen – seitlich angeordneten – Augen einen nicht einsehbaren Sektor von 1,2 bis 1,5 Meter Länge.

Wenn sein Reiter, wie das oft genug zu beobachten ist, ihm den Kopf zwischen Zügel und Martingal unbeweglich einkeilt, dann sieht das Pferd weder Absprung noch Hindernis noch Aufsprung. Daraus erklären sich, insbesondere bei wenig routinierten Pferden, die unsicheren Absprünge mit oft nachfolgendem Kleinholz.

Ein aufmerksamer Beobachter der Turnierszene sieht den Pferden beim Angaloppieren der Hindernisse das Bestreben an, den Kopf erst zu heben und ihn dann seitlich abzuwenden: Nur mit angehobenem Kopf haben sie die Möglichkeit, das noch fern stehende Hindernis scharf mit beiden Augen zu erfassen, und nur mit abgewendetem Gesicht, nur mit einem Auge also, können sie den Absprung, das Hindernis und das Aufkommen taxieren. Es gibt bis auf den heutigen Tag keine mir bekannte Antwort in der Pferdeliteratur auf die naheliegende Frage, warum wohl die Evolution der Pferde in 70 Millionen Jahren eine nur armselig zu nennende Sehleistung hervorbrachte, wenn diesen Tieren das Überspringen hoher Hindernisse als natürliche Bewegungsweise zugedacht wäre.

Auch das gefürchtete Scheuen der Pferde hat seine Ursache allein in den mangelhaften Augen. Das Heil dieser

Steppentiere liegt deshalb allein in der sofortigen Flucht. Statt einer Brille verschrieb die Natur dem Pferd die Panik.

Aber sie werden die Pferdebrille schon noch erfinden. Seit Einführung des Springsports – und das ist in vier Jahrtausenden Reiterei noch keine 100 Jahre her – wuchsen immer nur die Hindernisse; die Leistungsfähigkeit der Pferde aber blieb trotz aller genetischen Manipulationen annähernd gleich. Was die Zucht nur sehr unvollkommen schaffte, nämlich die ganz natürliche Unsicherheit des Lauftieres Pferd beim Turniersprung wegzüchten – die Pferdebrille macht's vielleicht möglich.

Es ist ihnen zuzutrauen.

(1971)

Bemerkungen über den Rothirsch

Bis heute ist dieser Fernsehfilm, gesendet am Weihnachtsabend 1971, Sterns provokantestes, polemischstes, aber auch wirkungsvollstes Journalisten-Stück geblieben. Bis nach Bonn gingen die Erschütterungen dieses einen Films. Nach einer Anhörung im Bundestagsausschuß für Ernährung, Landwirtschaft und Forsten wurden die Jagdgesetze novelliert und mit ihnen kam eine etwas biologischere Betrachtung von Hege und Jagd in unsere Wälder.

Der folgende Text ist ein Filmmanuskript. Manches bleibt deshalb halb-lebig, weil das erläuternde, zum Verständnis notwendige Bild hier nicht verfügbar ist. Vor allem verlangt gerade jene berühmt gewordene Montage nach der komplettierenden Visualisierung, in der Stern eine schwülstige Hubertusrede eines Jägers mit Bildern vom Abschärfen des Hauptes eines kapitalen Hirsches unterschneidet. Trotzdem verfehlt auch der reine Text seine Wirkung nicht.

30 Prozent Bodenfläche der Bundesrepublik sind bewaldet. Wald, der mit den Wurzeln den Humusboden festhält und mit den Kronen den zerstörerischen Anprall des Regens mildert, garantiert die Gesundheit der Landschaft. Sie ist längst dahin. Der deutsche Wald ist krank auf den Tod. Ein Renditedenken, das selbst das Schicksal der Nation am Börsenzettel abliest, hat aus dem Wald eine baumartenarme, naturwidrige Holzfabrik gemacht. So pervertiert ist dieser Wald, daß der Rothirsch aus Mangel an natürlichem Nahrungsangebot einerseits und ungezügelter Vermehrung andererseits zum Waldzerstörer geworden ist.

Ja richtig, meine Damen und Herren: Es ist nicht dringlich zur Zeit, den Hirsch zu schonen. Es ist dringlich zur Zeit, ihn zu schießen. Der menschliche Wolf versagt. Er ernährt sich von Kalbfleisch und jagt den Hirsch als Knochenschmucklieferanten für die Wand überm Sofa. Das Hirschgeweih als Aufhänger für Gamsbarthüte und schöne Erinnerungen.

Ich stehe nicht im Rufe, ein Feind der Jagd zu sein, doch haben viele ausgedehnte Waldgänge mich skeptischer gemacht gegenüber einigen Erscheinungsformen der Rotwildjagd, an der nur eine kleine, wenn freilich auch einflußreiche Minderheit beteiligt ist.

Ich meine vor allem die Überbewertung der Trophäe, des Hirschgeweihs, mit dem ein unvorstellbarer Kult getrieben wird, obwohl zu seiner Erbeutung heute nicht mehr gehört als Geld, gute Beziehungen, Sitzfleisch und ein ruhiger Zeigefinger. Diese prestigehaltige Knochensammelei markiert eine Spätphase der konservativen Jagd. Immer mehr Jäger, junge vor allem, wenden sich aus Einsicht in Umweltprobleme von ihr ab.

Das mangelhafte Interesse am Abschuß junger, vor allem weiblicher, also geweihloser Tiere, hat zu einer explosionsartigen Vermehrung des Reh- und Rotwildes geführt. In manchen Revieren hat man den Hirsch bis zum Zehnfachen eines natürlichen, für den Wald erträglichen Bestandes herangehegt; manche sagen herangemästet. Es ist dahin gekommen, daß im deutschen Alpengebiet 47225 Stück Schalenwild, also Hirsche, Rehe und Gemsen gezählt wurden, im selben Gebiet wurden zur selben Zeit aber nur 46000 Rinder, also 1200 Stück weniger, auf die Almen getrieben.

Bevor die menschliche Jagd sich zum Regulator des Gleichgewichts zwischen Wild und Wald aufwarf, hielt die Natur selber das Wild kurz, und zwar radikal. In den Wildmarken Osteuropas kommen auf 1000 Hektar Wald nur drei Stück Rotwild. Bei uns sind es 30 bis 50.

Der Jäger dieser menschenleeren Gebiete ist der Wolf. Ihm liegt nichts an der Trophäe. Er reißt nicht den starken Hirsch. Er reißt die sich multiplizierenden weiblichen Stücke und die Jungen. Mehr als die Hälfte aller Kitze und einjährigen Jungtiere fällt in biologisch intakten Waldgebieten jährlich dem Raubwild Wolf, Luchs und Bär anheim.

Es ist vielen Jägern unbekannt, daß die bayerischen Bergwälder vor wenig mehr als 100 Jahren im Winter noch völlig leer von Hirschen waren. Das Rotwild zog im Herbst in die milderen Flußniederungen hinunter. Eine Fütterung durch den Menschen war unbekannt. Das änderte sich, als mit der

Säkularisation kirchlicher Landbesitz an die Krone Bayerns fiel. Indem die Leibjäger der Krone nun Wildfütterungen einrichteten und den bürgerlichen Wilderer leidenschaftlicher jagten als das adelige Wild, gewöhnten sie die Rothirsche ins Gebirge.

Die Nachfolger im Geiste der feudalen Wittelsbacher als Jagdherren dieser unwirtlichen Bergreviere sind heute zu mehr als 60 Prozent sogenannte Führungskräfte der Wirtschaft, von denen mehr als 80 Prozent ihren Wohnsitz in den industriellen Ballungsräumen der Bundesrepublik haben. Sie sind häufig mit den biologischen Zusammenhängen in ihren Bergwäldern bis zur Naivität unvertraut. Die absurd hohen, jährlich in die Zehntausende gehenden Pachtpreise zahlen diese Jagdherren nicht für eine gesunde Landschaft, sondern für möglichst viele starke Hirsche, die, wie diese hier, im Winter rudelweis zu den vielen Fütterungen ziehen.

Das Rehwild stellt nicht, wie manche Leute glauben, den Hirschen die Weibchen. Rehbock und Ricke sind eine ganz eigenständige Wildart. Es gibt davon an die eineinhalb Millionen Stück in der Bundesrepublik, und obwohl pro Jahr eine halbe Million totgeschossen werden, hat sich der Bestand in zehn Jahren verdoppelt. Bambi ist, genau wie diese Hirsche, nicht nur den Wäldern, sondern auch sich selber zur Plage geworden. Kümmerlinge und Seuchen sind als die sicheren Anzeichen einer zu hohen Wilddichte weit verbreitet. Der starke einzelgängerische Hirsch kommt als letzter zu Tisch. Er steht nur während der kurzen Brunftzeit im Herbst beim Rudel der Hirschkühe.

Während man früher nur Heu fütterte und das mit noch stärkerem Baumschaden bezahlte als heute, tut man jetzt komplizierte Futtermischungen, vor allem safthaltige Silage, in die Tröge. Der Hirsch als Wiederkäuer braucht täglich zehn Liter Saft, den er sich aus der Baumrinde holt, wenn die Futtermischung nicht stimmt.

Jedes Jahr im Februar/März werfen die Hirsche ihre Geweihe als abgestorbene Körperteile in den Schnee. Die Abwurfstangen liefern dem Jäger wertvolle Hinweise auf die Erbqualität eines Hirsches, wenngleich Spötter meinen, die Zuchtwahl anhand dieser sekundären Geschlechtsmerkmale käme einem Versuch gleich, die genetischen Qualitäten eines Mannes allein aus seinem Bartwuchs deuten zu wollen.

Aus den blutigen Näpfen der Kahlhirsche wächst sofort ein neues, in der Regel stärkeres Geweih heraus, an dessen Endenzahl freilich nicht das Alter des Tieres abgelesen werden kann. Der Vorgang ist ebenso juckend wie unerklärlich, denn nichts kann ja beim Waldlauf hinderlicher sein als ein Kronleuchter auf dem Kopf. Auch ist das Geweih nicht eindeutig als Waffe zu erklären, denn wenn sich Hirsche außerhalb der Brunft streiten, prügeln sie sich mit den Vorderläufen. Im härtesten Winter, wenn die Wölfe sie bedrängen, steht das Geweih ihnen nicht zur Verfügung. Und die Schiebekämpfe der Brunfthirsche wären auch ohne diese pflanzenhaft wuchernden Knochenberge möglich. Nicht alle Hirsche werfen zur gleichen Zeit ab. Es wird Frühling darüber. Der Schnee lichtet sich. Jetzt steigt der Saft in den Bäumen auf, und gierig machen sich die Hirsche über die Rinde her, wenn man sie nicht weiterhin in Gattern an der Fütterung hält.

Wie für Schwein und Huhn halten Futtermittelfabriken heute auch ausgeklügelte Mischungen für das Rotwild bereit, und es fehlen weder die hormonalen Zusätze für das prächtige Geweih noch die Pülverchen gegen die Würmer. Die Kosten einer richtigen Wildfütterung sind nicht unbedeutend. Sie schwanken zwischen einer und zwei Mark pro Kopf und Tag. Und es gibt private Rotwildreviere, in denen mit wechselnder Intensität praktisch das ganze Jahr über gefüttert wird.

Das neue Geweih wächst im Schutz einer Haut heran, die der Jäger die Basthaut nennt. Sie ist stark durchblutet und ernährt von den Enden her den wachsenden Knochen. Ein starker Hirsch schiebt in nur vier Monaten eine Geweihmasse von 20 Pfund. Dennoch ist nicht die Aufnahme von Kalk, das der Hirsch in seinen Knochen speichert, sondern von Eiweiß während dieser Zeit sein Problem. Eiweiß findet der geweihbildende Hirsch, indem er die knospenden Triebe der Waldbäume abweidet und sie dadurch verkrüppelt.

Sehr stark ist jetzt auch der Vitaminbedarf. Ihn deckt der Hirsch durch das waldzerstörende Schälen der im Saft stehenden Bäume. Sie faulen dann und sterben. Der Hauptschaden konzentriert sich heute mangels Laubbaumarten auf den Brotbaum der Waldwirtschaft, die Fichte. Fachleute beziffern den Schaden, den ein Hirsch im Laufe seines 12- bis 15jährigen Lebens anrichtet, auf gut und gern 30000 Mark. Es hängt demnach an jedem Ende eines starken Hirschgeweihs ein Tausendmarkschein. Und diese Scheine kommen zumindest bei den vielen Hirschen der großen staatlichen Forsten nicht aus privaten, sondern aus öffentlichen Kassen. In Bayern hat jeder Abgeordnete, sofern er einen Jagdschein hat, aus Gewohnheitsrecht jährlich einen Hirsch frei. Direktoren und Präsidenten der Jagd- und Finanzbehörden, Parteifreunde und Diplomaten schießen weit unter Preis den Hirsch im wilden Forst. Der deutsche Wald steht stumm dabei und leidet.

Im Mai oder Juni, nach 34 Wochen Tragzeit, bringt die Hirschkuh ein Kalb zur Welt, selten zwei. Die Nachgeburt frißt sie auf, um durch deren Blutgeruch nicht Raubtiere anzulocken. Das Junge des Vorjahres hat sie zuvor verjagt, doch darf das Einjährige nach der Geburt des neuen Kalbes wieder zu ihr zurück. Ein Muttertier mit seinen Jungen der letzten drei Jahre ist oft der Kern einer mutterrechtlichen Einheit, die der Jäger Rudel nennt, mit der Mutter als Leittier. Ältere Hirsche gehören nicht zum Rudel; sie bilden Männergesellschaften oder ziehen einzeln.

Ich zeige Ihnen jetzt im Original von Bild und Ton einen Film, den Sie vermutlich kennen; denn Sie gaben ihm die Traumnote plus 8. Ich kenne die russische Originalfassung dieses Films nicht, aber die deutsche Fernsehfassung geht an der Stelle, die ich im Auge habe, so: »Über dem lustigen Laufen, Hüpfen und Springen vergessen die jungen Hirsche die Welt um sich her. Und sie vergessen vor allem auch die Gefahren, die rings auf sie lauern. Zum Glück ist ein Wildhüter in der Nähe. Mit seinem Gewehr bringt er nicht nur Tod, sondern auch Hilfe. (Schüsse.)« Wenn Sie mich fragen, dann sollte man diesem famosen, auf den Luchs anlegenden Wildhüter die Uniform ausziehen. Dem Luchs aber sollte man die Daumen halten, daß er aus Gründen des biologischen Gleichgewichts im Wald Bambi das nächste Mal erwischt.

Der Verdacht ist laut geworden, daß die weitverbreitete

Bambi-Mentalität in der Bevölkerung vielen Revierinhabern nicht unwillkommen ist, läßt sich doch aus dieser sentimentalen Deckung heraus vortrefflich auf Landschaftspfleger schießen, die das Schalenwild radikal reduziert sehen wollen. Das aus grünen Kreisen hierzu stammende Argument, die Bevölkerung habe ein Recht darauf, Hirsche im Wald zu sehen, dieses Argument ist von den Jägern selber löchrig geschossen worden. Das Rotwild ist auch in großen Stückzahlen scheu. Trotz überhöhter Bestände sieht man es selten. Es versteckt sich bis zum Einbruch der Dunkelheit, nicht weil es betrachtet, sondern weil es bejagt wird. Im Schweizer Nationalpark, wo das Jagen absolut verboten ist, sieht man Hirsche am hellen lichten Tag zum Gaudium der Kinder äsen.

Jedes Jahr einmal treffen sich die Jäger eines aus vielen Kleinrevieren bestehenden Rotwildrings und halten Erntedankfest. Sie nennen es die Trophäenschau. Jagdbiologisch und als genetische Wildbestandsaufnahme sind diese Knochenschauen ganz zweifellos wichtig. In der Stimmung sind sie eine Mischung aus Kirchweih und Heiligenverehrung. Der hierarchische Privilegiencharakter der Rotwildjagd wird deutlich. Und es hängt nicht nur Medaillengold an diesen kapitalen Geweihen. Die nicht geringste wirtschaftliche Bedeutung der Rotwildjagd ist die vetternwirtschaftliche. Die großen Tiere drücken die kleinen im Kampf um Beute und Trophäe an die Wand.

Hier in Zwiesel im Bayerischen Wald liegt Spannung in der Luft. Es sind Gegner des Trophäenkults nicht nur im Saal, schon schreiben sie auch in den Zeitungen gegen den Rothirsch. Die Jagd geht auf. In einer Münchner Zeitung hatte der im Greisenalter stehende Professor und Landschaftsarchitekt Alwin Seifert, der einst Deutschlands Autobahnen begrünte, den radikalen Abschuß überzähliger Rothirsche verlangt.

Jagdpräsident Frank: »Wer von Ihnen gestern den Münchner Merkur gelesen hat, der konnte zu seinem Erstaunen feststellen, daß es Menschen gibt, die verlangen, daß sieben von acht Hirschen erschossen werden müssen. Meine Damen und Herren, das sind Forderungen, die wir in gar keinem Fall hinnehmen können, die absolut nur damit zu entschuldigen sind, daß man sagen kann: Alter schützt offensichtlich vor Torheit nicht. (Beifall) Man macht uns oft den Vorwurf, daß wir eigentlich nichts anderes wollen als starke Trophäen züchten. Dieser Vorwurf, meine Damen und Herren, der ist falsch und dumm, denn was wir wollen, unser Hegeziel, ist ein gesundes, kräftiges Wild, das keine Not leidet. Und die Folge unseres gesunden und kräftigen Wildes sind dann Trophäen, wie Sie sie hier bewundern können.«

Dann spricht der in Jägerkreisen bestgehaßte Mann, ein Ketzer im grünen Rock, Oberforstmeister gar und Jäger: Dr. Georg Sperber.

Sperber: »... obwohl der Lebensraum unseres Wildes Tag für Tag kleiner wird. Sie kennen die erschreckende Zahl: 115 Hektar werden in der Bundesrepublik täglich durch Siedlungen, durch Straßen überbaut, gehen unwiederbringlich für die freie Natur verloren. Trotz dieses Lebensraumschwundes, trotz der gewaltigen Verluste im Straßenverkehr, trotz der intensiven Landwirtschaft mit Großmaschinen, Pestiziden, Düngemitteln, die das Jungwild schädigt, trotz der Beunruhigung durch den zunehmenden Strom der Besucher sind heute die Jagdstrecken höher als je zuvor in diesem Jahrhundert. Sie dürfen als Jäger nicht vergessen, diese Veränderung des Waldes, der Flora, bleibt natürlich nicht ohne Auswirkung auf Ihr Wild. Eine Fichtenmonokultur, die einfach deshalb Monokultur wurde, weil jede andere Baumart vom Wild verbissen wird, ist kein Lebensraum für das Rotwild, ist kein Lebensraum für Auer- und Haselwild. Ich darf Ihnen weitere Fakten nennen. Im Alpenbereich sind 30 000 Hektar Schutzwald vergreist, weil die natürliche Waldverjüngung durch den zu starken Wildverbiß unterbleibt. Diese Wälder haben ihre Schutzwirkung gegen die Erosion weitgehend eingebüßt. Fachleute befürchten heute allen Ernstes, daß dort die Erosion die Waldgrenze nach unten drücken wird. Das sind Zahlen aus amtlichen Berichten. Die bayerische Staatsregierung hat für die Sanierung dieser Schäden an dem Alpenwald Aufwendungen in Höhe von 120 Millionen Mark vorgesehen. Der bayerische Staat gibt Jahr für Jahr vier Millionen Mark aus zur Verhinderung von Wildschäden. Wenn Sie sich das ausrechnen, das sind im Jahr pro Reh 140 Mark. Ein Rehbock, der sieben Jahre alt geworden ist, um jagdbar zu werden, hat also allein zur Verhinderung des Wildverbisses 1000 Mark Kosten verursacht in diesen sieben Jahren seines Lebens. Meine Herren, das sind nackte Fakten. Im Harz entstehen durch das Schälen des Rotwildes – bitte hören Sie sich das an, Sie haben sehr viel freundliche Worte über die Jagd gehört, es kann uns doch nichts schaden, wenn wir auch einige Worte hören, die unbequem sind, die aber sicherlich doch geeignet sind, die Einsicht in unseren eigenen Reihen zu fördern; meine Herren, darum geht es doch – im Harz entstehen durch das Schälen des Rotwilds nach einer neuen Untersuchung der Universität in Göttingen Holzwertverluste von jährlich 52 Mark pro Hektar, das sind bei einem Forstamt von 4000 Hektar im Jahr über 200 000 Mark. Bitte, diese unmittelbaren Kosten, Schäden interessieren den Waldbesitzer, interessieren den Steuerzahler mehr als uns Naturschützer. Uns Naturschützern bleibt aber nicht gleichgültig, wie sich draußen durch diese zu hohen Schalenwilddichten das ökologische Gefüge unserer Landschaft ändert. Mit der Verarmung der Pflanzenwelt geht eine Verarmung der Tierwelt unmittelbar Hand in Hand. Wenn die Jägerschaft in Zukunft ihren Anspruch, angewandter Naturschutz zu sein, glaubhaft machen will, wenn das nicht eine schöne Floskel für unsere Trophäenschauen und für unsere Hubertusfeiern bleiben soll, dann kommen wir an dem brennenden Problem der zu hohen Schalenwilddichten nicht mehr herum ...«

Ich habe nachzutragen, daß es diesem Oberforstmeister von seinen staatlichen Vorgesetzten verboten wurde, im Nationalpark Bayerischer Wald, zu dessen Leitung er 1971/72 gehörte, einen öffentlichen Informationspfad anzulegen zu den Waldverwüstungen durch das Rotwild abseits der Spazierwege. Das ist wahrhaft erstaunlich für beamtete Treuhänder des Volksvermögens.

1962 zählten die Jäger selber etwa 60 000 Stück Rotwild in der Bundesrepublik. Heute liegen die Zahlen um 50 Prozent höher – bei 90 000 Stück. Eineinhalb Millionen Rehe, die ebenfalls den Wald belasten, kommen noch hinzu. Die Wildbewirtschaftung, wie man die Hege mit der Büchse heutzutage zeitgemäß nennt, ist aus den Fugen geraten. Zuviel Boom, zuwenig Bum.

Ich fuhr nach Lohr am Main, wo man in der staatlichen Forstschule lehrt, wie man den deutschen Wald beschützt vor seinem König, dem Hirsch, und dessen geringeren Vettern, den Rehen. Weil das Wild die Nase nur ungern durch dicht benadeltes Astwerk schiebt, schützt man den Stamm vor dem Geschältwerden, indem man an gefährdeten Plätzen 800 bis 1200 Fichten pro Hektar wie die Weihnachtsbäume einbindet. Kostenpunkt: eine Mark und fünfzig pro Baum, inklusive Soziallasten.

Bei der Douglas-Fichte, deren untere Äste entfernt werden müssen, bindet man als Schälschutz die abgehackten Zweige um den Stamm. Kostenpunkt je Baum: zwei Mark, inklusive Soziallasten. Nach fünf Jahren ist ein neuer Trokkeneinband nötig. Drei Mark kostet die wirkungsvollere Drahthose für den Baum. Einzeln stehende, wertvollere Bäume sind in Wildgebieten niemals hochzubringen. Rehe und Hirsche bevorzugen stets die selteneren Arten.

20jährigen Nutzbäumen werden mit einem Hobel Wunden beigebracht, damit sie verharzen und rissig vernarben. Sie schmecken dann dem Hirsch nicht mehr. 500 bis 800 Bäume pro Hektar. Arbeitsaufwand: sieben Minuten pro Stamm. Kostenpunkt pro Baum: eine Mark. Waldbesitzer vor oder nach der Pleite greifen zum billigeren Kratzer. Chemische Mittel schützen die Endtriebe der jungen Bäume vor verkrüppelndem Wildverbiß. Lohn- und Materialkosten: eine Mark und 74 Pfennig pro Pflanze.

Schon erbarmt sich die Industrie der Not des Waldes. Sie rationalisierte den forstlichen Krankenhausbetrieb mit halbautomatischen Geräten nach Art der Autowasch-Schlauchbürsten. Man probiert auch sonst allerlei: Alu-Folien um den Stamm und Glaswolle, mit der dann die Waldvögel ihre Nester auspolstern, worauf die nacktgeborenen Jungen zugrunde gingen. Nur einfältige Menschen, die so gar nichts von der Jagd verstehen, können glauben, es müßte billiger und einfacher sein, das Wild mit der Büchse erträglich kurz zu halten. Doch eher greift man noch zur Radikalkur, zum wilddichten Zaun.

Im niederbayerischen Haidenburg bei Vilshofen machten die Aretins vor 20 Jahren ihre Waldruinen dicht – nicht vor den Menschen. Die Baronin Aretin sperrte nur das Wild aus.

Seither wird sie von jagdlustigen Standesgenossen eisig geschnitten. Aber der Aretinsche Wald begrünte sich von unten her, die jungen Bäume konnten wieder wachsen. Am Wildschaden verzweifelnde Waldbesitzer pilgern heute omnibusweise nach Haidenburg, um danach schlaflose Nächte zu verbringen in der Erinnerung an einen Mischwald aus Laub- und Nadelhölzern, einen Wald, der alle Altersklassen umfaßt, der nicht nur biologisch, sondern auch wirtschaftlich gesund ist.

Jenseits ihrer Waldgrenzen blicken die Aretins in ihre eigene, überwundene Vergangenheit: Kahlschläge, auf denen neugepflanzte Fichten mit wucherndem Seegras kämpfen, ein Gras, das nicht einmal dem Maulesel richtig schmeckt, geschweige denn Hirsch und schleckigem Reh. Die Bäumchen müssen kostenreich und mühsam freigemacht werden und wachsen doch zu nichts anderem heran als zu neuen öden Fichtenfabriken, zu neuen Kahlschlägen.

Begehrlich steht nachts das Wild an den Zäunen des Aretinschen Waldes. Freundliche Jäger zerstörten die Zäune nicht selten und ließen das Wild, das auf ihren eigenen Gemarkungen nichts mehr zu beißen hat, ins verhaßte Paradies ein. Die Aretins sind nicht wildfeindlich. Sie werden wohl eines Tages ihre Zäune öffnen. Ein gesunder Wald verträgt eine radikal kurz gehaltene Anzahl von Rehen oder Hirschen.

Die Jäger, hört man ihre Festredner reden, gehen oft mit wenig mehr als ihren Gefühlen durch den Wald.

Jäger: »Lassen Sie uns, meine Damen und Herren, den bloßen Schießer mit einem Wanderer vergleichen, der lediglich seinem Ziele zustrebt und die Blumen nicht sieht, an denen er vorübergeht, und die Vögel nicht hört, die in den Bäumen singen, und nicht Spiegel und Widerhall in der Brust hat für so viel Lust, die rings um ihn lebt und webt auf dieser Welt. Da wirft sich doch der Gedanke auf, was für eine verteufelte Beschäftigung ist also die Jagd. Bei der Beurteilung der Jagd übersieht der Nichtjäger gewöhnlich, daß es sich für den Waidmann keineswegs um einfaches Töten, um ein handwerksmäßiges Abschlachten des Wildes handelt, sondern um ein ehrliches Ringen zwischen Mensch und Tier, das, zugegeben, allerdings nicht stets ein körperliches sein muß. Ich meine, wer nicht ein Handwerker der Jagd ist, wie der diensttuende Jäger, der sollte doch an der Jagd noch edleren Wert entdecken als den Nervenreiz, den das Ringen zwischen menschlicher List und tierischem Verstand gewährt. Für meinen Geschmack, und das darf ich wohl für die Mehrzahl der Jäger sagen, liegt der edelste Reiz der Jagd in der innigen Berührung mit der Natur. Diese Frage, meine Damen und Herren, diese Frage der Beschäftigung ist jene Frage, die der anständige, gute Jäger sein Leben lang mit dem Gewehr auf der Schulter trägt, die ihn mehr als einmal zögern läßt, auf das wunderbare Wild zu schießen und ihm den Tod zu bringen, und, zugegeben, mitunter den Gaumen schal werden läßt angesichts des Todes, den er dem bezaubernden Tier gebracht hat.«

Wer den Wolf ausrottet, muß sein blutiges Geschäft übernehmen. Viele Jäger freilich sehen dieses biologische Geschäft als sakrale Handlung. Es drückt sich in ihrer Sprache schon aus. Dem geschossenen Hirsch wird nicht das Fell abgezogen, er wird aus der Decke geschlagen. Man schneidet ihm auch nicht den Kopf ab. Man schärft ihm das Haupt ab.

Auch diese Jägersprache, so altehrwürdig sie sein mag, mythologisiert den Hirsch und blockiert nüchternes biologisches Denken. Ich möchte zu bedenken geben, daß es in der Schule des Kieler Haustierforschers Herre, aber auch anderswo, wissenschaftliche Stimmen gibt, die die Domestikation, also die Haustierwerdung des Hirsches für weit fortgeschritten halten. Zum Beweis für diese Annahme führen sie an:

1. die weitverbreitete Gatterhaltung, oder doch die weidetierähnliche Haltung auf begrenztem Raum;
2. die künstliche Zuchtwahl durch den Menschen;
3. die Blutauffrischung durch zugekaufte, per Auto angereiste Zuchthirsche;
4. die regelmäßige, zum Teil ganzjährige wissenschaftliche Fütterung und
5. die Wurmkuren.

Es ist an der Zeit, das Rothirschgeweih als Statussymbol zu entzaubern. Wenn die Renommierjäger mit ihren Knochenschauen an Herrenzimmer- und Kegelbahnwänden à la Helmut Horten endlich niemandem mehr Eindruck machen, weil alle Welt weiß, daß diese Geweihe sehr oft von halbdomestizierten Krippenfressern gewonnen wurden, dann ist endlich das Schußfeld frei für die biologische Jagd.

Die fürstlich Thurn und Taxisschen Hirsche sind die stärksten deutschen. Sie leben in einem 2700 Hektar großen Gatter bei Regensburg. 15 Stück auf 1000 Hektar. Das ist nahezu das Fünfzehnfache dessen, was Wildbiologen als erträglich ansehen. Die fürstlichen Hirsche hätten den fürstlichen Wald auch längst schon kahlgefressen, böte man ihnen nicht viele mit Grünfutter bepflanzte Waldwiesen und täte man ihnen nicht das ganze Jahr lang Zukost in die Tröge. So sieht dieser Wald so schlecht nicht aus. Doch taugt dies noble Wildrezept einer hirschbesessenen steinreichen Familie nicht als Vorbild. Viele große Rotwildreviere liegen in Staatsforsten.

In knapp fünf Monaten ist das neue Geweih, das sich bis dahin fiebrig-heiß anfühlt, ausgewachsen. Kaum fertig, stirbt es ab. Die durchblutete Haut, die es ernährte, trocknet ein. Der Juckreiz, der von dem absterbenden Gewebe ausgeht, veranlaßt den Hirsch, die in Fetzen gehende Haut an Bäumen abzustreifen. Der Hirsch fegt, sagt der Jäger. Aber er fegt nicht nur die eigene Haut vom Geweih, er fegt auch die Rinde von den Bäumen.

In der zur Zeit mit hitziger Polemik geführten Auseinandersetzung zwischen Landschaftspflegern und Jägern muß es keinen Kampf bis aufs Messer geben. Zwar ist ein Wald ohne Wild kein toter Wald. Dieses oft bemühte Jägerwort verrät eine erstaunliche Mißachtung des vielfältigen botanischen Lebens in einer Waldgesellschaft und degradiert den Wald zur Kulisse der Jagd. Sagen wir lieber so: Ein Wald ohne Wild ist ein armer Wald. Niemand will ihn. Niemand auch ist gegen die Jagd.

Doch wenn riesige Erholungsräume wie unsere Alpen oder der Bayerische Wald durch feudalistische Wildansammlungen an den Rand des Ruins gebracht werden, dann ist es an der Zeit, über die Privilegien einiger weniger auf Kosten der Allgemeinheit öffentlich zu reden.

Ich meine, dies ernste Thema war eine knappe Stunde Ihrer stillsten Nacht des Jahres wert. Man rettet den deutschen Wald ja nicht, indem man »O Tannenbaum« singt.

(1971)

Wissenschaft und Journalismus

Eine Rede über die veröffentlichte Wissenschaft, gehalten vor der Universität Hohenheim anläßlich Sterns Ehrenpromotion zum Doktor der Sozialwissenschaften.

Wenn die Wissenschaft einen Journalisten ehrt, einen zumal, der sie immer wieder kritisch nach der gesellschaftlichen Relevanz und den humanen Aspekten ihrer Forschungen fragt, dann sind sich einige Leute ganz sicher, daß auf seiten der Wissenschaft mit solcher Ehrung die perfide Hoffnung verbunden ist, es werde der Ehrendoktorhut dem Unbequemen nicht nur über die bis dato gespitzten Ohren, sondern auch über den vorlauten Mund rutschen. Aus der Vorstandschaft einer deutschen Tierschutzorganisation wurde ich gefragt, ob ausgerechnet ich mir diesen – ich zitiere – akademischen Flitter aus der Hand einer Universität leisten könne, von der man schließlich wisse, daß sie – ich zitiere wieder – kein Tier mehr im Freien sehen mag.

Bevor ich darauf antworte, möchte ich auf die Suche gehen nach den allgemeinen Gründen für die ungewöhnliche Aufmerksamkeit, die diese einem Journalisten zuteil gewordene akademische Ehrung in der Öffentlichkeit hervorrief. Das Ergebnis dieser Suche, fürchte ich, wird uns beide nicht befriedigen – Sie, die Wissenschaftler, nicht und nicht uns, die Journalisten, leben wir beide doch, wie Alge und Pilz, in einer auf Öffentlichkeit gerichteten symbiotischen Interessenverquickung, deren Äußeres, darin ganz der Flechte gleichend, zwar ungemein interessant und farbig ausschaut, dabei aber nur von sehr bescheidenem Nährwert ist – geistigem in unserem Fall.

Das öffentliche Erstaunen über diese Ehrung speist sich aus der allgemeinen, nicht von der Hand zu weisenden Ansicht, daß nur weniges im Bereich des Geistes in Denk- und Arbeitsweise konträrer, ja sich feindlicher sein könne als Wissenschaft und Journalismus. Dem langen Atem der im Grunde ergebnisscheuen Forschung steht die tägliche Gier der Nachrichtenmedien nach präsentablen, fertigen Resultaten gegenüber; dem differenzierten, gern mit einem Fragezeichen versehenen Gedanken die zur Schlagzeile verkürzte Exklamation. Der formal ritualisierten, fachlich verschlüsselten Schreibweise der Wissenschaft, die dazu neigt, stilistische Zopfmuster zu flechten, entspricht auf der Seite des Tagesjournalismus ein nach Möglichkeit für Kreti und Pleti verständlicher Stil, der mit dem Hackbeil des kurzen, tunlichst reinen Hauptsatzes einem komplexen Thema solange das Gedankenfleisch abschlägt, bis nur mehr das übrigbleibt, was der harte Reporter für das harte Knochengerüst harter Fakten hält.

Wo solche Gegensätze sich berühren, da nimmt, besonders auf lokaler Ebene, der Dialog zwischen Wissenschaft und Journalismus oft kafkaeske Züge an. Da steht dann dem in aller Regel hochspezialisierten Wissenschaftler, der mit dem Studium der hinteren larvalen Abdominaldrüsen der Baumwollwanze drei Jahre seines Lebens zubrachte, ein für unsere Berufsbegriffe ebenfalls schon hochspezialisierter Reporter gegenüber, der am Nachmittag seines Besuches im Forschungslabor neben den Wanzen des Herrn Professors auch noch einen Einweihungsschluck in der neuen Städtischen Kläranlage, danach die Buchsignierstunde eines sehr berühmten Fernsehprofessors (im morgen inserierenden größten Kaufhaus am Platze) und schließlich noch die Pressekonferenz des Vereins zur Erhaltung des Lebens – die Verhinderung von Kernkraftwerken betreffend – auf seinem Terminkalender hat. Denn dies alles, und noch vieles mehr, gehört in die Zuständigkeit eines Redakteurs für die regelmäßige Seite »Wissenschaft und Technik«. Und nur dann, wenn das Erscheinungsdatum dieser Seite zufällig mit dem Beginn des Winterschlußverkaufs zusammenfällt, die üppige Anzeigensituation des Blattes es also erlaubt, der Verbreitung der Wissenschaft eine halbe Druckseite mehr als üblich zuzugestehen, nur dann kann unser Parasitologe damit rechnen, sich und seine Tierchen in 60 statt in 45 Druckzeilen gewürdigt zu sehen. Doch ist zu fürchten, daß er es so oder so nicht liest. Die Überschrift schon reicht ihm. Ein sachfremder Nachtredakteur, der sie aus typographischen Gründen im Stegreifverfahren auf zwei Spaltenbreiten verlängern mußte, hatte beim Querbeetstudium des Textes zufällig auch etwas von der sexuellen Signalfunktion gewisser Insektenpheromone gelesen und ebenso entschlossen wie leider zusammenhanglos formuliert: »Nicht nur im Bett sind Wanzen sexy.« Und weil auch der Setzer vom Spätdienst das gut fand, schrieb der Herr Nachtredakteur als Unterzeile noch dazu: »Professor Klug muß es wissen: Er lebte mit ihnen drei Jahre.«

Vielleicht ist dies nicht der rechte Ton für eine Promotionsrede, doch macht die satirische Zuspitzung eines durchaus realistisch gesehenen Mißstandes noch am besten die Schwierigkeiten deutlich, die uns das Fragen und Ihnen das Antworten verleiden, weil Sie unsere Fragen oft für voraussetzungslos primitiv und wir Ihre Antworten noch öfters für absichtsvoll unverständlich halten. Wären diese Schwierigkeiten nur die Privatsache der Dialogpartner mit dem Ergebnis einer verhinderten Selbstdarstellung beider vor der Öffentlichkeit, so könnte man sie übersehen. Aber sie schmälern oder verfälschen gar den Informationsfluß aus der Wissenschaft in die Gesellschaft, die schon deshalb ein Recht auf Kenntnis der Forschungsergebnisse hat, weil sie deren Zustandekommen bezahlt.

Ein wichtigerer als dieser fiskalische Grund für Wissenschaftler und Journalisten, ihre Sender und Antennen endlich besser aufeinander einzupeilen, ist das Eindringen der Naturwissenschaften in gesellschaftliche und geistige Räume, die einst von der Religion und dem Glauben besetzt waren. Seit der stofffreie actus purus, der reine Denkgott des Aristoteles, im 13. Jahrhundert die vorthomistische, erzklerikale Pariser Universität unterspülte, seit Galilei mit seinem Bekenntnis zum heliozentrischen Weltbild des Kopernikus die biblische Offenbarung dem Zweifel der Physik aussetzte und Einstein seine Formel in ein engelloses Universum trieb, an dessen Rand die Molekularbiologen heute den Menschen als ein Zufallsprodukt aus biochemischen Abläufen und evolutiven Notwendigkeiten ansiedeln, trat die Naturwissenschaft im Bewußtsein der Menschen nach und nach in ein säkularisiertes Priesteramt ein, das sie gewiß nicht suchte, das ihr aber zuwuchs aus ihren für Laien so oft sakral anmutenden Hantierungen und ihrer liturgisch-fremdartigen

Sprache. Wo die Kirche längst gegen den weitverbreiteten Verdacht ankämpfen muß, um des eigenen materiellen Überlebens willen die Verkündigerin nur noch eines Aberglaubens zu sein, da muß sich die Naturwissenschaft heute gegen den nicht minder weitverbreiteten Afterglauben wehren, sie allein sei nunmehr im Besitz des Heilswissens und der Wahrheit, was immer das sein mag. Denkerisch verklausulierte Gottesvorbehalte philosophierender Atomphysiker stehen an den Wegen der Naturwissenschaft von der Masse so unbeachtet herum, wie die alten bayerischen Herrgottsbilder an den Autostraßen.

Da die Wissenschaft aber im Weihrauch der Verehrung nicht atmen kann, vielmehr die reine Luft einer kritischen Denkwelt braucht, da sie nicht Gläubige sucht, sondern Mit-Wisser, muß sie sich auf allen Ebenen durchschaubar machen. Zu dieser Dienstleistung an ihr und an der Gesellschaft, die von der Konsumgüterwerbung zunehmend mit pseudowissenschaftlichen Schlagwörtern manipuliert wird, steht beiden nur der seriöse Journalismus zur Verfügung. Daß er diese Dienstleistung heute noch mehr schlecht als recht versorgt, das steht auf einem anderen Blatt meiner Rede. Die Schuld daran bei Ihnen oder bei uns zu suchen ist müßig; sie ist zwischen beiden gut verteilt.

Wer die Berichterstattung der Tages- und Wochenpresse, auch die des Fernsehens, aus der wissenschaftlichen Welt aufmerksam verfolgt, dem wird der Zufallscharakter der Themenwahl nicht verborgen bleiben. Das Kuriose hat Vorrang vor dem Basalen, das Modische vor dem Bleibenden. Das Spektakuläre überwuchert das Wichtige. Es herrscht weitgehend das Prinzip von Kraut und Rüben. Fünf Sendeminuten für das Magnetfeld der Erde. Sechseinhalb danach für die Anbringung von Haftminen an Kriegsschiffen durch dressierte Delphine (wegen des Magnetismus schafft der Moderator hier den Übergang so gut). Achteinhalb Minuten für die Mengenlehre, weil sie aktuell ist und dem Kommissar im Zweiten Programm vielleicht Zuschauer abzieht. Und 15,5 Minuten für den Kernphysiker aus Göttingen, weil er es kürzer nicht machen wollte und keiner im Haus die Sache gut genug versteht, um ihn mit Zwischenfragen kurzschließen zu können. Ist ja auch kompliziert, so ein Teilchenbeschleuniger! »Das wär's für heute. Guten Abend, meine Damen und Herren!«

Mit der ungeheuren Fülle des wissenschaftlichen Angebots allein ist das nicht zu erklären. Das Materialangebot der Politik ist ja nicht geringer, ist kaum weniger verwirrend in seinen komplexen Verflechtungen mit weltwirtschaftlichen, soziologischen und philosophischen Bezügen. Dennoch gelingt es sogar der Provinzpresse, die großen Linien selbst der Weltpolitik herauszuarbeiten, und politische Magazine gar haben in der Aufhellung von Hintergründen sowie in der Einordnung und Gewichtung von Einzelheiten einen Grad der Virtuosität erreicht, der selber schon wieder Politik ist. Wissenschaftliche Magazine dagegen sind in der Darstellung und Deutung der wissenschaftlichen Welt selbst dann noch weit von solcher Perfektion der Durchleuchtung und Eindeutschung entfernt, wenn sie einen Professor zum Herausgeber und Journalisten zu Redakteuren haben.

Die Gründe für diese Unterschiede liegen auf der Hand. Der politische Journalismus hat eine mehr als 100 Jahre lange Tradition bei uns, der Wissenschaftsjournalismus ist ein Nachkriegskind. Politische Journalisten von Rang kennt man dem Namen nach zu Dutzenden. Wissenschaftsjournalisten eines vergleichbaren, und das kann nur heißen: meinungsbildenden Ranges kann man in der Bundesrepublik an den Fingern zweier Hände herzählen, bestenfalls.

Das ist ganz erstaunlich, wenn man bedenkt, daß der Mensch in den westlichen Demokratien nur im Wege des Mißbrauchs naturwissenschaftlicher Forschungsergebnisse von der Politik an Leib und Leben gefährdet werden kann, Politik also bei uns im Grunde das existentiell Sekundäre ist nach dem Primat der Naturwissenschaften. Nichts, sollte man meinen, läge deshalb näher, als daß sich unsere Gesellschaft durch starke Nachfrage nach Informationen aus dem Wissenschaftsbereich einen großen Stamm von hochqualifizierten Wissenschaftsjournalisten heranzöge und daß damit dies publizistische Ressort zumindest gleichwertig neben dem politischen stünde.

In Wirklichkeit sind wir eine verschwindende Minderheit. Es fehlt nicht die öffentliche Nachfrage nach wissenschaftlicher Information, es fehlt am Angebot durch die Wissenschaft. Man geht als Berg nicht zum Propheten. Man will gebeten sein, und wie! Aber die journalistische Neugier an der Naturwissenschaft ist für einen naturwissenschaftlichen Laien, wie der Journalist es heute oft noch ist, nicht selten ein geistiger Spießrutenlauf.

Als ich beim Recherchieren meines Schweinefilms Otto Koehler, den großen Freiburger Zuchtmeister der deutschen Verhaltensforschung, telefonisch um ein Gespräch bat, kam ich über eine kurze Darlegung meiner, zugegeben anspruchsvollen, filmischen Absichten nicht hinaus. Seine hohe Stimme unterbrach mich mit der Frage: »Ja, haben Sie denn Zoologie studiert?« Ich hatte leider nicht, sagte es, spürte den Zweifel an meiner Zuständigkeit für die Schweinsseele und legte nach drei, vier belanglosen Sätzen achselzuckend den Hörer in die Gabel. Von heute abend an hätte Otto Koehler mir vermutlich geholfen, aber nun ist er leider tot.

Politik wirkt vorbehaltlos in die Öffentlichkeit. Sie ist extrovertiert, oft ist sie exhibitionistisch. Wissenschaft ist sich selbst genug. Ihre Öffentlichkeit ist das nicht selten narzißtische Spiegelkabinett der Fachwelt. Sie ist elitär. Ihre Selbstdarstellung bleibt dort, wo sie heute zaghaft versucht wird, meist in den bürgerlichen Denkkategorien von Würde, Anstand und Bildung stecken.

So kommt es denn, daß es nicht schwer ist, Journalisten an Krawallen und Numerus clausus zu interessieren, weit schwerer aber, sie für die kontinuierliche Darstellung der Lehrinhalte und der gesellschaftlichen Ziele der Wissenschaft zu gewinnen. Und weil das so ist, weiß die öffentliche Meinung von den Universitäten nur dreierlei: Sie sind erstens voll, zweitens links und drittens teuer. Allenfalls bezüglich der Reihenfolge gehen die Ansichten auseinander.

Wer sich der Journalisten für die Verbreitung wissenschaftlicher Erkenntnisse bedienen will, muß wissen, welcher Mittel sich Journalisten ihrerseits bedienen, muß es doppelt wissen, wenn er Journalismus an Universitäten lehren will.

Und so frage ich Sie also: Was macht einen Journalisten aus? Ich riskiere meine Ehrenpromotion ja nicht mehr, wenn ich jetzt in einer Art Antilaudatio sage, daß das, was Sie an mir ehren, ganz und gar unakademisch ist. Es sei denn, Sie flüchteten sich in den Sophismus der Unterscheidung zwischen journalistischer Wirkung und Machart. Die in der Laudatio genannte Wirkung meiner Arbeit, die allmähliche Veränderung in der privaten und öffentlichen Tierbetrachtung vom Sentimentalen zum Sachlichen, mag der akademischen Ehrung wert sein. Meine Mittel dazu sind es gewiß nicht, denn es sind journalistische Mittel durch und durch, von jeder akademischen Denk- und Arbeitsweise weit entfernt. Und glauben Sie mir: Ich bin so ernsthaft, wie es eine Auseinandersetzung mit den Inhalten meines Berufes verlangt, den ich gegen keinen anderen eintauschen möchte.

Natürlich machen auch unsere Festredner, wie die Ihrigen, reichlichen Gebrauch von solch hehren Postulaten wie Wahrheit und Objektivität. Einem Definitionsversuch gehen die Unserigen freilich meist aus dem Weg. Sie müßten dann ja bekennen, daß es im Journalismus nur grobe Annäherungen an Wahrheit und Objektivität geben kann; und diese Annäherungen haben Namen, die den vielen Verächtern unseres Berufes leicht zum Aha-Erlebnis, zum Anlaß für Zitatwillkür werden könnten. Ich muß das riskieren.

Objektivität und Wahrheit sind nur Richtungspunkte auf der Kompaßrose des Journalisten, deren Nadel er selber ist. Je reicher einer nun an inhaltlicher und formaler Substanz, desto sensibler wird er als Kompaßnadel die weiten Spielräume bestreichen, die die Fixpunkte Wahrheit und Objektivität umgeben. Gedämpft und in den Schwingungen begrenzt, wird er allein durch sein Gewissen, dessen starke moralische Ausprägung freilich die Voraussetzung für jede seriöse journalistische Wegweisung zur Wahrheit ist – die einzige, wie ich heute, nach 25 Berufsjahren, zu wissen glaube. Denn über handwerkliche Mittel redet man dann nicht mehr.

Die Spielräume auf der journalistischen Kompaßrose um die Fixpunkte Wahrheit und Objektivität haben Unterteilungsmarken, die sich, ich sagte es schon, mit Namen belegen lassen. Sie heißen Weglassung und Überspitzung, Verkürzung und Vereinfachung, Assoziation und Metapher, ja, auch Polemik und Emotion.

Der Wissenschaft sind solche Annäherungen an die Wahrheit mit Recht zutiefst suspekt. Forschung und Lehre lassen sich mit Weglassung und Emotion, um nur diese beiden zu nennen, nicht betreiben. Journalismus, wenn er erfolgreich sein soll (und das kann zuallererst nur heißen: wenn er die Mehrzahl der Menschen erreichen soll), läßt sich nicht ohne Verkürzung und Vereinfachung, Polemik und Emotion betreiben, was immer unsere puristischen Sonntagsredner dazu sagen mögen.

Ein Zyniker würde dazu sagen, daß die Wissenschaft es sich leisten kann, im bürgerlichen Sonntagsanzug der Objektivität daherzukommen, ist sie doch von der athenischen Agora, vom Markt der Eitelkeiten längst herunter. Sie ist arriviert und von der Gesellschaft bezahlt – ausgehalten, mit einem Wort. Der Journalismus aber geht noch immer im Künstlerkleid der Subjektivität und schlenkert auf dem Boulevard mit seinen Schlagzeilen wie mit Lacklederhandtaschen. Er muß sich, wenn er leben will, verkaufen. Auch sind seine geistigen Ahnen weder so alt noch so fein wie die der Wissenschaft. Sie hat ihren Aristoteles, einen Lehrer des Staates, er den Herrn Zola, einen Ankläger des Staates.

Aber so einfach ist wohl Objektivität als methodisches Arbeitsprinzip nicht zu erklären. Darum geht es mir auch nicht. Ich will vielmehr aufzeigen, warum Journalismus, wie ich ihn verstehe, an Hochschulen kaum lehrbar ist. Die akademische Lehre setzt Lehrinhalte voraus, die von der stets wechselnden Wirklichkeit des Lebens abstrahierbar sind zu Lehrsätzen, Begriffen, Ideen oder Formeln. Nichts im Journalismus ist von der Lebenswirklichkeit abstrahierbar, wenn die Abstraktion nicht zu banal handwerklichen oder berufsethisch fragwürdigen Begriffen wie dem der Objektivität gerinnen soll, hinter der sich nicht nur bei uns oft die Nichtskönner, die Langweiler verschanzen.

Es läßt sich mit Sicherheit sagen, daß wirkungsmächtiger Journalismus und akademische Abstraktion natürliche Feinde sind. Ich neige dazu, meinen Beruf sogar der Gedankenfeindlichkeit zu verdächtigen, so sehr bedarf er zu seinem Ausdruck des Konkreten in Wort und Bild. Nur seine zur politischen Essayistik, zu Kunst und Literatur offenen Grenzen kaschieren diesen Sachverhalt für Außenstehende.

Werden wir also, wie es guter Journalistenart entspricht, endlich konkret. Die Universität, sagte ich, kann die Emotionsweckung als journalistischen Weg zur Wahrheit unmöglich akzeptieren, geschweige denn lehren, wenn sie sich nicht dem Verdacht aussetzen will, die Objektivität als wissenschaftliche Methode zu desavouieren. Und doch ehren Sie heute in mir nicht zuletzt den journalistischen Gebrauch der Emotion, wenn Sie meine Wirkungen ehrenswert finden. Ohne die Emotionalisierung meines Filmthemas Trophäenjagd hätte die öffentliche Diskussion um zu hohe Schalenwildbestände zu Lasten der Wälder nicht bis heute, mehr als zwei Jahre danach, angehalten, wären in der Legislative nicht biologisch motivierte Novellierungsbestrebungen der Jagdgesetze in Gang gekommen, die die ewig Gestrigen unter den Jägern zutiefst beunruhigen. Ich bewirkte diese emotional bedingte Nachhaltigkeit, indem ich eine in Stil und Ton klirrend falsche Hubertusrede mit schockierenden Bildern von der auch metzgerhaften Wirklichkeit jagdlichen Tötens sowie der platten bürgerlichen Lust am feudalen Herrenzimmerwandschmuck unterlegte.

Die Universität kann auch die Weglassung relevanter wissenschaftlicher Sachverhalte als legitimes journalistisches Mittel nicht akzeptieren, geschweige denn lehren, wenn sie nicht riskieren will, die Subjektivität auf den Kothurn der Wissenschaftlichkeit zu stellen. Und doch ehren Sie die Weglassung eines relevanten Sachverhaltes, wenn Sie es ehrenswert finden, daß die aus wirtschaftlichen und jagdlichen Gründen fortschreitende Verfichtung unserer Wälder, ihre gefährliche Entwicklung zur Nadelholzmonokultur, zur ökologischen Instabilität und zur Menschen- und Tierfeindlichkeit derzeit einer Revision öffentlichen Denkens unterzogen wird.

Man kann sagen, daß ich in drei Filmen die Fichte als Baumindividuum verketzert habe, um sie in der landschaftsschädlichen Massierung um so besser treffen zu können. Indem ich ihre Rolle zwar ganz gewiß nicht falsch, aber unvollständig dargestellt habe, war ich unwissenschaftlich.

Ich rede mich nicht einmal auf die übliche journalistische Zeitknappheit hinaus. Ich war bewußt einseitig. Ich vermied es zu sagen, was ich durchaus wußte, und was einige akademische Forstleute mir triumphierend als Wissenslücke ankreideten: daß nämlich die Fichte auf manchen Standorten vom Boden und vom Klima her erzwungen wird, und daß sie nicht immer und überall zur Übersäuerung und Verkittung des Wurzelgrundes und damit zum gefährlichen Oberflächenabfluß des Regenwassers führt. Und daß sie als autochthone, tief beastete Baumgestalt von großer Schönheit sein kann. »Wären Sie wissenschaftlicher vorgegangen«, so schrieb mir ein bekannter hessischer Landforstmeister, »dann wären Ihnen in Zukunft noch ein paar Millionen Zuschauer mehr sicher gewesen.« Das ist naiv.

Die Wissenschaftlichkeit, die in der gründlichen, detailreichen Gegenüberstellung des Einerseits und des Andererseits besteht, die nach 50 Seiten eines mit Fakten überfrachteten Textes der Zusammenfassung selbst für geübte Leser bedarf, ist der sichere Tod jeder journalistischen Arbeit. Die Fichte im Fernsehen wissenschaftlich zu porträtieren, ihr professorale Gerechtigkeit widerfahren zu lassen, hätte bedeutet, mein eigentliches Anliegen, nämlich ihr Zurückdrängen zugunsten eines von der Forstwissenschaft ebenfalls seit langem geforderten höheren Laubwaldanteils, bis hin zur Ratlosigkeit des Zuschauers zu verwässern und damit wirkungslos zu machen. Wer gegen Edgar Wallace im ZDF um Zuschauer kämpfen muß, gibt seine Gelehrsamkeit tunlichst an der Garderobe ab.

Wir Wissenschaftsjournalisten sind ohnehin stets der Gefahr der Anpassung an das Fachchinesisch der Wissenschaft ausgesetzt. Es ist menschlich, den Beifall der Götter schmeichelhafter zu finden als den der Menschen. Es ist aber auch der sicherste Weg für einen Journalisten, seine Aufgabe zu verfehlen. Rüdiger Proske, einer aus der ersten Garnitur der Wissenschaftsjournalisten, jonglierte unlängst im Fernsehen vor einem Millionenpublikum mit kaum oder gar nicht erläuterten Enzymen und Aminosäuren so selbstverständlich herum, als seien es Brötchen, die jedermann vom Bäcker her kennt. Und die Molekularbiologen ließ er so ungebremst plaudern, als seien die DNS-Strukturen, mit denen sie hantierten, den Hausfrauen so vertraut wie die Schnittmusterbögen der Frau Senator Burda.

Ich treibe hier keine Kollegenschelte. Die Fernsehkritik hat das längst besorgt. Sie war sich ungewöhnlich einig darin, daß hier einer souverän über sein Publikum hinweggeredet hatte. Es besteht auch Grund, mich an die eigene Nase zu fassen. Mein Film über die ökologische Bedrohung der Alpenwelt sprengte wohl das Fassungsvermögen vieler Zuschauer, und es nützt der Sache wenig, wenn ich für mich ins Feld führen kann, es habe sich um den Versuch der Darstellung des Regelkreises Alpen gehandelt, den man nicht nach Belieben verkürzen kann, wenn nicht der Sinn des Ganzen verlorengehen soll. Es ist zu fürchten, daß bei nicht wenigen Zuschauern nur haftenblieb, der Bürgermeister von Kreuth, gestern noch ein Bauer, sei nach lukrativen Grundstücksgeschäften vom Haflinger direkt auf die 200 PS eines Ford-Mustang umgestiegen.

Noch einmal frage ich Sie: Kann man diese Weglassungen und Simplifizierungen, diese Emotionalisierungen und polemischen Härtungen wissenschaftlicher Erkenntnisse, für die sich viele Belege in der Arbeit seriösester Journalisten finden lassen, an Hochschulen lehren? Die Frage stellen heißt sie verneinen. Und das aus einem simplen Grund: Ein Hochschulstudium kann vieles vermitteln, nur das eine nicht, das allein den Gebrauch dieser nicht unbedenklichen Mittel kontrolliert und ihren Anwender vor dem Absturz in die Demagogie bewahrt: ein Schranken setzendes Gewissen.

Was man lehren kann, das ist die Wissenschaft von den Wegen der Kommunikation in der modernen Gesellschaft, die Kenntnis ihrer technischen Mittel und ihrer sozioökonomischen Voraussetzungen. Die Universitäten können dem Journalismus die Theoretiker liefern, und da ich weit entfernt bin vom Hochmut vieler Redaktionspraktiker, die den Wert einer wissenschaftlichen Ausbildung an der Fähigkeit des Promovierten messen, eine anständige Kurzmeldung verfassen zu können, bejahe ich natürlich die Theorie. Der Journalismus hat da einen starken Nachholbedarf. Die menschliche Gesellschaft ist heute zu komplex geworden, als daß sich ihre Informationsbedürfnisse noch allein über den Daumen der routinierten Blattmacher abschätzen und befriedigen ließen.

Nur darf man den Absolventen eines solchen Studiums nicht die Hoffnung vermitteln, sie verließen die Universität als Journalisten. Zwar braucht unser Beruf bitter nötig Gehirne, die differenzieren, analysieren, formulieren können.

Es gibt in unseren Redaktionen nur allzu viele Pseudo-Journalisten, die nicht begriffen haben, daß Wissen die Voraussetzung für Schreiben ist (und oft genug wissen sie noch nicht einmal, daß sie auch nicht schreiben können). Aber auch ein mit Wissen vollgestopftes Gehirn macht noch keinen Journalisten. Wer sich seiner Gelehrsamkeit nicht entschlagen kann, wer eine soziale, ökonomische oder ökologische Leidenschaft, die sich an gesellschaftlichen Mißständen entzündet, nicht verspürt oder, schlimmer noch, sie stets im Eiswasser wissenschaftlicher Analysen tötet, wer Engagement für akademisch unfein hält und das Risiko, mit einer gerechten Sache auch einmal zu scheitern, für eine kommerzielle Dummheit ansieht, der lasse die Finger von unserem Beruf, wenn ich ihm raten darf. Akademisch angereicherte Redaktionsbeamte haben wir genug.

Es könnte nun der Eindruck entstanden sein, die Sache der in den Medien veröffentlichten Wissenschaft sei ganz hoffnungslos und werde über das von mir aufgezeigte Kraut- und Rübenstadium nie hinauskommen; es werde also auch weiterhin alles dem Zufall von ein paar glücklichen personellen Konstellationen zwischen Ihnen und uns überlassen sein.

Das muß so nicht sein. Um es freilich zu ändern, bedarf es eines Umdenkens auf beiden Seiten. Es gibt Beispiele, die hoffen lassen. Sehen Sie es mir um der guten Sache willen nach, wenn ich zur Erläuterung wieder auf einen Aspekt meiner eigenen Arbeit zu sprechen komme.

Das Thema Wild und Wald wurde mir von der Wissenschaft zugeschoben. Der Forstpolitiker und Konrektor der Münchner Universität, Richard Plochmann, der heute unter uns ist, gehörte zu jenen Wissenschaftlern, die sich der Hilfe eines Massenmediums bedienen zu müssen glaubten, um die seit Jahrzehnten betriebenen Versuche der Forstwissenschaft, dem ökologisch instabilen reinen Wirtschaftswald zu einem naturnäheren Zustand zu verhelfen, endlich auch politisch durchzusetzen. Ich wurde nicht indoktriniert, sondern informiert. Man schickte mich auch zu ernst zu nehmenden Gegnern und überließ die Meinungsbildung schließlich mir. Man überließ mir auch Dramaturgie und Formulierung des Kommentars. Eine Zensur fand nicht statt.

Was daraus wurde, ist weitgehend bekannt. Als am Heiligen Abend 1971 die Flinte, die man mir geladen hatte, losging und nicht nur den deutschen Hirsch, sondern auch das deutsche Gemüt voll traf, da zog die Wissenschaft einmal nicht den klugen Kopf ein. Zwei deutsche Forstfakultäten hielten zwar auf Abstand zu einigen meiner journalistischen Stilmittel, deckten mich aber per reihenweis geleisteter Unterschrift in Briefen an meinen Intendanten in der Sache, also in meiner harten Kritik an den zu hohen Schalenwildbeständen um des Jagdvergnügens willen, voll und ganz. Sie gaben damit der nun breit einsetzenden öffentlichen Diskussion sofort das nötige Gewicht und verschafften mir – und das ist das Wichtigste aus der Sicht meines heutigen Themas – Freiraum für weitere engagierte Fernseharbeit. Es hat sein Gutes, wenn man als Wissenschaftsjournalist einen Journalisten zum Programmdirektor und einen Professor zum Intendanten hat.

Dies scheint mir für unsere gemeinsame Zukunft ein probates, wiederholenswertes Rezept der Zusammenarbeit zu sein. Es ist auch für Hohenheim so neu nicht. Auf ähnlich freimütiger, unvoreingenommener Basis entstanden hier ein Bienenfilm mit Herrn Steche und ein Hühnerfilm mit Herrn Scholtyssek. Insbesondere Herrn Scholtyssek wird längst nicht alles geschmeckt haben, was ich aus seinem umstrittenen Thema machte. Es hinderte ihn nicht daran, mich weiter zu informieren und zu freimütigen Gesprächen mit seinen wissenschaftlichen Gegnern zur Verfügung zu stehen.

Halten Sie also Ausschau nach engagierten Wissenschaftsjournalisten. Es gibt sie. Laden Sie sie ein. Unterbreiten Sie ihnen ein Thema, das freilich einen Bezug zur gesellschaftlichen Wirklichkeit haben muß. Es gibt sie in jedem Fachbereich übergenug. Wissenschaftliches l'art pour l'art ist den Aufwand nicht wert. Informieren Sie die Journalisten gründlich – tagelang, wochenlang, notfalls in Seminar-Manier, wenn das Thema schwierig ist, und das ist es immer, wenn es kontrovers ist und damit zur öffentlichen Auseinandersetzung geeignet. Laden Sie auch wissenschaftliche Gegner ein. Dann überlassen Sie das weitere den Journalisten. Sie können allenfalls eines noch tun: Verschaffen Sie ihm oder ihr, wenn der eigene Name dafür noch nicht reicht,

Arbeitszeit und vor allem ausreichend Druckraum oder Sendezeit, indem Sie mit dem Gewicht Ihres wissenschaftlichen Ansehens auf Chefredakteure und Programmdirektoren, Verleger und Intendanten argumentierend einwirken. Noch ist die Faszination der Professoren in der bürgerlichen Gesellschaft ungebrochen. Hier ist ein weites Feld zu neuem Ansehen in der Gesellschaft.

Ja, und wenn es dann Ärger gibt, dann decken Sie die Sache, wenn die Sache stimmte. Und fassen Sie mit öffentlichen Diskussionen nach. So zu verfahren wäre ein Dienst an der Wissenschaft und an der Gesellschaft, die um so leichter manipulierbar ist, je weniger sie weiß.

Während der Vorbereitung und Durchführung solcher Aktionen durch einen kommunikationswissenschaftlichen Fachbereich bei Mitarbeit thematisch tangierter Institute und unter Wahrung journalistischer Selbständigkeit und Verantwortung entstünde quasi unter der Hand eine oft vermißte Lebenswirklichkeit im akademischen Studiengang. Es entstünden so auch akademisch geschulte Wissenschaftsjournalisten aus Kollegen, die nicht das Glück hatten, studieren zu können.

Ich kann hier nicht schließen, ohne auf die Frage der Tierschützer geantwortet zu haben, ob ich es mir leisten könne, von einer Universität geehrt zu werden, die als der Schrittmacher einer Maschinisierung des Nutztieres gilt – zu Unrecht, wie ich meine, gehen von Hohenheim doch auch in den engen Grenzen, die das oft inhumane Leistungsprinzip unserer Gesellschaft zieht, Impulse der Hygiene und der technischen Tierfürsorge aus. Man sollte Wissenschaftler nicht verdächtigen, in der Tierquälerei ein hinreichendes Mittel der Leistungssteigerung zu sehen.

Doch will ich es mir so leicht nicht machen. Zwar verdient die anmaßende Formulierung, diese Ehrung sei »akademischer Flitter«, keinen Kommentar, doch verdient die dahinter sichtbar werdende Angst, es könnten die Tiere einen öffentlichen Anwalt verlieren, eine sachliche Antwort – wenn es denn überhaupt noch einen Standpunkt der Sachlichkeit in der Frage der modernen Massentierhaltung gibt, so hoffnungslos verklemmt ist dies Problem zwischen wirtschaftlichen, politischen und ethischen Motivationen.

Es kommt hinzu, daß nun auch einige der betroffenen Wissenschaftler anfangen, sich ihren Emotionen zu überlassen und zu Kampfesweisen zu greifen, vor denen jeder Journalist, der das Prädikat seriös verdient, zurückschrecken würde. Die Objektivität der Forschung leidet unter dem Vorwurf der Zitatwillkür in der Beweisführung mit wissenschaftlicher Literatur, mehr noch unter der Anschuldigung der öffentlichen Stimmungsmache durch den nicht qualifizierten öffentlichen Gebrauch von Lichtbildern, die scheußlich anzuschauende Versuchskäfige für Batteriehühner zeigen, ohne daß man diese Käfige ausdrücklich als nicht im Allgemeingebrauch befindlich deklariert habe. Die sich diffamiert fühlende Züchterseite kontert mit einem Flugblatt, das Bernhard Grzimeks Fernseh-Attacke auf die Batteriehaltung der Hühner ins Unglaubwürdige zu ziehen versucht, indem es Grzimek den privaten Bezug von Batterie-Eiern anlastet. Selbst wenn der gerichtliche Beweis dieser in der Sache durchaus legitimen Nachricht zu erbringen wäre, so bliebe doch das akademische Ärgernis der in der Landesanstalt für Geflügelzucht echt handgemalten Überschrift unter dem Briefkopf der Universität Hohenheim: »Ei, ei, ei, Herr Grzimek!« Das sind selbst nach journalistischen Maßstäben drei Eier zuviel.

Und schon redet man davon, daß die Gutachterkommission im Hause des Landwirtschaftsministers den Wissenschaftsstreit um die Problematik der Batteriehühner ja auch durch Handaufheben beenden könnte. Es wären dann 15 Weise für die Käfighaltung und drei dagegen. Käme es zu diesem Votum, wäre die Atmosphäre zwischen Tierschutz und Wissenschaft für lange Zeit vergiftet. Die Minderheitsgutachter wären dann in der Meinung der tierfreundlichen Öffentlichkeit die Koryphäen, und die Mehrheit, das wären die Korrupten, die dem Druck der industriellen Tierhalterlobby, und nicht nur ihrem Druck, schließlich nachgaben. Das darf um des Ansehens der Wissenschaft willen nicht geschehen.

Der gutachtenden Minderheit aber, zu der ich mich aus Gründen eines ethischen Tierschutzes hingezogen fühle, ist anzuraten, die Gesprächsbereitschaft der Mehrheit zu nutzen, um mit ihr zusammen die staatliche Finanzierung eines gemeinsamen Großversuchs zu erzwingen, der für das Haushuhn neben allgemeinen Verhaltensindikatoren auch endlich anatomische, biophysikalische und endokrinologische Parameter zuverlässig und allgemein akzeptabel erbringt.

Neben der personellen Unmöglichkeit, die wissenschaftlichen Standpunkte in der immerhin schon 15 Jahre alten Batteriehuhnfrage zu versöhnen, ist die bisherige staatliche Finanzmittelverknappung für solche Grundlagenforschung der eigentliche Tierschutzskandal, wie ich meine. 15 Jahre Streit sind genug. Die Öffentlichkeit, die sich für das Los der Nutztiere zunehmend sensibler zeigt, hat ein Recht darauf, daß die Wissenschaft nach jahrelangem, verzeihen Sie, Gegacker nun endlich ihr für Mensch und Tier bekömmliches Ei legt. Es wird von ernst zu nehmenden Tierschützern ja kein blauäugiges Zurück zur Natur verlangt. Wir wissen auch nur zu gut, daß die frühere landwirtschaftliche Haltung der Nutztiere für diese alles andere als ein Paradies war. Verseuchte, vor Dreck starrende Schweinebestände, Kühe mit eingewachsenen Ketten und Mistkratzer, die nach der Schlachtung während der parasitologischen Untersuchung sich auf ihren eigenen Würmern noch einmal zu bewegen begannen, liegen noch nicht sehr lange zurück; sie sind auch heute noch unter Haltungsformen anzutreffen, die unkritische Tierfreunde sich wünschen.

Es geht also bei einem zweifellos erreichten mehr an Hygiene um ein noch zu erreichendes Mehr an artspezifischer Trieb- und Bewegungsfreiheit für die Tiere; es geht um ihre Möglichkeit, ein wenig zu leben, bevor sie sterben müssen. Ihre totale Befreiung und Rückführung in die Landschaft sehe ich nicht angesichts der stark zunehmenden Eiweißverknappung in einer Welt, deren menschliche Bevölkerung schier explodiert. Es gibt keine allseits befriedigende Lösung, es gibt nur eine das menschliche Gewissen besänftigende Milderung des Problems. Das wird manchen nicht befriedigen, insbesonders viele Tierfreunde nicht. Ich kann es nicht ändern, denn ich weiß es nicht besser.

Ich weiß nur dies: Wer sich daran macht, mit den Autogrammen von Peter Alexander und Anneliese Rothenberger am Kopf von Unterschriftslisten die Hühner aus den Käfigen zu befreien, der hat nicht begriffen, daß seine menschlich respektable Haltung durch die Unterhaltungsmedien nur zur Auflagensteigerung benutzt wird, denn eine zynische Journalistenweisheit sagt, daß Tiere und kleine Kinder als zugkräftige Themen immer gut seien. Den publizistischen Schrittmachern solcher Aktionen gerinnt auch die Bewegungsnot der Tiere noch zur Unterhaltung. Eine Linderung dieser Not kommt den Tieren allein von der moralisch engagierten Forschung, oder sie kommt ihnen gar nicht.

Die Gesetze machende Politik wird kühl das Pendeln der Waage betrachten, die belastet ist einerseits mit solchen publizistischen Eintagsaktionen und andererseits mit den mächtigen Dauerinteressen der Wirtschaft. Wohin die Waage sich neigen und wofür die Politik sich dann entscheiden wird, ist für mich nicht zweifelhaft. Eier- und Fleischpreise sind in einer Zeit der Inflationshysterie eminent politische Preise. Der Einfluß der Tierhaltungsformen auf sie wird von vielen Tierfreunden nur zu leicht übersehen. Erst wenn die Wissenschaft in dieser Sache mit einer Stimme spricht und nicht, wie derzeit noch, mit zweien, hinter denen sich jede beliebige Art von Interessenpolitik machen läßt, wird der Gesetzgeber eindeutig reagieren.

Weil ich auf die Vernunft baue und weil ich glaube, daß sie nur in der freiheitlichen Luft von Forschung und Lehre noch Hoffnung auf humane Konkretisierungen hat, konnte ich diese große Ehrung reinen Gewissens und von Dank erfüllt annehmen. Sie ist ein Zeichen auch für Toleranz und Respekt, die man abweichenden, ja unbequemen Meinungen in der Wissenschaft noch immer entgegenbringt. Und ich bleibe ein Stachel in ihrem zuweilen bequemen Fleisch.

(1974)

Die sogenannte heile Welt

Eine Rede vor der Stuttgarter »Kosmos«-Gesellschaft über den Begriffsinhalt und die Diffamierung eines Modewortes.

Ich hatte vor Jahresfrist Gelegenheit, in Paderborn die Teilnehmer des Wettbewerbs »Jugend forscht« mit einer Rede von allzu früher wissenschaftlicher Spezialisierung und professoraler Altklugheit abzuhalten. Ich stemmte mich darin auch – wieder einmal – gegen den geistigen Hochmut der Technokraten, die auf Kosten der Natur machen, was heute machbar ist, und es nicht einmal gut machen. Denn etwas machen heißt etwas zerstören. Dichtung und Philosophie, von ihren mythischen Materialien bis hin zu Hegels Dialektik, sind durchtränkt von diesem Satz.

An die Rede schloß sich ein Essen an, während dem mich ein in Biologie beschlagener Oberschüler in leicht mokantem Ton fragte, woher ich denn die Sicherheit nähme zu glauben, das Ziel der Natur bei der Grundsteinlegung des Menschen sei eine trotz ihm heile Welt gewesen. Und ob es denn nicht auch denkbar sei, daß der Mensch im Keim schon der Erde aufgesetzt wurde wie die Geweihveranlagung dem Hirsch – im Endergebnis ein stark luxurierendes Organgebilde, biologisch ohne erkennbaren Sinn, allenfalls auf Kampf mit seinesgleichen, vermutlich aber auf den Untergang der eigenen Art gerichtet. Kurzum: Ein Betriebsunfall der Natur, wenn man nicht gleich ganz annehmen wolle, der Mensch sei von Anbeginn genetisch auf Selbst- und Fremdzerstörung programmiert worden, ein Wesen, das auf seinem verhängnisvollen Weg zwischen dem molekularen Zufall seiner Entstehung und der teleologischen Notwendigkeit seines Untergangs schon weit vorangekommen sei. Und wozu dann noch das moralische Theater von uns Advokaten einer ökologisch heilen Welt?

Mir blieb der Suppenkloß im Hals stecken bei diesem von mir hier nur etwas bildhafter formulierten Schülergedanken, der sich an einem querbeet gelesenen Monod entzündet haben mochte. Nun kennt die moderne Naturwissenschaft aber keine notwendige Vorherbestimmtheit, und der Molekularbiologe Jacques Monod sagte in Wahrheit: »Das Schicksal zeigt sich in dem Maße, wie es sich vollendet – nicht im voraus. Unsere Bestimmung war nicht ausgemacht, bevor nicht die menschliche Art hervortrat, die als einzige in der belebten Natur ein logisches System symbolischer Verständigung benützt.« Dennoch: Die intellektuelle Verführungskraft des Gedankens, der Mensch sei ein sinnlos auf sein Ende hin luxurierendes Wesen, ist stark, lassen sich doch mit einem als Evolutionsziel verstandenen Menschheitsuntergang leicht alle irrational anmutenden menschlichen Verhaltensweisen scheinbar rational erklären.

Die Erkenntnis – zum Beispiel – ist nicht neu (doch ihres Tabucharakters wegen nur selten bei festlichen Gelegenheiten wie dieser hier öffentlich ausgesprochen), daß wir uns als Art total unbiologisch verhalten, wenn wir nach Kräften jeden Wirkfaktor der natürlichen Auslese beseitigen, der unsere krebsartig ausfernde Zahl zu begrenzen im Stande wäre. Niemanden ehren wir alle mehr als den Arzt, der Krankheit und Tod besiegt; niemanden schmähen viele von uns mehr als den Arzt, der die Früchte eines beliebig aktivierbaren Sexualtriebs am Ausreifen zu hindern sucht. Als Konrad Lorenz, ein Arzt doch immerhin, bei der Gründung der Gruppe Ökologie, die in der Übervölkerung der Erde das Erzübel aller Erdübel sieht, mit dem ihm eigenen Temperament vor der Presse sagte, es sei angesichts der Bevölkerungsexplosion unmoralisch, noch viele Kinder zu haben, da verklagte ihn der Bund der Kinderreichen wegen Beleidigung.

Dabei hatte Lorenz nichts anderes gesagt als die schlichte biologische Wahrheit. Sie läßt sich an jeder Tierpopulation ablesen, deren Kopfzahl in einem Mißverhältnis zu ihrem Territorium steht. Schon die Bakterien (um nicht schon wieder von zu vielen Hirschen zu reden) zeigen in der Petri-Schale das Ende des Weges, auf dem wir bereits weit fortgeschritten sind: Stoppt man ihre Vermehrung nicht, so bricht das Bakterienvolk trotz reichlicher Nährflüssigkeit und ausgeklügeltem Laborkomfort schließlich in einer mikrokosmischen Umweltkatastrophe zusammen. Die Bakterien sterben nicht an Nahrungsmangel, sondern an ihren eigenen Ausscheidungen.

Ein anderes Beispiel für die irrationalen Verhaltensweisen besonders des westlichen Menschen, der doch die Ratio, die Vernunft anbetet wie nie zuvor, ist sein räuberischer Umgang mit der Natur in einer hinsichtlich der Ökologie so sehr aufgeklärten Zeit, daß man das Wort Umwelt nicht mehr in den Mund nehmen kann, ohne sich sogleich für diese Platitüde zu entschuldigen. Aber besinnen wir uns auch auf den vielzitierten Raumschiffcharakter unserer Erde? Halten wir Haus im Haushalt der Natur? Nichts davon.

Wir kaufen uns Ablaß von unseren Umweltsünden mit Kläranlagen und Immissionsschutzgeräten und überlasten sie sogleich wieder mit neuen Industrieansiedlungen – zur Herstellung von Kläranlagen und Immissionsschutzgeräten.

Wir subventionieren die Überproduktion von Grundnahrungsmitteln auf Kosten eines mit Kunstdüngern und Monokulturen ausgebeuteten Bodens und subventionieren noch einmal die Denaturierung derart produzierter menschlicher Grundnahrungsmittel zu Viehfutter. Und wenn in Äthiopien, einem Zwischenlandeplatz für Neckermann-Touristen auf dem Weg zu Foto-Safaris nach Ostafrika, 100 000 Menschen Hungers sterben, dann überläßt unsere Gesellschaft die erste Hilfe einer Illustrierten, die sie auch nur deshalb so bewundernswert wirksam leisten kann, weil sie das Elend gut verpackt zwischen Bonn und Busen an den satten Mann bringt.

Wir klagen beredt darüber, daß wir im Blech und Abgas der Automobile ersticken, doch nimmt man sie uns auch nur für drei Sonntage weg, dann klagen wir ebenso beredt über staatliche Eingriffe in unsere Freiheit, ersticken zu dürfen, wie es uns beliebt.

Wir lamentieren über die Toten und Verletzten auf den Straßen, doch zwingt man uns zu ihrer Rettung durch Tempolimit auch nur versuchsweise und befristet den Fuß vom Gaspedal, dann lamentieren wir über den drohenden technischen Rückschritt in der Automobilfertigung.

Wir malen für den Fall von Geschwindigkeitsbegrenzungen auch den Verlust von Arbeitsplätzen in der Automobilindustrie an die Wand und transportieren aus Entwicklungsländern notfalls illegal Arbeiter heran, die wir euphemistisch *Gast*arbeiter nennen, wo sie in Wahrheit doch unterprivilegierte und gesellschaftlich isolierte Halbsklaven sind, die ihren Spartakus nur noch nicht gefunden haben.

Und die Menschen in den Entwicklungsländern, in der sogenannten Dritten Welt? Ihre Führer haben fast ausnahmslos nur eine Sorge: So rasch wie möglich die Fehler der Industrieländer zu wiederholen, Natur zu vernichten, Wälder abzuholzen für Städte und Straßen, als wüßten sie nicht, daß die Hungersnöte in den Ländern südlich der Sahara auch eine Folge der Verkarstung durch Waldvernichtung sind; Ströme durch Industrieansiedlungen zu vergiften, als wüßten sie nicht, daß der Rhein nur noch eine Kloake ist.

Ich habe diese Jeremiaden so satt wie Sie. Wer läßt sich schon gern als »Evangelist der Ökologie« verspotten? Ich bilde mir auch nicht ein, auch nur das Geringste ändern zu können. Ich habe nur laut darüber nachgedacht, warum schon Oberschüler heute zu den Gedanken zynischer Greise kommen, warum unsere offenkundige Schizophrenie, die wir mit dem Wort »Sachzwänge« verschleiern, in halben Kindern schon die Meinung aufkommen läßt, der Mensch sei von der Urzelle her darauf angelegt, sich und die Erde zu zerstören.

Es hat ja seine Schwierigkeiten heute, jungen Skeptikern noch den transzendenten Menschen verkaufen zu wollen. Auch schneidet der Laserstrahl der Naturwissenschaften, mit denen sie aufwachsen, sie meist los von der christlichen Offenbarung. Damit ist es also nichts im Diskutieren mit ihnen über das Prinzip Hoffnung auch im Streben nach einer heilen Welt. Am ehesten noch akzeptieren sie ein humanisiertes Menschenbild, wenn man im Gespräch das tertullianische »Credo quia absurdum«, das die Glaubwürdigkeit des Evangeliums just aus seinen konkreten Absurditäten herleitet, auf den Menschen anwendet: Der Mensch ist Mensch, das heißt transzendent und die animalischen Wirklichkeiten überschreitend, weil er als Tier total absurd ist.

Doch als schlichter Tierkundler, der vor 20 Jahren im ›Kosmos‹ seine ersten Schritte in die naturwissenschaftliche Öffentlichkeit machte, beeile ich mich, die dünne Luft philosophischer Räume zu verlassen. Unsereiner bekommt da leicht Atemnot. Es ist auch gleichgültig, ob einer nun mit Hilfe der Taufe oder nur über den intellektuellen Kurzschluß eines theologischen Bonmots an die beseelte Vernunftbegabtheit des Menschen und damit an seine Zukunft zu glauben imstande ist. Hauptsache, er tut es. Wichtig ist auch, daß man human geprägte, ihr Wissen nicht mißbrauchende Exemplare des Genotypus Mensch – sagen wir Nobelpreisträger – nicht als die Zufallsprodukte seiner genetischen Variationsbreite ansieht, als seltene Muster ohne Wert für die Beurteilung der ganzen vermeintlich verderbten Art.

Es gilt auch, den degenerativen Prozeß zu erkennen, den Konrad Lorenz die »Verhausschweinung« des Menschen nennt. Wenn ich das derbe Lorenz-Wort derb auslegen darf: der Mensch, der nach dem Schwein sich selbst zur Sau zu machen drauf und dran ist – physisch durch Wammenbildung, angezüchtete Eßgier und hypertrophierte Sexualität, psychisch durch die Diffamierung der Emotion, der Scham und jeder natürlichen, weil generationsbedingten Autorität.

Und so plädiere ich hier für etwas, das heute unter dem Spott zuvörderst der Intellektuellen zu leiden hat wie nichts sonst: für die Legitimität menschlichen Strebens nach einer heilen Welt. Es muß endlich wieder auch dem menschlichen Gemüt ohne intellektuelle Diffamierung erlaubt sein, was dem menschlichen Körper zu verwehren niemandem einfiele: Wunden zu schließen und Brüche zu heilen. Nichts in der belebten Natur, das nicht unbewußt zur Harmonie oder doch zum biologischen Gleichgewicht mit seiner Umwelt strebte und auf anhaltende Störungen in seinem Ökosystem mit schweren Schäden reagierte! Der Mensch als Teil der belebten Natur macht da keine Ausnahme.

Das instinktive, wenn auch heute freilich naive »Zurück zur Natur«, das zum Spottwort der Technokraten für die Schützer einer heilen Welt geworden ist, weist in diese Richtung. Wegen der Geschwindigkeit der Kulturentwicklung genetisch noch längst nicht angepaßt an seine denaturierte, technisierte, hektische Gehirnwelt, sucht der noch halbwegs empfindsame Mensch in seinen Ferien nach ökologisch intakten Regenerationsräumen: nach dem einsamen, sauberen Strand, dem menschenleeren natürlichen Mischwald, dem stillen, abgelegenen Bergtal. Nicht, daß er sie immer findet, ist entscheidend; es werden ihrer ja immer weniger. Daß er sie mit dem Instinkt des Naturwesens überhaupt noch sucht als eine heile, ihm gemäße Welt – darauf kommt es an. Das weist ihn aus als ein Wesen im Einklang mit der Natur. Das heißt uns hoffen.

Es ist nicht schwer, eine solche landschaftsökologisch heile Welt und die legitime menschliche Sehnsucht nach ihr zu definieren. Eher schon sind zu den humanökologischen Aspekten einer heilen Welt ein paar Gedanken angebracht. Wenn es richtig ist, daß der Verlust der Scham für den Menschen der erste Schritt in die Geisteskrankheit ist, dann sind viele von uns in der Tat geisteskrank – »kaputte Typen«, wie man sie mit einem neudeutschen Wortgebilde nennt. Es ist zusammengesetzt aus einem auf den Menschen bezogenen Adjektiv aus der Maschinenwelt und einem Substantiv, das ihn seiner Individualität beraubt. Ich kenne kein unmenschlicheres Wort für einen Menschen.

Was beunruhigender ist: Schon folgt dem Wort aus dem Hades der Zynismus vom Olymp. Ich hörte einen namhaften Genetiker darüber spekulieren, ob nicht die Vermarktung des weiblichen Körpers, die uns beinahe weltweit von allen Kiosken und Kinoleinwänden wie von Pissoirwänden anspringt, ein subtiles Werkzeug der Natur sein könnte, weise darauf gerichtet, unsere übergroße, die Erde gefährdende Zahl zu verringern, indem sie uns den appetitus coitus verderbe. Aber ich weigere mich, im Hamburger Heinrich Bauer Verlag, der ein Pornobranchenführer ist, das Werkzeug einer weisen Natur zu sehen. (Ein Verlag nebenbei, der fest in der großbürgerlich-konservativen Welt verankert ist.)

Eher schon ist zu glauben, daß die neuen Leistungszwänge und Neurosen, die uns die endlich befreite Sexualität bescherte, wieder Entspannung und Heilung in der altmodischen Erotik finden werden, um nicht zu sagen: in der Liebe. Eine neue demoskopische Untersuchung förderte zutage, daß von den Menschen mehrheitlich nicht so sehr mehr die Unfähigkeit zum beliebig produzierbaren Orgasmus beklagt wird, als vielmehr ein starkes Defizit an Streicheln. Es war vorauszusehen, daß die Kühnheit, mit der vor zehn Jahren junge Sexualpsychologen die Handfreisetzung des sich aufrichtenden Vormenschen in ihrer Bedeutung für die menschliche Evolution quasi mit der heutigen Freisetzung der weiblichen Brust aus Bluse und Pullover gleichstellten – daß diese Kühnheit sich als anthropologisch impotent erweisen würde.

Ich möchte bei diesem Plädoyer für das Naturrecht des Menschen, nach einer heilen Welt zu streben, auf keinen Fall mißverstanden werden. Ich habe nichts im Sinn mit dem Schein dieser heilen Welt, der um des Geldes oder um des Publikumserfolges willen überall aufgerichtet wird. An ihm entzündete sich ja die intellektuelle Diffamierung des ganzen Begriffs, und dagegen wüßte ich nichts zu sagen. Ich habe in meiner eigenen publizistischen Arbeit weidlich mitgeholfen, diese Scheinwelt abzubauen. Wogegen ich mich wehre, das ist die Ausdehnung der Demontage des Scheins auf die Begriffswirklichkeit.

Für den Schein einer heilen Welt halte ich etwa die falschen Töne der Fremdenverkehrsindustrie im idealisierenden Gebrauch der Begriffe Natur und Gastfreundschaft, die sie in Wahrheit doch nur schnöde vermarkten. Ich erwähne auch die läppischen, eher kindischen als kindlichen Fernsehserien, in denen Tiere im Zeitalter eines Lorenz und eines Tinbergen grotesk vermenschlicht werden. Dieser Tierverfälschung entsprechen die vielen menschlichen Saubermannfamilien desselben Mediums, in denen oft eine mit dümmlichem Humor nur dürftig getarnte bürgerliche Doppelmoral regiert. Ob dieses Fernsehgenre nun aus dem Mutti-Milieu gleich umschlagen mußte in die Fäkalwelt des Alfred Tetzlaff, dazu mache ich mir hier keine lauten Gedanken. Es gibt auch im Fernsehen so etwas wie einen Fraktionszwang.

So appelliere ich zum Schluß an meinen eigenen Berufsstand, nicht mehr länger in Wort und Bild Menschen zu ironisieren und dem hämischen Spott der Masse auszuliefern, die im stillen der Natur und damit auch dem Menschen dienen. Das Wort Tierfreund muß den Beigeschmack des naiven und menschenfeindlichen Tiertantentums wieder verlieren, besonders wo es in Bezug gesetzt wird zu den vielfach bedrohten freilebenden Tieren. Das Wort Naturschutz muß heraus aus dem Assoziationsbereich der Wandervogel-Schwärmerei, in dem es der Asphaltjournalismus immer wieder ansiedelt.

Wir aber, die den Tier- und Naturschutz aktiv betreiben, sollten uns, solange der milde Spott andauert, von ihm nicht irre machen lassen in unserem Streben nach einer heilen Welt. Wer diese heile Welt heute noch ironisiert, wird sie als ein kranker Mensch schon morgen selber am nötigsten haben.

Ich zitiere noch einmal Jacques Monod: »Der Mensch weiß nun durch die Wissenschaft, daß er seinen Platz wie ein Zigeuner am Rande des Universums hat, das für seine Musik taub ist und gleichgültig gegen seine Hoffnungen, Leiden oder Verbrechen.« Lassen Sie uns dann wenigstens diese unsere ausgesetzte Welt auf eine natürliche Weise heil erhalten, damit wir nicht mit dem Römer Livius eines Tages werden klagen müssen, wir hätten es dahin gebracht, daß wir weder unsere Gebrechen noch deren Heilmittel mehr ertragen könnten.

(1974)

Offener Brief an den Jäger Walter Scheel

Im Sommer 1975 zeigte ein dpa-Foto den Bundespräsidenten Walter Scheel in schmuckem Jagd-Outfit. Das Gewehr am langen Arm, begibt er sich auf die Pirsch. Kurz darauf erschien im ›Zeitmagazin‹ der folgende, hier leicht gekürzte, offene Brief an das Staatsoberhaupt.
»Sie haben abgedrückt – und der Schuß ging nach vorne los«, schrieb der Pressereferent des Bundespräsidenten in seiner Antwort an Horst Stern. Und das mehr als überraschende Ergebnis war: Der Bundespräsident schaffte die Diplomatenjagd ab.

Sehr geehrter Herr Bundespräsident, dieses Bild, das Sie im Habitus des Jägers zeigt, wurde während der letzten Diplomatenjagd aufgenommen. Doch ist nicht diese Gesellschaftsveranstaltung der Anlaß für meinen Brief. Wenn das Totschießen von Hasen im Namen des Volkes dem Ansehen des von Ihnen, Herr Bundespräsident, repräsentierten Staates nützlich ist – bitte schön. Solange auch nur Hasen fürs Vaterland ins Feuer müssen, wollen wir uns nicht unnötig aufregen. Ich habe Ernsteres im Sinn.

Wenn man Sie richtig zitierte, so äußerten Sie bei Ihrem ersten öffentlichen Auftreten als Jäger Ihren Stolz auf das von Ihnen begonnene Waidwerk, und sie begründeten ihn mit der Rolle des Jägers im Haushalt der Natur: Regulator des Wildes zu sein in einer Kulturlandschaft, in der für seine natürlichen Feinde – Wolf, Luchs und Bär – kein Raum mehr ist. Jeder vernünftige Mensch, der beim Bedenken der Tiere seinen Kopf nicht zugunsten unreflektierter Tierschutzgefühle aus dem Spiel läßt, wird diese Ihre jagdliche Motivation unterschreiben. Zwar halte ich das Wort »Stolz« für fehl am Platz, »Pflicht« fände ich angemessener, doch zweifle ich nicht, daß der Jäger Scheel mit wachsender Praxis die Stichworte seiner Referenten besser wägen wird.

Damit ist ein erstes Schlüsselwort für diesen Brief gefallen: die jagdliche Praxis eines amtierenden Bundespräsidenten.

Sie haben eine zu hohe Meinung von Ihrem Amt, und Sie haben Ihren Willen, diesen weiten Staatsmantel durch die vielfältigsten politischen und gesellschaftlichen Aktivitäten auszufüllen, zu nachdrücklich bekundet, als daß Sie wirklich Hoffnung haben könnten, dem Staatsamt mehr als ein paar Tage oder gar nur Stunden im Jahr für die Jagd abzulisten. Ist das aber so, dann fällt es einem, der sich auskennt in der bundesrepublikanischen Jagdszene, nicht schwer, Arrangement und Ablauf solcher präsidialen Jagderlebnisse vorauszusehen.

Beginnen wir mit dem Schuß – ich sage bewußt nicht »Jagd« – auf jenes Wildtier, das die Jäger mehr aus ästhetischen denn aus biologischen Gründen das edelste nennen: den Rothirsch. Da Sie kraft Ihres hohen Amtes a priori zum Kreis jener einen Promille der 300 000 bundesrepublikanischen Jäger gehören, die regelmäßig auf den Rothirsch zu waidwerken das finanziell oder politisch begründete Privileg haben, werden gewiß heute schon im deutschen und österreichischen Alpenraum, den Sie zur Entspannung bevorzugen, zwei oder drei Hirsche leben, die Ihnen von hochmögenden Revierinhabern oder auch von Staatsjagdbehörden im stillen zugedacht sind. Und da bei uns diese geweihten Hätscheltiere der Jagd meist einen Namen haben, werden die für Ihre Kugel reservierten Hirsche wohl von nun an »Präsident« heißen. Das ist Tradition. Berufsjäger werden den ihrer Obhut anvertrauten jeweiligen »Präsident« hinfort nicht mehr aus dem Jagdglas lassen; sie werden sommers seine verschwiegenen Wechsel erkunden und ihn winters mit bestem Kraftfutter mästen, damit die vierzehn Enden seines kapitalen Geweihs womöglich noch ein bißchen kapitaler werden. Und damit keine Parasiten sein körperliches Wohlbefinden beeinträchtigen, wird man ihn sorgsam mit allerlei Medikamenten traktieren. Tausende von Touristen werden ihn an der Winterfütterung nahezu auf Streichelweite bewundern. Und sollte Ihnen auch im Harz ein »Präsident« dediziert werden, so kann es sehr wohl sein, daß es sich um einen jener starken Hirsche handeln wird, die ein Backwarenfabrikant mit den Keksen füttert, die seinen altvertrauten Namen tragen.

Wie auch immer – eines schönen Spätsommertages werden

sich Präsident und Präsident in der Wildbahn treffen. Da wird nichts schiefgehen. Da darf nichts schiefgehen. Und weil selbst ein winters Kekse mampfender Hirsch das übrige Jahr halbwegs ein Wildtier ist, dessen Wege letztlich unvorhersagbar sind, ist schon Wochen vor dem präsidialen Jagdtag diskrete Order ergangen, »Präsident« durch regelmäßiges Auslegen seiner Leibspeise, sagen wir: Apfeltrester mit Quetschhafer, zu einer bestimmten Zeit an einen Ort in sicherer Schußweite gegenüber dem präsidialen Hochsitz. 19 Uhr ist eine gute Zeit. Und nun: Waidmannsheil!

Sie werden, dessen bin ich sicher, Herr Bundespräsident, Ihren Hirsch nicht verfehlen. Um 19.45 Uhr schon haben Sie Ihren mit dem Blut Ihrer Beute (»Schweiß«, ich weiß, ich weiß!) getränkten Eichenbruch am Hut. Die »rote Arbeit«, also das immer ein bißchen metzgerhafte Aufbrechen und Versorgen des toten Tieres, wird man Ihnen nicht zumuten wollen. Es gefährdet, da das Ärmelaufkrempeln unter Herrenjägern verpönt ist, die Hemdmanschetten. Der »diensttuende Jäger« macht das schon.

Beim üblichen »Tottrinken« des Hirsches dann, abends auf der Hütte, wird man respektvoll an Ihrem Mund hängen und später, bei gelockerter Zunge, diskret diese oder jene gesellschaftspolitische Sorge an Sie herantragen. Ich komme darauf noch zu sprechen. Es wird dabei, Ihrer Integrität und Ihrem hohen Amt entsprechend, weniger direkt zugehen als sonst üblich, denn, Herr Bundespräsident, der Rothirsch ist einem maliziösen Forstwort zufolge noch immer die vornehmste Art der Bestechung in Politik und Wirtschaft. Diese Sorge freilich habe ich bei *Ihnen* nicht. Ich wollte diesen wichtigen Aspekt der Rothirschjagd auch nur angesprochen haben.

Der erste Neuschnee dann wird Sie im Kreis durchlauchtigster Schwarzwildjäger sehen. Keine Namen hier; sie tun auch nur wenig zur Sache, die man allgemein Hege heißt. Unter diesen, in wildarmen Zeiten durchaus ethisch fundierten jagdlichen Begriff fällt freilich auch die in wildreichen Jagdgattern anzutreffende Praxis, die zur Nachzucht nötigen Hauptschweine vor den nervösen Büchsen und unsicheren Blicken der im Waidwerk weniger geübten Jagdgäste in Sicherheit zu bringen. Man fängt die Tiere zu diesem Zweck vor dem Jagdtag in beköderten Fallen, worin sie das Schwein haben, verbleiben zu dürfen, bis die Luft wieder bleifrei ist.

Auch zur Fasanenjagd wird man Sie laden. Und weil diese Gesellschaftsjagden erst durch große Strecken, also durch viele erlegte Vögel, jenes jagdliche Fluidum erhalten, das die Gegenwart eines Staatsoberhauptes erheischt, wird man möglicherweise eine gewisse Vorsorge treffen, damit in der knappen Zeit Ihrer Gegenwart nicht zu wenige Vögel von zu vielen Schrotschüssen häßlich zerfledert werden. Diese Vorsorge nennt man unter Brüdern augenzwinkernd »Kastlfasanen«, doch stellt sie, meine ich, eine schlimme Entartung anständigen Jagens dar: Gezüchtete Fasanen werden vor dem Jagdtag in Kästen ins Revier gekarrt und zum alsbaldigen Abschuß ausgesetzt. Da kann man auch gleich in einem Hühnerhof jagen gehen.

Da Sie aus Gründen Ihres hohen Amtes und Ihrer starken zeitlichen Beanspruchung im Dienst des Staates der einen oder der anderen hier skizzierten jagdlichen Spielart nicht werden entgehen können, muß die Frage erlaubt sein, ob ein solches Jagen Ihrem Anspruch gerecht wird, ökologisch notwendige Wildregulierung im gestörten Haushalt der Natur zu sein. Sie ist es natürlich nicht, und Sie wissen es so gut wie jedermann, der auch nur ein wenig sachkundig ist in den komplexen Dingen der Natur. Warum also jagen Sie, Herr Bundespräsident?

Es könnte nun sein, daß Sie – unter Hinweis auf Ihren privaten Bereich – diese Frage als anmaßend zurückweisen; darum will ich sie an Ihrem Amt relativieren: Was bleibt einem Bundespräsidenten denn anderes übrig, als *so* zu jagen? Wie denn sonst? Wie könnten Sie wohl, selbst wenn Sie es wollten, mit drei Leibwächtern und einem staatswichtigen Terminkalender im Genick, nicht nur waidgerecht, sondern auch biologisch jagen (was durchaus zwei Paar Jagdstiefel sein können)? Unter Verzicht also auf die wandschmückende Prestigetrophäe, der ohnehin allzu viele schon nachjagen. In tagelanger Pirsch und halbnächtelanger Ansitzjagd auf geweihlose weibliche Tiere und Kälber, die der bessere Herr in Grün nur zu oft den Berufsjägern überläßt, weil diese Jagd, im Gebirge nicht selten schon bei

Schnee und Frost, harte körperliche Arbeit in der Stille ist, ohne vorzeigbaren Lohn.

Dabei ist die Jagd auf, sozusagen, Mütter und Kinder die dringlichste Pflicht des Jägers, der vorgibt, Wolfersatz und Regulator im Haushalt der Natur zu sein. Ein Wolf, ein Luchs käme niemals auf die Idee, sich an einem auf dem Scheitelpunkt seines Lebens stehenden Vierzehnender namens »Präsident« zu vergreifen. Ihn überläßt er der Vergreisung und macht ihn sich auf solche bequeme Weise zur Beute. In Wildmarken, in denen noch Großraubwild jagt, fallen vielmehr jährlich mehr als die Hälfte des Jungwildes eines jeden Jahrgangs, dazu die schwachen und die alten Tiere der natürlichen Auslese anheim. Die jagdliche Auslese durch den Menschen aber war und ist, wenn auch zum Glück in langsam abnehmendem Maße, ganz überwiegend auf die starke Trophäe gerichtet, und sie läuft damit, folgt man den Gedanken der Wildbiologie von heute, der Umwelt der Tiere direkt zuwider: Schwindender Lebensraum, Beunruhigung durch Tourismus und starker Jagddruck haben aus dem einst offene Räume besiedelnden Tagtier Hirsch ein scheues, die Wälder bewohnendes Nachttier gemacht.

In unseren Wäldern aber, die aus wirtschaftlichen Gründen vielfach zu wildfeindlichen, weil nahrungslosen Holzplantagen mit dicht an dicht stehenden Nadelbäumen gemacht wurden (mit nur geringer Aussicht auf zukünftige naturnahe und äsungsreiche Mischwälder), kann ein möglichst vielsprossiges, möglichst ausladendes Geweih seinem Träger schwerlich Vorteile bringen. Auch selektiert die herkömmliche Jagd, der Wildbiologie zufolge, in Richtung auf immer mehr Nachtaktivität und Menschenscheu des Rotwilds, indem sie zuvörderst jene Stücke erlegt, die noch am vertrautesten sind und an verschwiegenen Waldrändern schon bei Tage ins Offene treten, während die Heimlichen in den Dickungen länger überleben und ihre scheuen Verhaltensweisen stärker vererben.

Ich befinde hier nicht über Wert oder Unwert dieser Gedanken. Unstrittig aber ist heute, daß die Gedanken der tradierten Hege – Zuchtwahl, Fütterung und medikamentöse Parasitenbekämpfung – zu einem gut Teil der Haustierzucht entnommen sind und, langfristig gesehen, auch auf eine

Haustierwerdung des Wildes zulaufen. Die Wildbiologie von heute will sicher wissen, daß jede menschlich manipulierte Zuchtwahl die genetischen Strukturen des Wildes schließlich zerstört. Nicht von ungefähr sagte deshalb der zuständige Ressortminister Josef Ertl – auch ein Jäger neuerdings – auf dem Bayernwald-Naturschutztag in Freyung, daß sein Ministerium bei der anstehenden Novellierung des Bundesjagdgesetzes sich von den folgenden Grundsätzen leiten lasse: »Die Bejagung des Wildes ist auf der Grundlage wildbiologischer Erkenntnisse zu regeln. Ziel der Hege ist es, Wild zu erhalten, nicht jedoch es zu domestizieren.«

Zwei gewichtige, womöglich folgenschwere Sätze aus berufenem Mund, Sätze, auf die reformistische Wildbiologen und Ökologen lange genug gewartet haben. Glauben Sie im Überdenken dieser Grundsätze nicht auch, Herr Bundespräsident, daß die Jagden der Diplomaten- und Politikergesellschaften – seltene Ausnahmen konzidiert – mehr der statusgerechten Unterhaltung als der Ökologie zuzuordnen seien?

Das am menschlichen Interesse orientierte Nutztier-Schadtier-Denken, unter dem die Jagd bis in die Gegenwart das Wild katalogisierte, stirbt langsam aus. Doch bis die daraus resultierende Verarmung der Tierarten zugunsten der als Jagdbeute begehrten *Vier*falt aus Hirsch und Reh, Hase und Fasan endlich wieder zur animalischen *Viel*falt werden kann, wird noch viel Wasser den Rhein hinabfließen.

Daß Sie, Herr Bundespräsident, eines Tages auch Fasanen jagen werden, ist keineswegs anstößig. Anstößig wird allein die Art sein, in der Ihr Amt Sie zwingen wird, auf Fasanen zu jagen: in großer Gesellschaft, unter oft schußhitzigen Flintenträgern, deren undiszipliniertes Geballere diese Jagden für Mensch und Tier so gefährlich macht und unter guten Jägern in Verruf gebracht hat. Die Hunde sind meist nicht minder hitzig und undiszipliniert. Nicht wenige, mit Schrot nur verletzte Fasanen verludern deshalb ungefunden, ja ungesucht elend im Feld.

Ökologische Wildregulierung? Man kann das nicht einmal Jagen nennen. Es ist sportliches Schießen auf bewegliche, lebende Ziele in angenehmer Gesellschaft – eine Definition, die auf die jagdliche Tätigkeit sehr vieler sogenannter Waidmänner zutrifft, auf die Mehrheit, wie ich glaube. Die mit

Natur gesättigte Bezeichnung »Jäger« wird von ihnen einschränkungslos in Anspruch genommen, obwohl sie ihnen, gemessen am verkündeten Anspruch der Jagd, angewandte Ökologie zu sein, nicht zukommt.

Jagen, das ist ja weit mehr als Schießen. Weit mehr auch als die »Hege«, hinter der sich viele so gern verstecken, wenn man sie nach dem Motiv ihres Jagens fragt. Dabei hegen sie oft nur mit dem Postscheck für das Winterfutter, während sie selber fernab von ihren Revieren ihren Geschäften nachjagen, darin weit mehr Jäger als im Feld. Am Ende einer Woche, wenn es hochkommt, hetzen sie dann in ihre fernen Reviere und jagen, wie sie das nennen. Ihre Naturkenntnisse sind bescheiden, ihr Vegetationswissen hört meist bei Tanne, Fichte, Buche und Ahorn schon auf. Sie sind als Jäger nur so gut, wie ihre Jagdaufseher, ihre Berufsjäger gut und willig sind. Ohne diese Profis würden sie gerade in den besten, weil großen und deckungsreichen Revieren das heimliche Wild nicht einmal finden, geschweige denn es für den Wahlabschuß individuell identifizieren können. Aber sie sind Jäger.

Sie sind Hobbyjäger, und warum auch nicht? Sie sind ja in ihren Berufen stets erfolgreiche Menschen, und die Wildbahn kann ihre Schecks und ihre Schüsse, wenn beide gut sind, gut gebrauchen. Wenn sie nur aufhören wollten, sich so schrecklich franziskanisch als »Heger«, als »Naturschützer« gar zu geben. Unter Natur begreifen sie ja nur ihr Jagdrevier, und in ihm meist wiederum nur das jagdbare, das lustbringende Wild. Schon dessen – zugegeben komplexe – Wechselbeziehungen zur Flora und übrigen Fauna sind ihnen Hekuba. Der Wald ist ihnen, je nach Veranlagung, Trimm-dich-Stätte oder ein Ort diffuser seelischer Empfindungen, in jedem Fall mehr romantische Kulisse als biologischer Weiser für die richtige Wilddichte. Es geht ihnen in aller Regel Wild vor Wald, und der ökonomische Wildschaden durch Pflanzenverbiß und Rindenschälen rangiert in ihrer Wertung vor dem ökologischen.

Ich habe keine Hoffnung, Herr Bundespräsident, auf dem mir verbleibenden Platz die Problematik dieser hochkomplexen Frage in allen Aspekten darlegen zu können. Es geht um die Überhege, manche Ökologen sagen drastisch: unnatürliche Zucht zu vieler Hirsche und Rehe allein im Interesse von Revierpächtern, deren Wochenendjägerei die kräfte- und zeitraubende Pirschjagd auf naturgerechtes, das heißt: weniges Wild nicht zuläßt.

Jagd ist, wie Landwirtschaft, Bodennutzung und damit nicht frei von wirtschaftlichen Überlegungen. Wie aber die Landwirtschaft durch Übernutzung des Bodens ökologische Schäden herbeidüngt, so führt die Überhege des Wildes zu schweren Schäden im Ökosystem Wald: Der Verbiß junger Forstpflanzen, besonders der Laubholzarten, verhindert nachhaltig eine natürliche Verjüngung der Wälder und fördert überdies die aus wirtschaftlichen Gründen ohnehin vorhandene Tendenz zur forstlichen Monokultur aus Nadelhölzern, besonders aus der Fichte, deren Jungpflanzen vom Wild relativ wenig verbissen werden. Solche Wälder aber sind ökologisch instabil: Sturm und Schneedruck lassen sie häufig großflächig zusammenbrechen; in den Bergen begünstigen diese baumartenarmen Kunstwälder Bodenerosion, Hochwasser und Lawinen; der Erholungswert von Fichtenwüsten ist gleich Null.

Während solche volkswirtschaftlich oft katastrophalen Folgen monokulturell gebauter Wirtschaftswälder unumstritten sind, tobt um die Ursachen ein Streit zwischen Jägern und Forstwissenschaftlern, wie es ihn seit 1848 um Fragen der Jagd nicht mehr gegeben hat. Längst redet man im Zorn aneinander vorbei. Die Jäger schieben den Forstverwaltungen die Schuld zu für Rindenschälschäden, die an den Fichtenstämmen zu Fäule und Bruch führen. Diese Schäden werden mit 50 Millionen Mark pro Jahr beziffert, die weit größeren durch das Ausbleiben der Naturverjüngung seltener Baumarten wie Tanne, Ahorn und Esche nicht gerechnet. Der Kunstforst ohne Strauchvegetation und Laubholzanteil, sagen die Jäger mit Recht, zwinge das Wild geradezu, seinen Hunger an Rinde und spärlichem Jungwuchs zu stillen.

Die Forstseite hält – ebenfalls mit Recht – dagegen, daß ein reines Wirtschaftsdenken, wie es im 19. Jahrhundert den Waldbau auf den Holzweg brachte, längst überwunden sei, daß man sich allenthalben um den Aufbau standortgerechter und naturnaher, nahrungsreicher Mischwälder bemühe, daß diese Bemühungen aber zur Hoffnungslosigkeit verdammt seien durch das zu viele Wild, das kaum eine Jungpflanze ohne – fragwürdigen – Drahtschutz oder Chemie mehr hochkommen lasse.

Keiner Seite fällt es sonderlich schwer, auf Presseführungen »vor Ort« Beweise für ihre Behauptung vorzustellen. Jäger laden Journalisten in sorgsam ausgesuchte Reviere, wo Tanne und Ahorn als ökologische Waldstabilisatoren prächtig auch außerhalb der Zäune gedeihen. Ökologen wiederum führen verwirrte Journalisten durch Reviere, in denen zu Krüppeln verbissene Jungtannen ganze Waldfriedhöfe bilden und zusammenbrechende Fichtenwälder, denen die Hirsche die Rinde von den Stämmen rissen, aussehen, als hätten sie unter Artilleriebeschuß gelegen.

Doch ist sofort zuzugeben, daß es tatsächlich Jagdreviere gibt, in denen verantwortungsbewußte Jäger sich ernsthaft bemühen, die Wildbestände der vorhandenen Nahrungsbasis anzupassen und durch Kurzhalten des Wildes auch dem naturnahen Wald eine Chance zu geben. Aufs Ganze gesehen aber gibt es zuviel Schalenwild in der Bundesrepublik und in Österreich. Es gab zu keiner Zeit mehr davon als heute, in unserer Industrielandschaft. 500 000 Stück jährlich in der Bundesrepublik erlegte Rehe und Zehntausende, die als Verkehrsopfer enden, können den Beständen nichts anhaben. Die Zeche, die sie in aller kreatürlichen Unschuld machen, zahlt der Wald.

Es bekommt der Sache der Jagd auch nicht, daß einige ihrer Wortführer, besonders in Bayern, die Motive der Ökologen und Naturschützer politisch zu diskreditieren versuchen. Man siedelt sie in der Fachpresse, ohne dabei konkret zu werden, in der unmittelbaren Nähe radikaler Systemveränderer an, denen es unter dem Deckmantel Ökologie allein um die Abschaffung der territorialen Jagdrechte in Gestalt des deutschen Revierejagdsystems ginge, zugunsten einer angeblich gewünschten »sozialistischen« Lizenzjagd, unter der praktisch jedermann schießen könne, was und wo er wolle.

Die Ökologen, die nur zu gut wissen, daß die europäische Linke mit der angewandten Ökologie noch nie etwas im Sinn gehabt hat, sie vielmehr nur für geeignet hält, das kapitalistische System, das an die Produktionskräfte des reinen Wassers gebunden ist, zu verfestigen – die Ökologen also reagierten bislang eher belustigt auf diese politisch absurden Verdächtigungen. Das einzige System, so sagten sie, das sie zu verändern trachteten, sei das Ökosystem Wald. Aber man kennt aus dem parteipolitischen Raum die sich langsam in den Gemütern der Bürger voranfressenden Gifte der Verleumdung reformistisch gesinnter Gegner als »radikal« – ein Wort, das stets auch Gewalt und Enteignung impliziert. Verstärkt noch durch die unsinnige Standardbehauptung, die Wissenschaftler – unter ihnen Bernhard Grzimek und Konrad Lorenz immerhin – wollten einiger ersparter Steuermillionen wegen die den Wald belastenden Hirsche und Rehe »ausrotten«, könnten solche Gifte sehr wohl den erklärten Willen des Gesetzgebers lähmen, demnächst die Jagdgesetze in Richtung auf mehr Biologie zu novellieren.

»Auch diese Novelle«, sagte Bundesminister Josef Ertl in Freyung, »wird ohne Kompromisse nicht Rechtskraft erlangen.« Das war, so hoffen die Naturschützer, mehr an die Adresse der Jagd gesprochen, die der Reform ja nicht eben begeistert gegenübersteht. Sicherlich zum Schrecken einiger Waidmänner fuhr Ertl nämlich fort: »Grundsätzliche Beiträge (zur Novellierung), zum Beispiel die der ›Gruppe Ökologie‹, sind nicht umstritten und führen zu einer Anpassung des Gesetzes an die Ziele des Naturschutzes.«

Diese Ziele sind sehr maßvoll und frei von Gesellschaftspolitik: Abbau einer übersteigerten Hege des Wildes durch vermehrten, rituell vereinfachten Abschuß sowie die Beseitigung von Haustierzuchtmethode. Die Winterfütterung, zum Beispiel, soll nur noch beim Rothirsch gesetzlich vorgeschrieben werden, weil die menschliche Besiedelung der Landschaft ihn seiner Wintereinstände in nahrungsreichen Tallagen beraubt hat. Das Rehwild aber will man nur noch unter besonders widrigen Umständen füttern; dem Winter soll die natürliche Funktion eines Selektionsfaktors wieder zuerkannt werden.

Den Begriff der Waidgerechtigkeit, der heute noch in den Jagdgesetzen expressis verbis verankert ist, will man aus ihnen heraushaben. Er sei, und das wird man wohl zugeben müssen, juristisch nicht faßbar. Mit einer Abschaffung humaner Jagdprinzipien hat diese Forderung der Wildbiologie natürlich nichts zu tun, wie die Jagd ihr das unterstellt. Es hat ja in der Tat diese Waidgerechtigkeit, die zu einem gut Teil nur historisch erklärbar ist, etliche Kuriositäten gezeitigt.

So ist es, zum Beispiel, zwar waidgerecht, die Wildsau und den Fuchs an der Fütterung totzuschießen, nicht aber Reh und Hirsch. Waidgerecht ist es auch, die seltenen Rauhfußhühner und die Waldschnepfen zur Fortpflanzungszeit zu bejagen, nicht aber den Fasan, der einige unserer Landschaften dicht besiedelt hat. Waidgerecht ist es, auf den sitzenden Auerhahn oder den laufenden Birkhahn Dampf zu machen, nicht dagegen auf den sitzenden oder laufenden Fasan. Den sitzenden Hasen im Wald oder vom Ansitz aus zu erlegen, ist waidgerecht, hingegen nicht im Feld, während der Treibjagd. Und schließlich: Der Abschuß des hungrigen Rehbocks auf der Saat am 16. Mai, nach Beginn der Jagdzeit, ist waidgerecht; der Schuß auf ihn im Spätherbst, auf dem Weg zur Fütterung, gilt als kriminell.

Viele einsichtige Jäger im zweiten und dritten Glied teilen die Reformabsichten der Wildbiologen, die Masse der reinen Sportjäger steht den ökologischen Aspekten der Jagd indifferent gegenüber. Nur die veröffentlichte, in ihren Steuerungsmechanismen unschwer durchschaubare Meinung des Jagdestablishments aber ist vehement dagegen: In decouvrierender Klage schrieb unlängst im führenden Jagdblatt der Bundesrepublik ein Leitartikler, daß nur »eine kleine Elite« die »Feindgruppen« abwehre, daß »das Gros« der Jäger aber schweige. Man verbittet sich die Einmischung »Außenstehender« in die eigenen, auch territorial und damit als Besitzstand begriffenen Belange. Es steckt dahinter die Furcht, die bisher omnipotente Alleinmacht über Leben und Tod in der Wildbahn einzubüßen, mit der kritisch gesinnten Wissenschaft teilen zu müssen. Es ist, mit einem Wort, der elitäre Herr-im-Haus-Standpunkt. Er mißachtet rigoros, was die Jagd sonst stets postuliert: daß das Wild ein Kulturgut aller Menschen sei (dessen gruppenegoistische, unbiologische Vermehrung, das muß man hier hinzufügen, den Charakter dieses Kulturgutes schließlich zerstören wird).

Man war bislang in Legislative und Exekutive weitgehend

unter sich gewesen. Man hatte die Jagd so sehr im Halbdunkel der Zunftriten und der Tiermythologie gehalten, daß nichtjagenden Politikern, Parlamentariern und Beamten der Mut fehlte, ihr dreinzureden. Die Jagd war eine geschlossene Gesellschaft.

Daß es mit diesem Brahmanentum zu Ende geht, daß die Jagd plötzlich von kritischen Jägern und Forstleuten, von Biologen und Ökologen auch in den Medien diskutiert wird – genau da liegt für die etablierte, auf uneingeschränkte Wildbesitzstandswahrung bedachte Jagd der Hase im Pfeffer. Es ist der Pfeffer der öffentlichen Meinung.

Nun ist aber der Streit an einem Punkt angekommen, an dem er unfruchtbar zu werden beginnt. Er hat zwar die Fronten geklärt und die Kenntnisse der Zusammenhänge zwischen Wild und Wald verbreitet; er hat damit seine Berechtigung gehabt. Doch fehlt der konservativen, ganz auf Bewahrung des Herkömmlichen gerichteten These der Jagd und der auf Anwendung neuer ökologischer Erkenntnisse zielenden Antithese der Wissenschaft die Synthese gemeinsamen Handelns. Der Streit, geht er so weiter, könnte die Parteien für lange Zeit verfeinden. Und damit komme ich zum Schluß und eigentlichen Anlaß dieses Briefes.

Zwar haben viele Naturschützer, darunter auch Jäger, die nicht von der Hand zu weisende Sorge, es könnte ein jagender Bundespräsident als das gesellschaftliche Leittier, das er nun einmal ist, immer noch mehr Jäger und damit noch mehr Wild produzieren, doch meine ich, man kann Ihr Interesse an der Jagd auch anders, positiver sehen. Es könnte nämlich zum Glücksfall für Jagd und Ökologie werden, wenn es stimmt, was ich las: daß Sie zerstrittene gesellschaftliche Gruppen ausgleichend an Ihren Tisch laden wollen. Setzen Sie, bitte, Jäger und ökologisch denkende Naturschützer ganz hoch oben auf Ihre Gästeliste. Es gibt auf beiden Seiten Männer, die Ihres Tisches würdig sind – Jagdgenossen darunter, wie Sie sie, Herr Bundespräsident, anders vielleicht niemals kennenlernen werden. Ein Aufschub bekommt diesem Aspekt unserer gemeinsamen Sache Natur nicht mehr, und ich sehe weit und breit niemand anderen, der die Glaubwürdigkeit und die Autorität hätte, den Streit fruchtbar in die Diskussion zu wenden.

Just dies wäre der vornehmste Dienst, den der Jäger Walter Scheel Wild und Wald erweisen kann, und wirkungsvoller auch, als Sie, Herr Bundespräsident, dies mit dem Griff zur Waffe jemals vermöchten, meint in Respekt und Hoffnung Ihr Horst Stern

(1975)

Auch 1985 noch ein Veilchen

Ein ›Spiegel‹-Essay darüber, was Natur ist und was Landschafts- und Naturschützer eigentlich schützen sollten.

Sogar in der Regierungserklärung des Bundeskanzlers am 16. Dezember 1976 kam sie vor, die Landschaft. Zwar nur mit diesem einen Wort, doch immerhin: Der Brahmsee zeigte seine Wirkung sogar im Parlament. Auch in Intercity-Zügen der Bundesbahn zwischen Bonn und anderswo, freitags nachmittags, dringt Landschaft ins Bewußtsein der Politiker: ein Waldrand, eine Bachschleife, ein sanfter Hügel mit einem Baum darauf, eine Wiese, ein Feld: von 130 Stundenkilometern zu lieblichem Panorama gerafft.

Dann denken Parlamentarier: »Wie schön!« Und: »Wie gut, daß wir noch so viel Natur haben!« Und kehren zufrieden mit dem Blick zurück zur Akte, zum Kotelett, zum Kaffee. Im Urlaub gar erklettern sie unter den Augen der Kameras Berge, wandern durch Wälder und segeln auf Seen. Und mit dem sicheren Gefühl, die Natur sei doch noch weithin heil, kehren sie an die Arbeit zurück.

Freilich nicht an die Arbeit für die Natur. Als im Juni 1976, nach jahrelangem Gezerre zwischen den Parlamenten und den Parteien, das neue Bundesnaturschutzgesetz vom Bundestag (einstimmig, wie mißtrauisch zu bemerken ist) verabschiedet wurde, da saßen gerade drei Dutzend Abgeordnete im Plenum, Bauern- und Jagdvertreter, darf vermutet werden, die vor allem achtgaben, daß ihre Natur vor den Naturschützern geschützt blieb.

Dabei ist der Streit zwischen Bewahrern und Nutzern um das, was beide Natur zu nennen sich angewöhnt haben, ein Streit um des Kaisers Bartstoppeln: Es ist so gut wie nichts mehr von ihr da. Sieht man von extremen Hochgebirgslagen ab, auch von ein paar Restmooren und Meeresküsten, dann ist die gesamte unbebaute Fläche der Bundesrepublik nicht der Natur, sondern der Kultur zuzurechnen. Nahezu jeder

Quadratmeter trägt die tiefgehenden Spuren menschlicher Einwirkungen.

Der vorgefundenen Topographie aus Ebene, Berg und Tal zog der wirtschaftende Mensch ein Kleid über, an dem Generationen wirkten. Es bietet dies Kleid, das durchaus von großer Schönheit sein kann, einen immer weniger erfreulichen Anblick, je mehr es mit der Zeit geht. Es wechselten die Vorlieben für Feldfrüchte, Baumarten und Nutzungsformen. Dem kleinräumig und vielfältig wirtschaftenden, in Morgen denkenden Bauern folgte der hektarbeherrschende, in Monokulturen herumdieselnde Agrartechniker. Aus der Vielfalt der Flur wurde die flurbereinigte, maschinengerechte Produktionsfläche. Dem Waldbauern folgte der Forsttechniker. Aus dem naturnahen Wald mit seinen Mischbaumarten wurde der Kunstforst aus Nadelholzreinbeständen.

Das ist sehr grob gesprochen, ich weiß. Doch gilt: Etwas machen heißt etwas zerstören – die ökologische Übersetzung des römischen Agrarbegriffes cultura. Landschaft ist das Ergebnis dieser Art von Kultur zwar noch immer, doch das Entzücken über sie kommt dem Kenner, wie das so geht, mehr und mehr nur noch aus dem Studium der Rundungen und Klüfte *unter* dem Kleid.

Aber dieser Einstieg in die Landschaft ist elitär, er setzt geologische und geographische Kenntnisse voraus: Man sieht nur, was man weiß. Was auf den Porträtbildern mittelalterlicher Maler begann, indem es sich, den byzantinischen Goldgrund verdrängend, als Landschaft sinnlich darstellte und nicht mehr nur politisch, als Regio, begriffen wurde, das endet in einer Geophysik, die Landschaftsbenennungen nach Berg und Tal, Halde und Schlucht, Fluß und Delta, Gletscher und Moräne nicht mehr gelten läßt, weil dies Gestaltbegriffe sind. Es interessiert nur noch Materie und Form: Die Moräne an sich, ohne Bezug zu Gletscher, Vegetation und Siedlung. Die Landschaft zerfällt in den Katalog ihrer Teile. Das bekommt ihr nicht.

Während die Wissenschaft von der Geographie, der »Magd der Geschichte«, in Begriffsstreitigkeiten und Strukturanalysen verwickelt war, ging die Landschaft als der Gegenstand ihrer Studien – seit den Gründerjahren unmerklich zunächst, dann aber, in der zweiten Nachkriegszeit, in schleuderndem Tempo – vor die Spürhunde der sogenannten Erschließung. Im Bodenseegebiet tut man sich heute schwer, zwischen den klassifizierten Straßen noch mehr als fünf Quadratkilometer freie Landschaft zu finden, und hier ist man stolz auf seine viele Natur. Es ist bezeichnend, daß dem Naturschutz von der akademischen Geographie keine inspirierende Hilfe kommt. Ihre Vertreter sind als Wirtschaftsgeographen nicht selten die Mägde der Mächtigen und eher auf der Seite der Landschaftsfresser zu finden.

Das hat Parallelen in der Zoologie. Deren reinrassigsten Vertreter, die Systematiker und Nomenklaturisten, verloren über dem Studium minimalster Knochenunterschiede zwischen verwandten Tierarten deren fortschreitende Ausrottung aus dem lupenbewehrten Auge. Nur die Ethologen unter ihnen traten als Gestaltseher aus dem Beinhaus heraus.

Die Verwissenschaftlichung der Landschaftsbetrachtung ist also gewiß kein Mittel zur Bewahrung dessen, was uns an Landschaft verblieb. Natur ist überhaupt verloren, wenn ihre Konkursverwalter, die Naturschützer, sich von den Technokraten auf das Gleis der sogenannten Sachlichkeit schieben lassen, wenn sie anfangen, vor dem stets gegenwärtigen Vorwurf der Emotionalität zu weichen.

Landschaft als seelische Zusammenschau von Erscheinungen, die eine Gegend charakterisieren, ist nur erlebbar, zu quantifizieren ist sie nicht. Man kann wohl ihre Elemente im Computer zu einer handlichen Formel für Raumverplaner summieren, ihre Ästhetik nie. Landschaft, sinnlich begriffen, hat nur einen Wert, keinen Preis. Daher rühren die Konflikte zwischen den Naturschützern und jenen, die Natur als Ware begreifen und den Wert von nichts, dafür aber den Preis von allem kennen.

Bernhard Grzimek, als er noch Bundesbeauftragter für Naturschutz war: »Unsere Arbeit kann nicht in der stillen, langsamen, vornehmen Weise getan werden, wie es bisher der Fall war. Unsere Arbeit kann nicht mit Glacéhandschuhen geleistet werden. Wir brauchen die blanke Faust, wir haben das unverhohlene Wort nötig und die rücksichtslose Tat, wollen wir etwas erreichen. Jedes strafgesetzlich erlaubte Mittel muß uns recht sein, um unsere Natur und damit uns selber vor dem Verderb zu bewahren. Und wenn hier eine Behörde Krämpfe kriegt, der wir ihre Sünden vorhalten, und da eine Industrie Zuckungen bekommt, wenn wir ihr Vorgehen als Vaterlandsmord hinstellen, dann läßt uns das kalt, das tut uns nicht weh, denn unser Ziel ist nicht die Einzelheit, unser Bestreben ist es, der schrecklichen Verwüstung der heimischen Natur und der deutschen Landschaft nachdrücklich vorzubeugen.«

Sprach's und warf, vom Ruhrhimmelerneuerer Willy Brandt, wie so viele Naturschützer, zutiefst enttäuscht, den Bettel hin. Grzimek hatte listigerweise Hermann Löns zitiert, aus dem Jahr 1911. Was hätte der Heidjer wohl erst gesagt, müßte er mit ansehen, wie man heute den erikamordenden Birkenanflug statt allein mit den Schafen mit Gift beseitigt, in einem Naturschutzgebiet! Die Lönsschen Sorgen hätte man heute gern.

Daß die Naturschützer vom Bauern als lästig, vom Politiker als fortschrittsfeindlich und von den Medien oft mit intellektueller Distanz als grüner Zweig der Heilsarmee empfunden, von Landeignern als Systemveränderer und von Ausflüglern als Menschenfeinde verdächtigt werden, das hat seinen Grund auch in der unzeitgemäßen, dem Gewinnstreben abgewandten Zielsetzung des organisierten Naturschutzes. »Unser Lohn«, schrieb der politisch potenteste deutsche Naturschutzverein, der Bund Naturschutz in Bayern, mit der Fröhlichkeit der Habenichtse in einer Werbebroschüre, »unser Lohn: auch 1985 noch ein Veilchen«. Es ist den Zeitgenossen jeglicher politischen Couleur, jedweden Bildungsstandes offenbar schier unfaßlich, daß es einen Interessenverband gibt, der für seine Mitglieder nichts, für die Allgemeinheit aber alles fordert.

So verdächtigt man die Naturschützer denn mangels Beweises für Schlimmeres, jedermann nur deshalb vom Naturgenuß aussperren zu wollen, weil sie dann um so ungestörter dem eigenen genießerischen Vergnügen an Knabenkraut und Schmetterling, an Zaunkönig und Unke nachgehen könnten. Ich mußte die Wohnung wechseln, um in meinen Schutzbemühungen für die Pflanzen und Tiere einer Bodenseebucht, an der sie aussichtsreich gelegen ist, glaubwürdig zu bleiben.

Unter Hinweis auf die Einzigartigkeit der Interessenlage

des organisierten Naturschutzes fordert er seit Jahren schon ebenso unermüdlich wie erfolglos die Zulassung der Verbandsklage vor den Verwaltungsgerichten gegen Behördenentscheidungen in den Sachen des Natur- und Landschaftsschutzes. Auch das neue Bundesnaturschutzgesetz verweigert sie ihm wieder. Man argumentiert mit der Gleichheit aller Verbände vor dem Gesetz, gibt vor, den Nachahmungseffekt und eine Flut von Klagen zu fürchten, während der Naturschutz glaubwürdiger vom Filtereffekt spricht, den sein ökologischer und juristischer Sachverstand für die Bagatellklagen der Bürger haben könnte.

In Wahrheit geht es dem Staat um die Erhaltung seines Entscheidungsfreiraums. Muß auch der Naturschutz erst sein Brokdorf inszenieren, damit er das Verbandsklagerecht, wie von Bundesjustizminister Hans-Jochen Vogel den Bürgerinitiativen in Aussicht gestellt, endlich erhält?

Von den Verwaltungsgerichten – dies mildert die Enttäuschung der Naturschützer – kam der Landschaft bislang nicht viel Hilfe. Es gilt der Leitsatz, daß der Bürger zwar das gesetzlich verbriefte Recht auf den Genuß der Natur, nicht aber Anspruch auf die Erhaltung eines Naturzustandes habe, der ihm diesen Genuß ermögliche. Absurdes Justiztheater.

Es ist kodifizierter Zeitgeist. Die Pervertierung des Naturerlebnisses vom Ursprünglichen zum Komfortablen ist allgemein. Das bezeugen zum Beispiel die Seilbahninflation, der Wortbastard Autowandern und der Horror der Forstverwaltungen vor dem naturbelassenen, unaufgeräumten Wald. Maschinen ersetzen Beine, und das an die Bäume genagelte Schilderwissen macht auch die geistige Beschäftigung mit der Natur entbehrlich.

Bayerische Landräte stehen in München Schlange nach dem zuschußträchtigen, werbewirksamen Etikett »Naturpark« für ihre Landschaft – auch so ein verräterischer Wortbastard. Zur gleichen Zeit lehnt der Berchtesgadener Gemeinderat den geplanten Nationalpark Königssee rundheraus ab; er fürchtet wirtschaftliche Nachteile durch den ungleich stärker ausgeprägten Schutzzweck eines Nationalparks. Diese Mentalität schützt, was nützt, und sonst nichts. So kommen Mensch und Natur aneinander herunter.

Grzimeks zorniger Abgang und das dürftige neue Bundesnaturschutzgesetz beleben in grünen Kreisen Gedanken darüber, warum sich konservative Regierungen in Fragen des Naturschutzes nicht selten als progressiver erweisen. Das tiefschwarze Bayern schuf sich das wohl modernste Naturschutzgesetz Europas. (Daß es in seinem Vollzug durch Parteiklüngeleien immer wieder unterlaufen wird, ändert nichts an seiner zukunftsbezogenen Programmatik.)

Die Erklärung ist, wie ich meine, so schwer nicht. Naturbewußtsein ist die erste Voraussetzung für Naturschutz. Ein solches Bewußtsein aber ist Ausfluß von Muße, die einer haben muß, der Natur beobachten und verstehen will. Muße aber ist eher dem Kapital als der Arbeit eigen. Zu einer Zeit, als das Kapital begann, sich der Naturschönheiten per Scheck- und Grundbuch zu bemächtigen und sie mehr aus Besitzgefühl als aus Einsicht in ihre Gefährdung zu schützen, hatte der Arbeiter andere, existentiellere Sorgen.

Und er hat sie noch heute. Das macht historisch verständlich, warum das Großkapital in Fragen des Umweltschutzes seine verläßlichste Bremse in den Gewerkschaften hat. Es könnte heute, spottete der Kabarettist Dieter Hildebrandt, nicht einmal mehr die Todesstrafe abgeschafft werden, wenn es sie noch gäbe, gingen dann doch für die Henker Arbeitsplätze verloren. Lebensvorsorge ist das gerade nicht.

Was aber ist das: Lebensvorsorge durch den Schutz der Natur? Wozu brauchen wir das Knabenkraut, den Schmetterling, den Zaunkönig und die Unke? Diese den Naturschützern oft gestellte Frage verdient keine Antwort; sie ist unmenschlich. Ich will eine Antwort dennoch versuchen.

Wir brauchen diese Tiere und Pflanzen, um ihre genetische Substanz bewahren zu können, denn einmal ausgerottet, bringt sie nichts und niemand wieder her. Und wir brauchen die genetische Substanz dieser Tiere und Pflanzen, um sie eines nicht so fernen Tages in kulturlandschaftliche Räume verbringen zu können, die wieder an die Natur zurückfallen werden.

Das gibt es heute schon. Die Sozialbrache ist das neue Paradies, und es wächst. Es ist Bauernland, das in Konkurrenz mit der flurbereinigten Produktionsfläche nicht mehr rentabel zu bewirtschaften ist: arme Böden und Hanglagen, eine maschinenfeindliche Landschaft, die nach der Hand verlangt, die auch der Bauer heute nicht mehr für sie rührt. Er geht in die Fabrik. Sein Land fällt brach.

Gelänge es, die aus solchen Landstrichen entrüstet fernbleibenden Touristen (»Hier sieht es aus wie ungemachte Betten, hier sind die Bauern faul!«) davon zu überzeugen, daß nicht nur das Grün bewirtschafteter Weiden, sondern auch das Gelb der sozial bedingten Brachen eine erholsame Farbe ist, und wäre das Fremdenverkehrsmanagement davon abzubringen, hier sogleich nach dem Forstmann und seinen Fichten zu rufen – es kehrte bald die alte verlorengegangene Vielfalt aus Tieren und Pflanzen zurück. Im hessischen Dillkreis ist das Problem großflächig zu besichtigen.

Niemand weiß zu sagen, wohin der Strukturwandel die Landwirtschaft und damit die Landschaft führen wird. Sicher ist nur: Sie wird im Bewußtsein der Öffentlichkeit immer kostbarer, immer schutzbedürftiger werden. Der beste Helfer des Naturschutzes ist da der industrielle Ballungsraum mit seinen Schloten und Atommeilern. Er treibt ihm die Menschen in immer radikaler werdenden Scharen zu. Es hat dem Naturschutz nur noch keiner seine Sonthofener Rede gehalten.

Kein Wagnis steckt in der Behauptung, daß wir in einer Welt ohne Rembrandts und Kandinskys, ohne Kölner Dom und Bamberger Reiter leben könnten, ärmer im Geist, das ist wahr. Nicht leben aber könnten wir in einer Welt ohne naturbelassene Tiere und Pflanzen.

Kinder würden in ihr unsäglich verrohen. Ohne Formen- und Farbensinn, ohne Staunen und Demut vor den unerklärten Wundern pflanzlichen und tierischen Lebens, wüchsen sie als Technohybriden heran, die ihrer so verarmten Welt alsbald den Rest geben würden. Es wäre ihnen mit den Naturgeschöpfen der einzige Maßstab abhandengekommen, an dem sich ablesen läßt, was allein uns vor uns selber rettet: die Einsicht, daß wir ein Teil der Natur sind, nicht ihr ein und ihr alles.

(1977)

Ordnung gegen Natur

1978 erscheint ein Buch, das einen erstaunlichen Erfolg hat: Die 50 000 Exemplare der Startauflage sind nach zehn Tagen vergriffen. Kein Krimi und kein Simmel ist es, sondern ein Vogelbuch, herausgegeben von einem Ornithologen, einem Biologen und einem Journalisten, Horst Stern. ›Rettet die Vögel‹ heißt das Buch, und der folgende Text ist die Einleitung.

»Unsere Umwelt«, schreibt der amerikanische Biologe Paul R. Ehrlich, der Ende der sechziger Jahre den Reigen der kassandrischen Ökologiebücher eröffnete, »ist eine einzigartige Haut von Boden, von Wasser, gasförmiger Atmosphäre, mineralischen Nährstoffen und Organismen, die den im übrigen wenig bemerkenswerten Planeten umhüllt.« Wir wissen heute, daß die Erde, um im Ehrlich-Bild zu bleiben, an Hautkrebs erkrankt ist. Die Frage ist lediglich: Ist dieser Krebs noch heilbar?

Es gibt nicht wenige ernstzunehmende Leute, die diese Frage verneinen. Die Metastasen des Krebses seien überall sichtbar als Ölfelder auf den Meeren, als Fischleichen auf vergifteten Flüssen, als Rodungen der tropischen Regenwälder, als Erosionen in kahlgeschlagenen Bergwäldern, als Humusverwehungen über ausgepowerten Böden, als giftbedürftige Getreidesteppen, als Betonierung der Landschaft, als Ansammlungen von Schutt und Müll, als Baumsterben über Grundwasserschwund, als Smog über Industrierevieren.

Der Mensch, als Auslöser dieses Erdkrebses, nutzt 40 Prozent der festen Erdoberfläche. Da seine Zahl so bösartig und rasend wächst wie die malignen Zellen eines Krebses, wird es bei den zwei Dritteln der Landvegetation, die er schon zerstört hat, nicht bleiben. Aber er wuchert nicht nur in seiner Zahl, er luxuriert auch in seinem Gehirn. Seine Technik dringt vom glühenden Magma des Erdinnern bis in die eisigen Zonen des Weltraums vor. Er beeinflußt wie nichts und niemand vor ihm alle natürlichen Kreisläufe und Systeme, ohne sie im Letzten zu verstehen: vergleichbar einem bohrmächtigen Wurm im Weltgebälk, dessen Statik er nicht kennt.

Wurmgleich auch die Einsicht des Einzelmenschen in die Gesamtsituation der Erde: Mit anscheinend ausreichend Holz, sprich: anscheinend heiler Welt um sich selbst herum, ist er blind für die ungeheure Summe der Zerstörungen durch seinesgleichen und taub für das Knistern im Gebälk. Das macht Kassandra so wirkungslos.

Ein dramatisches Beispiel ist die Gefährdung der Ozonschicht unserer Lufthülle durch die Treibmittel der modischen Sprühdosen. Diese Schicht, eine dünne Zwiebelhaut nur, hält von Menschen, Tieren und Pflanzen die tödliche ultraviolette Strahlung der Sonne fern. Seit Jahren warnen Wissenschaftler, sie seien sich ziemlich sicher, es könnte diese Schicht verheerenden Schaden nehmen durch die Chlorfluormethane der Treibmittel, eine chemische Verbindung, die es in der Natur nicht gibt. Sie entweichen sehr leicht in die Luft und gelangen schließlich in die Atmosphäre, wo sie nach einer Umwandlung die Ozonschicht angreifen.

Die Warnung wurde weltweit und genügend häufig publiziert. Dennoch geht es fröhlich weiter mit Herstellung und Verbrauch dieser Sprühdosen. Daß wir mit ihrer Hilfe gut riechen, gut frisiert aussehen, gut geschmiert fahren, ist uns wichtiger als die Unversehrtheit einer atmosphärischen Haut, ohne die wir nicht leben können. Die Ignoranz der Verbraucher vereint sich mit den Interessen der Industrie und der Lauheit der Regierungen zu einem makabren Spiel mit dem Leben der Generation von morgen. Die Rechtfertigung aller ist das Zögern der Wissenschaft, ihre Erkenntnisse schon definitiv zu nennen.

Der Bund Umwelt und Naturschutz in Deutschland (BUND) schrieb dem Bundeskanzler Helmut Schmidt, er halte es nicht für vertretbar, mit dem Produktionsverbot von Chlorfluormethanen zu warten, bis die vorausgesagten Umwandlungen in der Stratosphäre lückenlos nachgewiesen seien. Der Kanzler ließ durch seinen Innenminister antworten. Die Bundesregierung halte die Fluorkohlenwasserstoffe langfristig für möglicherweise schädlich. Sie habe die Absicht, eine Umstellung des Marktes auf mechanische Pumpen oder umweltfreundliche Treibgase zu erreichen. Sollte das nicht gelingen, werde sie eine Rechtsverordnung zur Beschränkung der Produktion dieser Stoffe in Aussicht nehmen.

Möglicherweise. Haben die Absicht. Sollten. Langfristig.

Die Industrie wiegelt ab und droht, wie immer, mit der Gefährdung von Arbeitsplätzen durch unbewiesene Hypothesen. Flugs hat sie Gegengutachten zur Hand. Was viel schlimmer ist: Chlorfluormethane galten als absolut unschädlich. Mehr durch Zufall kam man darauf, wie gefährlich sie für das Leben auf der Erde werden könnten. Niemand vermag zu sagen, wie viele Technologien und chemische Stoffe, die unser Leben erleichtern, es in Wahrheit gefährden: Der Wurm im Gebälk der Welt.

Das große sakrale Mißverständnis: »Füllet die Erde und machet sie euch untertan!« Langsam werden die Kirchen als Verkünder dieses Bibelwortes wach. Sie deuten es nicht mehr so schrecklich vordergründig als Entschuldigung für Naturzerstörungen, zu denen sie bislang schwiegen. Es dämmert ihnen, daß menschliches Raubameisentum unter diesem Wort nicht gottesfürchtige Gehorsamsübung war, sondern, wie Günther Altner es formulierte, Mißbrauch der dem Menschen von Gott zugestandenen Mündigkeit. Die Einsicht kommt fast zu spät.

Es gibt so gut wie keinen deutschen Quadratmeter mehr, der nicht die Spuren des Menschen trägt, und meist sind es zerstörerische Spuren. Die Liste der ausgerotteten Pflanzen und Tiere, über die Jahrhunderte hinweg, in denen der Mensch wirtschaftete, ist lang. Es ist wahr: Auch die Natur ließ immer wieder ihre Geschöpfe vergehen, aber es geschah in Anpassung, nicht, wie unter der Herrschaft des Menschen, in Anmaßung. Er kennzeichnete, wie mit einem Kainsmal, was ihm nicht in Kram und Plan paßte, mit der Vorsilbe »un«: Unland, Unkraut, Ungeziefer. Er schied die Natur in Nützlinge und Schädlinge.

Nach ihrer Rolle im Haushalt der Natur fragte er nicht. Er, er allein, war das Maß aller Dinge. Er stand, oder sah sich stehen außerhalb der Naturgesetze: imago Dei, Ebenbild

Gottes, und alles andere war nur vestigium, Gottes Spur. Das hatte Thomas von Aquin schon so gesehen, und dabei ist es geblieben bis auf den heutigen Tag.

Man könnte Bücher damit füllen, wie der Bauer die ihm zu treuen Händen gegebene Natur veränderte. Solange er nur mit seinen Händen in ihr wirtschaftete, unterstützt bloß von Ochs und Pferd, konnte er nicht viel gegen sie ausrichten. Da war er noch ein Teil von ihr, wirtschaftete kleinräumig, in Vielfalt der Tier- und Pflanzenarten und damit in Einklang mit den Naturgesetzen, die mit eben dieser Vielfalt die Natur stabilisieren.

Aber dann kamen nach und nach die Maschinen und die Energien aus dem Erdöl: Diesel für die Traktoren, deren Zahl sprunghaft hochschnellte und die immer schwerer wurden und damit den Boden immer mehr verdichteten. Und es kamen, auch mit Hilfe des Erdöls, die künstlichen Dünger, die den Boden reizten, mehr herzugeben, als seine ihm innewohnenden Kreisläufe aus Mikroorganismen hergaben. Es kamen neue pervertierte Abläufe in Gang. Der Vernichtung von Naturpflanzen folgten genetisch manipulierte, auf Ertrag gedrillte Nützlinge, die große bereinigte Flächen benötigten: Monokulturen, die sich heute zu eintönigen landwirtschaftlichen Steppen weiten. Um ihre zunehmende Anfälligkeit gegen Insekten und Pflanzenkrankheiten zu bekämpfen, griff man tonnenweise zum Gift, das man verschämt Pflanzen*schutz*mittel nennt, wie man ja auch den Kunstdünger diskret Handelsdünger nennt.

Das Wort von der Traktorlandschaft kam auf. Die Flurbereinigung, die mit ihrer Gesetzesallmacht alles in den Schatten stellt, was der wirtschaftende Mensch je der Landschaft antat, heftete ganze Landstriche auf ihre Reißbretter und vergewaltigte die Natur, die die Gerade, außer im kristallinen Bereich, nicht kennt, mit dem Lineal. Mäandrierende Bäche wurden begradigt und die gewundenen Feldwege schnurgerade an die Horizonte gezogen, Fläche an Fläche gelegt, Grenzhecken herausgerissen, Bäume gerodet, Sumpfwiesen trockengelegt, Hügel abgetragen. Die Tiere verschwanden aus dieser deckungslosen Barbarei. Zoologen stellten ganz neue Tierkrankheiten fest: Streßsymptome bis zum Kreislaufkollaps beim Feldhasen etwa, dem riesige Maschinen binnen weniger Stunden die gewohnte Deckung quadratkilometerweit heruntermähten.

Während sich die Landschaft entleerte, füllten sich die Lagerhäuser mit den Produkten, die man in großen Mengen aus ihr herauspreßte. Die Steigerungsraten in der Landwirtschaft erreichten das Doppelte von denen der übrigen Wirtschaft. Die Lebensmittelberge wurden zum öffentlichen Ärgernis. Erst da begann man hier und da, etwa in Bayern, zweifelnd nach dem Sinn der neuen Agrarfabriken zu fragen, die den kleinen Bauern als nicht konkurrenzfähig vertrieben und den großen noch größer machten, bis zur Karikatur eines Bauern: Er war nun Unternehmer, Agraringenieur, Ökonom. Land, das sich seinen Großmaschinen und seinem Renditedenken durch Hängigkeit oder arme Böden entzog, ließ er brachfallen: Unland.

Dieser neuen Parianatur bemächtigte sich der Forst, auch er ein Kind der neuen Zeit mit seinen Monokulturen aus ertragreichen Nadelbäumen, zu deren rascherem Wuchs man die Buchen dazwischen und das Geranke der Strauch- und Beerenflora darunter, Schutz und Nahrung für Vögel und Wildtiere, oft mit Gift bekämpfte. Der großflächige Kahlschlag im Fichtenreinbestand löste die stammweise Nutzung durch die alten Waldbauern ab, deren Mischwald sich niemals veränderte, weil in ihm nur die Baumindividuen wechselten, nicht die Baumarten. Das wird uns alles noch beschäftigen.

In Gerechtigkeit gegenüber Bauer und Forstmann muß man freilich sagen, daß manche von ihnen, die ganz Alten und die ganz Jungen, mit wachsendem Unglauben hören, was die Politik der großen leistungsbezogenen Worte ihnen noch immer aufschwätzt. Nur langsam, wenn überhaupt, setzt ökologisches Denken ein, am ehesten noch im Waldbau. Wer offenen Auges durch unsere Agrarlandschaften und Kunstforste geht (sie machen mehr als zwei Drittel der Republikfläche aus) wird erkennen: Es ist schon fast zu spät.

Die Zahl erschreckt niemand, obwohl sie seit langer Zeit immer wieder warnend publiziert wird: Täglich fallen in der Bundesrepublik 100 Hektar freie Landschaft der Überbauung mit Häusern, Fabriken, Straßen, Flugplätzen, Eisenbahnstrecken, Parkplätzen, Freizeiteinrichtungen zum Opfer. Es gibt Landschaften, die so reich »erschlossen« sind, daß sie über fünf Quadratkilometer hinaus keine zusammenhängenden, das heißt von klassifizierten Straßen nicht zerschnittene oder tangierte Flächen aufweisen. Das führte, immerhin, zu einer Anfrage im Landtag von Baden-Württemberg.

Die CDU-Fraktion bedrängte ihre eigene Regierung: »Der Verkehrswegebau kann in dichtbesiedeltem Bereich über den reinen Flächenverlust hinaus zu erheblichen Beeinträchtigungen des Naturhaushalts führen. Die Zerschneidung zusammenhängender Landschaftsteile gefährdet oder zerstört die natürlichen Lebensräume der einheimischen Tier- und Pflanzenwelt. Die Erholungseignung der zwischen den Straßen verbleibenden Restflächen ist vielfach nicht mehr gegeben.«

Die Regierung von Baden-Württemberg gab den Schwarzen Peter an die Bevölkerung weiter. Sie antwortete: »Die der Regierung zur Verfügung stehenden gesetzlichen und administrativen Instrumentarien können das Problem des Landschaftsverbrauchs ohne eine Änderung der politischen und persönlichen Bewußtseinslage nicht allein lösen. Der hohe Landschaftsverbrauch hat eine grundlegende Ursache in der Erwartungshaltung der Bevölkerung. Der Bürger erwartet neben der Fläche auf dem Baugrundstück ein vielfältiges Flächenangebot der öffentlichen Hand für alle erdenklichen Aktivitäten. Die Dienstleistungsangebote weiten sich aus und werden zunehmend verfeinert. Auch im Bereich von Freizeit und Erholung bestehen erhebliche Flächenansprüche. Diese Flächen werden gleichzeitig in verschiedenen Landschaften wie zum Beispiel Schwäbische Alb, Schwarzwald und Bodensee erwartet. Gute Erreichbarkeit mit dem Kraftfahrzeug wird vorausgesetzt.«

Da ist sie wieder, die Mentalität des blinden und tauben Wurms im Gebälk der Welt. Die Regierung von Baden-Württemberg: »Für die Bewußtseinsbildung über die Folgen eines Landschaftsverbrauchs wirkt sich nachteilig aus, daß die positiven Ergebnisse einer landschaftsverbrauchenden Maßnahme alsbald erkennbar sind, daß sich der Landschaftsverbrauch oft aber zunächst kaum merklich vollzieht und seine Folgen erst nach längerer Zeit als Summe nachteiliger Folgen verschiedener Maßnahmen spürbar werden.« In schlechtem Deutsch ein schlechtes Alibi.

Es hat sich durch kurzfristig einander folgende Wahlen so ergeben, daß die Politiker die Bewußtseinsbildung in der Bevölkerung nicht, wie es guter Führungseigenschaft entspräche, aus eigenem besseren Wissen vorantreiben, sondern nur vollziehen, was sie für den Wunsch der Bevölkerung, also für stimmenträchtig halten. So wird Landschaft zum Wahlgeschenk. Es ist ein Danaergeschenk, und die Beschenkten fangen an, es auch so zu sehen. Die Würmer im Gebälk stoßen überrascht aneinander: Das Holz ist überall schon zerstört. Nach einer Repräsentativumfrage des Bonner Innenministeriums halten nunmehr 59 Prozent der Bevölkerung Umweltschutz für sehr wichtig; 73 Prozent sind zu persönlichen Opfern zugunsten einer Überlebenspolitik bereit; 60 Prozent lehnen Wirtschaftswachstum um den Preis von Umweltschäden ab, und 64 Prozent fordern eine Geldmittelumschichtung zugunsten von Umweltschutzmaßnahmen.

Es müßten die Regierungen endlich die Bürger bei diesem Wort nehmen.

Aber Politiker fahren fort, Natur nur dort wichtig zu nehmen, wo sie sich »erschließen« läßt. Naturschutz ist für sie eine Funktion menschlicher »Erholung«. Daß die Natur sich zuvörderst vom Menschen erholen muß, um für ihn wieder erholsam werden zu können, bewirkt durch rigorose Schutzbestimmungen bis zur Aussperrung der Besucher, das ist für Politiker ein undenkbarer Gedanke, dem sie das Etikett »Menschenfeindlichkeit« aufkleben. Ein Abhörmikrofon in der Wohnung einer Ministersekretärin hält die Nation wochenlang in Atem, die Regierung droht darüber zu stürzen. Nicht, daß dies nicht ernst und wichtig wäre, aber man wünschte sich einen auch nur kleinen Teil dieser – weitgehend künstlichen – staatlichen Erregung auf die immensen, Freiheit und Wohlstand der kommenden Generationen gefährdenden Naturausbeutungen abgelenkt. Doch als das Naturschutzgesetz beraten wurde, saßen bei der Abstimmung 35 lustlose Abgeordnete im Bonner Parlament.

Millionen Mark Steuergelder geben die Regierungen aus, um sich in Anzeigen und Plakaten ihrer Tüchtigkeit zu rühmen: illegal, sagte das Karlsruher Verfassungsgericht. Nähmen sie doch nur einen Teil dieser Millionen, und zwar legal, um mit Hilfe kreativer Werbeagenturen dem Volk deutlich zu machen, daß – um ein einziges Beispiel zu nennen – nicht nur Grün, sondern auch Gelb eine erholsame Farbe ist: das Gelb der Brache. Der pervertierte Ordnungssinn der Deutschen schämt sich dieser, von der vollmaschinisierten Landwirtschaft als unrentabel aufgegebenen Flächen in den Mittelgebirgen und ihren Vorländern. Man rückt den langsam verbuschenden Brachen und ihrer wiederkehrenden natürlichen Vielfalt der Pflanzen und der Tiere mit den Schlagmessern großer Mulchmaschinen zu Leibe, weil anders, so sagen die von der Brache betroffenen Gemeinden, die Touristen fortbleiben: Die neue, nicht gemähte Landschaft erscheint ihnen so unordentlich wie eine Stube mit ungemachten Betten mittags um zwölf.

Und wo nicht Ordnungssinn herrscht, da macht sich der Größenwahn des Regulators breit. Die Jagd, so unentbehrlich und nützlich sie zur Gleichgewichtung von Wald und Wild ist, zeigt sich bei den Greifvögeln anfällig für diesen Regulatorwahn.

Ein Kohlmeisenweibchen im 800 Quadratmeter großen Hausgarten produziert im Jahr zwölf Eier. Würden aus allen zwölf Eiern Junge schlüpfen und bis zum nächsten Jahr überleben und würden die sechs Weibchen aus dieser Brut wiederum je zwölf Junge produzieren, und geschähe in den Gärten der Nachbarn dasselbe, wäre also kein Raum zum Abwandern der 72 Meisenjungen je Hausgarten, so ist klar, daß in einem Garten von 800 Quadratmetern Größe nicht sechs Meisenpaare ihre Jungen großziehen können.

Die Natur arbeitet mit Überproduktion. Im Schnitt müssen von zwei alten und zwölf jungen Kohlmeisen bis zum nächsten Jahr zwölf Vögel sterben, damit es keine Übervermehrung gibt zum Schaden der eigenen Art. Lange Zeit hielt man die Greifvögel für die Regulatoren der kleineren Vogelarten. Nach dem Verschwinden von Uhu und Seeadler, die gelegentlich andere Greifvögel schlugen oder deren Horste plünderten, glaubten die Jäger, die Stelle von Uhu und Seeadler einnehmen zu müssen: zum Schutz der Beutetiere der Jagd, wie Hase, Rebhuhn und Fasan.

Längst aber ist sich die Wissenschaft einig, daß nicht die Greifvögel ihre Beutetiere, sondern die Beutetiere die Greifvögel regulieren. Das Nahrungsangebot bestimmt die Zahl der Eier, die die Greifvögel legen, die Zahl der Jungen, die sie aufziehen und die Zahl der Paare, die überhaupt brüten. Sie regulieren sich also selbst.

Das hindert den Bayerischen Jagdverband nicht daran, im Jahre 1977 mit Hilfe seiner Parlamentslobby einen Landtagsbeschluß herbeizuführen, der der Regierung empfiehlt, den Abschuß von Greifvögeln freizugeben, die »das ökologische Gleichgewicht stören«.

So schwankt homo sapiens, der vorgeblich wissende Mensch, hin und her zwischen schrecklicher Vermenschlichung und schrecklicher Vernichtung der Tiere. Daß sie mehr sind als Lieblinge oder Schädlinge, vielmehr Warnlampen im Ordnungsgefüge der Natur, deren Verlöschen Gefahren für ihn selbst anzeigt, muß er erst noch lernen. Wenn ihm Zeit dafür bleibt.

(1978)

Waldeslust gestern, heute, morgen

Wie der Wald verelendet, wenn er nur Variable ist im reinen Verwertungsdenken des Menschen, das beschrieb Horst Stern in einer glänzenden bio-geschichtlichen Analyse für das 1979 erschienene Buch ›Rettet den Wald‹. »Es schallt aus dem Wald heraus«, heißt es da, »was die Wachstumsgesellschaft in ihn hineinruft: Ökonomie vor Ökologie.«

Nahezu ein Drittel der Bundesrepublik ist mit Wald bedeckt; jeder vierte deutsche Mann wäre gern Förster; nahezu alle ihre Frauen fänden das gut. Viel Holz, viel Ahnungslosigkeit, viel Liebe – das ist es, was im deutschen Wald wächst und west. Man nähert sich ihm wie dem Programm des deutschen Fernsehens: zur Entspannung fest entschlossen, und nur keine Probleme! Holz, obwohl in unserer Zivilisation allgegenwärtig, ist kein Stoff, den man kennen möchte von Ast bis Zelle. »Holz ist ein einsilbiges Wort, aber dahinter verbirgt sich eine Welt der Märchen und Wunder.« Theodor Heuss. Bäume sind keine Pflanzen, von denen man wissen möchte, wie sie es machen, daß ihnen das Wasser zu Kopfe steigt. »Bäume sind Heiligtümer. Wer ihnen zuzuhören weiß, der erfährt die Wahrheit.« Hermann Hesse. Wasser im Wald, das ist keine Substanz, an deren Weg aus dem Kronenraum durch den Boden ins Grundwasser man sonderlich interessiert wäre. »Die wildesten Konflikte lösen sich nicht in Tränen und nicht in Blut, sondern nur im reinen Tau des Waldes.« Peter Rosegger. Wälder sind nicht der Ort, darin man denkt. »Wenn deine Seele krank ist, dann verbirg dich wie ein verwundetes Tier in den Wäldern: sie werden dich heilen.« Siegfried von Vegesack.

Die Dichter der Deutschen haben den Wald mit Tiefsinn und Gefühlen möbliert, und ein ganzes Volk singt seit Joseph von Eichendorff: »O Täler weit, o Höhen, o schöner grüner Wald, du meiner Lust und Wehen andächt'ger Aufenthalt!« Selbst ein Erich Kästner buk, im städtischen Grunewald, metaphysischen Baum-Kuchen: »Die Seele wird vom Pflastertreten krumm. Mit Bäumen kann man wie mit Brüdern reden und tauscht bei ihnen seine Seele um.« So kam es, daß die Deutschen von ihrem Wald eigentlich bloß wissen: Er stammt vom lieben Gott, und nur der Kahlschlag, der ist vom Förster. Aber nicht einmal die Sache mit dem lieben Gott stimmt: Fast der ganze deutsche Wald, wie wir ihn kennen, ist menschengemacht, gepflanzt von Waldarbeiterinnen, die man »Kulturfrauen« nennt; eine von ihnen ist auf jedem Fünfzigpfennigstück zu sehen.

Es ist dies die Grunderkenntnis, auf der jedes noch so bescheidene Wissen von unserem Wald aufbauen muß: Es gibt hierzulande keinen Urwald mehr, das heißt keinen Wald, in dem die Bäume alt werden, bis sie stürzen und vermodernd den Boden bereiten für einen Nachwuchs, der in natürlicher Verjüngung entstand, gepflanzt von Wind und Vögeln. Und wo es solche Urwaldreste bei uns noch gibt, da fehlt ihnen ausnahmslos das andere Merkmal des wahren Urwaldes: die große Flächenausdehnung. Unsere Urwaldreste, in den Hochlagen des Nationalparks Bayerischer Wald etwa, sind museale Schaustücke, winzige Inseln im Wirtschaftswald, wie er ein Drittel der Republikfläche deckt.

Forst, Försterwald, Kunstforst – aus dieser Mißfallenssteigerung, die Naturfreunde für den modernen Wald bereithalten, läßt sich zumindest sein Unterschied zum Urwald ablesen: Er wird meist gepflanzt, in aller Regel gepflegt und immer geerntet. Baumarten, Baumzahlen und Baumalter bestimmt der Mensch. Die Natur wurde zur Magd des Holzmarktes degradiert. Der österreichische Schriftsteller Robert Musil: »Ein Wald, meistens aus Bretterreihen bestehend, die oben mit Grün verputzt sind.«

Das hört sich schlimm an und schmeckt nach Kulturschande. In Wahrheit war es eine Kulturtat ersten Ranges, den Wald überhaupt bewahrt zu haben durch Jahrhunderte, in denen die Technik die Raubameisenmentalität des Menschen mit immer schärferen Zähnen versah. Wie hätte eine solche schon immer auf Ausbeutung, nicht auf Bewahrung der Naturschätze gerichtete Mentalität, die mittlerweile das Eisenerz vom Meeresgrund und das Öl von noch darunter holt, vor der leicht zugänglichen Vegetationsdecke des Landes haltmachen können? Ganze Wälder gingen in den Öfen der Wohnhäuser, in den Schmelzen der Erz- und Glashütten und unter den Kesseln der Salinen in Flammen auf; sie verbrannten mit den hölzernen Städten des Mittelalters und versanken mit seinen Kriegs- und Handelsflotten in den Meeren. Nicht also, daß der Urwald aus unserer intensiv genutzten Kulturlandschaft verschwunden ist, kann überraschen; daß es überhaupt noch Wald bei uns gibt, ist bemerkenswert. Wir verdanken es der waldspezifischen Idee der Nachhaltigkeit: nicht mehr Holz ernten als nachwächst. Darin steckt, des langen Wachstumsalters der Bäume wegen, jeweils mehr Vorsorge für kommende als für gegenwärtige Generationen. Hätte die übrige Rohstoffwirtschaft dieses menschen- und naturfreundliche Prinzip übernommen, die Menschheit wäre heute weniger besorgt um ihr »Raumschiff Erde« und seine zu Ende gehenden Vorräte.

Dem deutschen Förster Gerechtigkeit widerfahren lassen heißt nicht, seine Sünden zuzudecken. Den Verlust des Urwaldes akzeptieren bedeutet nicht, seine oft anzutreffende forstliche Deklassierung als »chaotisch«, als »menschenfeindlich« mitzumachen. Im Rothwald der Familie Rothschild, einem von Menschen nicht angerührten Wald bei Langau in Niederösterreich, kann man erleben, was mit dieser Menschenfeindlichkeit gemeint ist: Baumriesen – Tannen, Buchen, Fichten, deren Kronen den Himmel zu tragen scheinen, so fern sind sie der Erde. Es herrscht das Dämmerlicht gotischer Dome unter ihrem Dach. Mächtige Säulen liegen gebrochen am Boden, zweifach, dreifach gekreuzt, kyklopische Barrieren gegen eindringende Menschenzwerge. Wo das Kronendach im Sturz dieser Baumsäulen aufriß und Sonnenlicht einließ, streben junge Bäume, von 100 Jahren Schatten erlöst, in die Höhe, nicht selten auf den Kadavern ihrer Altvorderen wachsend, deren modrigen Holz langsam zu Humus zerfällt. Mancher Baum hebt den Anfang seines Stammes einen Meter hoch über den Boden, seine dicken Wurzeln wie Stuhlbeine unter sich; da faulte die Verwandtenleiche, auf der er sein Leben begann, in Jahrzehnten unter ihm heraus.

Und wenig Großgetier. Es gilt, was der österreichische Forstmann Josef Wessely im 19. Jahrhundert schrieb: »Alle Bewegung schien weit und breit erstorben, es schwirrte kein

Vogel, es flatterte kein Schmetterling, und selbst die Lüfte, welche hoch oben die Baumgipfel in sanften Schwingungen wiegten, drangen nicht mehr in den Bereich der Schäfte herab. Lautlose Stille ringsumher; desto mehr schreckte plötzlich der schneidende Schrei eines einsamen Spechtes und ein andermal das geisterhafte Knarren zweier sich reibender windbewegter Schäfte. Keine Spur menschlichen Waltens milderte den bangen Eindruck dieser schauerlichen Öde.«

Da ist es heraus, was so viele Forstleute den Urwald instinktiv ablehnen läßt: keine Spur menschlichen Waltens, und also schauerliche Öde. Das Ideal ist der gepflegte, der aufgeräumte Försterwald, von Wegen durchzogen, von Baumleichen geräumt. Robert Musil spottete: »Urwälder haben etwas höchst Unnatürliches und Entartetes. Die Unnatur, die der Natur zur zweiten Natur geworden ist, fällt in ihnen in Natur zurück. Ein deutscher Wald macht so etwas nicht.«

Was er macht, der deutsche Wald, das formulieren die Förster (die nach Musil »im Wald für ein wenig Unregelmäßigkeit sorgen, für irgendeinen Baum, der hinten aus der Reihe tritt, denn sie haben ein feines Gefühl für die Natur«) folgendermaßen: »Im Kulturwald«, schrieb der hannöversche Forstmeister W. Kremser vor ein paar Jahren, »fehlt die natürliche Phase des Sterbens und Verwesens; er ist weit lebensvoller und lebensfreundlicher als der Urwald.«

Daran ist richtig, daß nur der Wald, der sein maximales Alter noch nicht erreicht hat, also der nach 100 Jahren schon schlagreife Kulturwald, mehr Biomasse – Blätter, Nadeln, Holz – produziert als ihm auf natürliche Weise abgeht. Urwälder dagegen sind immer am Endpunkt ihrer Gesamtreifung angekommen. Zuwachs und Abgang befinden sich im Gleichgewicht; es sterben nach oft Hunderten von Lebensjahren nur Baumindividuen; der Wald ist als Ganzes in sich stetig, auf ewiges Leben angelegt und nur durch Wetterkatastrophen auf großer Fläche zu Fall zu bringen.

Ist ein Kulturwald, nur weil er als Folge seiner Unreife noch wächst und unreif unter der Säge endet, flächenhaft oft im Kahlschlag, darum »lebensvoller« als der ewige alte Wald? Und ist »lebensfreundlich« nicht ein Wort, das auf den Waldbesucher gemünzt ist, nicht auf den Wald? Komfortables Menschenmaß legte auch der Präsident der Münchner Universität, Nikolaus Lobkowicz, an den Urwald an: »Ein Europäer hat ungeachtet aller Karl-May-Romantik heute größte Schwierigkeiten, einen echten Urwald, wie er etwa in den Vereinigten Staaten noch in großen Teilen der Rocky Mountains zu finden ist, als schön zu erleben; und wenn er schon entweder ein so eingefleischter Romantiker oder ein so passionierter Jäger ist, daß er den Urwald tatsächlich schön oder gar erholsam findet, so ist dies nicht zuletzt deswegen der Fall, weil er aus seiner Zivilisation eine halbe Wagenladung Bequemlichkeit mitführen kann und weiß, daß er beim ersten ernsten Unfall von einem Helicopter abgeholt wird.«

Das Wort Romantik hat keinen Bezug zum Urwald: Er ist nicht für Menschen gemacht. Diese in sich selbst ruhenden archaischen Naturdenkmäler sind, wo es sie in Resten in Westeuropa noch gibt, jeder menschlichen Nützlichkeitserwägung entzogen; es ist nicht statthaft, sie an den Komfortsafari-Gewohnheiten von Krethi und Plethi zu messen. Urwaldreste sind nicht nur für die Förster Orte, an denen man sich das verlorengegangene Naturmaß zurückholen kann.

Vielen Förstern kam es im 19. Jahrhundert abhanden. 1833 schrieb einer der deutschen Forstklassiker, Wilhelm Pfeil: »Bald wird die Zeit kommen, wo man die gigantischen Stämme, welche früher die deutschen Wälder enthielten, nur unter die Fabeln zählen wird. Unsere jetzige rechnende deutsche Forstwirtschaft nivelliert den Wald in einer Art, daß man in kurzer Zeit nichts mehr sehen wird als geschlossene, gleichmäßige Stangenhölzer oder höchstens schwache Baumhölzer, wenn man nach den haubaren Beständen fragt.« So schlimm kam es nicht, aber es kam schlimm genug: Der Altersklassenwald, in dem die Bäume wie die Schüler eines Gymnasiums in Klassen separiert erzogen werden, breitet seine unnatürlichen, jeder Mischung abholden geometrischen Fachwerke bis heute über das Land.

Um das ganz verstehen zu können, muß man, in Geschwindschritten wenigstens, in die deutsche Waldgeschichte zurück. Das heutige Gebiet der Bundesrepublik war noch um die Zeitenwende mit Wald bedeckt, und es war ein total anderer Wald, als wir ihn heute kennen. Laubwälder herrschten vor. Nadelbäume wuchsen im wesentlichen nur in den Mittelgebirgen und in den Alpen. Die Buche war der Leitbaum, und der Wald war immer Urwald. Menschenfeind.

Dann, in den nur 700 Jahren zwischen dem 7. und 13. Jahrhundert, wurde aus dem Waldland Deutschland ein Ackerland. Ausgehend von den Flußläufen, schlug man den Wald auf die Fläche zurück, die er mehr oder weniger heute noch bedeckt. Holz war jahrhundertelang der große Energiespender. 1800 war das Verhältnis von Brennholz zu Bauholz immer noch 90:10. Heute hat sich dies Verhältnis exakt umgekehrt.

Während sich im Mittelalter nur die Waldfläche verringert hatte, vollzog sich in der Neuzeit ein tiefgreifender Wandel in der Baumartenzusammensetzung unserer Wälder. Aus dem Naturwald wurde der Försterwald. Das ursprüngliche Laubholz wich nach und nach dem wirtschaftlicheren Nadelholz, voran Fichte und Kiefer, die nun schon – mit immer noch steigender Tendenz – bis zu 70 Prozent unserer Waldbaumarten ausmachen. Die durch Raubbau in Kriegs- und Notzeiten verarmten Waldböden gaben damals oft nichts anderes mehr her als anspruchslose Kiefernwälder, das muß man sagen. Fichtenplantagen aber, in maschinengerechter Reihung, sind die vielerorts bis heute nicht überwundenen Folgen eines forstlichen Renditedenkens, das im 19. Jahrhundert – in Nord- und Mitteldeutschland mehr als in seinem Süden – den Wald wie einen Kartoffelacker behandeln zu können glaubte: pflanzen und ernten zu jeweils gleichen Zeiten. Das setzte die Beschränkung auf gleichartige Baumpflanzen voraus. So wurde auf großen Flächen aus dem stabil gestuften, weil ungleichaltrigen und sich selbst verjüngenden Naturwald der gleichartige, ökologisch labile Holzacker. »Willst du den Wald vernichten, so pflanze nichts als Fichten«, reimte ein Forstmeister des Forstamtes Breitental im Roggenburger Wald nach den schweren Sturmkatastrophen des frühen 20. Jahrhunderts mit dem Meißel auf einem Gedenkstein für seinen gestürzten Wald.

Er hätte in Fairneß gegenüber seiner eigenen Zunft dazumeißeln lassen müssen: »... nichts als Fichten auf ungeeigneten Böden.« Aber Steinmetzen und Journalisten neigen zur vereinfachenden Kürze. Natürlich gewachsene Fichten auf Standorten, die ihrer Natur gemäß sind, etwa die Mittelgebirge und die subalpinen Bereiche der Hochgebirge, bilden ebenso schöne wie stabile Wälder. Ob nun Fichte oder Kiefer – wo sie der Bodenbeschaffenheit nach nicht hingehören und wo sie obendrein noch ohne die sie stabilisierende Beimischung anderer Baumarten in Monokultur stehen, da rächt sich solche Vergewaltigung der Natur. Zwei von vielen Beispielen aus jüngster Zeit: 1972 warf in Niedersachsen ein Superorkan in nur drei Stunden die Kiefernholzernte von zehn Jahren zu Boden. Gleichartige Wirtschaftswälder aus einer einzigen Baumart setzen solchen Hochgeschwindigkeitsluftmassen weit weniger Widerstand entgegen als naturnah belassene, ungleichaltrige Mischwälder aus Laub- und Nadelholz. 1975 brannten in Norddeutschland riesige Nadelholzareale nieder. Laubholz ist schwer entflammbar. Die hier massiert stehenden harzreichen Nadelbäume aber brennen in Trockenzeiten großflächig und lichterloh wie Zunder.

Karl Gayer, Professor für Waldbau in München ausgangs des 19. Jahrhunderts: »Der Wald kann und darf nicht denselben wirtschaftlichen Gesetzen unterstellt werden, welche für die übrigen Produktionsgewerbe maßgebend sind, wenn er nicht seinem Verderben entgegengeführt werden soll.« Die fachliche Waldliteratur ist voll von solchen naturnahen Erkenntnissen – weise Sprüche, auf die auch heute noch oft nicht gehört wird: Mögen die verwüsteten Böden Norddeutschlands vor zwei Waldgenerationen – das sind 200 Jahre – nichts anderes hergegeben haben als reine Kiefernwälder, so gilt das für viele heutige Aufforstungen ehemals landwirtschaftlicher Flächen, sogenannte Sozialbrachen, und in Feuchtgebieten gewiß nicht. Dennoch pflanzt man, den rascheren Wuchs, die leichtere Erziehung und den größeren Erlös der Fichte im Sinn, nichts als reine Fichte. Wie Zahlenkolonnen in Reih und Glied stehen die jungen Nadelbäume großflächig an den Hängen: Zeitgeist, der sich in der Landschaft materialisierte.

Noch ein Wort zum forstlichen Sonntag: »Der Waldbau hat die Aufgabe, sich an den ökologischen Grundlagen und weniger an kurzlebigen ökonomischen Überlegungen zu orientieren. Heile Umwelt ist wichtiger als wirtschaftliche

Rentabilität.« So Hans Eisenmann, bayerischer Forstminister. Doch sein bayerisches Waldgesetz, in dem erstmals Ökologie zwar aufmüpfig vor Ökonomie rangiert, verpflichtet indessen nur den staatlichen Waldbau zum Vorrang der Ökologie, und selbst für ihn ist München – und der grüne Zar – weit. Für die Privatwaldbesitzer ist das ökologische Rezept eh nur eine Empfehlung. Was aber hindert sie, sich an die goldenen Worte ihres Ministers und die Weisheit seiner forstwissenschaftlichen Berater zu halten? Schnöde, auf die »frohwüchsigen«, qualitätsholzhaltigen Fichten setzende Geldgier? Sagen sie Wald, wo sie in Wahrheit nur Holz meinen?

Wenn man weiß, daß im Jahr 1977 ein Festmeter Buche, Esche, Erle oder Birke um die 70 Mark, ein Festmeter Kiefer, Tanne oder Lärche aber 100 bis 120, Fichte gar 125 Mark erlöste; wenn man weiter weiß, daß der Wert der jährlichen Holzproduktion auf einem Hektar Buchenwald unter 500, auf einem Hektar Fichtenwald über 1000 Mark beträgt, und wenn man dann schließlich noch hört, daß allein die Fichte unter den Nadelbäumen schon die Hälfte der gesamten deutschen Waldfläche einnimmt – auf riesigen Arealen oft im Reinbestand – und die einst herrschenden Laubbäume auf weniger als ein Drittel zurückgedrängt wurden, dann ist man sich schnell sicher: Es ist die Geldgier der Waldbesitzer, die sie naturfern wirtschaften, Holzzucht betreiben läßt, ohne Rücksicht auf eine sich mit Fichten verdüsternde Landschaft, degradierte Waldböden und abiotische Gefahren wie Feuer, Schneebruch, Sturm. Stimmt das?

Die Waldeslust 1979 kennt ja auch noch andere Zahlen. In den letzten 20 Jahren stiegen die Lohnaufwendungen für Waldarbeiter, addiert man die gesetzlichen und privaten Sozialleistungen dazu, je Arbeitsstunde um über 1000 Prozent. Noch 1955 konnte man zum Beispiel in Bayern mit dem Erlös aus einem Kubikmeter Rohholz einem staatlichen Waldarbeiter 43,5 Arbeitsstunden bezahlen. 1975 reichte es gerade noch für 3,4 Lohnstunden. Und die Arbeitskosten machen an den Gesamtaufwendungen der deutschen Forstwirtschaft heute 70 Prozent aus. Im gleichen Zeitraum stagnierte der Holzpreis oder verfiel. In ungeschützter Marktkonkurrenz mit den Waldgiganten Rußland, Kanada, Skandinavien, Afrika und Südostasien, die ihre von der Natur gratis gelieferten Urwälder mit Großmaschinen quadratkilometerweise ernten oder schlichtweg Totalausbeutung ohne Rücksicht auf die Waldzukunft betreiben, kostete der pflegeaufwendige, gesetzlich vor Ausbeutung geschützte deutsche Försterwald unter dem Strich mehr als er brachte: Außer in den großen süddeutschen Staatsforsten mit ihren geldträchtigen hohen Nadelholzanteilen schreiben alle Staatsforstverwaltungen rote Zahlen.

Das Defizit pro Hektar Waldbodenfläche betrug 1965 schon 62 Mark. Hochrechnungen für die Zukunft liegen bei 250 Mark Verlust pro Hektar. Nur der durchrationalisierte private Großwaldbesitz macht noch leichte Gewinne. So blieb das Nadelholz vorherrschend, und die Fichte wurde zum Brotbaum der deutschen Forstwirtschaft.

Daß sie es bleibt, liegt nicht allein an ihrem Holzwert und an ihrem geschwinden Wuchs, der die »Umtriebszeit«, den Zeitraum zwischen Pflanzung und Ernte, gegenüber Eiche und Buche verkürzt. Es liegt auch daran, daß zu viele im Wald lebende Hirsche und Rehe in großen Teilen bundesdeutscher Wälder jeden waldbaulichen Versuch, die Fichten-Monokulturen wieder mit Tannen und Laubbäumen zu mischen, oft auf großer Fläche zunichte machen: Der Jungwuchs aus Tanne, Buche und Ahorn, Linde und Ulme, aus Eberesche, Aspe und Vogelkirsche ist der vom Wild zielstrebig gesuchte Leckerbissen auf dem monotonen Fichtenholzboden. Kaum stecken diese Baumpflanzen die Köpfe hervor, rasiert das Wild sie ab. Man kann immer wieder stets neu verbissenen Jungwuchs aus Edelholzarten finden, dessen Stammdicken ihn als zehn oder 15 Jahre alt ausweisen, der aber nicht höher kam als drei, vier Handbreiten.

Die Folge sind kilometerlange, das Wild fernhaltende Zäune im Wald, eine Unkultur rings um die Kulturen der Neupflanzungen. Oder die Edelholzarten stehen einzeln in Drahthosen am Pfahl, zu Hunderten, zu Tausenden. Das ist kein Waldbau, das ist Kleingärtnerei auf riesiger Fläche, und oft genug sinnlos dazu: Die Zäune brechen unter stürzenden Bäumen oder, im Gebirge, unter Schneeschub nieder. Dann springt das Wild in diese Nahrungsparadiese mit ihrem reichgemischten Pflanzenangebot hinein und macht die Arbeit und die Kosten von zehn, 15 Jahren in ein paar Nächten zunichte.

Das Wild ist nicht zu tadeln. Die Jäger, denen – unter anderem – wegen der horrend gestiegenen Jagdpachtpreise an viel Wild gelegen ist, schon eher. Am meisten zu tadeln aber sind jene Forstbeamten, denen Wild vor Wald geht. Korrumpiert durch Jagdpassion und Trophäe haben bis auf den heutigen Tag Generationen von Grünröcken an den Stellhebeln der Forstbürokratie in den ihnen anvertrauten Staatswäldern Wildbestände heranwachsen lassen, die das von ihnen in der Theorie vertretene Waldbauziel eines maßvoll gemischten, ökologisch stabilen Waldes allzu oft vereitelten.

Nicht umsonst entstand schon im 19. Jahrhundert die Spott-Definition des deutschen Försters: ein zum Zwecke der Jagd mit Bäumen umstandener Reserveoffizier. Hier hat der bis heute lebendig gebliebene Traum des deutschen Mannes, Förster zu sein, seine irrationalen Wurzeln. Gewehr, Dackel und Pfeife sind die Inhalte dieses Traums. Und, schon wieder, Joseph von Eichendorff: »Von fern nur schlagen die Glocken über die Wälder herein. Ein Reh hebt den Kopf erschrocken und schlummert gleich wieder ein.« Daß Jagd auf Reh und Hirsch heute vor allem das biologische Geschäft des von ihr ausgerotteten Wolfes besorgen muß, wird verdrängt. »Wo der Wolf geht, wächst der Wald«, sagen die Leute im Osten. Unsere Ersatzwölfe aber, die Jäger, verstehen sich als Heger. In einer Zeit, die den Mastdackel zum Symbol ihrer pervertierten Tierliebe machte, kaschieren sie das unpopuläre Bild des Bambi-Killers mit dem winterlichen Futtersack auch in klimatisch milden Revieren. So werden die Rehe und Hirsche immer zahlreicher und die Wälder immer baumartenärmer.

Es gibt hoffnungsvolle Anzeichen der Vernunft: Die baden-württembergische Staatsforstverwaltung hat für ihre Wälder kürzlich Abschußrichtlinien für Rehe erlassen, die im besten Sinne wölfisch sind: rigorose Kurzhaltung der jungen Tiere, maßvolle Schonung der erwachsenen. Und Füttern nur, wenn und wo der Winter wirklich bitter ist. Das alles unter Androhung von Disziplinarstrafen bei Nichtbeachtung.

Welche ökologischen Mängel der deutsche Wald auch immer haben mag (und er hat viele), sie ändern aufs Ganze gesehen nur wenig an seiner mehr denn je lebenswichtigen Bedeutung für das Wohlergehen von Mensch, Landschaft und Tier. Mit sieben Millionen Hektar, nahezu einem Drittel der Republikfläche, ist er das einzige uns noch verbliebene Großsystem aus natürlichen Funktionsabläufen. Die Landwirtschaft hat sich längst total chemisiert und mechanisiert. Müßte sie von heute auf morgen als Folge einer globalen Energiekrise auf Kunstdünger, Unkraut- und Insektenbekämpfungsmittel oder gar Dieselöl für ihre Maschinen verzichten oder dies alles auch nur einschneidend verringern – sie wäre für lange Zeit funktionsuntüchtig. Die riesigen Monokulturen aus jeweils nur einer Fruchtart brächen unter dem Kahlfraß von Insektenheeren bald zusammen. Unkraut und Pilzbefall würgten die empfindlichen, genetisch auf Hochleistung getrimmten Kulturpflanzen ab, und die verbliebenen menschlichen Arbeitskräfte reichten nicht annähernd aus, die Höfe in Handarbeit zu betreiben und das in industrieller Massenproduktion gehaltene Vieh zu versorgen. Die moderne Landwirtschaft hat sich von der Natur abgewandt, nur das Wetter hat sie noch nicht »im Griff«.

Der Wald dagegen erhielte sich ohne menschliches Zutun noch immer von selber. Und brächen die in hohem Maße anfälligen Kunstforste, die es in ihm ja gibt, aus Mangel an Pflege großflächig zusammen – es entstiege ihren Holzruinen von selber neuer, sogar natürlicher Wald. Düngemittel und Biozide blieben in den Wäldern die Ausnahme; die Bäume und ihr Boden wurden bis heute nicht abhängig von der Chemie. Der Mechanisierung, wiewohl sie weit fortgeschritten ist, sind im Wald deutliche Grenzen gesetzt: Bäume stehen Großmaschinen überall im Weg, und Großkahlschläge lassen unsere zerstückelten Waldformen oder die Gesetze nicht zu. Handarbeit blieb in weiten Bereichen unverzichtbar.

Während Phosphat-Ausschwemmungen aus den kunstdüngergesättigten Feldern der Landwirtschaft zur Überdüngung und damit zur Sauerstoffnot der Gewässer beitragen, ist der Waldboden nicht nur ein riesenhafter Speicher von Niederschlagswasser, sondern auch der mineralische Filter, der unserem sauberen Grundwasser vorgeschaltet ist. Kein Gesetz verbietet es dem auf raschen Gewinn bedachten Agrarökonomen, die Produktionskraft seiner Böden zu überfordern. In der Forstwirtschaft dagegen gilt seit Jahrhunderten ungeschrieben und geschrieben das Gesetz der Nachhaltigkeit: Jeder Waldbesitzer hat seinen Wald in der Substanz auch dann zu erhalten, wenn er dabei draufzahlt – eine soziale Pflicht, von der es keine Absolution gibt. 50 Jahre müssen Nadelbäume mindestens alt werden dürfen, Laubbäume 80, bevor man die Axt an sie legen darf, und obwohl diese Baumalter, gemessen an den biologischen Möglichkeiten der Bäume, höchst gering sind, kommt dem Ökosystem Wald von daher doch die große natürliche Gelassenheit, die ökosystemeigene Wuchskraft, die ihn grundlegend von den Anabolika-Muskeln und vom politischen Marktgeschrei der Landwirtschaft unterscheidet: Sie verdoppelte ihre Produktionskraft in nur 25 Jahren, ein Zeitraum, in dem die Forstwirtschaft um weniger als 20 Prozent zulegte. Robert Musils Bild vom modernen Wald als einer Bretterreihe, die oben mit Grün verputzt ist, ist hübsch, aber falsch.

Ganz abgesehen davon, daß diese Bretter, nimmt man sie symbolisch für alle Holzverarbeiter vom Schreiner bis zur Papierfabrik um 70 Milliarden Mark – sechs Prozent des Sozialprodukts der Bundesrepublik – einspielen und 700 000 Arbeitsplätze schaffen; abgesehen davon auch, daß diese symbolischen Bretter noch nicht einmal die Hälfte unseres Holzbedarfs decken (die andere Hälfte importieren wir), haben sie mitsamt ihrem Grünputz die Fähigkeit, uns zu beatmen, vor Lärm, Staub und Abgasen, vor Bodenerosion, Hochwasser, Lawinen und Erdrutschungen zu schützen, uns Schatten, Trinkwasser und Erholung zu spenden, wie auch den Anblick eines Rehs und den Gesang der Vögel, ja selbst den der Dichter, wie wir alle wissen. Nach Roderick Nash von der kalifornischen Universität Santa Barbara ist sogar die Demokratie ein Produkt der Wälder. Aber vielleicht ist das ein Übersetzungsfehler, und er sagte »Bürokratie«, ihres vielen Papiers wegen, das auch aus dem Walde kommt.

Nicht nur der deutsche Hund, auch der deutsche Wald hat

unter der Liebe seiner Verehrer mitunter arg zu leiden. Sie sähen es am liebsten, wenn man alle Förster in die Wüste schickte, zur Aufforstung derselben, den Wald aber sich selbst überließe, frei nach dem Spruch, der die Förster schon immer in tiefster Seele verwundet hat: »Herrlich hat's die Forstpartie, es wächst der Wald auch ohne sie!« Ich hänge diesem Zurück-zum-Urwald-Konzept zwar auch an, freilich nur auf Flächen von einigen Tausend Hektar pro Stück, die zur Lehre und zum Studium als Bannwälder ausgewiesen werden, damit jede Pflege und jede Nutzung in ihnen ruhe.

Der Traum vom deutschen Urwald im Republikmaßstab, von Buche und Eiche als seinen Leitbäumen, von der Zurückdrängung der Fichte auf ihre ursprünglichen Standorte in Mittel- und Hochgebirge, ist Utopie. Es ginge wohl, nähme man großflächige Zusammenbrüche nicht mehr geernteter, einförmig strukturierter Holzwälder für Jahrzehnte in Kauf, sähe man über Borkenkäfer-Invasionen und Feuersbrünste in den trockenfallenden Baumleichenfeldern hinweg und hätten mehrere Generationen die seelische Kraft, mit einem forstlichen Chaos zu leben, aus dem sich nach 200, 300 Jahren, ausgehend von noch naturnahen Waldinseln, der neue Wald, der Urwald erhöbe.

Aber es ginge, man muß das nicht ausmalen, wirtschaftlich nicht und schon gar nicht politisch. Man mache sich nichts vor: Der Deutsche will seinen Wald so ordentlich wie seine gute Stube, und der Förster ist sein Raumpfleger. Es genügen ihm, quasi als Möbel im altdeutschen Stil, ein paar dicke Bäume hier und da, doch Forststraßen zum Wandern müssen, wie Perserbrücken, nun mal sein. Man will sich von Lehrtafeln an den Bäumen illustriert unterhalten lassen und sich auf Schwebebalken trimmen, sich nicht zwischen meterhoch liegenden Baumleichen den Hals brechen. Da haben jene Förster, die den Urwald nicht mögen, schon recht. Zu verübeln ist ihnen auch nur, daß sie meinen, wir könnten es uns – bei sieben Millionen Hektar Wald! – nicht leisten, ein paar Zehntausend davon sich selbst zu überlassen.

Nicht einmal im Nationalpark Bayerischer Wald. Und wenn schon dort nicht, wo denn sonst? Immerhin hat die bayerische Staatsforstverwaltung hier 4000 Hektar naturnaher Waldbestände aus der Nutzung entlassen, wie denn überhaupt Bayern mit solchen Naturwald-Reservaten der Zahl wie der Fläche nach an der Spitze der Bundesländer steht, freilich hat der weißblaue Freistaat auch den meisten Wald. Anderswo sind solche ökologischen Zellen beschämend klein, sei es, weil nicht mehr bewahrenswerte Naturwaldsubstanz vorhanden war, sei es weil Waldbesitzer beim Nutzungsverzicht nicht mitmachen. So liegen denn diese letzten ursprünglichen Waldbilder, noch nicht einmal 10 000 Hektar insgesamt, fast ausnahmslos im Staatswald.

Eine andere Variante der Waldschonung hat sich die Mineralölindustrie einfallen lassen. »Bäume gehören in den Wald«, schlagzeilt sie derzeit in ihrer Werbung. Durch Luftverschmutzung und Tankerkatastrophen mit dem Ruf eines Umweltsünders ersten Grades behaftet, versucht sie, sich durch Anpreisung der auf Erdöl basierenden Produkte ein grünes Image zu verschaffen. Das ist der Wolf, der Kreide fraß, damit Rotkäppchen ihn für die Großmutter hält. Die Mineralölindustrie würde wohl für diese Werbung nicht soviel Geld ausgeben, wüßte sie nicht, daß sie damit bei vielen Waldliebhabern Gehör fände. Es sind Menschen, die aus Liebe zum Wald auch nur »holzfreies« Papier nehmen, das es nicht gibt, oder gar eines, das aus Altpapier gewonnen wurde. Dem Wald dienen sie damit nicht, sie schaden ihm eher, denn die pflegliche Nutzung des Wirtschaftswaldes ist die Voraussetzung seiner Existenz und damit auch seiner Wohlfahrtswirkungen für Mensch, Tier und Landschaft.

Fachleute schätzen, daß zwei bis drei Millionen Hektar Wald – von sieben Millionen insgesamt – »übergewichtig« sind, wie der Münchner Forstpolitiker Richard Plochmann das nennt: Es sind die zwischen 20 und 60 Jahre alten mittleren Bestände, »Stangenorte« genannt, in denen die Bäume noch aus der Zeit ihrer Anpflanzung zu dicht stehen. Man hatte die Zeit nicht und nicht das Geld, sie zu durchforsten, sie »abzuspecken«, und nun droht ihnen das Schicksal der zu fetten Menschen: Kreislaufkollaps aus mangelnder Konstitution. Naturgewalten haben leichteres Spiel mit ihnen als mit geläuterten, »schlanken« Waldteilen.

Nähme die deutsche holzverarbeitende Industrie mehr schwaches Holz ab, so wäre dem Wald geholfen, aber sie kann es nicht oder will es nicht. Die Gründe müssen wir hier nicht untersuchen. Tatsache ist, daß die Bundesrepublik, die Jahr für Jahr die Summe ihres eigenen jährlichen Holzaufkommens zusätzlich importiert, zwischen 1975 und 1977 6,5 Millionen Kubikmeter Holz geringerer Dimension exportieren mußte, um es nicht am Boden verfaulen zu lassen. Ein Teil des kreislaufgeschädigten Sturmholzes, das die Orkane der ersten siebziger Jahre in Niedersachsen umwarfen, wurde an Japan verkauft, zur Produktion auch von Klopapier – ein deutsches Waldschicksal, das Joseph von Eichendorff und seine Epigonen nie bedachten.

Der Waldspeck also, sein zu vieles Holz, sitzt nicht dort, wo alle, auch die Naturliebhaber, es gern hätten: an den dicken alten Stämmen, die des Schutzes und des Älterwerdens würdig wären. Es sitzt in den Jungwaldungen.

Lassen wir die Forstwirtschaft auf diesem schwächeren Holz sitzen, dann vergreift sie sich unter dem Druck ihrer Kosten gar zu leicht an den alten dicken Bäumen, am starken Stammholz, das gutes Geld bringt. Die »forstliche Sozialbrache« – überdichte, nicht durchforstete Dickungen, die instabil sind und risikoträchtig und ästhetisch deprimierend – und der vermehrte Hieb auf den starken Stamm stehen in Relation zueinander. Bringt nur er das Geld, das man zur Anschaffung von Maschinen braucht, weil menschliche Arbeitskraft kaum mehr zu bezahlen ist, und hat man erst die Maschinen, die überwiegend der Ernte dienen, dann »entfeinere« sich, so sagt es der Forstwissenschaftler Olischläger, der Waldbau. Die Pflege des Jungwuchses werde vernachlässigt, der Einschlag im Altholz nehme unter Vernachlässigung des Nachhaltigkeitsprinzips zu. Am fernen Ende dieser Entwicklung sieht er einen Wald stehen, der zu den Maschinen paßt: flurbereinigte geometrische Holzäcker zwischen Transportgassen. Er registriert heute schon einen »Verlust an Forstkultur im weitesten Sinn«. Unter den aktiven Forstleuten bemerkt er Unzufriedenheit als Folge ungelöster beruflicher Spannungen zwischen der Kulturaufgabe der Nachhaltigkeit – nicht mehr ernten als nachwächst – und der wirtschaftlich orientierten Alltagspflicht. Er sieht regressives Verhalten, eine Wurstigkeit in Gestalt einer verstärkten Hinwendung zur Jagd, auch Aggression und Apathie. »Der Forstmann hat mit der Zeit zu gehen, sonst geht er mit der

Zeit«, sagte der hessische Landforstmeister Wentzel 1970.
Die Frage ist nur: Wohin geht die Zeit?

Es schallt aus dem Wald heraus, was die Wachstumsgesellschaft auch in ihn hineinruft: Ökonomie vor Ökologie. Im Wald wird dieses Gegensatzpaar nur gedämpfter ausgetragen. Die Energieproduzenten Fichte und Tanne, von Eichen und Buchen nicht zu reden, würden wohl – könnten sie es – lachen über die Ungeduld der Kraftwerkbauer, die schon an zehnjährigen Entscheidungszeiträumen schier verzweifeln wollen. Aus der Sicht von Hundertjährigen sieht manches weniger dramatisch aus. Das färbt auf die Förster ab. Wer niemals erntet, was er sät, hat auch keine rechte Sicherheit über das, was die nächste und die übernächste Generation verlangen werden. Niemand im Wald weiß derzeit mit letzter Sicherheit zu sagen, was die Gesellschaft von morgen nötiger haben wird: mehr Holz oder mehr Erholung, mehr Geld oder mehr Schutz vor zuviel Wasser von oben und zu wenig Wasser von unten, vor zuviel Abgasen und zu wenig reiner Luft, vor Lärm, Staub und Streß.

Während die mehr ökonomisch ausgerichteten Förster der Meinung anhängen, ein wirtschaftlich gesunder Wald, der optimale Holzwald also, werfe nicht nur Geld, sondern auch alle anderen Sozialfunktionen – Schutz- und Erholungswirkungen – wie von selber ab, sind die mehr ökologisch gesonnenen, weniger technikgläubigen Grünröcke der Meinung, daß dem naturnäheren Wald, dem gestuften und gemischten, die Zukunft gehöre. Die seit vielen Jahren krisenhafte Situation der modernen Forstwirtschaft halten sie für schicksalhaft: ein unauflöslicher Konflikt zwischen der bedächtigen Natur des Waldes und der hektischen Industriegesellschaft, mit deren Patentrezepten – Rationalisierung, Mechanisierung, Wachstum – im Wald allein nichts gewonnen sei. Im ›Forstwissenschaftlichen Centralblatt‹ konnte man lesen: »Leider gibt es einseitige und ausgesprochen kurzsichtige Äußerungen, die von reinen Rentabilitätsvorstellungen ausgehen und die Rettung erblicken in einer totalen Mechanisierung der forstlichen Produktion.«

Karl Hasel, emeritierter Ordinarius für Forstpolitik und Naturschutz an der Universität Göttingen, zu diesem Wettlauf zwischen dem Hasen Industrie und dem Igel Wald:

»Die Krise der Forstwirtschaft ist eine Krise des Holzproduktionsbetriebes; sie ist die zwangsläufige Folge der fortschreitenden Industrialisierung und einer auf globales wirtschaftliches Wachstum eingestellten Wirtschaftspolitik, mit welcher der Holzproduktionsbetrieb wegen seiner besonderen Eigenart nicht Schritt zu halten vermag. Er besitzt infolge seiner engen Bindung an die Natur weit geringere Entfaltungsmöglichkeiten. Es ist das eine schicksalhafte Situation, in die jede Urproduktion in einer Industriegesellschaft unausweichlich hineingezogen wird.«

Aber wie im Märchen dürfte der Igel letztlich das Rennen machen: Es ist anzunehmen, daß die naturferne Industriegesellschaft schon sehr bald körperlich und geistig nichts nötiger haben wird als ihr größtes noch intaktes Natursystem, eben den Wald. Der Wald nicht mehr primär als Rohstofflieferant, sondern als riesiger Dienstleistungsbetrieb für gesunde Luft, gesundes Wasser, weniger Staub, weniger Lärm, weniger Streß. Aber: Was ist der Preis für den Sieg des Igels? Konkret: Wer gibt schon Geld aus für Luft, zahlt Eintritt im Wald? Sollen also 700000 Privatwaldbesitzer, viele kleine Leute darunter, in deren Hand nahezu die Hälfte des deutschen Waldes ist, 60 Millionen Mitbürgern (von denen 41 Prozent auf nur sieben Prozent Republikfläche in ungesunden Ballungsräumen leben) die Gesundheit bezahlen?

Hasel zählt auf, was Gesetz und Gesellschaft dem Waldbesitzer schon heute aufbürden: »Fast überall arbeitet der Waldbesitzer mit Verlust, und es ist nicht abzusehen, wann sich dieser Zustand wieder ändern wird. Der Waldbesitzer aber kann nicht ausweichen, er ist der Allgemeinheit verpflichtet. Er muß seinen Wald im Interesse der Sicherung der natürlichen Lebensgrundlagen und als Erholungsraum pflegen, er muß kahlgehauene Flächen mit Rücksicht auf die Landeskultur wieder aufforsten, er darf sich nicht durch Großkahlhiebe und unpflegliche Nutzung auf Kosten der Allgemeinheit zu sanieren versuchen. Er kann seinen Wald oder Teile davon nicht ohne weiteres roden und als Bauland verwerten. Oft ist er durch die Rücksicht auf Erholungsuchende zu Mehraufwendungen veranlaßt für Schaffung von Erholungseinrichtungen, die mit der Waldbewirtschaftung nichts zu tun haben. Er muß Beschädigungen des Waldes und selbst Waldbrände in Kauf nehmen, er muß bedeutende Beträge aufwenden, um die Waldverschmutzung zu beseitigen, ohne dafür Ersatz zu erhalten.« Denn das Bundeswaldgesetz sichert seit 1975 jedermann zu jeder Zeit das freie Betretungsrecht für jeden Wald: ein ganzjähriger Tag der offenen Tür. 35 Millionen Menschen – gerechnet für die Summe aller Wochenenden eines Jahres – allein in den Wäldern Baden-Württembergs!

Während also die Allgemeinheit vom Wald alles verlangt: Holz, saubere Luft, reines Wasser, Stille und Schutz, Trimm-Dich-Pfade, Spazierwege, Liegewiesen, Wetterhütten, Grillplätze, Reitwege und dazu den möglichst häufigen Anblick von Bambi, dem gefräßigen Reh, läßt sie ihn mit den Kosten dafür im Stich. Die Forstwissenschaft errechnete, daß die Ausgaben und Mindererlöse, die dem öffentlichen und privaten Waldbesitz in Deutschland durch die Schutz- und Erholungsfunktion entstehen, sich im Jahr 1974 aus 392 Millionen Mark beliefen, das sind 6 Mark 30 pro Kopf der Bevölkerung. Es gibt keinen anderen Wirtschaftszweig, der 14 Prozent seines Umsatzes für Zwecke aufwendet, die ausschließlich dem Gemeinwohl dienen.

Die Masse der Politiker, ob klein oder groß, ob im Bundestag oder in den Länder- und Kommunalparlamenten, hat vom Wald so gut wie keine nähere Kenntnis. Für sie ist – aus dem Intercity-Zug betrachtet – jede Nadelwaldplantage, weil sie aus Bäumen besteht und grün ist, halt Wald und jedes Reh, das sie auf dem Feld davor äsen sehen, ein Zeichen dafür, wie heil doch die deutsche Natur im allgemeinen und der deutsche Wald im besonderen noch sind. Der Wald hat keine Lobby, die sich jener der anderen großen Wirtschaftszweige auch nur annähernd vergleichen ließe.

Der Münchner Forstpolitiker Richard Plochmann schrieb darum denen, die politisch über Schicksal und Zukunft unseres Waldes zu bestimmen haben, ins Stammbuch: »Soweit wir es zu erfassen vermögen, haben die Forstbetriebe, die staatlichen wie die privaten, auf die Krise der Forstwirtschaft in einer Art reagiert, wie die Unternehmer eines jeden anderen Wirtschaftszweiges auch. Sie sparten Kosten beim jungen Wald. Ganz konkret heißt dies: Sie haben Buchen durch Fichten ersetzt und Mischwald durch reinen Nadelholzbestand, weil der nicht nur billiger zu begründen, sondern auch leichter zu pflegen ist. Wo dem Waldbesitzer dies nicht im Schutz- oder Erholungswald ausdrücklich verboten wird, kann er diesen Weg auch ruhigen Gewissens gehen; er verletzt dabei kein Gesetz und produziert keine Holzberge auf Kosten der Steuerzahler.

Die Konsequenz besteht allerdings darin: Für viele Pflanzen und Tiere wird dieser Wald keinen Platz zum Überleben bieten; seine Fähigkeit, vor Erosion zu bewahren, Hochwasser zu dämpfen und Wassernot zu lindern, wird schwinden, und er selbst wird anfälliger werden für Naturgefahren und uns dazu zwingen, mehr Chemikalien – Dünger, Herbizide, Pestizide – zu seiner Erhaltung einzusetzen. Auch im Wald bedeutet dieser Weg den weiteren Verzehr unserer Umweltsubstanz.«

Sind 6 Mark 30 pro Kopf und Jahr, der Gegenwert einer Kinokarte für den zweiten Rang, unzumutbar für die Bürger, wenn es darum geht, das Grüne Drittel der Republik, den deutschen Wald, nicht vollends in roten Zahlen versinken zu lassen?

Es ist nicht zu viel. Es ist nicht einmal genug: Die Umwandlung holzorientierter Wirtschaftswälder in naturnähere Erholungs- und Schutzwälder kostet Geld, das dem ohnehin schon draufzahlenden privaten Waldbesitzer nicht abverlangt werden kann. Wir wenden – nach Angaben der Deutschen Forschungsgemeinschaft – in der Bundesrepublik jährlich 17 Milliarden Mark zur Behandlung ernährungsbedingter Krankheiten auf. Im und am Wald könnten wir in manchem gesunden. Trügen wir auch nur einen Teil dieser ungeheuren Summen statt zu den Ärzten und Apothekern zu den Förstern, sie könnten uns und kommenden Generationen einen Wald bauen, den Bertolt Brecht meinte: »Weißt du, was ein Wald ist? Ist ein Wald etwa nur zehntausend Klafter Holz? Oder ist er eine grüne Menschenfreude?«

(1979)

Tierversuche in der Pharmaforschung

Nach Horst Sterns dreiteiliger Fernsehdokumentation über Tierversuche 1979 waren Wut und Entrüstung so groß, daß er einen Materialienband zu dem Thema herausgab, den er mit dem folgenden Text einleitete.

Es wird diesem Buch nicht anders ergehen als den drei Filmen, die ihm zugrunde liegen: angeklagt des nützlichen Idiotentums für die Pharma-Industrie, ja sogar der PR-Kumpanei mit ihr; geziehen auch der Blauäugigkeit, weil ich die Kellerverliese bei ihr noch immer nicht fand, in denen Tiere aus purer Lust gemartert werden; und beschimpft des Verrats an der leidenden Kreatur sowie der Geschäftemacherei mit ihrem Elend.

Nach drei Jahren Umgang mit dem Thema »Tierversuche in der Pharmaforschung« und nach Auslöffeln der heißen Suppe, die ich mir damit einbrockte, bin ich dem Achselzukken nahe, mit dem der behördliche Tierschutz, Gesundheitspolitiker und Pharmakologen schon lange die hysterischen Schmähungen durch die »Antivivisektionisten« quittieren. O wie ist es am Kilimandscharo so schön!

Aber darf man das: mit Kamera und Notizbuch ins Tierparadies retirieren, wenn man zwei Dutzend Filme gemacht hat über Mensch-Tier-Beziehungen und Lob und Preis dafür kassierte? Darf man dann die tragischste dieser Beziehungen unangerührt lassen, weil man im voraus weiß, daß die bewegten Bilder von Tierversuchen jedes zur ruhigen Betrachtung mahnende Begleitwort erschlagen und den verschlingen werden, der es wider besseres Wissen wagte, solche Bilder – siehe, das bist auch du! – den Pillen-, Putzmittel- und Parfumkonsumenten nach dem Abendbrot vor die gemütlich hochgelegten Füße zu legen?

Man darf es einmal nicht, wenn man Tiere mag. Man darf es zweimal nicht, wenn man Zugang zu den großen Medien hat. Man darf es dreimal nicht, wenn man weiß, daß nichts als der beharrliche journalistische Versuch, eine von schreibenden Scharfrichtern gesellschaftlich hingerichtete Wissenschaft zu resozialisieren, Tierleid quantitativ und qualitativ wird mindern können. Denn, nicht wahr: In einer technokratisch regierten Gesellschaft ist die Emotion ein unanständig Ding; man läßt sie tunlichst aus dem Spiel, wenn man Zustände verändern will. Man wird also auch den Zustand der tierexperimentell forschenden Wissenschaft nicht verändern, wenn man sie verteufelt. Schließlich stellt allein sie die Gutachter, die den technokratisch-wissenschaftlich gesonnenen Gesetzgeber beraten. Und die, die man für Un-Menschen hält, sind in einem wenigstens nur allzumenschlich (auch wenn sie es bestreiten werden): in der sie solidarisierenden Trotzreaktion auf Schmähungen.

So waren denn die Filme nichts anderes als der Versuch, die tierexperimentell forschende Wissenschaft, besonders die Pharmakologie, wieder gesellschaftsfähig zu machen, sie zurückzuholen an den Gesprächstisch der Gesamtgesellschaft, von dem eifernde Scharfmacher sie mit der kompromißlosen Forderung des Unmöglichen – Abschaffung *aller* Tierversuche – vertrieben.

Meine Position ist deutlich. Ich befürworte die Tierversuche nicht, ich verteidige sie nicht einmal. Ich relativiere sie nur an menschlichen Leiden und frage: Wer will, wer darf die weltweit nahezu einheitliche, erdrückende Mehrheitsmeinung der Wissenschaft, es ginge nicht, noch nicht und ganz wohl nie ohne Tierversuche in der Medizin, vom Tisch wischen mit einem Schwall von Schmähungen, die im Grunde allesamt in einem einzigen Wort – Sadismus – kulminieren?

Ich bestreite nicht, daß es in der Geschichte des Tierversuchs unerhört grausame, verachtenswerte Experimente gegeben hat. Ich frage nur: Wer der Forschung vorwirft, sie rechtfertige die Tierversuche von heute mit ihren Erfolgen von gestern – muß der sich nicht auch vorwerfen lassen, er verdamme die tierexperimentelle Teamforschung von heute mit ihren Kellergreueln von gestern?

So zu fragen bedeutet wiederum nicht, ich meinte, es sei heute, unter dem neuen Tierschutzgesetz, alles bestens. Es gibt Sadisten unter den Tierversuchsgegnern (sie forderten in nicht geringer Zahl in Briefen an mich, statt an Tieren an Sittlichkeitsverbrechern zu experimentieren, einige auch, die

Kinder der gezeigten Wissenschaftler dafür herzunehmen), und es gibt Sadisten unter Wissenschaftlern. Warum nennt man Briefschreiber mit solchen Moraldefekten pathologische Ausnahmen, hält einen unter Wissenschaftlern vorkommenden Sadismus aber für den Regelfall?

Ich verharmlose das rigorose Marktverhalten der Pharma-Industrie nicht, ihre geschäftlich veranlaßten Neumischungen von längst im Handel befindlichen Arzneiwirkstoffen, ihre oft ethisch aufgeputzte Werbung, ihr konspiratives Schweigen, wenn Kritik ihr ans Eingemachte zu gehen droht. Ich frage nur, warum wir die Schattenseiten des kapitalistischen Systems, das wir in vielen Wahlen mit erdrückenden Mehrheiten bestätigt haben, nur an der Pharma-Industrie so deutlich wahrnehmen. Arbeitet der Gesellschaft liebstes Kind, die Automobilindustrie, um Gottes Lohn?

Es seien die Tiere, die die Pharma-Industrie verbrauche, und die Gesundheitsopfer, die sie in Pharmakatastrophen verursache? Da muß ich wiederum fragen: Wann verursachten die Produkte der Pharma-Industrie jemals – selbst weltweit gesehen – solche Gesundheitskatastrophen wie die Produkte der Automobilindustrie: allein in der Bundesrepublik an die 15 000 Tote jährlich, die Krüppel nicht gezählt. Und hörte man nie von Modell-Rückrufen wegen lebensgefährlicher Konstruktionsfehler, von Reifen, die bei hohen Geschwindigkeiten, für die sie angepriesen worden waren, in Fetzen gingen?

Und weiß man nicht, daß – von USA ausgehend – Menschenaffen in hohen Dosierungen mit den Abgasen unserer Luxusmotoren zu Tode gebracht werden müssen, damit man erfährt, wieviel mehr Abgas wir uns in den vom Verkehrsinfarkt bedrohten Städten gesundheitlich noch leisten können? Kann man sich nicht denken, daß Kaninchen Haut und Augen zu Markte tragen mußten, damit diejenigen, die uns Luxusfarben wie »Saharagelb« oder »Arktisblau« auf die Luxuskarossen auftragen, nicht gesundheitlich Schaden nehmen? Las und sah man es nicht erst unlängst in einer Illustrierten, daß Affen in Crash-Tests zerdrückt wurden? Und expandiert der Automobilmarkt etwa weniger als der Pharmamarkt? Und sind Tierversuchsgegner daran nicht beteiligt, weil sie nur mit der Straßenbahn fahren?

Wissen wir nicht längst auch, daß zur Erprobung der Neutronenbombe (Forschungsfrage: Wie lange kann ein russischer Soldat nach Bestrahlung noch gegen uns kämpfen?) ganze Herden von Rhesusaffen in den Labors der amerikanischen (und wohl auch der russischen) Militärs mit hohen Dosen bestrahlt und dann, während sie sich speichelnd erbrechen und ihnen Haare und Zähne ausfallen, mit Elektroschocks gezwungen werden, sich in einer Lauftrommel bis zum Tode anzustrengen? Und ändert dies das Wahlverhalten der Tierversuchsgegner? Und was wohl, glaubt man, geschieht erst bei der Erforschung chemischer Kampfstoffe?

Ich übersehe auch nicht, daß Leistungsstreben und akademische Titelsucht in der tierexperimentell forschenden Wissenschaft zu Tierleid führen. Ich frage nur: Gibt es das nicht auch in wissenschaftlichen Bereichen, die uns wohlgefällig sind? Man gehe in einen Metzgerladen und höre, wie die Verbraucher – Tierversuchsgegner doch wohl auch darunter – selbst nur wenig fettes Schweinefleisch zurückweisen. »Das moderne Schwein«, schrieb Martin Urban Ende 1978 in der Süddeutschen Zeitung, »ist die Antwort der Wissenschaft auf die Gesundheitswelle. Es hat 30 Prozent weniger Speck als das der fünfziger Jahre. Es ist ein Fleischkoloß, der nicht mehr schmerzfrei auf seinen vier Haxen stehen kann, weil die Skelettentwicklung nicht mitgekommen ist. Infolge eines zu kleinen Herzens ist er kurzatmig und zugleich hochsensibel. Treibt man das Tier auch nur ein bißchen rasch durch den Stall – man hat das zu Zwecken einer Doktorarbeit ausprobiert – oder gar ins Schlachthaus, so gerät sein Hormonsystem völlig durcheinander. 400 000 Schweine sterben bei uns jährlich auf dem Weg zum Schlachthof, und vier bis fünf Millionen Ferkel verenden schon vorher.« Unter Schmerzen, darf man getrost anfügen, und gegenüber geschätzten 150 000 Hunden, Katzen und Affen im Tierversuch – wenn man solche makabren Dinge überhaupt ins Verhältnis zueinander setzen darf.

Sam Shuster, Professor für Dermatologie an einer englischen Universität, gab im Oktober 1977 vor der Londoner Royal Society im Rahmen eines Vortrags über Tierversuche und ihre Darstellung in den Medien die folgende denkbare Beschreibung eines Tierversuchs: »Eines der Tiere wird aus der Gruppe herausgegriffen, die dort zusammengedrängt steht. Man hält es fest, weil es sich sehr wehrt. Seinem Kopf wird ein starker elektrischer Schlag versetzt. Nach dieser Art von Betäubung wird im Hals des Tieres ein Schnitt gemacht und das Blut entweder gesammelt oder vergossen, je nach Bedürfnis. Sobald das Tier aufgehört hat zu zucken, wird ein klaffender Schnitt in die Bauchdecke gelegt ...«

Shuster fuhr fort: »Dies hört sich entsetzlich an und ist die Sorte von Presseveröffentlichung, die einen schlechten Ruf begründet: Die Öffentlichkeit, die es liest, ist entsetzt. Aber ist es auch fair? Was ich Ihnen geschildert habe, ist nicht der Hergang eines Tierversuchs, sondern der Ablauf der Schlachtung eines Schweins zum Zweck der Lebensmittelgewinnung, und zwar in einem besonders guten Schlachthof, den ich besuchte. Die Medien geben dem Gewöhnlichen den Anschein des Ungewöhnlichen und umgekehrt. Man kann nicht anders als der Meinung zu sein, daß Journalisten wie auch Politiker eine Sache nicht so sehr vorantreiben um der Wirkung willen, die diese Sache aus sich heraus haben könnte, sondern um der Wirkung willen, die sich aus ihr erzielen läßt.«

Eine große deutsche Illustrierte (ich will den Namen gar nicht nennen, sie sind sich in diesen Fragen alle gleich), schockierte im Sommer 1978 mit einem großen Photo, auf dem zu sehen war, wie man, in Schweden, einem auf einem Schießstand fixierten Schwein mit einem Gewehr in den Bauch schoß. Der Text sagte, das Tier diene danach Militärärzten als Übungsprojekt für Operationstechniken. Aber nicht daran, an dieser dem Schuß folgenden Operation, entzündete sich der Protest, vielmehr an der grausamen Beschießung des Tieres.

Ich fand das auch grausam, aber wenn ich bedenke, daß überall in den zivilisierten Ländern Männer von hohem gesellschaftlichen Ansehen Tieren von der Schnepfe bis zum Elefanten oft genug auch in die Bäuche schießen, während sie sie zum sportlichen Vergnügen jagen, dann wundert mich die Erregung über dies arme Schwein, ein Tier doch, mit dessen Artgenossen ja, wie wir gesehen haben, auf Schlachthöfen auch nicht eben sanft umgegangen wird. Ich kann diese Erregung nicht teilen, weder was den Militärarzt noch was den Jäger betrifft, die beide ja auch durchaus ein paar hörenswerte Gründe für ihr Tun ins Feld zu führen haben: Verwundetenrettung beziehungsweise Biologie.

Die Illustrierte, von ihren Lesern belobigt ob ihres »Mutes«, solche und ähnliche Forschungspraktiken angeprangert zu haben, schrieb stolz-bescheiden zurück, sie habe das für ihre »journalistische Pflicht« gehalten. Ich weiß das deshalb, weil mir ein paar dieser Illustrierten-Briefe von empörten Fernsehzuschauern, meiner »einseitigen« Filme wegen, als leuchtendes Beispiel journalistischer Pflichterfüllung um die roten Ohren gehauen wurden.

Ein paar Wochen später druckte das Bilderblatt das 135 000-Mark-Inserat einer großen amerikanischen Kosmetikfirma, auf dem eine Dame von der üblichen blasierten Art das intensiv geschminkte Gesicht über den polierten Walnuß-Schaft eines Jagdgewehrs hielt, um so die neue Lidschattenfarbe »Jagdbraun« (oder so ähnlich) zu kreieren, so sagt man wohl.

Die Blue-Eye-Rabbits, Blau-Augen-Kaninchen in den toxikologischen Labors großer amerikanischer Kosmetikfirmen, sind berüchtigt: Tiere, die in Plastikgestellen fixiert die Giftigkeit von blauen Lidschatten-Substanzen zu ergründen hatten. Nun werden es wohl Brown-Eye-Rabbits gewesen sein.

Eine Hamburger Tageszeitung veröffentlichte 1978 das breitformatige Foto einer Frau, von der in einer Schlagzeile gesagt wurde, sie halte den Gedanken an die gemarterten Versuchstiere nicht mehr aus, sie habe eine Initiative gegen Tierversuche gegründet. Das dreispaltige Bildformat faßte lediglich drei ihrer fünf Hunde. »Antivivisektionisten«, sagte jener schon zitierte Professor Sam Shuster, »sind Tierfreunde und halten sich oft Heimtiere, die meistens Hunde und Katzen sind, Fleischfresser also. Indem wir deren Zahl künstlich immer weiter vermehren, müssen wir immer größere Zahlen von Tieren zu ihrer Ernährung töten. Man erinnert sich noch gut an den Skandal, den es gab, als vor ein paar Jahren in Australien ein Känguruh-Massaker für die Heimtiernahrung stattfand.« Ich möchte anfügen: Nicht nur für die Ernährung, auch für die medikamentöse Behandlung dieser oft aus Liebe krankgefütterten viel zu vielen Heimtiere müssen Hunderttausende von Versuchstieren leiden und sterben.

Wie viele Maßstäbe hat unsere Gesellschaft eigentlich für ihre Leiden, ihren Luxus und ihre Ängste? Und für die Anklagen an die Adresse derer, die ihr die Leiden mildern, den Luxus beschaffen und die Ängste besänftigen? Das wohl krasseste Beispiel: Der mit einem geringen Krebsrisiko behaftete Süßstoff Saccharin gerät – nach Tierversuchen – in USA auf den Verbotsindex, während der potente Krebserreger Zigarette nach Tierversuchen nicht nur unbehelligt bleibt, sondern mit Millionenaufwand für die Gesundheitszerstörung werben darf.

Es ist an der Zeit, die Pharmakologen zu entdämonisieren. Im Umgang mit einer Chemie, die zu einem zweiten, äußeren Blutkreislauf des modernen Menschen geworden ist, ohne den er nicht mehr leben kann, können wir es uns nicht leisten, ihnen leichtfertig Instrumente aus der Hand zu schlagen, ohne die sie nicht arbeiten zu können glauben. Dazu gehört der Tierversuch. Solange er maßvoll bleibt und human, die Gesetze beachtet und die Kontrolle der Öffentlichkeit nicht scheut, werden wir mit ihm leben müssen, wenn wir leben wollen, wie wir nun einmal leben: genußsüchtig bis zur Krankhaftigkeit, der Bequemlichkeit hörig und skrupellos im Umgang mit der Natur.

Freilich, auch die Forschung hat Anlaß für ein mea culpa, wenn es denn schon ohne Schuldverteilung in diesem Debakel zwischen ihr und ihren Gegnern nicht abgeht. Es ist ja nicht alles, was ihr vorgeworfen wird, fanatisierten Gehirnen entsprungen. Ihr überstrapaziertes Argument, sie diene nur dem Wohle der Menschheit, klingt tatsächlich so hohl, daß man dahinter getrost noch vieles andere vermuten darf. Den barmherzigen Samariter sollte sie sich abschminken.

Ich muß den Vorwurf nicht selbst formulieren. Jener Sam Shuster, den wir nun schon kennen, ein hochkarätiger Fachmann und ein Insider dazu, besorgte das schon 1977. Ich zitiere ihn: »Wenn Forscher behilflich sein wollen, (ihr Bild und das ihrer Arbeit) der Öffentlichkeit neu zu vermitteln, dann müssen sie, was sie selbst betrifft, erheblich ehrlicher werden. Unsere Selbstdarstellung in der Öffentlichkeit war sehr schlecht. Wir haben Verwirrung gestiftet dadurch, daß wir die Motive der Forscher alles andere als wahrheitsgemäß darstellten. Wir haben die Trivialität in vielen Arbeiten verheimlicht und immer der Sucht der Medien nach ›Durchbrüchen‹ in die Hände gespielt.«

Shuster weiter: »Am Beginn der Untersuchung ethischer Vorbehalte gegen Tierversuche sollte die Frage stehen, welches die Motive des Experimentators sind. Ich glaube, wir waren weniger als ehrlich über unsere wirklichen Motive, sowohl gegenüber uns selbst als auch gegenüber der Öffentlichkeit. Der Wissenschaftler wird getrieben vom Doppelmotiv Neugier und Belohnung, und von diesen beiden ist die Neugier das stärkste. Wir sind neugierig, darum experimentieren wir. Der Wunsch, eine Krankheit zu heilen, ist in Wirklichkeit die Neugier auf den Krankheitsprozeß, oder das sublimierte Motiv ist Belohnung, weil Aussicht auf Ruhm und Vermögen mit der Anwendbarkeit der Forschung wachsen. Nun führt das Motiv Belohnung nicht notwendigerweise zu schlechten Dingen, so wenig wie gute Motive notwendigerweise zu guten Dingen führen. Man braucht da nur an die schlimmen Folgen hochtönender politischer und religiöser Glaubenssätze in allen Jahrhunderten zu denken. Natürlich wollen Wissenschaftler das Wohl der Menschheit, und manchmal arbeiten sie sogar für dieses Wohl. Aber dies Wohl ist nicht das wahre Motiv und kann es auch niemals sein.«

Auf dem Boden eines solchen Argumentierens könnte neue Glaubwürdigkeit wachsen, Verständnis auch, denn schließlich sind Neugier und Aussicht auf Ruhm oder Vermögen die Triebfedern wohl der meisten menschlichen Tätigkeiten. Daran ist a priori nichts Schlechtes, und warum sollten Wissenschaftler – Menschen doch auch nur – besser sein? Moral? Sie war ohnehin durch die Zeiten stets wandelbar. Was allein die heute möglich gewordene Heilung von Geschlechtskrankheiten und die Erfindung der empfängnisverhütenden Pille auf dem Gebiet der Moral verändert haben, muß nicht ausgeführt werden. Es dringt von allen Kanzeln.

Gebricht es der Forschung an Ehrlichkeit in der Darstellung ihrer Motive, so mangelt es ihren Kritikern zu oft an der Seriosität der Anklagen. Mit sinkendem intellektuellem

Niveau einer Publikation sinkt auch die Kritik am eigenen Argument. Man setzt Zahlen in die Welt, die kein Leser überprüfen kann. Man imponiert mit Zitaten, die auf ihrem Weg durch die Druckpressen immer platter, plakativer werden. Namen werden wie Fetische gehandelt, akademische Titel der eigenen Zeugen wie Fanfaren geblasen, die der gegnerischen aber bei dem, der sie zitiert, als »Hörigkeit vor den weißen Kitteln der Professoren« diffamiert. So wird die Verwirrung in der Öffentlichkeit immer größer.

Hin und wieder macht sich dann jemand daran, der Quelle einer besonders abenteuerlichen, häufig publizierten Behauptung nachzugehen. Ich möchte zwei solcher Enthüllungen hier Raum geben.

Erstens: Eine Standardbehauptung der Pharma-Kritiker, die von der Antivivisektionsliteratur freudig aufgegriffen wird, lautet: 30 Prozent aller Krankheiten sind durch Medikamente verursacht. 25 Prozent aller Patienten zeigen schädliche Arzneimittelnebenwirkungen. Daraus wird stets gefolgert: Tierversuche sind also untauglich, zur Sicherheit von Medikamenten beizutragen. Beweise dafür, wenn es sie gibt, werden der Öffentlichkeit nicht vorgelegt. Es sind Glaubenssätze, und sie dringen oft in die Hirne selbst kritischer Leute ein.

1971 sagte der berühmte amerikanische Verbraucheranwalt Ralph Nader vor einer US-Senatskommission aus, »daß nach der konservativsten Schätzung von FDA (die amerikanische Zulassungsbehörde für Medikamente) täglich 100 Amerikaner an Arzneimittelnebenwirkungen sterben«.

Es gibt aber keine FDA-Untersuchung, die eine solche Aussage stützen würde, stellte Walter S. Ross in ›Reader's Digest Press‹ in einer großen Untersuchung fest. Einer von Naders Abteilungschefs, Dr. Sidney Wolfe, sagte dann, die Quelle sei die Rede eines Dr. Donald Rucker. Dr. Rucker, als er befragt wurde, sagte, seine Quelle sei ein Artikel im ›New England Journal of Medicine‹. Aber auch dieser Artikel erhärtete die Aussage Naders nicht. Ross: »Die wirkliche Quelle dieser Aussage zu finden, gleicht dem Versuch, fliegende Untertassen dingfest zu machen.«

1974 war der Leichenberg von 100 täglichen Toten (eine

US-Jahresquote von 36 500) in einem Buch der Pharma-Kritiker Silverman und Lee (Pills, Profits and Politics) schon auf 140 000 Tote angewachsen. Ich verkürze die Groteske hier, die auch in anderen Veröffentlichungen mit diesen Zahlenspielen aufgeführt wurde. Es stellte sich schließlich heraus, daß die horrenden Todeszahlen auf der Basis von 27 Sterbefällen in sechs Krankenstationen hochgerechnet worden waren auf 32 Millionen Patienten in allen US-Krankenhäusern (darunter sechs bis sieben Millionen schwangere oder entbundene Frauen mit ihren Neugeborenen). So wurden aus jedem dieser 27 Toten einer Boston-Studie 5185 Leichen quer durch die Vereinigten Staaten. Dabei stammten diese Toten alle aus Medical Wards, vergleichbar etwa Intensivstationen, deren Insassen mit den Patienten von Allgemeinkrankenhäusern nicht verglichen werden können.

Die Untersuchung von elf Todesfällen in einer Florida-Studie, mit denen ein ähnlicher statistischer Unfug getrieben worden war, ergab, daß zwei unter den Verstorbenen, deren Tod den Nebenwirkungen von Medikamenten angelastet worden war, an Leukämie gelitten hatten, einer an Lymphdrüsenkrebs, zwei an Nephritis, einer lebensgefährlichen Nierenkrankheit, ein weiterer an chronischer Herzinsuffizienz und ein siebter an Urämie, einer von kranken Nieren ausgehenden Blutvergiftung, kompliziert noch durch Bluthochdruck. Mit anderen Worten: Sieben dieser elf Toten waren von lebensgefährlichen Krankheiten befallen und dem Tode nahe gewesen. Es ist aber anerkannte Praktik, auch risikoreiche Nebenwirkungen eines Medikaments in Kauf zu nehmen, wenn es gilt, den Tod abzuwenden.

1974 veröffentlichten die Autoren Karch und Lasagna, beide klinische Pharmakologen (also Angehörige einer Forschungsrichtung, die am Menschen statt am Tier orientiert ist), eine umfangreiche Untersuchung aller verfügbaren Daten von Medikamentennebenwirkungen. Sie kamen zu folgendem Schluß: »Eine Hochrechnung der verfügbaren Daten kann keine gültige Abschätzung des Problems der schädlichen Nebenwirkungen von Medikamenten in den USA erbringen. Ausreichend Daten für gültige Hochrechnungen sind einfach nicht vorhanden.«

Wir wollen um Himmels willen nun nicht auch noch fragen, was Zahlen über Arzneimittelschäden durch Nebenwirkungen wert sind angesichts einer von der Süddeutschen Zeitung im Dezember 1978 veröffentlichten Untersuchung, wonach 35 bis 40 Prozent (bei Depressiven 70 und bei Hochdruckkranken sogar 80 Prozent) aller vom Arzt verschriebenen Medikamente ins Klo wandern ...

Postscriptum: Vorsichtig geworden durch die Kritik von Fernsehzuschauern, die die Kunst beherrschen, einen Film zu bewerten, während sie gleichzeitig über ihn am Telefon schimpfen, füge ich für Diagonalleser an: Es wurde hier nicht behauptet, daß es *keine* schädlichen Nebenwirkungen von Medikamenten gäbe.

Zweitens: In der Oktober-Ausgabe 1975 der Zeitschrift ›Tiere‹ veröffentlichte der von mir sehr geschätzte Robert Jungk einen Leitartikel, der die Überschrift trug: »Millionen Versuchstiere werden unnötig geopfert.« Es handelte sich um die Würdigung eines Buches, das heute zu den Hauptzeugen gegen Tierversuche in der Pharmaforschung zählt: ›Victims of Science‹ (Opfer der Wissenschaft); Verfasser ist der in Oxford tätige klinische Psychologe Richard D. Ryder.

Unter Berufung auf ihn schreibt Jungk: »Laut vertraulichen Nachrichten des mit der Überwachung von Tierversuchen betrauten englischen Ministeriums wird ein erheblicher Teil der angeblich nur für lebenswichtige medizinische Forschungen gestatteten Tierquälereien zur Entwicklung und Erprobung von Schaumbädern, Intimsprays, Deodorants, Zigaretten unternommen.« Seither zählt auch Robert Jungk zu den wissenschaftlich legitimierten Kronzeugen wider jedweden Tierversuch. Er wurde per Vereinsstempel und Postversand vom »Bund gegen den Mißbrauch der Tiere« (vorm. Bund gegen die Vivisektion e. V.) vereinnahmt.

Wie das so geht, eskalierte der Jungk-Text. Im März 1976 schrieb das Hannoveraner Psychiater-Ehepaar Stiller an das ›Göttinger Tageblatt‹ unter anderem: »Die ›unbedingte Notwendigkeit zum Wohle der Menschheit‹ wird von Versuchstierforschern zwar immer behauptet, aber nach Ryder sind mehr als zwei Drittel der vorgenommenen Versuche völlig unnötig und die Ergebnisse des verbleibenden Drittels nicht einmal beweiskräftig.« Auch dieser Text wurde vervielfältigt und ausgestreut.

Ich recherchierte damals schon für meine Filme, und so geriet ich auch an die Arbeit jenes Sam Shuster, Professor für Dermatologie in England, den ich schon bemühte. Shuster hatte auch in England solche und ähnliche Interpretationen immer wieder in der Antivivisektionsliteratur gefunden, und nicht nur dort. Aus seiner Insider-Kenntnis der englischen Pharmaforschung hielt er – bei aller kritischen Einsicht in die Trivialität vieler Experimente – die Mengenangabe »mehr als zwei Drittel« für maßlos übertrieben. Er beschloß, der Sache nachzugehen. Ich glaube, seine Recherchen für glaubhaft halten zu dürfen. Er trug sie immerhin in der Londoner Royal Society vor wissenschaftlichem Publikum vor.

Shuster telefonierte mit dem ›Observer‹, mit der hochangesehenen Medizinzeitschrift ›The Lancet‹ und mit dem ›New Scientist‹. Sie alle hatten diese 1:2-Story über Sinn und Unsinn englischer Tierversuche auch veröffentlicht. Nein, sagten die zuständigen Redakteure (der von ›Lancet‹, wie Shuster anmerkt, immerhin »leicht peinlich berührt«), nein, selber geprüft hätten sie diese Zahlen nicht. Als Quelle nannten sie alle Ryder (oder sich gegenseitig).

Also klingelte Shuster bei Ryder an. Ich lasse ihn das selber erzählen: »Er war äußerst hilfreich und bestätigte, daß seine Quelle für das Zahlenmaterial das Home Office (Innenministerium) sei. Aber er wies mich darauf hin, daß er niemals affirmativ gesagt habe, weniger als ein Drittel der Tierversuche diente medizinischen Zwecken. Was er tatsächlich gesagt habe, sei dies: ›In anderen Worten, weniger als ein Drittel aller lizenzierten Versuche an lebenden Tieren können als medizinisch veranlaßt gesehen werden (can be seen to be medical).‹ Abbildung 3 (immer noch Originalton Ryder) illustriert die ständige, sich über Jahre erstreckende Abnahme von Forschungen, die offensichtlich medizinisch sind.« So stehe es auch auf Seite 32 des Ryderschen Buches, sagt Shuster. Und er zitiert Ryder zur Sache noch einmal richtig, diesmal aus ›Scientific Cruelty for Profit‹ (1974): »Wenn also die meisten Forschungen nicht medizinisch sind, was sind sie dann?« Man erkennt: Ryder stellte mangels ausreichender Informationen bloß eine Frage, eine Suggestivfrage freilich, die seine Epigonen für ihn mehr oder weniger phantasiereich beantworteten. Ryder zu Shuster: Er sei wiederholt falsch zitiert worden.

Und von den »vertraulichen Nachrichten« des Home Office, die Robert Jungk erwähnt, sagt Shuster: »Zu der Zeit, als Ryder seine Zahlen präsentierte, waren detaillierte Zahlen nicht erhältlich, und zwar einfach deshalb nicht, weil das Home Office sie zu der Zeit überhaupt nicht erhob.« Eine summarische Home Office-Übersicht über die Rückmeldungen der lizenzierten Tierexperimentatoren habe lediglich gezeigt, daß weniger als ein Drittel der Versuche klar medizinisch waren; über den Rest habe es nur sehr spärliche Angaben gegeben. Ryder hatte also das dürftige Material korrekt – als Frage – behandelt.

Das Home Office ließ Shuster 1977 dann Einblick nehmen in eine neuere Pilot-Studie, die auf der Basis von 86 000 Experimenten statistisch erstellt worden war. Die Studie basiert auf dem neuen Meldeformular des Home Office. Sie zeigt, daß über 75 Prozent aller Tierexperimente in England in direkter Verbindung mit der medizinischen und pharmakologischen Forschung stehen; etwa 90 Prozent des Restes bestehen aus Grundlagenforschung in enger Beziehung zu medizinischen Problemstellungen (Forschungen an Bakterien, Viren, Gewebe-Transplantationen und -Reparatur). Sehr wenige Experimente betrafen Haut- und Augenirritationen, und der mit Kosmetika befaßte Anteil an den Experimenten war zu klein, um statistisch überhaupt definiert werden zu können. Shuster schätzte ihn in Erwartung detaillierterer Erhebungen von 1978 dennoch auf ein bis zwei Prozent. (Für Nordamerika mit seinem großen Weltmarktanteil an Kosmetika und seinen rigorosen Sicherheitsbestimmungen liegen die Schätzungen des Anteils dieser Branche am Versuchstierverbrauch bei zehn bis 15 Prozent.)

Auf dem 8. Welttierschutzkongreß 1978 in Berlin sagte Ryder, daß etwa 80 Prozent der 5,8 Millionen jährlich in Großbritannien durchgeführten Tierversuche nicht der medizinischen, sondern der chemischen und kosmetischen Testung dienten, »die im Fall der Kosmetika völlig entbehrlich sind«. Im Licht der neuesten, von Shuster zitierten Home Office-Erhebungen läßt dies die Deutung zu, daß Ryder nur ein bis zwei Prozent aller englischen Tierversuche für »völlig entbehrlich« hält. Soviel über die Kunst, mit Zahlen alles und nichts zu beweisen.

Und nun auch noch dies: Nach der Zeitschrift ›New Scientist‹ vom 20. 1. 1977 werden in England von etwa 10 000 Wissenschaftlern jährlich fünf bis sechs Millionen Versuchstiere gebraucht. Es kämen so in der biomedizinischen Forschung auf 13 Engländer eine Maus und auf 3000 ein Hund. Demgegenüber seien verantwortlich: ein Engländer jährlich für den Tod von 8 Hühnern, drei Engländer für das Ende eines Schweins, vier für die Schlachtung eines Schafs und zehn für das Ende eines Rinds.

Postscriptum: Vorsichtig geworden durch eine Fernsehkritik, die die Kunst beherrscht, drei Filme zu verreißen, von denen sie nur einen gesehen hat, sage ich für jene, die einen Textabschnitt nur anlesen: Es wurde nicht versucht, die Tieropfer für die kosmetische Industrie zu verharmlosen.

Ich könnte beliebig lange fortfahren in der faktischen Schärfung von publizistischen Dumdum-Geschossen, die schwere Wunden reißen in die im Interesse der Versuchstiere bitter nötige Solidarität zwischen Wissenschaft und Öffentlichkeit. Ich lasse das. Es lag mir nur daran, auf beiden Seiten den Heiligenschein etwas tiefer zu hängen, mit dem sie sich gern schmücken. Gefragt ist Moderation, nicht Anklage.

In diesem Sinne werte ich einen Brief, den ich für zitierenswert halte, weil er die Absicht meiner Filme am deutlichsten beschreibt. Eine Frau, Barbara Winther aus Wedemark, schrieb mir nach der Sendung: »Ich habe es auch nur mit ziemlich viel Alkohol im Leib ausgehalten. Natürlichste Reaktion: Man möchte kämpfen und etwas ändern, eine Verhaltensweise, die uns westlichen Menschen ohnehin besonders naheliegt und durch zahlreiche Bürgerinitiativen, neue Unterrichtsinhalte usw. auch sehr gefördert wird. Nur braucht man dazu ein Feindbild – und das macht einem der Herr Stern mit diesem Film kaputt! Ich muß gestehen, daß ich auch erbittert war, daß Ihr Film mir die Flucht nach vorn, in den Zorn und in irgendeine Aktion unmöglich machte, daß die Sache also so einfach nicht ist... Es ist sicher eines der am schwersten zu lernenden Dinge, nicht rein emotional und fanatisch für eine Sache zu kämpfen und andererseits nicht zu resignieren und aufzugeben, wenn man den Standpunkt der Gegenseite versteht und respektiert. Hierzu haben Sie mit Ihrem Film einen ganz wesentlichen Beitrag geleistet. Ich hoffe sehr, daß er zu einem Buch wird...«

Hier ist es. Es maßt sich nicht an, das Problem vollständig zu beschreiben. Es bietet Informationen statt Sensationen und keine Patentrezepte. Es ist im Chor der Horrordarsteller eine Stimme, die zur Besonnenheit mahnt: Wer mit der Peitsche nach der Hand schlägt, die ein Versuchstier hält, trifft leicht mit der Hand auch das Tier.

(1979)

»Sehr geehrter Herr Bundeskanzler ...«

Offener Brief an Helmut Schmidt, aus Wut über einen arroganten und in der Sache kläglichen Auftritt Schmidts vor Umwelt- und Naturschützern geschrieben.

Sehr geehrter Herr Bundeskanzler, Sie hielten unlängst in Erlangen vor deutschen Naturschützern eine Rede zur Eröffnung einer Europaratskampagne mit dem umständlichen Titel »Zum Schutze wildwachsender Pflanzen und wildlebender Tiere sowie ihrer natürlichen Lebensräume«. Erlauben Sie mir zu Ihren Ausführungen ein paar kritische Anmerkungen. Ich kleide sie in die Form eines persönlichen, wenngleich offenen Briefes, weil ich deutlich machen will, daß ich nicht als berichtender Journalist, sondern als engagierter Naturschützer zu Ihnen spreche.

Ich höre Ihnen seit vielen Jahren zu, mit Beifall zuweilen, mit Skepsis gelegentlich, wenn das Staatsschauspiel Ihres Auftritts eindrucksvoller ist als Ihre Rede. Und ich verspürte Zorn, ich gebe es zu, als Sie die herabsetzenden, ja ehrverletzenden Namen undementiert ließen, die Sie den Gazetten zufolge hinter den Türen Ihres Kabinetts für uns Natur- und Umweltschützer prägten. Ich schwieg dazu, obwohl es mir an Aufforderungen nicht gefehlt hat, auf einen groben Klotz öffentlich einen groben Keil zu setzen. Ich schwieg, da ich Ihrer Sachkompetenz wenig entgegenzusetzen habe. Denn sich zu Helmut Schmidt äußern heißt, sich zu Wirtschaftsfragen äußern, nicht wahr? Nun aber sprachen Sie zu meinem Thema.

Der Abend in Erlangen begann nicht gut. Sie zogen unter schrillen Pfiffen und lauten Buh-Rufen in den Saal ein. Eine lautstarke Minderheit des Publikums versuchte, das Thema der Veranstaltung umzufunktionieren in einen Protest gegen den amerikanischen Munitionsbunkerbau im Nürnberger Reichswald. Die Mehrheit der Anwesenden, über 1000 Menschen, fand das nicht gut, wenngleich sie in der Sache ganz überwiegend mit den jungen Schreihälsen einig ging.

Souveränität wäre vonnöten gewesen, die Situation im Saal zu entschärfen, das spontane Versprechen etwa, mit den Demonstranten nach Schluß der doch den Pflanzen und Tieren geltenden Veranstaltung zu diskutieren; ein kenntnisreiches (Referenten-)Wort auch zum Nürnberger Reichswald, einer der kultur- und forstgeschichtlich bedeutsamsten und gleichzeitig von uns Heutigen am meisten geschundenen stadtnahen Waldungen Deutschlands.

Statt dessen schlugen Sie mit der Keule Ihres Staatsamtes zu, erklärten die jungen Leute für Kommunisten oder doch von Kommunisten Gelenkte und unterstellten ihnen die Absicht, unter grüner Flagge die Verteidigung der Bundesrepublik unterlaufen zu wollen. Und dann die Dicke Bonner Berta auf 50 oben auf der Galerie zeternde langhaarige Spatzen: »Wenn Sie glauben, daß der deutsche Bundeskanzler vor Ihnen in die Knie geht, haben Sie sich getäuscht!«

Willy Brandt fiel mir ein: »Haben Sie's nicht ein bißchen kleiner?« Das muß wohl anderen Zuhörern später auch eingefallen sein, als immer wieder Staatspathos oder Ironie auf die nicht Ruhe gebenden Krakeeler wattstark niederfuhr (»Liebe junge Freunde, Ihr seid einstweilen noch Bafög-Empfänger, keine Lohnverdiener!«): Ich sah lange vor Schluß Zuhörer, junge, stille, nachdenkliche, aufstehen und den Saal verlassen.

Aber lassen wir das. Meine Betroffenheit rührt von woanders her, nicht von diesem Polit-Spektakel. Ich hatte gewiß keine Assisi-Rede erwartet, keine Wandlung Helmut Schmidts vom Saulus zum Paulus. Für solche Anbiederung in Vorwahlkampfzeiten sind Sie zu klug und auch zu ehrlich. Erschreckt hat mich, und nicht nur mich, die große Gedankenferne, in der Sie zum Thema Naturschutz zu leben scheinen. Ich fürchte gar, es ist weder Ihnen noch Ihren Redeschreibern aufgegangen, daß Sie das Thema des Abends weithin verfehlten: die kreatürliche Not der von uns hart bedrängten, immer seltener werdenden Pflanzen und Tiere – nicht der technische, primär auf Menschenwohl gerichtete Umweltschutz, die Energiepolitik und die Notwendigkeit wirtschaftlichen Wachstums.

Als Hubert Weinzierl, Präsidiumsmitglied des einladenden Deutschen Naturschutzrings, nach Ihnen den Hunger des Publikums auf Konkretes, Themengerechtes stillte, einen Hunger, den Sie ungestillt gelassen hatten; als er, Bittsteller und Anwalt zugleich, zerbrechliche Tier- und Pflanzennamen in den Mund nahm, da klang in der von Ihnen geschaffenen Atmosphäre aus Staatspathos und positiver Umweltschutzbilanzierung ein Wort wie »Blaukehlchen« oder »Brachvogel« fast obszön gefühlig, beinahe wie ein Anlaß zur Scham für uns, denen die Träger solcher Namen doch Lebensinhalt sind.

Indem Weinzierl sie nannte, beschwor er den alten gegen uns gerichteten Vorwurf der Emotionalität herauf, und ich bin fast sicher, daß Sie ihn in diesem Moment für sich artikulierten, bestärkt darin vom Gefühl der Vergeblichkeit dieses Abends, das Sie mit vielen von uns wohl geteilt haben: Die kalte Wut über die vielen despektierlichen Störungen stand Ihnen zu deutlich im Gesicht.

Dabei hatten Sie es doch an gutem Willen nicht fehlen lassen. Sie bekannten sich zu der – freilich schon modisch gewordenen – These, daß eine zerstörte Natur auch eine zerstörte menschliche Lebensbasis sei. Sie hatten sogar gesagt, es müsse »Bewegung« in die Sache Natur kommen, man müsse sie nach vorn boxen. Sie hatten sich als ein Freund des Wattenmeers und als ein Gegner eines überzogenen Straßenbaus empfohlen. Aber wie Sie die Natur verstärkt schützen, das Wattenmeer vor neuen zerstörerischen Eindeichungen bewahren, den Straßenbau auch schon heute, nicht erst in den neunziger Jahren zurückdämmen wollen, das sagten Sie nicht. Und deshalb sagten Sie im Grunde nichts anderes als das, was Naturschützer seit Jahr und Tag von Politikern zu hören bekommen: »Naturschutz ja, aber...«

Wie jeder Hinterbänkler des Parlaments in seinem Wahlbezirk nahmen Sie mit zwei Sätzen fast immer zurück, was Sie zuvor mit einem versprochen hatten: Zwar hätten Sie ein »außerordentliches Interesse an den Vögeln da oben«, und das nicht erst seit fünf Jahren, »aber das Wattenmeer kann nicht Vorrang vor den Menschen haben«.

Damit meinten Sie den Deichschutz vor Sturmfluten. Einverstanden. Ob Sie zu diesem Vorrang aber auch die alten Pläne rechnen, Atomkraftwerke im Wattenmeer zu bauen, sagten Sie nicht, und auch nicht, ob Sie es für richtig halten, daß Eindeichungen auch geschehen, um einer Lebensmittelberge produzierenden Landwirtschaft neue Produktionsflächen auf Kosten wildlebender Tiere zu schaffen.

Ihre Sorge dann, es könnte die Dezimierung der Wattvögel auch den afrikanischen Kontinent in seiner Tierwelt schädigen, verriet mehr den in globalen Zusammenhängen denkenden Wirtschaftler als den engagierten Ornithologen: Die Gefahr des Aussterbens dieser Vögel liegt in der Zerstörung ihrer nördlichen Brut- und Rasträume. Bleiben sie dann auch in Afrika weg, sind eigentlich mehr die Touristen geschädigt.

Weniger Autobahnkilometer, so klang es, scheinen Ihren Beifall zu finden. Aber dann schoben Sie grünen Hoffnungen sogleich einen Riegel vor: Man wisse noch viel zuwenig über die Auswirkungen des Straßenbaus im Naturhaushalt. Forschung tue erst mal not, denn die Straßenbauer wüßten oft nicht, was sie tun. Sie wissen es, mit uns allen, nur schon zu genau: Lärm und Abgase zumindest sind längst quantifiziert. Drei Tage nach Ihrer Rede schrieb die Süddeutsche Zeitung: »Die Verkehrspolitiker der SPD beharren auf gesetzlichen Lärmgrenzwerten, die allen Erkenntnissen der Medizin hohnsprechen ... Heute leiden nach Umfragen etwa zehn Millionen Menschen in der Bundesrepublik unter verkehrsbedingten Schlafstörungen, darunter vor allem wohl die sozial Schwachen, die Opfer des Autos sind, aber meist nicht einmal auch dessen Nutznießer ... Dann darf man sich über das Erstarken der Grünen nicht wundern.«

Nun gut, es ging an jenem Abend in Erlangen um Tiere, nicht um Menschen, da konnte man sie, die man sonst stets gegen die Interessen der Natur ins Feld führt, wohl auch einmal unerwähnt lassen. Wenn dann doch wenigstens die Tierart, die Sie wohlmeinend als Opfer des Straßenbaus bedachten, gestimmt hätte: »Storchenpopulationen« – was immer das ist. Just Störche aber leiden unter Straßenbau, so er nicht gerade Feuchtgebiete zerstört, nicht. Sie leiden unter der Trockenlegung von Mooren als ihrer Nahrungsbasis, wie das noch immer unter den Augen Ihres Naturschutzministers Josef Ertl zum Wohle einer überproduzierenden Landwirtschaft geschieht, und sie leiden unter der Verdrahtung ihrer Flugräume mit immer neuen, mächtigeren Stromtrassen, deren Notwendigkeit zu beschwören Sie landauf landab nicht müde werden.

Und dann, wenn nichts mehr geht, das uralte Versammlungsklischee gegen Straßenbaugegner: »Sie sind«, so beschieden Sie Zwischenrufer, »ja wohl nicht zu Fuß hierher gekommen!« Es geschah auch an dieser Stelle, daß einige junge Leute, kurzhaarige sogar und bürgerlich adrette, aufstanden und schweigend gingen. Wahrlich, so macht man Grüne! Und nichts hat Ihre Partei nötiger als Sie wählende Grüne.

Deutschlands Gewässer, sagten Sie dem Sinn nach, seien auch nicht mehr das, was sie einmal waren: Kloaken. Ein paar Tage vor Erlangen hatten Sie der Münchner Abendzeitung den Bach, der hinter Ihrem Ferienhaus am Brahmsee fließt, als Beweis genannt: Er sei heute ohne den Schaum der »Detergentien« von früher. Und dem kenntnisreichen Naturschutzpublikum in Erlangen boten Sie zum weiteren Beweis der Tüchtigkeit Ihrer Umweltschutzpolitik die »Abwasser-Ringleitung um den Bodensee« an. Nicht nur Bernhard Grzimek, der neben mir saß, schüttelte verzweifelt sein weißes Haupt: Es gibt sie nicht, gab sie nicht und wird sie nicht geben, diese Abwasser-Ringleitung um den Bodensee.

Vielleicht darf ein Hamburger Bundeskanzler einen der kleinen bayerischen Gebirgsseen mit dem Schwäbischen Meer verwechseln; es ist der Gewässerschutz ja auch Ländersache. Aber es dürfte sich der Bundeskanzler eigentlich vor so sachkundigem Publikum nicht öffentlich fragen, ob er wohl im Bundestag eine Mehrheit für die Forderung des Deutschen Naturschutzringes bekommen werde, die vom Aussterben bedrohten exotischen Wildkatzen nicht länger durch mangelnde Kontrollen des Fellimports zu gefährden. Die Bundesrepublik (Professor Dr. Wolfgang Engelhardt, Hausherr in Erlangen und Präsident des Deutschen Naturschutzringes: »Ein Dorado für Snobs, die für einen Mantel aus den Fellen aussterbender Tiere mehr Scheine auf den Ladentisch blättern, als sie ein Familienvater mit Durchschnittseinkommen für zwei bis drei Jahre zur Verfügung hat.«) – diese Bundesrepublik, sehr geehrter Herr Bundeskanzler, hat das Washingtoner Internationale Übereinkommen zur Beschränkung des Handels mit gefährdeten Arten, deren »Produkten und Teilen« längst ratifiziert, das Abkommen wurde 1976 bei uns zum Gesetz. »Ein Leben lang habe ich für diese Dinge gekämpft«, raunte Grzimek mir zu. »Verstehen Sie nun, warum es mir vor Politikern graust?«

Ich sage es noch einmal: Vielleicht sind solche Flüchtigkeiten für sich genommen nicht tragisch; aus dem Munde eines Mannes aber, dem, glaubt man den Medien, an seinem Kabinettstisch nichts so zuwider ist wie fachliche Inkompetenz, der mit nichts weniger Geduld hat als mit unsicheren Kantonisten, die ihre Hausaufgaben nicht machten, aus solchem Munde, aus Ihrem Munde, Herr Bundeskanzler, nehmen solche Flüchtigkeiten vor solchem Publikum leicht die Dimension einer Verwechslung von Soll und Haben an – um ein Bild aus Ihrem Fachbereich zu bemühen.

Man meinte in Erlangen, einen Anspruch zu haben auf, wenn schon nicht Ihre uneingeschränkte Unterstützung der Sache der Natur, so doch auf Ihre volle persönliche Konzentration. Es war in Erlangen seit zehn Jahren schließlich das erste Mal, daß ein Bundeskanzler den Naturschützern die Ehre gab. Um Willy Brandt noch einmal zu bemühen, möchte ich Sie, ihn variierend, respektvoll fragen: »Hätten wir es nicht ein bißchen größer haben können?«

Mußte das sein: eine Rede vom Blatt aus werweißwievielter Referentenhand und kein Gedanke, der wirklich des Nach-Denkens wert gewesen wäre? Und in der ganzen Rede kein kritisches Wort an die Adresse der Industrie. Und die Gesetze, die ihre Schadwirkungen auf den Naturhaushalt begrenzen sollen, nur beim Namen genannt, als sei das Ausweis genug für ihren Erfolg. Keine Wertung ihrer kleinen Meriten und großen Mängel.

Die Landwirtschaft dagegen bekam nach ein paar obligaten Streicheleinheiten (»Garant der Kulturlandschaft«) einige Ermahnungen zu hören, wegen ihrer industrialisierten Kunstdünger- und Pestizidwirtschaft. Aber das ist politisch ziemlich gefahrlos, denn selbst wenn »Bruder Josef«, wie Sie Ihren Landwirtschaftsminister Ertl gelegentlich nennen, seinen Bauern die Schweinetröge vergolden sollte, werden sie weder ihn noch Sie jemals wählen.

Und warum schweigen Sie zu den Fakten, die der Deutsche Naturschutzring Ihnen rechtzeitig zur Kommentierung zugeleitet hatte? Hubert Weinzierl trug sie für dieses Jahrzehnt nach:

Wir haben (mit tatkräftiger deutscher Hilfe) ein Viertel der Urwälder zu Tode gebracht, ohne über die globalen Auswirkungen dieses Raubbaus Bescheid zu wissen.

Wir haben ein Drittel der lebendigen Tier- und Pflanzenfülle auf die Sterbeliste gedrängt.

Wir haben in der Bundesrepublik mit 140 000 Kilometern neuer Straßen ihre Lebensräume zerstückelt.

Wir haben fast 400 000 Hektar unvermehrbaren Grund überbaut, 100 000 Hektar Feuchtgebiete zerstört und 20 000 Kilometer Fließgewässer zu lebensfeindlichen Rinnsalen gemacht.

Und so gut wie ohne Kommentar von Ihnen blieb auch das meiste aus dem an diesem Abend von Professor Engelhardt im Namen der Europaratskampagne vorgetragenen Sechs-Punkte-Programm:

1. Die Alpen müssen vor jeder weiteren Übererschließung bewahrt werden. »2000 Kilometer schwer befestigter, überbreiter Wirtschaftsstraßen bis in die Matten- und Latschenregion und sogar in Naturschutzgebieten sind wirtschaftlich fragwürdig, ökologisch verderblich, politisch ärgerlich.«

2. Die andere große naturnahe deutsche Großlandschaft, das Wattenmeer an der Nordseeküste, ist durch vielerlei Nutzungsansprüche ernstlich bedroht. Seine Erhebung zum Nationalpark wurde torpediert.

3. Der deutsche Naturschutz findet es »schlechthin irrsinnig«, wenn einerseits dem Steuerzahler Milliardensummen zur Wegsubventionierung immer neuer landwirtschaftlicher Überproduktionen aufgebürdet werden, andererseits aber letzte, unersetzliche Reste naturnaher Biotope zusätzlich unter den Pflug genommen werden und man gleichzeitig zu einer Großaktion zum Arten- und Biotopschutz aufruft.

4. Unser Straßennetz ist, abgesehen von einigen wenigen Neubaustrecken, Ortsumgehungen und der Beseitigung von Gefahrenstellen, »wahrlich eng genug geknüpft«.

5. Gefordert wird die strenge Überwachung eines Importverbots für gefährdete Pflanzen- und Tierarten.

6. Da der Kauf der beste Schutz von Biotopen ist, wird die

öffentliche Hand zur Einrichtung von Umweltfonds bei Bund und Ländern aufgerufen. (In den Zeitungen las man unlängst, Bonn habe fünf Millionen Mark für den Landschaftsschutz bereitgestellt. Wie viele Kilometer Autobahn, Herr Bundeskanzler, kann man dafür bauen – zwei oder drei?)

Ihr Manuskript gab zu diesen Fakten und Forderungen offensichtlich nichts her, und frei mochten Sie dazu – jedenfalls konkret – nicht reden, obwohl diese Dinge das eigentliche Thema des Abends waren. Sie warnten uns lieber staatsmännisch vor einer Politik des »Alles oder Nichts« und riefen auch in den Saal: »Wer nicht den Willen zum Kompromiß hat, taugt nicht zur Demokratie!«

Da gingen wieder ein paar Leute aus dem Saal. Gibt es wohl, mögen sie gedacht haben, eine andere gesellschaftliche Gruppierung, auf deren Rücken mehr Kompromisse zustande kamen, als die der Naturschützer?

Ratlosigkeit, Bitterkeit danach, als Sie längst wieder im Schoße Ihres Trosses gen Hamburg enteilt waren. »Was hat er nun eigentlich gesagt?« hörte ich draußen im Foyer der Stadthalle einen jungen Mann einen anderen fragen. »Naturschutz fängt mit dem Sauberhalten der Natur an«, sagte der andere, »und wir sollen schon unsere Kinder lehren, kein Papier wegzuwerfen.«

Es war, so und so, eine kalte Nacht in Erlangen. Ich kratzte Eis von den Scheiben meines Autos, denn natürlich war auch ich nicht zu Fuß gekommen...

Ich grüße Sie freundlich, Herr Bundeskanzler.
Ihr Horst Stern.

(1979)

Zwischen Bomben und Busen

Das Vorwort des Herausgebers in der Nullnummer einer neuen Zeitschrift: ›natur – Horst Sterns Umweltmagazin‹.

Eine neue Zeitschrift also, eine mit einem nicht mehr ganz so neuen Thema, das zugleich ihr Name ist: ›natur‹. Da liegt der Verdacht nahe, es handle sich um Kassandra in neuen Kleidern.

Aber Kassandra, so sieht es heute jedenfalls aus, büßte ihre Schockwirkung ein. Nicht nur das – sie bekam einen entspannten Zug ins sorgenvolle Gesicht: In einer Welt, deren Nuklearpotential in der Größenordnung von einer Million Hiroshima-Bomben sich jeden Tag mit der Zerstörungskraft von drei Tonnen herkömmlichem Sprengstoff pro Kopf der Erdbevölkerung an irgendeinem neuen Iran oder Afghanistan entzünden kann, in einer solchen hochexplosiven Welt hat der lautlos schleichende Umwelttod durch Thallium, Quecksilber und Blei, durch chlorierte Kohlenwasserstoffe, Stickoxide und Kalisalze fast schon wieder etwas Natürliches an sich.

Nach Afghanistan las man denn auch, der Umweltschutz habe seine »Sternstunden« hinter sich (Süddeutsche Zeitung); die Debatten um ihn muteten viele Menschen wie eine »Luxusdiskussion« an (die Demoskopin Noelle-Neumann, Allensbach); die »Grünen« seien »über Nacht Opfer eines Themenwechsels« geworden.

Das läßt darauf schließen, daß Kassandrarufe aus dem grünen Jammertal das Gehirn der Menschen nicht nachhaltig erreichen, vielmehr in ihnen nur eine oberflächliche Angst erzeugen, die in Gleichgültigkeit umschlägt, sobald eine andere, als persönliche Bedrohung empfundene Angst über sie kommt: die vor einem atomaren Weltkrieg.

Dabei ist eine solche Endzeitkatastrophe mehr als unwahrscheinlich. Der Druck auf den sie auslösenden roten Knopf setzt schließlich in Washington oder in Moskau auch die eigene Hinrichtung in Gang.

Nicht nur wahrscheinliche Zukunft indessen, sondern beweisbare Gegenwart ist der galoppierende Tod im pflanzlichen und tierischen Artenspektrum der Erde, der, wenn menschliche Einsicht ihn nicht stoppt, die biologische Evolution gefährlich vieler miteinander vernetzter Lebewesen gewaltsam aus ihren natürlichen Gleisen werfen kann. Weltweit schreitet die Zerstörung letzter großer, noch intakter Ökosysteme – tropische Regenwälder und Ozeane – voran. Sie sind, neben allem, was sie sonst noch wohltätig für uns sind, die ungeheuer artenreichen Gen-Kammern der Erde, aus denen die Evolution, die Langzeitentwicklung des Lebens, sich speist.

Nur: Das alles scheint uns nicht zu betreffen, wird nicht als persönliche Bedrohung empfunden und darum verdrängt: Umweltschutz, die schicke Sorge reicher Demokratien in guten Zeiten! Das Mängelwesen Mensch, dieser nackte Affe, hat sich mit Hilfe seines luxurierenden Gehirns über die Natur erhoben, sich zum anpassungsfähigsten Lebewesen auf Erden entwickelt. Was er auszurotten droht, glaubt er in botanischen Gen-Banken und in Zoos als Erbgut bewahren zu können. Auf jeden Umweltschelm setzt er anderthalb »Entsorgungs«-Technokraten. Mit Geld und Genius, so geht der Allerweltstrost der Beschwichtiger, werden wir es schon schaffen, die Erde bewohnbar zu halten – jedenfalls für uns.

Kassandra ist *out*, abgedrängt in den Druckmedien auf die Seite »Vermischtes«, plaziert zwischen einer illustren Fürstenhochzeit und einem kuriosen Hundeschicksal. An solchen banalen Stellen wurde beiläufig berichtet, daß 70 Prozent unserer Waldbäume von einem schleichenden Gifttod bedroht sind, weil die gesetzlich zulässigen Schwefelausscheidungen der Industrie, die an strapazierfähiger menschlicher Gesundheit orientiert sind, die Gifttoleranz der Nadelbäume um den vierfachen Schwellenwert übersteigen. Kaum eine Fichte oder Tanne mehr, die nicht, selbst im hintersten, finstersten Bayerischen Wald, leichte chronische Giftschäden aufweise. Launige Überschrift des Redakteurs: »O Tannenbaum, wie braun sind deine Blätter ...«

Unter dem »Vermischten« findet sich auch die wöchentlich obligate Tankerhavarie auf den Weltmeeren, und weit schneller als das wochenlang aus einer defekten Bohrstelle in den Golf von Mexiko auslaufende Öl versiegten in der Presse die Nachrichten darüber. Diese Übersättigung des Lesepublikums mit düsteren Umweltnachrichten hat zu bedenken, wer heute eine neue Naturzeitschrift auf den Medienmarkt bringen will. Zwischen Bomben und Busen macht das flachbrüstige Fräulein Kassandra Umwelt nicht eben viel her.

Was also dann – hochglanzfeine Wissenschaftlichkeit und Show-Photographie? Wertneutrale wissenschaftliche Beschreibung der vielen zum Kraterrand führenden Trippelschritte unseres Tanzes auf dem Vulkan? Wohl nicht. Eine Wissenschaft von der Natur, die sich darauf beschränkt, die Zerstörung der Gegenstände ihrer Forschung akademisch zu beschreiben, deren kämpferischen Schutz aber, politisch abstinent, auf die Gesellschaft abwälzt, endet als besserwisserischer Konkursbuchhalter der Natur. Und ein Journalismus, der Hochglanzeffekte mit Wirkungen verwechselt, ästhetisiert bloß die Umweltmisere.

Wissenschaft also ja, journalistische Brillanz bei ihrer Darstellung ja. Vor allem aber: Wie macht man die Erkenntnisse der Wissenschaft gesellschaftspolitisch wirksam? Das wird ein ständiges Bemühen in ›natur‹ sein.

Überhaupt Politik. Wir werden Politiker nicht a priori für dumm oder korrupt oder – beifallsträchtiger noch – gleich für beides halten, sondern für lernbedürftig und auch lernwillig in den sie überfordernden Fragen des Haushalts der Natur. Es führt kein Weg an der Einsicht vorbei, daß nur die politische Befriedung und die materielle Befriedigung der menschlichen Gesellschaften, besonders der unterentwickelten, der Natur nachhaltige, weltweite Schonung verschaffen werden.

Politik ist heute überwiegend Wirtschaftspolitik. Wir werden darum das massenweise Vorkommen der Spezies Ökonom nicht als Unkraut auf unserer ökologischen Spielwiese diffamieren, sondern als Chance begreifen, mit ihren Vertretern über den ihnen vertrauten Weg einer Nutzen-Kosten-Analyse auch im Bereich des Natur- und Landschaftsverbrauchs in ein vernünftiges Gespräch zu kommen. Denn in einer Zeit, in der man vorzugsweise von Geld redet, wird man nicht länger umhinkönnen, auch die Sozialfunktionen der Natur, ihre Wohltaten für die seelische und körperliche Gesundheit der Menschen, materiell zu bewerten.

Wir werden – in einer Industriegesellschaft – Industrielle nicht von vornherein als Umweltkriminelle sehen, sondern versuchen, die Monostruktur ihres Wachstumsdenkens mit Hilfe von fundamentalen Naturgesetzen zu differenzieren, mit Gesetzen, die in national-ökonomisches Gedankengut erstaunlicherweise bis heute keinen Eingang fanden. Aber kann man in einer Zeit schwindender Erdschätze wirklich ökonomisch (und das heißt ja haushälterisch) wirtschaften, ohne Kenntnis von den Naturgesetzlichkeiten zu haben, denen die Materie und ihre Umwandlung in Güter, Energien und Abfälle unterliegt? Und kann man angesichts der Entsorgungseuphorie vieler Wirtschaftspolitiker übersehen, daß auf dem Wachstumssektor Technischer Umweltschutz ökologische Probleme vielfach nur verlagert werden, aber nicht gelöst?

Wir wollen jedoch nicht nur im materiellen Bereich unseres Themas Natur bleiben. Darum werden wir die Kirchen nicht als hoffnungslos gestrig aus unserer Zeit und ihren geistigen Krisen entlassen. Durch die Feder nonkonformistischer Theologen wollen wir sie nach der Denkbarkeit einer neuen Ethik fragen, die den Begriff der Nächstenliebe endlich auch auf subhumanes Leben ausdehnt, und den Streukegel eines theologischen Scheinwerfers verbreitert, der wie zu Thomas von Aquins Zeiten noch immer allein auf den Menschen und sein Heil gerichtet ist.

Wir werden, andererseits, nicht übersehen, daß die im Grundsatz nicht bezweifelbare Darwinsche Evolutionstheorie von der Entstehung der Arten, also auch von Homo sapiens, viele Fragen offenläßt, an denen sich philosophisches, auch religiös getöntes Denken entzünden kann. Wir werden darum Platz haben für Skeptiker, denen die Formel der modernen Molekularbiologen von der Entstehung des Lebens – »Zufall und Notwendigkeit« – nicht genügt zur Erklärung – ein primitives Beispiel nur – der unbegreiflich vielen kleinen Mutationsschritte, die nötig waren, um einen Silur-Skorpion zur heutigen Webspinne *Dinopis* werden zu lassen – zu einem sich nur im Elektronenmikroskop erschließenden Funktionsmulti, der virtuos mit dem selbstgefertigten Schlagnetz zwischen den vorderen Extremitäten fliegende Beuteinsekten fängt.

Es darf gedacht werden in ›natur‹.

Nicht nur die Hybris, auch die Hoffnung liegt ja in unserem Denkvermögen begründet. Ich bin sicher: Es wird sich in unserem parasitären Umgang mit der Natur nur dann etwas zum Besseren ändern, hin zu ihrer Schonung durch die Erkenntnis unserer Mitgeschöpflichkeit, wenn der rational gefaßte, argumentativ bewiesene Gedanke politisch mehrheitsfähig wird, daß wir Menschen im Kreis der pflanzlichen und tierischen Gestalten nicht grundsätzlich anders, sondern nur grundsätzlich andersartig sind: daß unser Verwandtschaftsgefälle hinunter zu einer Kolibakterie beweisbar kürzer ist als das hinauf zu einem Gott, für dessen Ebenbild wir uns halten. Wir sind als Art biologisch unentrinnbar ein Teil der Natur – lebend an ihr Leben, leidend an ihr Leiden, sterbend an ihr Sterben gebunden.

(1980)

Die alternative Regierungserklärung – Umweltpolitik

Zeitgleich zur Regierungserklärung der christlich-liberalen Koalition nach der die Wende bestätigenden Bundestagswahl im Frühjahr 1983 veröffentlichten die Autoren von ›natur‹ eine umfassende »Alternative Regierungserklärung«, die sie »Die wahre Wende« nennen. Ginge es nach ›natur‹, dann bekommt der Naturschutz höchsten Rang in der Regierungspolitik und das Ministerium für Umwelt- und Naturschutz den gleichen Stellenwert wie das Finanzministerium.

I

Unter den bisherigen Bundesregierungen war die Erhaltung der natürlichen Lebensgrundlagen nur eines von vielen politischen Zielen. Umweltpolitik stand unter der Fuchtel einer herkömmlichen Wirtschaftspolitik bloßer Wachstumssicherung. Umweltpolitik unterlag somit Konjunkturzyklen, mächtigen Verbandseinflüssen und der Überbetonung kurzfristiger Handlungszwänge zu Lasten der langfristigen Notwendigkeiten.

Im vergangenen Jahrzehnt wurde eine Reihe von Umweltgesetzen erlassen. Diese Gesetze beschränkten sich jedoch auf punktuelle Ansätze, sie blieben vielfach ohne die erwünschte Wirkung, weil klare Begleitvorschriften fehlten, die Kontrollen mangelhaft waren und die Sanktionen gegen Verstöße wirkungslos ausgestaltet wurden. Das vielfach verkündete »Vorsorgeprinzip«, Umweltschäden vorzubeugen, blieb eine leere Floskel. Nicht einmal das »Verursacherprinzip«, die Kosten der Umweltschädigung dem Verursacher anzurechnen, konnte durchgesetzt werden.

Seit Bestehen der Bundesrepublik Deutschland hat sich der Zustand ihrer Umwelt daher insgesamt laufend verschlechtert. Die Fortsetzung der bisherigen Politik würde unweigerlich dazu führen, daß unsere natürlichen Lebensgrundlagen in einem Ausmaß geschädigt werden, das eine Reparatur unmöglich, zumindest unerschwinglich macht.

II

Diese Bundesregierung ist in der Pflicht aller, auch der kommenden Generationen. Die erschöpflichen Ressourcen müssen daher geschont und gerecht verteilt werden.

Umweltpolitik ist für uns Wesensgehalt aller Bereiche der Politik. Rücksichtnahme auf einzelwirtschaftliche Belange gehört genausowenig zu unseren Prinzipien wie die Resignation vor internationaler Handlungsunfähigkeit. Allerdings werden wir durch angemessene Übergangsfristen und durch gezielte Hilfen dafür sorgen, daß der Wandel von der schonungslosen Ausbeutung der Natur zur schonenden Nutzung der Natur möglichst reibungslos verläuft. Unsere Umweltpolitik führt nicht zu Massenarbeitslosigkeit. Sie schafft für die Wirtschaft ein neues Fundament.

Trotz der ökologischen Durchdringung unserer gesamten Politik wollen wir erstmals in der Geschichte unseres Landes ein Ministerium für Umwelt- und Naturschutz einrichten. Mit diesem Ministerium wird endlich die Kontrolle unserer Umwelt unter einem Dach vereint sein. Eine Aufgabe dieses Ressorts wird sein, zeitnahe Gesamtübersichten über den Zustand unserer Umwelt zu bekommen und die Bundesregierung laufend mit Trendanalysen und Handlungsvorschlägen zu versorgen. Vor allem wird der Umweltminister darüber wachen, daß andere Ressorts die ökologischen Prinzipien der Politikgestaltung nicht vergessen. Sein Gewicht im Kabinett wird dem des Finanzministers entsprechen. Seine Handlungsfähigkeit ist garantiert durch das Grundanliegen eines Friedens mit der Natur.

III

In Gesetzen und Rechtsverordnungen wird diese Bundesregierung einen umfassenden Katalog verbindlicher Umweltstandards (Belastungsgrenzen) vorlegen, die als Mindestwerte für die gesamte Bundesrepublik eine Schädigung von Gesundheit und Umwelt zuverlässig ausschließen. Dieser Katalog wird alle sechs Jahre an die neuesten Erkenntnisse angepaßt.

Diese Grenzwerte können und sollen in einzelnen Regionen unterschritten werden. Die Festlegung schärferer Grenzwerte soll der Regelungskompetenz örtlicher zuständiger Organe überlassen bleiben, wenn die Mitbestimmung aller Betroffenen gewährleistet ist. Damit verwirklichen wir unseren Grundsatz, der Zentralgewalt nur die Festlegung der unbedingt erforderlichen Rahmenbedingungen zuzuweisen, die jeweilige Ausfüllung dieses Rahmens jedoch der örtlichen demokratischen Initiative zu überantworten. Nivellierung der Umweltqualität ist nicht unser Ziel.

Verbote und Beschränkungen werden wir überall dort durchsetzen, wo die Gefahr irreversibler Schädigungen von Gesundheit und Natur droht oder übermäßiger Verbrauch erschöpflicher Rohstoffe und Landschaften zu befürchten ist. Dies bezieht sich insbesondere auf das Chemikalienrecht, das Lebens- und Arzneimittelrecht, den Strahlenschutz, die Raum- und Verkehrswegplanung, den Naturschutz sowie auf abfallträchtige Produkte wie Verpackungsmaterial und andere kurzlebige Güter.

Als Sofortmaßnahme auf dem Gebiet der Luftreinhaltung wird eine Rechtsverordnung zur mengenmäßigen Begrenzung umweltschädigender Emissionen nach dem Stand der Technik erlassen. Die Bestimmungen im Bundesimmissionsschutzgesetz zur Sanierung von Altanlagen werden kompromißlos verschärft.

Weitere Anpassungen des Umweltrechts an unsere neuen Zielsetzungen werden hier nur schwerpunkthaft aufgeführt:

- Erlaß eines umfassenden Gesetzes zum Schutze des Bodens;
- Einführung einer zeitlich begrenzten Zulassung für alle Chemikalien;
- Einführung einer Rezeptpflicht für alle Tierarznei- und Pflanzenschutzmittel sowie eines Sachkundenachweises für die Anwender dieser Mittel;
- Rechtsverordnungen zum Atomgesetz, die die Erlaubnis zur Erzeugung radioaktiver Stoffe an den Nachweis einer sicheren Entsorgung für die Dauer ihrer Gefährlichkeit knüpfen. Den Betreibern werden ferner Rücklagen für die Entsorgung und die Beseitigung von Atomanlagen vorge-

schrieben. Der Staat beteiligt sich nicht mehr an der Risikohaftung für Atomanlagen;
- Rechtsvorschrift zur Minderung des Verkehrslärms an der Quelle;
- Neuregelung des Abfallrechts mit dem Ziel, die Wiederverwendung von Rohstoffen zu beschleunigen.

Vor allem aber wird die Bundesregierung die Vorschriften über die Umweltkriminalität verschärfen, die auch den Entzug der Betriebs- und Gewerbeerlaubnis für Umweltkriminelle vorsehen. Verstöße gegen Umweltgesetze werden nicht länger Kavaliersdelikte sein.

IV

Auf sämtliche umweltschädigenden Emissionen werden künftig Abgaben erhoben, die nach Menge und Gefährlichkeit sowie nach den gesellschaftlichen Kosten der Schadenbeseitigung bemessen werden. Die Abgaben werden in Regionen mit hoher Belastung höher angesetzt, um dort die Sanierung schneller voranzutreiben. Freigrenzen für die Umweltbelastung wie zum Beispiel im bisherigen Abwasserabgabengesetz wird es genausowenig geben wie Rücksichtnahmen auf die wirtschaftliche Lage der Emittenten.

Die Emissionsabgaben werden die Unternehmen und Gemeinden zu umweltschonenden Verfahren anreizen und umweltschädigende Produktionen auf Dauer verdrängen. Um diese Wirkung zu verstärken, werden die Einnahmen der Abgaben in Form von Umstellungshilfen für neue umweltschonende Investitionen, zur Förderung emissionsarmer Wirtschafts- und Lebensweisen sowie zur Finanzierung von öffentlichen Klärwerken, Müllbeseitigungsanlagen usw. zweckgebunden verwendet.

V

Sämtliche importierten und im Lande geförderten erschöpflichen Rohstoffe und Energieträger werden mit dem Ziel besteuert, die Knappheit von morgen bereits im Preis von heute fühlbar zu machen. Davon erhoffen wir uns einen sparsameren Umgang mit den erschöpflichen Ressourcen sowie eine Markthilfe für die Einführung von ressourcenschonenden Produktionsweisen und für den Absatz umweltfreundlicher Konsumgüter. Die Höhe der Besteuerung der Rohstoffe und Energieträger richtet sich nach deren jeweils erkennbarer langfristiger Verfügbarkeit.

Das Aufkommen aus diesen Steuern dient auch zur Einkommensverbesserung für sozial Schwache, die von der umweltpolitisch notwendigen Verteuerung von Gütern besonders betroffen sein werden.

VI

Wir sind uns darüber im klaren, daß diese Politik Auswirkungen auf die Wettbewerbsfähigkeit der deutschen Wirtschaft auf dem Weltmarkt haben kann, sofern die Zug um Zug geplante Entlastung bei den Personalkosten nicht für entsprechenden Ausgleich sorgt.

Deshalb werden wir unsere Grenzen für alle Produkte schließen, die deutschen Umweltstandards nicht entsprechen. Alle Importe werden mit Emissionsabgaben und Rohstoffsteuern in der Höhe belegt, die bei einer Produktion im Inland entstanden wären. Bei Herkunftsländern mit vergleichbaren Steuern und Abgaben erfolgt eine Verrechnung. Das Aufkommen aus diesen Grenzeinnahmen wird zweckgebunden für zusätzliche Hilfen an Entwicklungsländer zur Verbesserung ihrer natürlichen Lebensgrundlagen. Unsere Umweltpolitik ist also auch Entwicklungshilfe für die Armen dieser Erde.

Die Bundesrepublik Deutschland ist bereit, sich in bedeutendem Maße an internationalen Ausgleichsfonds zur Rettung global bedeutsamer Ökosysteme (etwa der Amazonas-Urwälder) zu beteiligen.

Einen Export von Produkten, deren Verwendung in der Bundesrepublik verboten ist, wird es in Zukunft genausowenig geben wie die Beseitigung deutscher Sonderabfälle in internationalen Gewässern.

Innerhalb der EG und in anderen internationalen Gremien

wird die Bundesregierung auf die Errichtung eines Luftüberwachungssystems mit Satelliten und Flugzeugen zur Kontrolle der Meeresverschmutzung drängen. Mit Hilfe dieses Systems sollen einzelne Verschmutzer festgestellt und mit empfindlichen Sanktionen belegt werden, sobald sie sich in den Souveränitätsbereich der Unterzeichnerstaaten begeben.

Die Bundesregierung ist sicher, mit diesen Maßnahmen, die den ökologischen Sorglosigkeiten früherer Regierungen ein nachhaltiges Ende bereiten werden, einen Weg zu beschreiten, der in eine gesündere Zukunft für Mensch, Tier und Pflanze führt.

(1983)

Die ermüdete Wahrheit

Ein Vorwort des Herausgebers in ›natur‹.

Seit bei vielen, auch sehr gebildeten Menschen unter dem Zeit-Vertreib der optischen Medien das seriöse Lesen zum Blättern verkommen ist, beklagt die Literatur ihre häufiger gewordene Wirkungslosigkeit. Die Klassiker haben, sieht man von diesem oder jenem Bühnenspektakel ab, nur noch Sprichwortwert, und die Modernen erregen das große Publikum ungleich mehr mit politischen Aktionen als mit der Feder.

Die Klage darüber entspringt nicht belletristischer Weinerlichkeit. Nur aus der Literatur (wenn sie diesen Namen verdient), seltener aus den Journalen und fast nie aus den optischen Medien springt uns manchmal ein Gedanke an, der sich an einer einzigen Kurzsentenz zu entzünden vermochte.

Man kann auch dieses Bild wählen: ein Wort, das wie ein Stein in ein stilles Wasser fällt und, losgelöst vom Anlaß, immer weitere Kreise zieht.

So ein steinernes Wort ist der Satz des 1963 gestorbenen französischen Kubisten und Picasso-Weggefährten Georges Braque: »Die Beweise ermüden die Wahrheit.« Ich will ein paar Kreise beschreiben, die dieses Wort in mir zieht, seit ich es las.

Meines Wissens war ich der erste Journalist, der mit Fernsehkameras in die Stallungen der Batteriehühner ging und die bis dato an den guten alten Mistkratzer glaubende Nation mit Bildern von schier endlosen, mehrstöckigen Reihen gekäfigter Legehennen schockierte. Das ist über zehn Jahre her. Aber das Thema hat mich seither immer wieder beschäftigt.

Ich führte über die Jahre hinweg lange Gespräche mit Züchtern, Genetikern und Nahrungsmittelfachleuten, solchen dafür und solchen dagegen, studierte dickleibige Forschungsberichte und schmalbrüstige Tierschutzpamphlete und nahm auch an Experimenten teil. Unter der wissenschaftlichen Beweislast, die sich so in mir anhäufte, ermüdete die schlichte, keines ethologischen Experiments bedürftige, keinem Gas-Chromathographen zugängliche Wahrheit, daß die Natur gewiß nicht den Drahtkäfig als das entwicklungsgeschichtliche Ziel des Huhns vorsah.

Ich hatte diese schlichte Wahrheit schon in Besitz, als ich damals, 1970, anfing, meinen Hühnerfilm zu drehen. Der im Rheinischen die hustenden Kumpels betreuende, inzwischen längst tote Landarzt Erich Baeumer wußte von Hühnern mehr als eine ganze ihm nachfolgende Ethologengeneration.

Er hatte zeitlebens mit ihnen gehaust. Hühnerhof-Phänomene wie die Hackordnung waren ihm so vertraut wie die Mittellosigkeit vieler seiner Patienten, die er für ein Dankeschön kurierte (und mit ein paar kräftigenden Eiern heimschickte). Er hatte bei den Hühnern geleistet, was Karl von Frisch bei den Bienen gelang: die Sprache der Hühner ex ovo, ja schon *im* Ei, zu deuten.

Als ich ihn nach seiner Meinung über die moderne Käfighaltung befragte, nahm er schweigend eine Injektionsspritze, zog sie mit etwas Leitungswasser auf, holte sich ein vor kurzem geschlüpftes Küken und hielt ihm einen an der Spitze der Spritze glitzernden Wassertropfen vors Gesicht. Das Küken pickte sofort in großer Gier danach. »Sehen Sie«, sagte der Doktor, »das Huhn ist ein nestflüchtendes Tier der offenen Grassteppe, und dies hier pickt nicht nach meiner Spritze, sondern nach dem glitzernden Tautropfen am Grashalm, neugeboren schon. Meinen Sie, sowas gehört in einen engen, dunklen Käfig?«

Ich habe den seither mit Millionenaufwand erbrachten wissenschaftlichen Beweisen,

- daß es den Hühnern in puncto Nahrung, Stallklima und Hygiene noch niemals so gut erging wie in der Käfighaltung;
- daß es möglich ist, ihnen Verhaltensweisen wie Sandbaden und Flügelstrecken, die im Käfig nicht geübt werden können, genetisch abzuzüchten;
- daß überhaupt das »moderne« Huhn längst keine Verhaltensähnlichkeit mehr mit der einstigen Wildform hat;

– daß gegenüber der Freilandhaltung die Verlustquote geringer und die Eiqualität eher höher ist,

nichts anderes entgegenzusetzen als die schlichte Baeumersche Wahrheit: Ein Huhn gehört nicht in den Käfig.

Wissenschaftlich ist das gewiß nicht, eher ein bißchen lächerlich. Gleichwohl: Alle diese Beweise zugunsten der Käfighaltung haben die alte, in uns allen tief verborgene Wahrheit nur ermüdet, eine neue aber nicht erbracht. Die neue Wahrheit ist einzig und allein, daß das Huhn nach den Wertmaßstäben unserer Leistungsgesellschaft in den Käfig gehört, weil es dort produktiver und kostengünstiger gehalten werden kann als in Freiheit.

Das ist alles, und man kann auch das noch bestreiten. Diese Zeitung hat es versucht. Aber es nützt nichts mehr, Josef Ertl hat seinem Nachfolger Ignaz Kiechle ganze Berge von Protest-Unterschriften gegen die Batteriehaltung vererbt. Sie haben kein Huhn aus dem Käfig gebracht. Die Wahrheit ist müde geworden. Sie weckt in der Politik niemanden mehr auf.

Ich könnte ganz ähnliche Geschichten erzählen vom Mastschwein und vom Mastkalb, von computergesteuerten Supermilchkühen und masturbierten Bullen, von Rindern, denen man zwecks Leistungssteigerung in einer Gesellschaft, die in Milch schier ersäuft und an Fleisch fast erstickt, fremdbefruchtete Hochleistungskeime einpflanzt, zwecks Frischhaltung bis zur Operation eingeflogen in Kaninchenleibern aus den Vereinigten Staaten von Amerika.

Ich könnte auch hier all die Beweise auflisten, nach denen es all diesen Tieren hygienisch, futtertechnisch und klimatisch besser geht als je zuvor, und so weiter und so weiter.

Und ich müßte doch wieder nur resümieren, daß alle diese Beweise die schlichte Wahrheit nur ermüdet, nicht beseitigt haben, daß das Suhltier Schwein nicht auf Gitterroste, das Kalb nicht mutterlos in enge, dunkle Boxen, das Weidetier Kuh nicht in den Fabrikstall und der Bullensamen nicht in den Rucksack eines reisenden Besamungstechnikers gehören.

Was hülfe es den Tieren? Die Verhältnisse, sie sind nicht so, klagte schon Brecht.

Vor ein paar Wochen, da war doch was? Da war wieder Welttierschutztag. Es wird noch viele Welttierschutztage geben.

(1983)

Die ungehaltene Rede

So nannte ›natur‹ eine Folge politischer Reden, die im Doppelsinn des Wortes »ungehalten« waren: kritisch bis zornig, doch nicht in der Realität gehalten. Sie gehen von der Fiktion aus, daß ihr jeweiliger Autor, ihre jeweilige Autorin sie vor dem Deutschen Bundestag hält. Heinrich Böll, Günter Grass, Walter Jens, Margarete Mitscherlich und andere prominente Denker der Republik kamen zu Wort. Den Auftakt machte der Herausgeber mit einer Attacke gegen die Sprechblasenrhetorik des Bundeskanzlers, gegen das politische Mittelmaß und gegen den Opportunismus der gewählten Volksvertreter.

Herr Präsident, meine Damen und Herren!
Die Frage nach der Zweckmäßigkeit einer Diätenerhöhung für Abgeordnete fand in diesem Haus Antworten, die nur jene Bürger zu befriedigen vermochten, denen das Verstreichen eines längeren Zeitraums ohne Zulage und der Nachweis von Sitzfleisch zur Zustimmung genügen. Wer hingegen die geistigen Anstrengungen der Mehrheit – ich sage: Mehrheit – in Regierung und Parlament ins kritische Kalkül zieht, der ist wohl geneigt zu urteilen, daß mittlerem Maß auch mittleres Geld genügen müsse. Aber zu diesem Aspekt fand sich kein Fragensteller.

Das verwundert, weil die Regierung, die uns hier vorsitzt, doch mit dem Versprechen antrat, die geistige Erneuerung des Volkes herbeiführen zu wollen – was immer sie damit gemeint haben mochte. Und es verwundert auch wieder nicht, weil die Bänke dieses Parlaments, wie die der Länderparlamente auch, fast zur Hälfte von Beamten besessen werden, Angehörigen eines Berufsstandes, der, wiewohl nötig und im ganzen respektabel, jedweder brillanten Äußerung des Geistes, sagen wir es höflich: reserviert gegenübersteht.

Folgerichtig nimmt in diesem Haus der Advokaten und Technokraten schon ein in eine Rede eingeflochtenes Goethe-Zitat leicht die Qualität eines milden Herrenwitzes an:

Man ist amüsiert. Was schlimmer ist: Fällt von diesem Podium mal ein rhetorisch eingefärbtes Wort wie etwa das des Herrn Bundeskanzlers von den Gebeten, die neben den Taten *auch* die Geschichte bewegen, dann kann man sicher sein, daß es der Schreibmaschine eines geheuerten Redenschreibers entstammt, eine falsche Perle am Schlips des rhetorischen Biedermanns. Falsch auch deswegen, Herr Bundeskanzler, weil, was immer Sie in der Geschichte der Deutschen bewegt haben mögen oder noch bewegen sollten, Gebete dazu gewiß nicht Ihre Hebel waren oder sein werden. Der große Theodor Heuss, erster Präsident unserer Nachkriegsrepublik, hätte es besser gewußt: »Da hilft koi Bete, da muaß Mischt na!« – sprich Taktik und Intrige im politischen Geschäft.

Die Sprachlosigkeit Ihrer Reden, Herr Bundeskanzler, ist oft analysiert und glossiert worden; man kann dem nichts mehr hinzufügen. Hier sind Sie, und nur hier, der Enkel Adenauers, als den Sie sich sehen. Aber, genau betrachtet, sind Sie es nicht einmal hier, denn die sprachliche Armut des ersten Kanzlers der Bundesrepublik war die Armut des Holzschnitts, die ihres derzeitigen Kanzlers ist die der Sprechblasenliteratur. Nun muß man freilich den Einwand gelten lassen, daß im Gewand des Rhetors durchaus ein politisches Leichtgewicht stecken kann. Oder, andersherum, es muß einer, der ein großer Politiker ist, ein Staatsmann nach perikleischem Maß, nicht auch ein großer Redner sein. Niemals aber kann einer, der leere Worthülsen zu sich im Wind drehenden Girlanden reiht, ein wirklich bedeutender Politiker sein. Geist manifestiert sich im parlamentarischen Bereich nun einmal durch Sprache, wenn auch gewiß nicht nur. Sie muß nicht reich an Nuancen sein, nicht kunstvoll im Bau der Sätze, aber schlicht, wenn sie arm an Ausdruck ist und dafür ausgezeichnet durch ein waagehaft genaues Scheiden des klingenden vom bloß klingelnden Wort.

Dieses Haus hat, neben Schwätzern und Scharfmachern zuhauf, Redner von großem wie von schlichtem Zuschnitt gehabt. Es fallen einem Namen ein: Heuss und Carlo Schmid, deren Reden auch der Drucklegung standhielten, ja, sich beim Nachlesen erst ganz erschlossen. Dann die Instinktsicheren: Guttenberg und Erler. Die Leidenschaftlichen noch: Schumacher und Dehler. Und da stockt man schon.

Die neuere Parlamentsgeschichte zeigt rednerische Verflachung. Mit Brandt kam der vorgefertigte intellektuelle Schlenker auf. Harpprechtsche Anglizismen wie »Kompassion« lugten aus manchem Satz hervor – mehr Schick als Größe, an der es doch dem Ostpolitiker Brandt nicht gebrach. Helmut Schmidt muß man gelten lassen. Sein glasklarer Verstand gab seinen politisch-technokratischen Reden Kontur durch Kälte, aber rhetorischer Ehrgeiz trieb ihn zu oft in die Exotik von Wörtern wie »ubiquitär« und »interdependent«. Und seine allzu häufigen Bezugnahmen auf Immanuel Kant trugen dem Hamburger unter Philosophen den Spitznamen »Der Water-Kant« ein. Schauspiel und Rhetorik sind eben nicht unbedingt feindliche Brüder.

Merkwürdig wenig konservative Redeleistungen, die von sich reden machten. Man findet sie eher noch in den Länderparlamenten, bei Biedenkopf etwa oder Strauß. Einzig der späte Barzel, Sie verzeihen diese Namensgebung wohl, Herr Präsident, handhabt in diesem Haus, wenn er es darauf anlegt, ein hörenswertes Deutsch, baut Sätze, die nicht wie früher auf Öl, sondern auf Gedanken gleiten.

Hand in Hand mit der rednerischen Verflachung geht ein nicht mehr zu übersehender Verfall des Sozialprestiges, welches das Volk dem Beruf des Politikers beimißt. Opportunismus ist für die meisten Bürger nur ein anderes Wort für Politik, und das gilt für alle klassischen Parteien. (Die Grünen klammere ich als noch zuwenig gefestigt im guten wie im bösen politischen Spiel hier aus.)

Lassen wir der FDP den Vortritt; da muß man den Vorwurf am wenigsten begründen. Als ihre Opfergaben auf dem Altar der Machterhaltung liegen nicht wenige liberale Grundsätze und liberale Personen. Jeder kennt sie. »Genschern« ist ein Synonym geworden für rein machtorientiertes Taktieren. Die Union, kaum an der Regierung, handelte unverfroren nach dem schwäbischen Wort: »Was goht mi mei saudomms Gschwätz von geschtern an?« Ein Milliardenkredit an die DDR mausert sich da über Nacht vom Ausverkauf deutscher Interessen zu staatspolitischer Weitsicht. Das Waldsterben, gestern noch die Hysterie industriefeindlicher Grüner, wird ebenso rasch zur wichtigsten Aufgabe nach der Sicherung des Friedens – wenigstens verbal. Und die SPD attackiert heute die Union wegen deren Versäumnisse in der Umweltschutzgesetzgebung, die sie, während sie die Macht hatte, selber zuließ. Lambsdorff kann nicht an *allem* schuld sein in diesem Staat.

»Vertrauen bildende Maßnahmen« ist ein Lieblingsklischee der Politiker jedweder Farbe. Und so sind sie denn auch, diese Maßnahmen und diese Politiker. Aber man wird tiefer bohren müssen. Und dann kommt Überraschendes zutage. Was sich als Charakterschwäche des Politikers darbietet, ist gleichzeitig die Stärke des demokratischen Systems: der Zwang des Abgeordneten, der Parteien, sich den Forderungen des Souveräns, also des Volkes, anzupassen, wenn man in der Politik überleben will. Was eine Schwäche solcher Politik ist, nämlich ihre Kurzatmigkeit zwischen den Wahlterminen, ist zugleich der Schutz der Demokratie vor ihrer Degenerierung zur dauerhaften Filzokratie.

Das Paradoxon ist unübersehbar: Ein starkes demokratisches System von unserer Art, für das ein besseres nirgendwo in Sicht und schon gar nicht in praxi ist, verlangt um seines Funktionierens willen geradezu den, sagen wir es abermals höflich, geschmeidigen Typus des anpassungsfähigen Politikers. Das mag in der Politik den auffälligen Mangel an starken Persönlichkeiten erklären, wie die Wirtschaft sie immer wieder hervorbringt. Menschen, die dann aber meist nicht frei sind von Zügen großer Selbstherrlichkeit; in solchen Händen, gewönnen sie mehrheitlich Macht über uns, wäre Demokratie ein gefährdetes Gut.

Es mag die in der Politik vorherrschende Anpassungsfähigkeit auch das Vordringen der Beamten in die Parlamente erklären. Anpassungsfähige Naturen, die es gewohnt sind, sich nach einem gesellschaftlichen Code zu richten, eigene Meinungen hintanzustellen, wechselnde Obrigkeiten zu akzeptieren, kurzum sich opportun zu verhalten, sind bestens geeignet für den Beruf des Politikers, des parteigebundenen Abgeordneten zumal. Dagegen tun sich ideenreiche, in Denken und Handeln wahrhaft unabhängige, der Arroganz nicht abholde Menschen mit autokratischen Neigungen sehr viel schwerer. Hier liegen Gründe für das politische Scheitern des Altkanzlers Schmidt. Von hier aus erklärt sich auch das Scheitern von Franz Josef Strauß als Kanzlerkandidat; der demokratische Volkskörper als Ganzes stieß die gefährlich machtbewußte politische Potenz des Bayern wie implantiertes Fremdgewebe ab.

Es liegt in der Logik dieser Deutung, daß dem gescheiterten Autokraten Schmidt und dem verhinderten Machtpolitiker Strauß ein Bundeskanzler folgte, dessen politisches Markenzeichen, sagen wir es zum dritten Mal höflich, die Geschmeidigkeit ist. Es ist keine Mißachtung ihrer Person, Herr Bundeskanzler, wenn man in diesem Zusammenhang sachlich feststellt, daß Sie niemals in Ihrem Leben einen Beruf ausübten, der mehr von Ihnen verlangt hätte, als es brauchte, Parteivorsitzender und damit bei Eintritt günstiger politischer Konstellationen Bundeskanzler zu werden: erfahrene Taktik und geduldiges Sitzfleisch. Es kommt auch nicht von ungefähr, daß Sie sich gern, quasi als Berufsangabe, einen »Generalisten« nannten – die Beschreibung einer Kompetenz, mit der man in der außerparlamentarischen Berufswelt heute nicht sehr weit kommen würde.

Auf dem Feld der Politik ist das anders. Politiker sind in aller Regel nur in ihren Parteien Wegmarken setzende Führungspersönlichkeiten; in der Gesamtgesellschaft, die sie zu lenken glauben, geben sie in Wahrheit nur Trends nach, die vom Verbund aus Wissenschaft, Wirtschaft und Medien herbeigeführt werden. Immer laufen Politiker diesen Trends hinterdrein. Sie werten sie auch nicht so sehr der Sache nach als vielmehr nach der Zahl derer, die ihnen anhängen. Entgegen dem Rat Schillers wägen Politiker die Stimmen nicht, sondern zählen sie, immer in Gedanken an die nächste zu bestehende Wahl. Das führte zum Boom der Demoskopie.

Sie wünschen einen Beweis? Im Archiv Ihres Hauses, Herr Innenminister, liegt das dickleibige Wortprotokoll einer Anhörung von Forstwissenschaft und Industrie durch ein Ökologiegremium, das von Ihrem Vorgänger im Innenamt sowie dem damaligen Landwirtschaftsminister Ertl berufen worden war und dem anzugehören ich die zweifelhafte Ehre hatte – zweifelhaft, weil solche Gremien von den Herrschenden nur zu oft für Alibizwecke mißbraucht werden; man suggeriert der Öffentlichkeit Tatwillen, wo man ihn in

Wahrheit, in der Hoffnung auf sich widersprechende Gutachten, zu vermeiden sucht.

Dieses Wortprotokoll nun, Herr Zimmermann, liegt in Ihrem Haus seit 1980. Bereits damals legte die Forstwissenschaft in ihm zum Waldsterben – dem Hauptzweck dieser Anhörung – all die Schadstoffdaten und Prognosen nieder, die im wesentlichen auch heute noch gelten und die Sie nun zu dramatischen Worten, doch noch immer nicht zu dramatischen Taten greifen lassen. Auf mein hartnäckiges Fragen hin gab der Vertreter des Bundesverbandes der Deutschen Industrie schließlich widerwillig zu, daß die Aufnahmefähigkeit unserer Nadelbäume für toxische Stoffe um das Vierfache des für sie eben noch Tolerierbaren überschritten wäre, würde die Industrie auch nur die Toleranzen der Luftreinhaltungsvorschriften ausnutzen. Daß die Industrie diese gesetzlichen Schlupflöcher, die zu erfinden noch jede Bundesregierung nicht müde wurde, stets ungenutzt lassen würde, mochte er nicht sagen. Er wich aus auf den »Stand der Technik«, den bei der Abgasreinigung einzuhalten die Industrie verpflichtet sei.

Das hört sich gut an, solange man nicht weiß, daß der Stand der Technik in der Abgasreinigung schon seit langem eine Luft ermöglichen würde, die dem Wald die Lebenschancen beließe. Aber nach den Gesetzen kann dieser Stand der Technik noch immer nicht verlangt werden, wenn er einem Unternehmen wirtschaftlich nicht zumutbar ist. Und im Jammern über ihre wirtschaftliche Lage sind die Unternehmer groß. Das weiß niemand besser als dort auf der Regierungsbank Herr Minister Blüm. In seiner deftigen Art sagte er unlängst, es ginge ihm dies Gejammere allmählich »auf den Wecker«. Und so blieb es auch unter Ihrer Amtsführung wie schon unter der Ihres Vorgängers dabei, daß der Wirtschaft möglichst wenig, dem Wald aber alles zuzumuten sei. Herr Baum, der die gesetzlichen Instrumente zum Umweltschutz schuf, mit denen Sie, Herr Zimmermann, heute klappern, hätte wohl schon damals die Rettung des Waldes wenigstens versucht, aber sein Kanzler mochte ihn, trotz Botanikergattin, selbst das Zuwenige nicht machen lassen. Erst kurz vor Toresschluß der sozialliberalen Regierung raffte er sich auf, und da war es nur mehr eine Geste, mehr auf die Rettung seiner Regierung als auf die des Waldes gerichtet.

Sagen Sie nicht, Herr Innenminister, Sie und Herr Kohl hätten, wären Sie damals schon am Ruder gewesen, gehandelt. Einen Schmarr'n hätten Sie, um es in Ihrem Idiom zu sagen. Ihr Prinzipal, der Herr Strauß, schrieb seinerzeit dem Herrn Baum einen Brief – Sie können ihn in der Ablage Ihres Hauses nachlesen –, in dem er verlangte, der Industrie nicht mit überzogenen Umweltschutzmaßnahmen das Leben schwerzumachen. Als sein Bonner Hausmeier hätten Sie diese Forderung übernommen. Also lassen Sie uns darüber schweigen, was Sie getan hätten und was nicht.

Sie tun noch heute zu wenig. Und das Wenige tun Sie, weil inzwischen nicht nur die wissenschaftlichen und politischen Insider es wissen, sondern das ganze Volk es weiß, wie sehr der Wald gefährdet ist. Zwar gehen Bäume nicht zur Wahl, aber es wählen die Millionen nunmehr Wissenden, die um die Bäume bangen. Das ist der wahre Auslöser der neuen grünen Geschäftigkeit.

Ich will hier niemandem unterstellen, es berühre ihn das Waldsterben nicht auch als Person. Aber die private Betroffenheit der Abgeordneten setzt sich selten oder nie in Politik um. Die Ecken und Winkel der Bundestagslobby liegen voll von stillschweigend abgelegten privaten Einsichten in das Notwendige. Der wahre Herr der Dinge ist der Trend, das demoskopisch abgesicherte neue öffentliche Bewußtsein; man kann auch sagen: der abgefahrene Zug, auf den Politiker aufspringen.

Gleichwohl: So stellt sich Demokratie her. Der über die Medien aufgeklärte Souverän zwingt die Politiker zum Handeln, spät oft, aber nicht zu spät. Auch der Wald hat noch Chancen. Gesundreden freilich können Sie ihn nicht. Sie versuchen es schon wieder: Der Staatssekretärausschuß Ihrer Regierung beschloß, das peinliche Wort »Waldsterben« aus der Sprache der Regierung zu verbannen. In Ihren Verlautbarungen heißt es nun: »Das Auftreten neuartiger Waldschäden.« Das hat noch nicht die Roßtäuscherqualität von »Entsorgungspark« für Gorleben. Aber immerhin, es fällt Ihnen was ein.

Den Zwischenruf, es sei das konsequente Festhalten der

Regierung an ihrer Raketenpolitik entgegen einem friedensbewegten Trend im Volk ein Gegenbeweis zu meiner These vom Nachlaufen der Politik hinter den Strömungen der Zeit, will ich gern beantworten. Es ist nicht so sehr der Glaube an die absolute Notwendigkeit der Raketenstationierung, der die Regierung und die sie tragende Koalition an dieser Politik festhalten läßt. Längst ja nagt der Zweifel an der Weisheit dieser Hochrüstungspolitik auch an Ihnen. Dafür gibt es viele Beweise, die auch vom Muskelspiel des Wörnerschen Weißbuches zur Verteidigungspolitik nicht mehr mundtot gemacht werden können. Es ist die Angst vor dem parteipolitischen Identitätsverlust, die Sie letzlich daran hindert, den Hitzköpfen im Weißen Haus zu Washington ein Nein entgegenzusetzen. Es würde bedeuten, daß Sie sich der Meinung des politischen Gegners anbequemen – eine Todsünde für politisches Mittelmaß. Und einen Wehner, der die SPD ohne Identitätsverlust mit dem konservativen Gedankengut der deutschen Wiederbewaffnung und später mit dem Zweckbündnis einer Großen Koalition vertraut zu machen wußte, den haben Sie nicht. Herr Geißler, Ihr Einpeitscher, hat nur das Wehnersche Rüde, das Eruptive des Alten hat er nicht. Wo der eine politisches Magma spie, schmeißt der andere mit Steinen. Es ist Herr Geißler ein Kraxler bloß im politischen Urgestein. Also: Ich bleibe bei meiner These und brauche zu ihrer Erhärtung nicht einmal den Hinweis, daß man sich drei Jahre vor der nächsten Bundestagswahl Gegnerschaft zum Trend noch leisten kann. Hält aber der Antiraketentrend vor, und er wird vorhalten, dann wird er auch Ihre Politik verändern. Und das wäre dann, nach meiner Theorie, nicht Charakterlosigkeit, sondern Demokratie.

Ich komme zum Schluß. Nach einer scheinbar paradoxen Beweisführung, die politisches Mittelmaß – in einer Zeit, in der es nicht um die Gründung einer Demokratie, sondern um ihre Verwaltung geht – für höchst geeignet hält, das Funktionieren dieser Staatsform zu gewährleisten, nun noch die nicht minder paradox anmutende Forderung: Geben Sie sich von Zeit zu Zeit getrost mehr Geld und befreien Sie auch die Parteienfinanzierung vom Odium des Kriminellen. Wo die Unabhängigkeit des Geistes aus Systemgründen fehlt, weil das Verfassungsgebot von der Verantwortlichkeit des Abgeordneten nur vor seinem Gewissen ein schöner Schein bleiben muß, da darf um der Glaubwürdigkeit des parlamentarischen Systems willen nicht auch noch der Zynismus der geldmächtigen Wirtschaftslobby Platz greifen, wie er sich in der Flick-Affäre offenbarte. Die Abhängigkeit der Abgeordneten und der Parteien von den dicken Briefumschlägen, die auf Empfängen diskret die Fracktaschen wechseln, ist die wahre Gefahr, die dieser Republik droht. Wo so gut wie alles in unserem Gemeinwesen sich nach Geldeswert bemißt, wo das Streben der allermeisten Bürger nach mehr Einkommen gesellschaftlich sanktionierte Regel ist, da kommt es purer Heuchelei gleich, just jenen den Brotkorb hochhängen zu wollen, denen man die politische und gesetzliche Sicherung solcher gesellschaftlichen Wertvorstellungen per Mandat anvertraut hat.

Da hilft auch der Hinweis auf die gleichzeitige Minimierung der Sozialleistungen für die Schwachen nichts. Altruismus als Politik setzt eine von der Bergpredigt geprägte Gesellschaft voraus. Sie ist Utopie. Die Reagans, die Thatchers und die Kohls sind die Wirklichkeit. Und der Sozialist Mitterrand stellt seine nationalen Blähungen auf Atomunterseebooten zur Schau. Noch nie in der Geschichte der Menschheit wurde Moral zu nachhaltiger Politik. Die Bergpredigt sei für den Sonntag, lehren uns derzeit die politischen Christen.

Ein Letztes noch: Ich weiß, daß ich nicht frei von Ungerechtigkeiten war, manches Selbstwertgefühl verletzt und den Frust auf den hinteren Bänken des Hauses, wo die Jungen sitzen, wohl noch vermehrt habe. Das ließ sich um der Linienführung meiner Argumente willen nicht vermeiden. In der Kritik unterschied ich mich substantiell nicht vom Gewohnten. Aber da ich mich bemühte, dieser Kritik eine die Demokratie stabilisierende Deutung zu geben, finden Sie meine Rede vielleicht weniger verletzend als des Nachdenkens wert. Ihr Sinn war, das vorherrschende und die meisten Bürger depressiv stimmende Negativbild, das die politische Szene abgibt, ins Tröstliche zu kehren.

(1984)

Mann aus Apulien

Fundamentales: Die erste Liebesnacht. Was ist Gott? Und: Gibt es eine Seele? Auszüge aus dem Roman.

Puer Apuliae

Die Klause des Marabouts stand allein im Feld an einer räudig verschilften und mit Unrat verelendeten Stelle, von wo aus man das Meer beim Berg Pellegrino sehen konnte. Der weißgekalkte fensterlose Bau mit einer verwitterten Brettertür in der dem Meer abgewandten Südseite war ein reiner Würfel, der an jeder seiner zwölf Außenkanten exakt vier Meter maß. Eine imaginierte Kugel, im Durchmesser um den Betrag der Stärke von Fußboden, Wänden und Decke vermindert, hätte mit ihrem Kreisumfang im Innern der Klause Estrich, Wände und Decke an sechs Punkten berührt. Man hätte sie, wäre das möglich und nicht nur denkbar gewesen, in jeder Richtung drehen können. Dem Kubus war als Kuppel eine Halbkugel aufgesetzt, weißgekalkt wie der Unterbau, und sie entsprach genau den Maßen der gedachten Innenkugel. Die horizontale Schnittfläche durch ihre Mitte wahrte darum von den vier Außenkanten des Kubusdaches genau jenen Abstand, der dem Betrag der Mauerstärke entsprach. Diese ebenso anmutige wie einfache geometrische Form hatten schon die iranischen Perser ihren Sakralbauten zugrundegelegt, und als die Normannen in das sarazenische Sizilien einfielen und sie vorfanden, berauschten sie sich so sehr an ihrer Schönheit, daß sie das Grundmuster für die Turmelemente ihrer christlichen Neubauten übernahmen, wobei sie das Höhenmaß streckten und den Kuppeln, im Gegensatz zu den einfarbig weißen Eremitenhäusern, eine rote Farbe gaben. Palermo ist voll davon.

Kam ich, wie so häufig, nach Beginn der Dunkelheit und von Süden her, blickte mich die Klause des Marabouts schon von weitem mit einem geheimnisvollen rot leuchtenden Auge unter der gewinkelten Braue des Türstocks und dem kahlen Schädeldach der Kuppel an. Auch glaubte ich, das heilige Haus rhythmisch atmen zu hören. Ich hatte die Vorstellung von des Marabouts Klause als einem lebenden, mir Wissen zuraunenden Wesen, obwohl ich natürlich wußte, daß das rote Auge das Holzkohlenfeuer des im Innern hinter der offenen Tür sitzenden Eremiten war und der Atem die Brandung des nahen Meeres. Aber es gefiel mir, so zu denken.

Nackte Wände, weiß. Nackter Boden, weiß. Nackte Decke, weiß. Die Kuppel darüber: blind, ohne Durchbruch nach unten wie in den reichen Kirchen Palermos. Ein Armenhaus des Geistes, ein Haus der angestrengten Askese. Die Spinnengewebe in den Winkeln: abgelebte komplizierte Gedankennetze, die in der Thermik des Kohlenfeuers schwach zittern, als seien sie noch belebt. Gefangen in ihnen, schwarz wie Fliegen, die Sünden des Fleisches, bis zur Gewichtslosigkeit leergesogen von endlosen reuigen Gebeten. Auf dem Boden, im Staub, den der Südwind durch die Tür trug, der Marabout, mehr Schatten als Gestalt, mit gekreuzten Unterschenkeln auf der Schilfmatte, die ihm als Sitz dient und als Bett; die schmutzige Kutte um sich: ein Dreieck mit den spitzen, den Stoff spreizenden Knien als Basis und dem wachsgelben Habichtskopf in der Zipfelkapuze als Spitze; die tiefliegenden Augen geschlossen, die langen Barthaare auf der Brust grau und strähnig; die knochigen Hände über dem glosenden Feuer, die langen Finger wärmesuchend im Rauch, beweglich, als übten sie das Würgen. Er roch nicht gut, es war Winter und der Fastenmonat, der das Unsaubere von innen nach außen bringt, fast vorbei. Schweiß, Urin, ein schlechter Atem, so nahe war ich ihm, sitzend wie er, auf der anderen Seite des Kohlenbeckens ihm gegenüber, den fröstelnden Rücken fast in der offenen Tür, die Sterne um den Kopf, das Königsblau der Nacht als Mantel um die Schultern.

Hörst Du mich, heiliger Mann?

Ich höre, sagte er nach einer Weile.

Ein Mensch namens Anweiler, ein Deutscher und einst der Haushaltsvorstand meines toten Herrn Vaters, behauptet, im Testament Kaiser Heinrichs als Verweser des Regno eingesetzt worden zu sein, über mich, den König. Er kam ins Innerste des Palastes. Domestikenverrat wies ihm den Weg.

Wozu ich tauge, herrschte er mich an. Zum Freisein, antwortete ich. Als er lachend nach mir langte, als sei ich die Krone Siziliens, sprang ich dem Usurpator an den Hals. Seine Knechte rissen mich ihm vom Harnisch. Da nestelte ich mir den Kittel auf und zerkratzte mir, weil ich den Deutschen nicht verletzten konnte, ersatzweise Gesicht und Brust. Ich erlebte meinen ersten wirklichen Zorn, ich meine: bewußt, also männlich und nicht als Trotzgeschrei eines Kindes. Ich hatte, wie man mir später sagte, zum totenblassen Gesicht blasigen Schaum auf den Lippen wie ein tollwütiger Hund. Als ich merkte, daß der Deutsche mir nicht ans Leben, sondern nur ans Hemd wollte, um mich nach Erwachsenenart an mein Alter zu erinnern, also zu demütigen, fühlte ich mich plötzlich leer, betrogen um die Früchte meines Zorns.

Was, heiliger Mann, ist das: Zorn?

Die Augen des Marabouts gingen zu schmalen Schlitzen auf, hoben den Blick aber nicht vom Feuer. Plutarch, sagte er, der Hellene aus Böotien, den die Araber sich wegen seiner Weisheit in ihre Sprache übersetzten, sagte: Wer zornentbrannt ist, vergißt alles, bis er einem Haus ähnelt, das in Brand geraten ist, voll von Lärm und Rauch, so daß man darin nichts sehen oder hören kann. Wenn die Seele von Zorn erregt ist, können äußerliche Ermahnungen ihr nichts nützen, und man kann den Zorn nicht zum Erlöschen bringen.

Dann ist, sagte ich, derjenige ein Rasender für immer, der von Natur aus leicht in Zorn gerät und ihn nicht meistern kann?

In vielen Fällen, sagte der Marabout, löscht ein von innen Kommendes den Zorn: das Schweigen. Wer das Feuer seines Brennstoffs beraubt, sagt Plutarch, löscht es, und wer schweigt, löscht den Zorn.

Ich sprang auf, so heftig, daß ich mit dem Kopf an die Sterne stieß und der blaue Nachtmantel von meinen Schultern fiel. Das ist, sagte ich unter der Tür, zwar besser als das, was mir mein christlicher Lateinlehrer Wilhelm Francisius immer sagt: Wenn dir einer eins auf die rechte Wange gibt, halte ihm die linke hin, oder so ähnlich. Aber auch Dein Plutarch ist nichts für mich, heiliger Mann. Ich will nicht schweigen. Ich will meinen Zorn. Er schmeckt mir. Er macht mich zum Mann. Ich gehe.

Als ich zurückblickte, schaute mir das rote Auge seines Feuers nach. Ich hätte schwören mögen, daß es blinzelte. Ob vor Vergnügen an mir oder bloß vor Rauch, mochte ich nicht entscheiden. Ich lachte. Ich war noch jung.

Am folgenden Abend war ich wieder da. Der Marabout saß vor seinem Feuer, als habe er sich seit gestern nicht vom Fleck gerührt. Ich nahm wieder Platz, aber ohne Sternendiadem und nachtblauen Mantel an diesem Tag. Der Himmel war mit tiefziehenden Wolken bedeckt, aus denen es roten Sand regnete. Von Afrika stand der Scirocco herüber. Ich spuckte nach rückwärts in Richtung Tür.

Vor wem spuckst Du aus, Rudschero? fragte der Marabout.

Vor mir, sagte ich, einer gedanklichen Verknüpfung zweier Ereignisse folgend; und noch während meine Zunge sich bewegte, fragte ich mich, was es mir an Gutem und Bösem noch alles eintragen würde in meinem Leben, daß ich einen Verstand hatte, der schneller, als ein Augenlid auf und zu gehen kann, die disparatesten, durch die Logik voneinander getrennten Dinge zu einem neuen Ganzen zu fügen imstande war, das nicht Wahrheit ist und nicht Lüge, sondern ein Neues, das noch keinen Namen hat und von dem die Philosophen nichts sagen.

Du spuckst die Wüste aus, Rudschero.

Ja und nein, sagte ich.

Was ist das Ja?

Die Wüste.

Und was ist das Nein?

Auch die Wüste.

Als nach langer Zeit noch immer keine Frage von ihm kam, sagte ich seufzend: Es interessiert Dich nicht.

Du wirst es mir schon mitteilen, wenn es wichtig ist, sagte der Marabout.

Es ist wichtig. Sag mir, heiliger Mann, was das ist: Männlichkeit.

Asklepios, sagte er nach einiger Zeit des Nachdenkens...

... Asklepios, der Grieche, äffte ich ungezogen, den die Araber sich seiner Weisheit wegen in ihre Sprache übersetzten...

Du scheinst auch Deinen Verstand ausgespien zu haben,

wies er mich ungehalten zurück. Asklepios war der Heilgott der Griechen, den die Römer Aesculapius nannten, und er verkündete, die Männlichkeit bestehe darin, nichts zu tun, dessen man sich in der Öffentlichkeit schämen würde.

Ich dachte darüber nach. Schließlich fragte ich: Würdest Du sagen, heiliger Mann, daß ein löchriger Fetzen von Vorhang vor einem Zimmer, das mehr ein ebenerdiges, fensterloses Loch ist mit nichts als diesem Vorhang zwischen sich und einer öffentlichen Straße – würdest Du sagen, daß jegliches Geschehnis in diesem Zimmer eine Heimlichkeit im Sinne Deines Asklepios sei?

Die Hände des Marabouts hörten auf, den Rauch zu würgen. Du warst bei einer Hure, Rudschero, sagte er. Und jetzt hast Du Sand im Mund und die Wüste im Herzen.

Ja, sagte ich.

Und Du hast zum ersten Mal einer Frau beigelegen.

Ja. Ich neigte den Kopf über das Kohlenbecken. So würden die Worte aus meinem Mund ins Feuer fallen und wären rasch wieder aus der Welt.

Schämte ich mich denn? Aber ich hatte kein Unrechtsbewußtsein. Ich war kein Kind mehr. Es stand mir zu. Ich fürchtete lediglich das Ende meiner Geschichte, noch bevor ich auch nur angefangen hatte, sie dem Marabout zu erzählen.

Zwischen Nabel und Schamberg hatte sie eine lange senkrechte Narbe, die auf dem braunen Bauch weiß aus dem grünen Flitter ihres durchsichtigen Kaftankleides leuchtete. Tritt ein, sagte sie und hob sich lächelnd mit einer einzigen raschen Bewegung das Kleid bis unter die Brüste. Ich schluckte und starrte. Die Narbe stieg ihr ohne Übergang aus der Mitte ihrer hochreichenden Labien, die nach sarazenischer Art enthaart waren. Es sah aus, als hätte man die Frau einst von unten nach oben aufgeschlitzt, um an ihre Eingeweide zu kommen. Obwohl ich bis zu diesem Augenblick noch niemals das Geschlecht einer erwachsenen Frau gesehen hatte, wanderten meine Blicke weg von ihm; von der weißen Straße dieser monströsen Narbe zwanghaft geführt, gingen sie den Bauch hügelaufwärts, streiften Brust und Hals nur flüchtig und endeten auf dem Gesicht. Es gehörte zu einer nicht mehr jungen Frau von etwa dreißig

Jahren. Der Mund darin bewegte sich im Sprechen, aber ich hörte keinen Laut, sie redete wie hinter Glas. Ich stand in tiefem Schock, aus dem ich nur langsam, durch den Schwall ihrer Worte hindurch, an die Oberfläche meines Bewußtseins auftauchte. Da hörte ich, daß sie meinen weit aufgerissenen, fragenden Augen Antwort gab. Das Kind habe sie haben wollen, ja. Sie war von dunklem Typus, aber nicht negroid, denn Mund und Nase waren wohlgeformt und nicht fleischig. Sie habe den Mann geliebt, ja. Das schwarze Haar trug sie in der Mitte gescheitelt und in viele dünne Peitschenschnurzöpfe geflochten, in die sie, unterschiedlich hoch, große grüne Seidenschleifen eingebunden hatte; so umstanden sie ihren Kopf wie eine Wolke aus tanzenden Schmetterlingen. Ein für seine Exklusivität zahlender Dauerfreier sei er gewesen, ja; darum sei sie sich seiner Vaterschaft sicher. Von den kleinen Ohren hingen ihr an je einer fingergliedlangen Perlenkette große silberne Mondsicheln herab. Von seinem Kind habe er nichts gewußt, nein; er habe sie ahnungslos im Zustand der fortgeschrittenen Schwangerschaft verlassen. Der Schmuck, den sie am Hals trug, war barbarenhaft plump, steinernes Berberzeug, und darum unvorteilhaft, weil man auf ihm nicht in Bewunderung verweilte, sondern hinter ihm die zu frühe Altersschwäche der Halshaut in der Höhlung über dem Brustbein wahrnahm. Nein, ihre Geburtswege seien nicht zu eng gewesen. Die Augen waren nach der Schminkweise der Dirnen schwarz umschattet. Auf Lippen und Lidern, wie auch auf den Fingernägeln, schimmerte der graue Spießglanz des Antimons. Sie habe das geliebte Kind nicht auf einem Weg in die Welt treten lassen wollen, der beschmutzt sei von der Lust zu vieler Männer, das sei es gewesen, ja. Ihre Oberarme waren fest und von der Proportion her in Harmonie mit einem im ganzen schlanken Körper. Ein Arzt habe sich in Palermo finden lassen, gegen ein späteres Honorar in Naturalien, ich wisse schon. Ihre Brüste waren klein und nicht sehr fest, ihr Brustkorb leicht gezeichnet von den Rippen. Sie arbeite für zwei, ja, und esse nur für ein Halbes, aber sie lebten beide, Mutter und Kind, und sie seien glücklich, doch. Die Narbe dehnte sich unter den raschgehenden Atemzügen, die von der Erinnerung an die uterine Passion beschleunigt wurden.

Meine Blicke folgten der Bewegung und gingen, wiederum zwanghaft, nun den umgekehrten Weg: zurück zu den auch im Stehen der Frau leicht klaffenden Labien, deren äußere in farblicher Übereinstimmung mit den Gesichtslippen diskret geschminkt waren. Ich sah es erst jetzt, es war nicht abstoßend, aber es bewirkte dennoch nichts in mir. Die Erektion, die ich hereingetragen hatte, war unter dem Ansturm der Bilder und Worte längst gewichen. Seit sie die Narbe habe, kämen fast nur noch die ganz jungen Männer zu ihr. Wie alt bist du, fragte sie. Ich sagte: zehn. Laß mich sehen, sagte sie und nestelte mir Hosenbund und Kittelkragen auf. Ich zitterte vor Scham. Mit dem Takt einer Mutter ging sie über meine nun sichtbare Schwäche hinweg, half mir aus den Kleidern, entkleidete auch die Eichel, legte sie sich in das hennarote Innere ihrer hohlgemachten linken Hand, goß mit der rechten aus einem Krug einen Schwall Wasser darüber, trocknete alles zart mit ihrem Seidenkleid und führte mich schließlich zum Diwan hinten an der Wand. Ich setzte mich auf seinen Rand, und nachdem sie sich das Kleid über die Hüften gehoben hatte, glitt sie mir, mich umhalsend, auf den Schoß. Sie saß seitlich, die Beine geschlossen, den Körper mir im Profil zugekehrt; so sah ich ganz nah ihre Brüste, den Bauch und die Schenkel, aber es bewirkte wieder nichts. Ohne uns anders als mit unserer Schoßwärme intim zu berühren, saßen wir da, und dann flossen unsere Tränen ineinander. Die Hure vergeistigte sich in mir zur Mutter.

Irgendwann in der Nacht, als der Straßenlärm aufgehört hatte, steckte jemand von draußen den Kopf herein. Wir saßen unverändert, und die Kerze war längst niedergebrannt. Eine männliche Stimme rief leise fragend einen Namen, welcher der Frau auf meinem Schoß gehören mußte, denn sie drehte sich zur Tür und zischte das Wort *occupado*. Der Kopf verschwand mit einem schmutzigen Lachen. Da stieß ich sie vom Schoß. Unter Ausrufen des Nichtverstehens und des Protestes fiel sie zu Boden, wo sie umständlich die Kerze entzündete, während ich in panischer Hast mit den Kleidern kämpfte, schluchzend vor Zorn und Scham, und dann auf die Straße entfloh. Ich hatte nicht gezahlt, aber ich hatte auch nichts erhalten. Was sagst Du, heiliger Mann?

Der Marabout sagte lange nichts. Das Feuer zwischen uns war erloschen, wir saßen in Dunkelheit und Stille, selbst das Meer war nicht zu hören, der Scirocco stand gegen die Brandung und nahm das Geräusch der Wellen mit sich fort. Geh zurück zu ihr, Rudschero, sagte der Marabout endlich. Da sie Kinder liebt, ist sie sauber, geh also, denn anders bringst Du die Sehnsucht nach einer Mutter nicht aus Deinem Blut. Stoße die Jahre Deiner Kindeinsamkeit zornig in ihren Leib, gib ihm Deine Tränen und Deinen Samen, und komm als Mann wieder aus ihm heraus. So, wie es sein wird, wird es nie wieder sein. Dann komm hierher zurück, danke Gott für das große, einem jungen Mann nur selten zustoßende Glück einer großen Mutterhure und säubere am Strand Dein Genital nach der Weise der Wüstenaraber mit Sand. Geh jetzt.

Kritik der erwarteten Kritik

Ich blätterte heute kritisch in diesen Papieren, auf allfällige Korrekturen aus. Die Blasphemie, als die sich jene Textstelle von der relativierten Selbstvergottung zu präsentieren scheint, ist die Wahrheit, eine unreine zwar, wie zuzugeben ist, aber trotzdem die Wahrheit: Die Eingebung, mich als urkundlich beglaubigter Gott orthographisch und grammatisch wieder zu entthronen, kam mir auf dem menschlichsten aller Thronsitze. Und warum sollte das nicht wahr sein? Und wer außer mir kann es wissen? Muß es nur deshalb unwahr sein, weil es sich nicht schickt, mit dem Pressen des Leibes auch, ja überhaupt, Gedanken zu produzieren? Und da doch einer Gebärenden kirchlicherseits geraten wird, beim Austreiben der Leibesfrucht an erster Stelle an Gott und erst an zweiter an sich selber zu denken, warum sollte es dann dem Kaiser als blasphemische Frivolität anzurechnen sein, wenn er sagt, er habe beim Auspressen der *faeces* an Gott als den Ersten und an sich selber als den Ersten nach Gott gedacht? Es muß schließlich auch der Stellvertreter Christi auf Erden, kaum daß er vom Kardinalskollegium zum Papst gewählt ist, sogleich auf die *sella stercorea*, den öffentlichen Kotsitz vor dem Kirchenportal, damit er auf ihm seine neue Nähe zu Gott an seinem alten Adam in Demut relativiere. Und auch der grausigste aller Gedanken steht im Kotgeruch: die Frage der Katharer, was denn eigentlich mit dem Leib Christi geschehe, nachdem er zum Abendmahl gegessen worden sei. Daß wir koten, ermöglicht uns, daß wir essen. Daß wir essen, ermöglicht uns, daß wir leben. Daß wir leben, ermöglicht uns, daß wir denken. Spätestens seit Diogenes, dem weisen Faßbewohner, der sich von dem großen Alexander nichts weiter erbat, als daß er ihm aus der Sonne gehe, ist die animalische Sekretion des menschlichen Körpers als philosophisches Argument stubenrein: Als Platon den Eros zu den Sphären entrückte, holte ihn sich Diogenes wieder auf die Erde herunter, indem er auf den Stufen der Akademie handfest onanierte. Das trug ihm bei den Athenern den Schimpfnamen Hund ein (und in Ableitung davon allen seinen Epigonen den Namen Kyniker), aber es hinderte Alexander nicht zu erklären, er wäre gern Diogenes, könnte er nicht Alexander sein.

Über Gott, die Seele und so weiter

Ich fühle mich Diogenes verwandter als Platon, mit dessen Feinsinnigkeiten ich wenig anzufangen weiß. Seinen Gedanken zu folgen verursacht mir Kopfschmerzen, die indessen manchmal nicht vom Nach-Denken, sondern vom Schütteln des Kopfes herrühren über so viel ätherisches Geschwätz. Im ›Timaios‹ läßt er sich folgendermaßen über die Seele aus: Gott habe sie jedem als seinen Daimon gegeben, diejenige Form also, von der wir mit vollem Recht behaupten würden, sie habe ihren Sitz zuhöchst in unserem Körper und hebe uns, im Hinblick auf die Verwandtschaft mit dem Himmel, von der Erde aufwärts, da wir nicht irdischen, sondern himmlischen Ursprungs seien. Denn dorthin, so sagt Platon weiter, woher unsere Seele Geburt und Ursprung habe, richte das Göttliche unser Haupt und damit unsere Wurzel, und so gebe es unserem ganzen Körper die aufrechte Haltung.

Es steckt in jeder dieser Aussagen eine Frage für den Verstand, aber nicht eine einzige Antwort, die ihn befriedigen könnte. Man muß schon gleich fragen, wer oder was das sei, dieser Gott? Er ist ein Wort, eine Buchstabenreihung, macht man es sich leicht, ein Sprachereignis, nimmt man es ernster, in jedem Fall ein Wort, das über Gott nichts aussagt. Wer Gott sagt und nichts weiter, wer ihn nicht erklärt, seine Eigenschaften nicht benennt, der sagt nicht nur nichts über Gott, er sagt überhaupt nichts. Er spricht ein Wort aus, das in jeder Sprache das nichtssagendste von allen ihren Wörtern ist. Gott ist dann der Anstoß der hinteren Zunge an den oberen Gaumen, gefolgt von einem scharfen Luftstoß über die Stimmbänder nach voraufgegangener Lösung des Zungen-Gaumen-Kontaktes unter Mithilfe des nach oben schnellenden Unterkiefers. Verlernten die Menschen aus irgendeinem Grund diese Lautbildung (oder die einem anderen Wort für Gott entsprechende), verschwände also das Wort Gott aus den Sprachen, dann verschwände mit ihm auch Gott aus der Welt, denn er ist nichts als dieses Wort. Seine Allmacht ist die Allmacht dieses einen Wortes über das Denken der Menschen, seine Allgegenwart ist die Allgegenwart dieses Wortes in allen Sprachen. Gott ist, weil Gott in aller Munde ist. Es opfern ihm selbst die noch, die nicht an ihn glauben, weil sie ihr Nichtglauben an nichts anderem als an diesem Wort festmachen können, denn was nicht einmal ein Wort ist, kann man auch nicht leugnen. So bin auch ich angenagelt an dieses Wort wie Jesus Christus ans Kreuz, leidend an einem Gott, den ich bezeuge, indem ich ihn leugne.

Von solchen Vernunftfragen gepeinigt, sagen die Theologen verlegen, es gebe Gott nicht so, wie es alles andere gibt, dessen Ursprung und Ziel er sei; damit es Gott geben könne, dürfe es ihn eben nicht geben; seine Abwesenheit sei seine ganz spezielle Weise der Anwesenheit. Das ist die Erhebung des Absurden zum logischen Grund. Aber es inspirierte mein eigenes Nachdenken über Gott. Es ist ein Denken auf der Doppelspur der euklidischen Parallelen, hinaus aus dem dreidimensionalen geometrischen Raum ins Unendliche, was immer das sei. Hier, fern der Welt, müssen sie sich wegen der unvermeidlichen Ungenauigkeit ihrer Anlage zueinander notwendigerweise einmal treffen, an einem Ort, den es indessen nicht gibt, denn nach den Gesetzen der Logik ist parallel nur, was in alle Ewigkeit parallel ist, und wenn es das nicht ist, dann war es von Anfang an nicht parallel. So wäre denn der Ort, an dem die geraden Linien sich treffen, ein geometrischer Nicht-Ort. Analog zu den Absurditäten der theologischen Gottesbeweise kann man auch sagen: ein geometrischer Gott.

Ich dachte weiter darüber nach, als ich hörte, daß Thomas von Aquin, dessen Familie mir seit langem eng verbunden ist, in Paris, wohin er zum Studium entfloh, das Folgende gesagt habe: Gott zu begreifen sei nicht möglich für einen geschaffenen Geist, Gott zu berühren aber mit dem Geiste, wie immer dies auch sein mag, sei größte Seligkeit. *Wie immer dies auch sein mag* – diese Unbestimmtheit des jungen Aquinaten, den ich gern in Neapel behalten hätte, an meiner Universität, ließ mich spekulieren, und ich vertiefte mir das Bild von den euklidischen Parallelen, indem ich mir die eine ihrer beiden geraden Linien als meinen Geist und die andere als Gott dachte. Dann geschieht dort, wo sie notwendigerweise zusammentreffen, im Unendlichen und weit außerhalb jeder Begreifbarkeit, die größte Seligkeit: *Da berührt mein Geist Gott.*

Aber ach, er kann Gott nicht halten, denn er ist zu Gott unvollkommen angelegt von Anfang an. Die beiden geraden Linien, Gott und Geist, kreuzen sich in einem Augenblick des trügerischen Einsseins und wandern sogleich wieder und bis in alle Ewigkeit auseinander – weiter, immer weiter, und ich bin Gott wieder los: bin gottlos.

(...)

Zur Seele nun. Da Platon sagt, die Seele des Menschen sei göttlichen Ursprungs, muß sie stofflos sein, weil auch Gott, darin sind sich alle einig, stofflos ist, denn wäre er stofflich, dann gäbe es ihn auch; da es ihn aber als Voraussetzung dafür, daß es ihn gibt, nicht geben darf, wie die Theologen uns sagen, muß er stofflos sein, wie die Seelen der Menschen auch, die von ihm kommen. Da es nun viele Menschen gibt, muß es auch viele Seelen geben, auch wegen der von der Orthodoxie behaupteten individuellen Unsterblichkeit der Seele, die den Einzelmenschen je nach der Qualität seines Lebenswandels nach seinem Tod als gut oder böse in Himmel oder Hölle fortleben lassen soll. Die Annahme von Seelen ohne Stoff aber, die trotzdem viele sein sollen, sei etwas

Unerhörtes, lehrte um die Zeit meiner Geburt der hispanoarabische Philosoph ibn Ruschd, uns Christen besser bekannt als Averroes. Denn, so der Cordobese, die Ursache von Vielheit könne nur die Materie sein, während die Ursache der Übereinstimmung in der Vielheit die Form sei. Daß also zahlenmäßig viele Dinge, die in ihrer Form übereinstimmen, ohne Materie existieren sollen, sei umöglich.

Noch unmöglicher aber ist es, eine stoffliche Seele anzunehmen. Sie müßte im Leib des Menschen lokalisierbar sein. Das ist sie nicht. Sie müßte auch bei seinem Ableben körperlich himmelwärts entweichen. Das tut sie nicht. Nicht weil ich es für möglich gehalten hätte, sondern weil das Experiment zum Beweis einer Hypothese dem deduktiven Denken allemal vorzuziehen ist, ließ ich vor vielen Jahren schon einen auf den Tod kranken Häftling bei Anbruch seiner letzten Stunde, die ein Arzt mit einem kontraindizierten Trank kalkulierbar gemacht hatte, in ein Faß nageln. Er starb darin nach Programm. Aber weder begehrte danach eine Seele Auslaß, noch sah, hörte oder spürte man beim Öffnen des Fasses eine entweichen.

Mich genierte dieses kindische Experiment schon gleich nach seiner Beendigung, weil es menschliches Denken nicht stützte, sondern der Lächerlichkeit preisgab. Es lag an der Zeit, die unter dem Einfluß antiken griechischen Denkens, welches über die Araber in unsere lateinische Welt zurückkam, gerade anfing, sich abzuwenden von einer spiritualistischen, rein symbolisierenden Weltbetrachtung, hin zu Aristoteles und dem machtvollen Einbruch des Wirklichen in das Philosophieren. In derartigen Zeiten, wo man den Geist mit der Stimme des Feuers atmen zu hören glaubt, schwingt das Pendel der Gedanken leicht von einem extremen Ausschlag zum anderen zurück. Die bis dahin ganz und gar abstrakte Wissenschaft wurde plötzlich handgreiflich, da konnten Mordtaten an Logik, Ethik und Metaphysik nicht ausbleiben. Andererseits: Wer noch heute an die Fleischwerdung Gottes glaubt, hat kein Recht auf Spott über ein damaliges Denken, das eine Stofflichkeit der Seele nicht a priori als unmöglich ausschließen mochte.

Ich bin mir sicher: Es gibt keine individuelle unsterbliche Seele. Ich glaube mit Averroes und dem von ihm revitalisierten Aristoteles, daß die einheitliche Vernunft des Menschengeschlechts, die uns von den Tieren unterscheidet, unsere Seele ist und daß diese verständige Seele, die teilhat am *intellectus universalis* als dem ewigen Geist, in allen Menschen nur Eine ist, so daß ein individuelles Fortleben des Bewußtseins nach dem Tod entfällt, weil das, was an der menschlichen Seele individuell, eigen-artig ist, leiblich bedingt ist, also sterblich.

So hätte denn Platon in einem recht: Die Seele des Menschen, gottgegeben, himmlisch oder wie immer, hat ihren Sitz zuhöchst in unserem Körper, denn dort wohnt die Vernunft, die aus dem Denken kommt. Daß sie uns deswegen auch himmelwärts zöge, in den aufrechten, uns von den Tieren scheidenden Gang, weshalb dieser von der Seele herrühre, das bezweifle ich. Es richten sich auch die Affen meiner Menagerie so zwanglos auf und bewegen sich ohne Anstrengung so sicher auf zwei Beinen, daß es wohl noch etwas anderes als die Seele geben muß, das sie himmelwärts zieht, zumal sie den Platonschen Daimon gewiß nicht in sich haben. Auch kann keiner, der einen Blick für Tiere hat, umhin zu bemerken, daß auch den Affen beim Aufrichten die Hände wie von selber an die Genitalien gelangen.

Und hier geht das Ende meines Nachdenkens über Gott, die Seele und so weiter an seinen Anfang zurück: Es onanierte nicht nur Diogenes, es onanieren mit den Händen als einzige Tiere, soweit ich sehe, auch die Affen. Darüber, und über alle Implikationen daraus, hätte ich im Beisein des Diogenes gern mit dem großen Platon diskutiert.

Puer Apuliae

Du bist wieder da, Rudschero, sagte der Marabout. Kommst Du als Mann oder als Knabe?

Als Mann, sagte ich.

Hast Du Dich gereinigt, wie ich Dir riet?

Wenn Du den simplen Akt einer postkoitalen Waschung meinst, sagte ich, eine der Körperhygiene dienende Reinigung der Genitalhaut von den eigenen Sekreten und denen der Frau, dann ja. Wenn Du unter Reinigung aber einen spirituellen Akt verstehst, eine Art Häutung im Sand, der Schlange gleich, dann nein.

Ich meinte es muslimisch, also beides, sagte der Marabout. Das eine geschieht für die Nasen der Menschen, das andere für die Augen von Gott.

Ich bin Christ, heiliger Mann. Jedenfalls gefällt es mir, gelegentlich einer zu sein; es hat vor dem Gewissen seine Vorteile.

Was willst Du damit sagen? Es klingt zynisch, also hündisch, sagte der Marabout.

Ich las neulich in der Bibel, sagte ich. Im Evangelium des Johannes fand ich eine Stelle, die ich nur so lesen kann, als habe sich das Wort Gottes, sein Logos, in Jesus Christus verleiblicht, sei Fleisch geworden, damit die manichäische Leibfeindlichkeit nicht sagen könne, der Leib sei vom Bösen. Gott, so lese ich das, materialisierte sich in der Welt, weshalb die materielle Welt nicht von Grund auf schlecht sein kann. Wenn Gott harnt und sich entleert, wie Deine Hypothese lautet, dann können die dampfende Verdauung und das schleimige Gekröse des Gedärms nicht unrein sein. Wenn Gott der Potenz nach zu Erektion und Ejakulation fähig ist, zu jeder Zeit, in jeder Frau, dann kann die Kohabitation weder potentiell noch aktuell schlecht sein, und welchen Sinn sollte es haben, sich zu enthalten, wenn Gott in Gott selber auf die Erfüllung des Möglichen drängt?

Wir waren übereingekommen, sagte der Marabout, daß es einen fleischgewordenen Gott nicht geben könne.

Ich folgte Dir in Deine Gedanken, heiliger Mann, aber ich folgte Dir nicht in Deinen Glauben. Noch bin ich Christ, und ich sehe nicht, wie ich als christlich getaufter und gesalbter König je etwas anderes werden könnte. Kannst Du mir nicht ebenso in meine Gedanken folgen, ohne mir in meinen Glauben zu folgen?

Du hast nur Gedanken, Rudschero, und zu alte für Deine Jahre. Einen Glauben hast Du nicht, weder den Dir angetauften noch meinen. Du wirst Dich bald entscheiden müssen.

Ich bin noch jung, heiliger Mann, und habe Zeit. Averroes, von dem Du mir erzählt hast, sieht im Koran, und das gilt gewiß auch für die Bibel, ein Buch, aus dem nur der Ungebildete alles Nötige für seinen Glauben erfahren kann. Eine Übereinstimmung von Wissen und Glauben brauche er nicht, wie Du und ich sie brauchen, weshalb der Philosoph Gedanken denken dürfe, die nicht notwendigerweise im Glauben münden müßten.

Du legst die Philosophen aus, wie es Dir paßt, sagte der Marabout. Averroes zielte auf die Versöhnung von religiöser Offenbarung und wissenschaftlicher Vernunft. Im Zweifelsfall galt ihm das Wort des Korans.

Ein nüchterner Geist wie Averroes, sagte ich, einer, der nicht an die Unsterblichkeit der Seele glaubt und darum auch an einen Himmel mit darin umherfliegenden Engeln eigentlich nicht glauben kann, wie Bibel und Koran es implizieren, so einer erkennt den Koran als letzten Richter über sein Denken nur zum Schutz der eigenen Freiheit an, wo nicht gar zur Rettung seines Lebens vor der Orthodoxie, also im Herzen nicht. Und hat das spanische Kalifat ihn denn nicht schließlich auch verbannt und seine Lehren verboten?

Sie haben ihn vor seinem Tod rehabilitiert, sagte der Marabout. Aber worauf willst Du hinaus? Du redest, aber Du sagst nichts. In die Trinität Gottes, wenn es das ist, kann ich Dir nicht folgen, nicht einmal in Gedanken, denn sie wären absurd.

Aus dem Absurden kann Glauben fließen, heiliger Mann. Aber willst Du nicht wenigstens zuhören? ... Du seufzst, also wirst Du mir zuhören.

Du hast die mildernden Umstände, die dem Knaben zukommen, sagte der Marabout. Es pubertieren auch Deine Gedanken noch, verwechsle darum Schwellung nicht mit Reife.

Das Wogen der Leiber auf Straßen und Plätzen um die Goldene Muschel Ich Fleisch unter Fleisch im süßen Duft aus den Haaren der Frauen und dem strengen aus ihrem frischen Schweiß Hündisch auf der Fährte: nicht die aber die Im schnellen Schreiten das Andrängen an ihre linke Seite Die Begünstigung der lüsternen Absicht durch Eselskarren und Volk im Gegenstrom Das Überholen um einen halben Schritt Das Ausstellen des rechten Oberarms lauernd und sacht Die

Berührung schließlich wie im Zufall eines beengten Gehens: am Arm das unendlich süße Gefühl einer runden festen Brust durch das Erkennen ihres Fleisches zur nachhaltig brennenden Erinnerung gemacht Den Arm wie verbrannt an den Körper zurück Ein kehliges Wort der Entschuldigung Ein fragender Blick in große weit aufgeschlagene dunkle Augen: nichts Der neue Versuch: nicht die aber die Der augenfüllende göttliche Arsch an den der Meerwind die warme Wange schmiegt Nichts anderes mehr im Blick Die geahnte Teilung der Backen Ihr Schwingen im Rhythmus des Gehens Die saugende Nähe Das Eindenken zwischen die Schenkel: Haut klebt an Haut Lippe an Lippe: der sich selber küssende Mund Honig und Schweiß Hibiskus ganz nahe und Fische von fern Der Neid auf die Steine des Pflasters unter ihrem Schritt Der Neid auf die Luft unter ihrem Kleid Der Neid auf die Seide an ihrem Leib Der Neid auf den Wind der sie böig stößt Der Neid auf die Nacht die sie nackt sehen wird Der Neid auf das Wasser das sie benetzen und auf das Tuch das sie trocknen wird Die rinnende Nässe aus Achseln und Genital Der staubtrockene Mund Die sich vortastende Hand Das Gefühl wie es sein wird Eine letzte Vergewisserung von fremder Ahnungslosigkeit aus den Augenwinkeln rechts und links Die Kühnheit der Hand doch wieder gebremst von Angst und Scham aber nur die Sonne starrt Das taumelige Gehen durch endlose Straßen Der zerfließende Mut Die Bescheidung endlich auf Berührung des Fleisches nur mit dem Geist: das reinere Glück, die köstlichere Wonne, die kleinere Sünde Die Heiterkeit des Einfalls GOTT LEHNT SICH ZURÜCK: Na Gott sei Dank Das Murmeln der Menge im brausenden Chor ES IST DER KÖNIG mit Stimmen die nichts sagen und Blicken die nichts fragen nur die Sonne starrt Der Hohn eines plötzlichen Windstoßes der ihre Backen durch die Seide preßt. Das in den Hoden gefühlte Bild Die Rückkehr der Gier Die Dehnung der Angst zu mystischer Raserei: Nach der Berührung nun die Entblößung des Fleisches mit dem Geist Das imaginierte schwellende Weiß Die ins Dunkle strebende Schlucht Dessen Kühle und deren Glut Der Kniefall Das Einkrallen Die Spreizung: Anus und Vagina / Hure und Mutter Der trockene Brunnen im scheckigen Fleisch und der Mund der Maria im keuschen Flaum Das Mysterium im

Mittagslicht Die Entrückung in die Sphären Die Entkleidung der Mutter durch den Sohn Ihre Bettung in Wolken Ihre Nacktheit unter Schleiern Ihr Lächeln unter Schmerzen: KOMM ... Die die Hand greifende Hand Der den Leib suchende Leib Der zum Mund taumelnde Mund Das weit gedehnte Geschlecht Die Rückkehr in den Schoß Das einströmende Blut Die zurückgenommene Geburt Und das letzte Wort ist das erste: MUTTER ... Das Erwachen und das Sichverlieren in der Menge Die neue alte Vereinzelung Die Flucht wieder die Gärten Das Handanlegen im Schutz einer Palme und hinter zitternden Lidern das Einwühlen in einen namenlosen Schoß Das Aufwallen von Tränen und Samen ...

Warum redest Du nicht endlich? fragte der Marabout.

Ja sagte ich denn nichts?

Ich habe Dich gehört, obwohl Du nichts gesagt hast, und ich will Dir antworten. Wäre ich ein Christ und müßte ich den Propheten Jesus deuten, dann würde ich vorsichtig sagen, er sei gewiß nicht Gott, sondern Mensch, und zwar der *wahre* Mensch, dessen Größe sich nach dem Abstand bemißt zwischen dem, was er leiblich kann, und dem, das er sich geistig nicht erlaubt. Du weißt, was ich meine. Du und ich und alle andern auf der Erde sind mehr als Tier, aber weniger als Mensch, wenn es wahr ist, daß der Mensch, wie die heiligen Texte sagen, als Ebenbild Gottes entworfen ist. Jesus wäre dann dieser Mensch: Der Mensch in Gottes Person. So, und nur so, kann man ihn glauben. Und auch so ist er noch furchtbar genug in seiner Vollkommenheit. Gebe Gott, der einzige und wahre, daß dieser Jesus, den die Christen Seinen Sohn nennen, ein fernes Wunschbild der Menschwerdung bleibe. Er ist der Weg, nicht das Ziel. Wären alle Menschen ihm gleich, die Welt müßte zu einem lauen Brei werden, in dem das Gute nicht mehr wüßte, daß es gut ist, weil das Böse es ihm nicht mehr sagt. Die Menschen hielten das Leben nur für einen Durchgang in die Ewigkeit und den Tod für deren Tür, die sie in fröhlicher Beschränktheit hinter sich zuschlügen, ohne die Gewißheit der Auferstehung zu haben, denn diese ist, wenn sie ist, Pneuma, also Geist, und Himmel und Hölle sind Haschisch und Geißel in der Hand der Kirchen.

Du redest wie ein Häretiker, heiliger Mann, sagte ich.

Ich bin nur alt, sagte der Marabout, und gebe Dir meinen letzten Rat: Lebe, bevor Du stirbst.

Wir sahen uns nie wieder. Bald danach verheirateten sie mich. Ich war dreizehn, als sie in Saragossa, ohne mich, meine erste Ehe schlossen. Die Braut war dreiundzwanzig, Witwe eines Königs und Mutter eines Sohnes: die spanische Konstanze aus dem Hause Aragon. Es war, was sonst, eine im Vatikan ersonnene politische Ehe. Als Konstanze ein dreiviertel Jahr drauf in Palermo eintraf, 1209, dem Jahr meiner Volljährigkeit nach sizilischem Recht, und ich, gehorsamer Sohn der Heiligen Kirche, zu ihr ins Ehebett stieg, versagte ich kläglich. Da verließ ich sie. Im Hafenviertel suchte ich nach der sarazenischen Hure mit der großen weißen heiligen Narbe. Ich fand sie, und sie erlöste mich ein letztes Mal von dem Übel, das meine Kindheit war.

Textkritik

Als ich nach einiger Zeit der Abwesenheit von Foggia, wo ich an diesen Papieren gearbeitet hatte, das zuletzt Geschriebene noch einmal überlas, war ich unzufrieden. Ich bemerkte, daß ich wieder in die alte Gewohnheit zurückgefallen war, schreibend öffentliche Wirkungen erzielen zu wollen, auch das Echo zu kalkulieren, das schließlich wichtiger wird als der es auslösende Text. Ich werde, mit einem Wort, das Imponiergehabe des Logotheten nicht los. So kommt aber nur schwerlich Wahrheit in diese Papiere. *Versagte ich kläglich:* Das stimmt. Und stimmt doch nicht in dem herauslesbaren Sinn, daß mein Geist willig, also stark, und nur mein Fleisch schwach gewesen wäre. Es war durchaus willig, und schwach war der Geist, da ich die seltene Stunde mit jugendlichem Geschwätz zerredete.

Als ich neben Konstanze lag (heute, ein Menschenalter später, kann ich sie so schmucklos, das heißt liebend, nennen) – als ich also neben ihr lag und allmählich an meine Fähigkeit nicht mehr glaubte, diese widerwillig eingegangene politische Ehe noch vollziehen zu können (wie der die

Steife eines jeden Glieds abschlagende Terminus technicus lautet), als auch nichts mehr half, nicht einmal ein heimlicher Druck der Finger auf den Schwellmuskel zwischen Scrotum und Anus, da besann ich mich auf die sichere Wirkung, die bisher noch immer vom *Anblick* einer Sache auf mich ausgegangen war. Madame, sagte ich mit einer Munterkeit, die aus der Verzweiflung kam und mich als Herrn der Lage ausweisen sollte, Madame, ich weiß aus den naturkundlichen Schriften der deutschen Nonne Hildegard von Bingen, mit der mein Großvater Barbarossa korrespondierte und in deren beider Heimat der Weißstorch brütet, daß der gerade geschlechtsreif gewordene Jungstorch, den man (Sehen Sie her, Madame!) an seinen schmutziggrauen Beinen erkennt, bei der ersten Copula mit einer verwitweten Altstörchin, die ihn in ihr Nest aufzunehmen geruhte, Probleme mit der Stehfertigkeit hat (Nein, nicht damit, Madame, vielmehr): mit der Kunst, in naturgegebener Position, stehend auf der Stehenden, seine Kloake mit der ihrigen in Deckung zu bringen, damit die männliche *forma* dem weiblichen *menstruum* ein Neues aufpräge (Fragen Sie mich nicht, wie das geht, Madame!). Diese Kunst beherrscht nicht jeder Jungstorch auf Anhieb; schon beim Versuch stürzt er meistens ab, wobei er mit den Flügeln törichte Sätze der Ausrede redet, geschwätzig, wie ich wohl auch. Also, er stürzt ab. Natürlich ist die Altstörchin, wenn sich das wiederholt, darüber bekümmert, nehme ich an; einen Beweis für eine solche Seelenregung bei Störchen habe ich natürlich nicht, es tut aber auch nichts zur Sache, wie man den Vorgang wohl nennen darf, weil Liebe ja nicht im Spiel ist, wie bei uns (Ich sei zynisch?). Wichtig ist allein, was die Altstörchin dann tut (und was die heilige Hildegard natürlich nicht mit diesen Worten beschreibt): Sie wechselt die Stellung. Sie legt den Hochmut des stolz im Nacken getragenen Kopfes und der gestreckten Glieder ab und demütigt sich, werbend, vor ihrem jungen Gemahl, indem sie den Nacken nestwärts beugt und die Beine, quasi kniend, unter ihren erfahrenen Leib nimmt. So bietet sie ihm, der stabilisierenden Wirkung dieser erogenen Zone gewiß, den weißen Bürzel dar. Und so kommt man zum Ziel. Wollen Sie sich nicht drehen, Madame? Das braucht Sie nicht zu erschrecken, ich bin lediglich noch ganz erfüllt von anal beeinflußten Kindheitsträumen, die zu erklären jetzt nicht die Stunde ist.

Konstanze von Aragon schüttelte vehement die Locken, während ihr die Schamröte aus dem tiefen Ausschnitt des Hemdes, das sie nicht abgelegt hatte, bis an die Ohren stieg. Dergleichen perverse Wünsche, so sah sie das wohl, hatte sie bei ihrem ersten Ehemann, einem in päpstlicher Vollgnade hingeschiedenen königlichen Ungarn, wohl nicht erlebt und war doch auch so zu einem Sohn gekommen. Statt ihres leiblichen Kreuzes hielt sie mir, mit allen Zeichen des Entsetzens im Gesicht, das kleine goldene hin, das sie als getreue Tochter der Kirche auch nachts, oder gerade nachts, zwischen den Brüsten trug. Ich sollte es, so verstand ich die Geste, reuig küssen. Mir hingegen ging durch den Kopf, daß die lange Goldkette, an der das Kreuz von ihrem Nacken hing, mich bei diesem Kuß auf weite Distanz gehalten hätte zu ihrem nun beleidigten Fleisch. So verließ ich ihr Bett. Als ich sie, während ich mich ankleidete, weinen hörte, konnte ich Scham über mein rüdes Verhalten nicht unterdrücken.

Das Ende beschrieb ich schon: das Ende einer in Schmutz, Sünde und Seinsaneignung verbrachten Kindheit. Es liegt mir daran, dem Allgemeinen darüber, das alle kennen, das einzelne Besondere hinzuzufügen, das nur ich kenne. Auch wenn mich seine Preisgabe nicht ehrt. Ich könnte heute über Konstanze von Aragon so nicht mehr schreiben. Die Erinnerung an diese Frau, die ich später lieben lernte, würde mich daran hindern. Der Rückruf der Erinnerung aber an diese erste Nacht zwingt mich, wenigstens mich nicht zu schonen. Was Konstanze betrifft, so gelingt es mir nicht, soviel ich auch herumprobierte, einen ihr angemessenen Ton zu finden, zu lange schon ist sie tot, fünfundzwanzig Jahre. Die Frivolität in Ausdruck und Stil, die mein Handeln und Denken in jener Nacht richtig wiedergibt, hätte wohl haltmachen müssen vor der Beschreibung der Reaktionen Konstanzes. Aber wo meine Spottlust in Widerstreit gerät mit der Schicklichkeit, da siegt sie nur zu oft über besseres – das ist: zweckmäßiges – Wissen. Kann ich mich in der Diskussion noch beherrschen, so gelingt mir das beim Schreiben nicht immer. Hier ist sicherlich auch die Eitelkeit des Autors im Spiel, der gelernt hat zu berücksichtigen, daß sublimer Witz

und rascher Geist höher in der Publikumsgunst stehen als um letzte Genauigkeit bemühte Trockenheit. Das war immer so. Einen Mark Aurel rühmt man über die Maßen, einen Ovid liest man unter der Decke.
(...)

Mann aus Assisi

Guten Morgen, Mönch, und adieu einstweilen, bravo und wie fühlst du dich heute morgen ... Was soll das? Ich gleite ab in die Konversationsstilistik der Komödienschreiber. Damit kommt Geschwätziges in diese Papiere, ein die Gedanken nicht Beförderndes, etwas, das mir, als ich mich heute in einer Schreibpause im Garten meines Quartiers erging, erneut die Frage stellte, zu welchem Zweck ich meine Zeit über ihnen verbringe. Es kann mir doch nichts gelegen sein an eingestreuten Gefälligkeiten von Saloncharakter, mit denen schwächliche oder, was dasselbe ist: um Beifall buhlende Autoren ihrem Publikum eine Wirklichkeit vormachen, die sie ihm in Wahrheit schuldig bleiben, sind ihre Gedankengebilde doch bestenfalls wie Wandfresken, deren Tiefe allein von der Kunst des Malers stammt, den Raum optisch in die Fläche bannen zu können. Mir aber dient das Schreiben zur Annäherung an die Wahrheit, und auch das ist im Ergebnis noch zweifelhaft genug, denn es schließt Widersprüche ein, Gewichtsverschiebungen und Widerrufungen. Im Anfang, und im Fortgang immer wieder, ist ein jeder auf die eigene Person bezogene Text der Lüge näher als der Wahrheit. Milder könnte man sagen, daß der Mensch, sei er hochgestellt oder von niederem Rang, nichts lieber auf dem Leib trägt als die Eigenliebe, und auch nichts länger, denn während er den Körperschmutz in seinen Hemden im allgemeinen nicht lange toleriert, gewöhnt er sich, ist er kein Heiliger, nur zu leicht an den Schmutz der eigenen Seele. Um diesen zu lösen, ist für einen ernsthaften Menschen das bekenntnishafte Schreiben ein vorzüglicher Weg, den schon der heilige Augustin in seinen ›Confessiones‹ beging. Zwar wird nach dem Bischof von Hippo so bald kein anderer wieder den gewaltigen Intellekt haben, sich schreibend von einem ödipalen Hurenbock zum Kirchenvater, vom dualistischen Manichäer zum trinitätsbesessenen Überchristen zu entwickeln, aber sein Beispiel zeigt, daß sich ein Leben und ein Text zum Besseren eines jeden von ihnen innig miteinander verweben können und daß selbst ein häufiger Gestaltwandel, eine wiederholte Sinnesänderung, die Glaubwürdigkeit beider nicht mindern muß, wenn der Wandel, wie die abgelegten Raupen- und Puppenkleider der Schmetterlinge, den Weg eines von Natur aus Metamorphen mit den Zeichen der Faszination markiert.

Beginnt aber das Schreiben eines bekenntnishaften Textes erst, wenn das Leben, das er reflektiert, sich dem Ende zuneigt, wie wohl meines, so muß das Geschriebene sich auf eine andere Weise als die metamorphe der Schmetterlinge der Wahrheit der Endgestalt nähern. Hier kommt mir die Schlange in den Sinn. Indem sie sich häutet, vollendet sie sich, ohne daß sie eines würde, das sie nicht ist. Den Wandel bewirkt ein Unwandelbares: Die alte Haut ist jeweils um ein geringes kürzer und enger als die neue, und weil sie nicht mit dem Körper wachsen konnte, da sie aus Horn ist und starr wie der Schuppenpanzer des Ritters, mußte sie weichen. Das Wesen der Schlange bleibt davon unberührt; auch ihr Äußeres, das sie doch verliert, bleibt bei ihr; Gestaltbild, Zeichnung und Farben verändern sich nicht, der sündige Leib tritt von Häutung zu Häutung nur schärfer hervor und wird darum immer wahrer.

So sehe ich den Sinn meines Schreibens: Die Entledigung von Haut um Haut bis zum Erscheinen des letzten, des wahren Leibes. Und am Rande meines Weges, versteckt in den Landschaften dieser Papiere, werden meine alten Häute liegen, ihre Starrheit, die vom Stolz kam, geborsten, ihre Nahtstellen zum einstigen Leib gerissen unter den Erregungen der hochmütigen Seele und den Schwellungen des sündigen Fleisches, die Ablösung von ihm beschleunigt vom zu vielen eigenen, ins Blut zurückgekehrten Gift, die Farben ausgebrannt vom Feuer der Leidenschaften, die Zeichnung abgenutzt von der Blickgier der Welt, die nicht aufhören wird, die alternde staufische Schlange auf den Spuren ihrer vielen Häutungen zu suchen.

Als nun die Schlange ihre soeben abgestoßene alte Haut

betrachtete und sie so brüchig fand, daß sie den starren Blick demütig nach innen kehrte, um dort nach den Gründen für diese Brüchigkeit zu suchen, da fiel ein Schatten auf sie, gegen den sie sich nach ihrer Gewohnheit zischend erhob. Hier bin ich, Schwester Schlange, sagte Franziskus sanft aus der Sonne heraus.

Die Schlange drehte den Kopf und fixierte den Mönch mit goldfarbenen Augen, in deren Mitte die schwarze Pupille wie ein spaltweit geöffnetes Hadestor stand. Warum fürchtest du dich nicht vor mir? fragte sie. *Ich bin das Böse.* Alle Schatten, welche die Bäume, die Büsche und die Steine im Mittagslicht der gewalttätigen Sonne warfen, stellten das Wandern ein, denn die Zeit blieb stehen. Die Grillen schwiegen, die Falter ließen sich zu Boden gleiten, die Vögel verschwanden im Geäst. Ein Windstoß, der in der Luft kein Vorher und kein Nachher hatte, fuhr über alles hin. Luzifer, dachte der Mönch bei sich, hat die Flügel gerührt. Tapfer sagte er: Es gibt kein von Grund auf Böses, Schwester Schlange, sofern es ein von Gott Geschaffenes ist, denn nachdem Er alles, was in der Welt ist, geschaffen hatte, und so auch dich, betrachtete Er zufrieden Sein Werk. *Und Er sah, daß alles gut war.* So steht es im Alten Testament. Darauf glitt die Schlange bis dicht an die in offenen Sandalen steckenden bloßen Füße des Mönchs heran. Du kennst, sagte sie von unten herauf, unser beider Schicksalsverheißung: Ich schlage meine Zähne in deine Ferse und du zertrittst mir den Kopf. So ist es von Gott gewollt seit dem Sündenfall. Oder weißt du es besser? Es war etwas Lauerndes in der Körperhaltung der Schlange; es drückte sich darin aus, daß sie den Kopf schief hielt und ihn hinter die Mitte des in Ringen aufeinandergehäuften Körpers zurücknahm. Aber Franziskus ließ sich weder durch dieses Lauern noch durch die gefahrvolle Nähe der Schlange zu seinen bloßen Füßen ängstigen, und er sagte ihr auch den Grund für seine Zuversicht: Böse Taten werden in unseren Seelen geboren, und unsere Seelen, auch die deine, Schwester Schlange, stammen von Gott. Also fiele das Böse, das in unseren Seelen seinen Ursprung hat, auf Gott zurück. *Es wäre so, als hätte Er es gewollt.* Wer kann das, von einem liebenden Gott, glauben? Also kann es nichts Wirkliches geben, nichts Geschaffenes, das von Grund auf böse ist. Was ist, sofern es ist, ist gut, denn es hat Wesen, Ordnung und Gefüge. Die Schlange murmelte: Omne ens est unum, verum, bonum. Und sie gab ihre lauernde Körperhaltung auf, streckte sich der Länge nach in der Sonne aus und befächelte sich mit der Zunge eitel den Mund; ihre Augen lachten mit purem Gold, die Hadestore waren fast geschlossen. Alles sah ganz danach aus, als genieße sie das Gefühl, soeben von ihren Sünden losgesprochen worden zu sein. Franziskus war irritiert über die Wirkung seiner Worte auf die Schlange; er fragte sie, was sie soeben gesagt habe: Es schien mir Latein zu sein, und darin bin ich nicht sehr gut – sag es, bitte, im Volgare. Tutto bene, tutto bene, sagte die Schlange herablassend und räkelte sich. Die Schatten wanderten wieder, die Falter und die Vögel flogen, und die Grillen schrillten. Nein, nein, sagte Franziskus, ich habe nicht gemeint, daß es das Böse überhaupt nicht gebe, daß alles gut sei. Vielmehr wollte ich sagen, daß nichts in seinem Wesen böse sei, sondern allenfalls in seinen Eigenschaften. Substantia und die Akzidenzien, das Wesen und die Eigenschaften, lispelte die Schlange hochmütig, Aristoteles sendet Grüße! Franziskus nahm den Spott hin. Du wärest böse, sagte er zur Schlange, böse von Grund auf, hättest du als Antwort auf die Reize deiner Umwelt immer nur den Giftbiß und nichts als ihn. Indem du aber oft nur drohst, witternd mit horchender Zunge, auf Warnung mehr als auf Tarnung bedacht, bist du nicht böse im Wesen, denn nur der hinterhältige Stich, immer und in jedes, nähme ständig Gutes aus der Welt. Und nun, Schwester Schlange, nach der Substantia zu deinen Akzidenzien! Franziskus trat, bevor er weitersprach, vorsichtshalber einen Schritt aus der Reichweite der Schlange, als mißtraute er nun doch der Kraft seiner Gedanken. Aristoteles, sagte er, ist zu groß auch für dich, Schwester Schlange. Was dir von ihm aus dem Mund kommt, ist ein Halbverdautes, von dem nur du glaubst, daß es als Beweis für den Gehaltreichtum deiner Gedanken taugt, während es für den wahrhaft Wissenden, der sich den Philosophen ein Leben lang in verdaulichen Portionen einverleibte, nur einen üblen Geruch verbreitet. Im Sinne seiner Lehre bedeutet es, daß du zwar im Wesen ein gutes Tier bist, aber, neben anderen, eine überaus schlechte Eigenschaft hast. Ich meine die Eitelkeit des schwachen Intellekts, der sich nach Pfauenart eklektisch durch die Denkwelt der Großen spreizt und ihre Namen als Tribut an die Quelle seiner Erleuchtungen in scheinbarer Aufrichtigkeit in das geklitterte Eigene einflicht, in Wahrheit aber mit den großen Namen nur den Beweis für ein Wissen führen will, das mit ihnen bloß vorgetäuscht wird. Interessant, sagte die Schlange und gähnte mit weit aufgesperrtem Rachen, aus dessen Dach sich die langen Giftzähne krümmten. Ich bin nur ein *philosophus autodidactus,* sagte sie, einer, der als ein Attribut des Teufels aus der katholischen Religion ausgeschlossen wurde, wie du weißt. So mußte ich ganz ohne ihre Hilfen zur Erkenntnis Gottes und der Natur gelangen, auch der Weisheit, und ich war darin, glaube ich, nicht ohne Erfolg. Nur ein Viertes, die Tugend, schaffte ich wohl nicht, wie du mir soeben auseinandersetztest. Aber gar so halbverdaut, wie du tust, ist mein Wissen nicht. Omnem vim divinam in natura sitam esse, lehrte Straton, der Nachfolger des Aristoteles am Athener Peripatos. Ich übersetze es dir gern: Alle göttliche Kraft ist in der Natur gelegen, und das meint: *Ohne jenseitigen Geist.* Wir können also, wenn wir weiter über Wesen und Eigenschaften, über Gut und Böse der Naturgeschöpfe reden wollen, den Glauben beiseite lassen; zur Gewinnung der Vernunft ist er nicht nötig. Franziskus bekreuzigte sich und sagte schwach: Die Griechen, Schwester Schlange, waren Heiden. Die Schlange blinzelte und sagte: Aber auch sie hatten einen Gott, so leicht kommst du mir nicht aus. Ihr Gott hieß Nus und war das sich selbst denkende Denken, ein Gott der Abstraktion, aller menschlichen Eigenschaften entkleidet, die der Gott des Alten Testaments in Fülle hat, ein Denkziel nur, doch dabei nicht ohne Güte und Trost für solch schlichte Gemüter wie dich und mich: Wenn du ihn begreifst, dann ist er's nicht. Ich glaube, der heilige Augustin sah das nicht anders, und deine gelehrten Mönchsbrüder in Paris nennen Aristoteles sogar den *praecursor Christi,* soviel Latein verstehst du wohl. Die Schlange legte den Kopf in den Schoß und war sehr zufrieden mit sich. Franziskus sah sie langsam mit ganz anderen Augen, das heißt mit nach innen gekehrten, wo sie die Schlange auf dem Grunde seiner Seele liegen sahen. Es gibt dich und es gibt dich nicht,

Schwester Schlange, sagte er versonnen, wozu die Schlange schwieg, denn sie war sich nicht sicher, worauf der Mönch hinauswollte. Franziskus fuhr fort: Daß du bist, kann man nicht leugnen, denn ein jeder könnte, ließest du ihn, dich berühren. Aber das ist nur das eine und das Wichtigste nicht. Die Schlange hob den Kopf, weniger träge, als es in der Mittagshitze bei Abwesenheit einer Gefahr sonst ihre Art war; die Neugier war mit goldglänzenden Augen und einer ungeduldigen, Antwort fordernden Zunge wieder über sie gekommen. Und was ist das andere? fragte sie lauernd und legte den Leib wieder bedrohlich in schnellkräftige Ringe. Franziskus schloß vor ihr die Augen und sagte stimmlos in sich hinein: daß du nicht eigentlich bist, weil du nur das nach außen projizierte Abbild der Schlange bist, deren Urbild mir Gott zusammen mit den Urbildern aller anderen Tiere in die Seele gelegt hat, ohne daß ich sie alle zu benennen wüßte, ja sie auch nur kennte. Gott, der Herr, gewährte mir die Glückseligkeit, zurückkehren zu dürfen aus der nachsintflutlichen Verfinsterung seiner Liebe zu den Menschen in die Zeit seiner frühen Gnade, als sein Auftrag an uns noch nicht ergangen war, Furcht und Schrecken zu verbreiten unter allen Tieren auf Erden, den Vögeln unter dem Himmel und den Fischen im Meer; zurück auch noch vor die Zeit, da er Adam befahl, den Tieren Namen zu geben, damit ihm das noch namenlose Urbild Tier, das Gott dem ersten Menschen als dessen Bruder in die Seele gelegt hatte, in lauter Einzelwesen zerfalle mit einer großen Mannigfaltigkeit der Dienste und Nutzungen, die sie ihm, und sie sich untereinander, zu leisten vermögen, ohne daß das eine dem anderen, mehr als zur Stillung seiner Leibesbedürfnisse nötig, Schaden zufügen muß. So kommt es, Schwester Schlange, daß ich dich kannte, bevor ich dich traf; daß ich dich sah, bevor ich deiner ansichtig wurde; daß ich dich hörte, bevor du sprachst, und daß ich dich liebte, bevor ich wissen konnte, was du mir tun würdest, ein Gutes oder ein Böses. Und so wie es mir mit dir ergeht, nämlich daß du bist, obwohl du nicht bist, ergeht es mir mit allen Tieren, deren Urbild als eines vom voradamitischen, brüderlichen Tier Gott mir in die Seele legte. Die Schlange streckte sich wieder, ließ aber den untersten Körperring auf der Erde liegen, um den Kopf darauf zu betten;

so sah sie den Mönch besser. Da du mir, sagte sie, zum Bösen auch ein Gutes attestiertest (was war es übrigens?), wirst du ein Gleiches auch dem Wolf zubilligen müssen, der die Schafe der Hirten reißt. Und dann wäre es nicht rechtens, ihn zu erschlagen – sprich! Franziskus lächelte zur Schlange hinunter. Du bist listig, sagte er, aber dein Horizont ist, da du auf dem Bauch kriechst, nie sehr fern, und nicht viel weiter reichen deine Gedanken. Die Schlange hob sich entrüstet und blähte den Hals. Franziskus beschwichtigte sie, indem er rasch sagte: Nicht kränken wollte ich dich, Schwester Schlange, nur dir antworten und meiner Antwort eine Erklärung für ihre mutmaßliche Überlegenheit über deine Gedanken voranstellen. Er bat die Schlange, sich wieder zu entspannen, und sie tat es schließlich. Immer dieses Sichbrüsten mit dem aufrechten Gang! zischte sie in sich hinein. Franziskus beschloß bei sich, das überhört zu haben, wohnten doch in vielen Menschen (wenn auch nicht in ihm) Zweifel am Endnutzen einer Körperhaltung, die den Menschen in seiner göttlichen, geistigsten Ausprägung, nämlich in der eines Priesters der katholischen Kirche, in den Augenblicken größter Innerlichkeit, nämlich im Reden mit Gott, dazu zwingt, sich Ihm letztlich doch wieder auf dem Bauch zu nähern; so hatte Franziskus es in der Kirche Petri zu Rom gesehen. Er kehrte lieber zum Thema zurück: Wer den Bruder Wolf, sagte er, nur als eine reißende Bestie sieht, mit Haß auf alles Lebendige im Herzen und dem Blut unschuldiger Lämmer am Mund ... Mund! lispelte die Schlange entzückt, Mund! ... der sieht ihn mit den Augen und dem Verstand eines umbrischen Hirtenhundes, dessen Haß auf den Wolf seinen Ausdruck findet in den handlangen Eisendornen, die ihm zur Abwehr des wölfischen Erzfeindes strahlengleich aus dem Halsband starren. Der Mensch sollte sich nicht besser dünken als der Wolf, ißt er doch auch das Fleisch der Lämmer. Wie du, warf die Schlange genüßlich ein. Wie ich, sagte Franziskus und senkte den Kopf. Aber wenigstens, sagte die Schlange großherzig, streust du vor dem Mahl Asche auf das erbettelte Fleisch zum Zeichen deiner Reue. Nein, sagte Franziskus mit der eifernden Unbedingtheit dessen, der zum Heiligen fest entschlossen ist (seufzte aber doch leise unter der Last der nun auszusprechenden Wahrheit) – nein, Schwester Schlange, das Aschestreuen geschieht nicht zum Zeichen meiner Reue über den Tod des lieblichen Tieres, von dem ich esse. Ich tue es, um das Lustgefühl zu verderben, das sein Fleisch meiner Zunge und meinem Gaumen ohne Asche bereiten würde – Gott verzeih mir! Gut, gut, Bruder Franziskus, sagte die Schlange darauf wie in Ungeduld mit der ihr ganz unverständlichen Sündenauffassung des Mönchs, kehren wir doch zum Bruder Wolf zurück! Mag auch, was er den Herden antut, wirklich nicht viel schlimmer sein, als was den Schafen von euren Metzgern angetan wird, die ihr euch zum Zwecke der Tiertötung haltet wie unsereiner seine Reißzähne. Aber, bei all deinem Wohlwollen uns Tieren gegenüber, das kann doch allein nicht das Gute begründen, das du selbst im reißenden Wolf noch siehst! Was also ist das Gute in ihm? Er ist von Gott, Schwester Schlange, und darum ist er gut, sagte Franziskus mit, wie die Schlange fand, bescheidenem intellektuellen Aufwand. Den Kopf schiefgelegt und den Mönch anblickend, sagte sie: Du wußtest gut, warum du dir den Beinamen *homo simplex* wähltest. Aber Gott gab dir einen Verstand, so wie der Jäger seinem Fährtenhund eine lange Leine gibt: damit du dich mit größtmöglicher Selbständigkeit auf die Suche nach flüchtigem Gedankenwild begibst und nicht in allem und jedem bequem auf Ihn und seine allerklärende Omnipotenz vertraust. Franziskus dachte darüber nach. Die Schlange kroch träge seinem unter der Sonne wandernden Körperschatten hinterdrein, so lange brauchte der Mönch zu einer Antwort. Endlich sagte er: Ich begegnete in den Abruzzen einmal einem großen Wolf, und in mir entstand große Angst, denn ich war allein. Aber ich überwand sie, indem ich vor ihm nicht floh, sondern seine Nähe aushielt. Während ich ihn furchtsam betrachtete, verdrängte allmählich die Schönheit des Tiers – sein langer, edler Kopf, die wasserhellen Augen, das hohe Geläuf unter dem schlanken Leib, das gelb überlaufene graue Fell und die sprechende buschige Rute – das Bild des Grauens, das die alten Mythen vom Wolf als einer reißenden, zwischen den Gestalten von Mensch und Tier wandelnden Bestie von Kindesbeinen an in mir befestigt hatten. Damals kehrte ich unter dem Eindruck des mich sanft anschauenden Wolfes aus dem herrscherlichen

Ich meiner Art in das brüderliche Wir aller Gottesgeschöpfe zurück. Güte schwebte wie eine geflügelte Sonne zwischen uns hin und her und stieß sich an unseren erglühenden Seelen zu immer neuem Hin- und Herflug ab. Jedenfalls empfand ich es so und weiß es nicht anders zu sagen. Es kam mit dieser schwebenden Sonne die Erleuchtung über mich, daß alle Tiere, die wir wild nennen, ihr Wesen nicht von einer Wildheit haben, die so schon aus Gottes Hand kam. Der Sündenfall des Menschen erst hat sie böse gemacht, indem sie ihm folgten in seinem Sturz aus der Gnade Gottes. Kehren wir aber, wie ich es versuche, zu einem der Natur entsprechenden Dasein zurück und erheben wir uns aus den Niederungen der Sünde, lassen wir endlich ab vom Bösen, dann werden auch die Tiere zurückfinden zu ihrem ursprünglichen, sanften Wesen. Solche Gedanken, Schwester Schlange, bewirkte ein Wolf in mir, und weil ein ausschließlich Böses kein sehr Gutes bewirken kann, muß der Wolf im Grunde seines Wesens gut sein, und daraus folgt sein Recht auf die Verwirklichung seines gottgegebenen Lebensplanes, ob das dem Menschen nun von Nutzen oder von Schaden, von keinem von beiden oder von beidem ist. Die Schlange wiegte den Kopf wie im Zweifel. Deine Erleuchtung, sagte sie, ist so neu nicht mehr. Die Juden des Alten Bundes schon streuten sich Asche aufs Haupt wegen der Gewißheit, daß der Fall des Menschen aus Gottes Schoß in die Arme des Teufels auch die Tierwelt mit sich in seine Verderbtheit gerissen habe. Auch Paulus, den ich nicht mehr mag, weil er unsereinen als einen Ausbund von Falschheit im stets eifernden Munde führte, dachte so. Aber die zeitgenössischen Theologen sehen das, Gott sei Dank, ganz anders. Thomas von Aquin, ein Schüler des Deutschen Albert, den sie seiner Weisheit wegen Magnus, den Großen, nennen und der sich sowohl in der Heiligen Schrift als auch in der Zoologie vorzüglich auskennt, will mit Billigung seines Lehrers wissen, daß der Falke bereits im Paradies das Huhn geschlagen hat (was mir einleuchtet, denn was sollte ein Falke mit Äpfeln anfangen?) und daß, so der Aquinate weiter, die Güte Gottes das Universum nicht dergestalt konditioniere, daß sie nicht auch eine ganz andere Welt, will sagen eine bessere, aber auch eine noch schlechtere hätte erschaffen können. Damit,

Bruder, verblaßt deine vom Wolf inspirierte Erleuchtung, weil sie nur vor dem tiefschwarzen Hintergrund des Sündenfalls gesehen werden kann. Aber er fand nicht statt. Die Welt ist von jeher, wie Gott sie beabsichtigte: nicht gut, nicht schlecht, vom Fett der Sünde wie vom Magerfleisch der Tugend durchwachsen wie ein guter Eierspeck. Und vor allem: In einem Paradies, in dem es Fleischfresser gab, kann jemand wie ich, der mit einem der Eva dargebotenen Apfel doch zum Vegetarismus aufforderte, keinesfalls das Alphatier der Sünde gewesen sein! Im übrigen, das muß ich dir auch noch sagen, Bruder, nimmst du dir die Freiheit, Gut und Böse in der Natur nach der Ästhetik der Erscheinungen und nach deiner Moral zu bestimmen. Aber deine Moral ist nicht die Moral aller Menschen, und indem du die deine unter Anrufung Gottes absolut setzt, bezichtigst du den Hirten, der den Wolf in der Schafhürde erschlägt, der Unmoral; und indem du das Böse im Wolf, das niemand ganz leugnen kann, hinwegredest, beschwichtigst du das Lamm in seinen Zähnen mit der gelehrten augustinischen Sentenz, daß alles, sofern es nur Natur ist, auch gut ist: Omnis natura, in quantum natura est, bona est. Aber, fuhr die Schlange fort, du bist nicht einmal selber deinen Wertsetzungen treu. Man trug mir zu, du habest ein Schwein, dem ein neugeborenes Lamm zum Opfer gefallen war, zornig in eine Kotgrube gestoßen, es dann wüst verflucht und gar als Teufel geschmäht. Aber dein Bruder Schwein, nicht wahr, hat auch keinen edlen, sondern einen gemeinen Kopf, ein Paar böser kleiner Augen, ein niedriges und krummes Geläuf unter einem feisten Leib, einen fellfreien nackten Körper und einen absurden Ringelschwanz – nichts also, das geeignet wäre, deine Seele zur Liebe zu ihm anzuregen. Franziskus verhüllte, nun lautlos weinend, seinen Kopf in der Kapuze seiner Flickenkutte. Die Schlange glitt aus seinem Schatten hinaus in die Sonne, die den Leib des Tiers zu einem luziferischen Glänzen brachte. Ego te absolvo, höhnte sie zum Mönch zurück, dabei mit dem Kopf auf lockerem Hals ein Kreuz in seine Richtung schlagend. Dann verschwand sie in einem Blumenbeet aus Natternköpfen, deren purpurne Blüten unter dem Anstoß des Schlangenleibes wie Glocken schwangen.

Doch ich hörte keinen Laut. Auch Franziskus war, als ich nach ihm schaute, nicht mehr an seinem Ort gegenüber meinem Steinsitz im Garten des Hofquartiers. Der Sonnenstand sagte mir, daß ich den verabredeten Zeitpunkt für unser Nachmittagsgespräch längst versäumt hatte. Ich ging ins Haus zurück, um in den Notizen *ad acta F.v.A.* festzuhalten, was ich gesehen und nicht gesehen, gehört und nicht gehört hatte. Drinnen traf ich Occursius. Ob Franziskus und seine Gefährten endlich etwas gegessen hätten, fragte ich ihn. Ja, ein wenig Suppe, etwas Fleisch. Franziskus sei dazu um Asche eingekommen, mit der er das Essen für alle verdorben habe. Was es für Fleisch gewesen sei – vom Lamm? Occursius bejahte.
(...)

Sic transit stupor mundi

Eine Alternative zum (letzthin öfter von mir erwogenen) Abschied von Ämtern und Würden: rückschauend schreiben. Statt in eine ungewisse Zukunft, die Flucht in die Ruhmeshalle der Erinnerungen. Man schlendert in ihr von Nische zu Nische. In jeder steht auf marmorner Säule das eigene Ich in Gestalt einer Porträtbüste. Und während man von Ich zu Ich geht, summiert man sich auf das angenehmste zum Pluralis majestatis, zum herrscherlichen Wir. In einer Gesellschaft, derer man nie müde wird, kehren die Kräfte zurück. Man ist nacheinander vieles und danach alles wieder zugleich –
FREDERICUS DEI GRATIA ROMANORUM IMPERATOR. Doch eigentlich müßte es *Fridericus* heißen, mit einem *i* vorn und hinten und einem *e* nur in der Mitte. Aber das ging den Italienern schon immer durcheinander, und nun ist der Fehler, der einen meiner Kanzlisten schon einmal den rechten Daumen kostete, gar in Stein verewigt. Aber der neu aufquellende Zorn wird besänftigt durch die ungemein gute Qualität des Kunstwerks. Nimmt man große Ähnlichkeit nicht für das erste Kriterium, ist alles wohlgelungen: der römische Cäsarenkopf, das typisch staufische Nackengelock unter dem Lorbeerkranz, der nackte, sehr männliche Hals

zwischen faltiger Toga und trockenem, bartlosen Kinn und Kieferbogen, und der Mund, der gerade eine Sottise zu formulieren scheint. Eine Neuanfertigung der Büste, nur zur Korrektur des Namens in ihrem Sockel, könnte leicht zu einer Minderung der Bildnisqualität führen. Also lieber nicht. In der nächsten Nische ist man –

HIERUSALEM ET SICILIAE REX. Die Büste gleicht der vorigen. Bis auf den Mund. Er ist hier reiner, wohl weil unbeschwert noch von den Flüchen, die er in späteren Jahren gegen die Kirche stets auf den Lippen trug. Den Namen dessen, der die Kronen Jerusalems und Siziliens trägt, sucht man in seinen gemeißelten Titeln vergeblich. Wozu auch sollte er gut sein? Wozu ihn immer aufs neue meißeln, wo doch kein anderer als ich, Friedrich, hier seine Erfolge ausstellt. Eine Nische weiter dann –

POETA LAUREATUS. »Eine Selbstkrönung, wie in Jerusalem!« werden die nachgeborenen Homines criticissimi in ihren Rezensionen meiner poetischen Bemühungen schreiben. Sei's drum! Die Büste wenigstens ist wahr, wahrer, als ich es mir wünschen kann: frühes Fett an Kinn und Wangen, der Mund zu weich, der Hals zu kurz, das Haar zu lang, zu dünn, und der Schlangenblick, den man an mir bemerken will, weiß verschleiert, als läge eine Nickhaut über ihm. Hier wäre eine Neuanfertigung von Vorteil: Warum erst die Leiche schminken?

Dieser Gedanke holt mich einstweilen wieder zurück in die triste Gegenwart eines Mannes von fünfundfünfzig, der mit fiebrigen Darmentleerungen geschlagen ist, immer wieder und am Ende nur noch unter Abgang von Würde. Da fühlt man sich wenig prächtig. Während das Leben aus einem herausspritzt, ein stinkendes, ungeformtes Leben, dessen einzige Substanz sein Geschrei ist, scheint der Tod der letzte Weg zu sein, wieder zu Würde und Glanz zu gelangen: HIC SITUS EST ILLE MAGNI NOMINIS IMPERATOR ET REX SICILIAE FRIDERICUS II – nur Tag und Ort meines Ablebens sind noch hinzuzufügen. Aber neulich, während eines solchen Anfalls, als auch der Ekel mich wieder befiel, verwarf ich diese längst formulierte Inschrift für meinen Sarkophag in Palermo und entschied mich für das lapidare, dem Porphyrstein auch gemäßere OSSA

FRIDERICI. Nichts sonst, weil nichts sonst bleibt: *Friedrichs Gebein.*

Aber sie werden sich nicht daran halten. Rom ist geschwätzig geworden, selbst in Stein.

(1986)

Sintra – diesseits von Eden

Eine Reise nach Portugal.

Den Koffer noch in der Hand, das Scheppern der Hotelglocke im Ohr, sah ich ihn schon, den Ginkgo. Vergesellschaftet mit einer riesigen Araucarie, hob er seine fleischige, gelbgrüne Blattmasse über das mächtige Hoftor, an dem der Name meines Hotels stand: Quinta de São Thiago.

»Bom dia!« sagte eine leise Stimme in meinem Rücken. Nur zögernd löste ich den Blick vom Ginkgo und wandte mich der Stimme zu. Sie gehörte einem kleinen, sanft dreinblickenden Herrn von schwer bestimmbarer Abkunft. Er war aus einer Seitentür nach draußen gekommen, um mich einzulassen. Den Fremdländer in mir erkennend, wechselte er ins Englische. »Wir haben Gäste«, sagte er und hob Augen und Kinn gegen den Baum überm Tor, »die eigens im Herbst kommen, um den Ginkgo zu erleben, wenn er seine Farben tauscht. Er nimmt dann in jedem grünen Blatt vom Rand her ein buttergelbes Leuchten an, Farben, die in der Fülle der Töne und Blätter betörend sind!« Und er wiederholte das für einen Mann ungewöhnliche Wort: »Enchanting.« Ich dachte, daß es sich gut leben lassen müsse in einem Hotel, in dem man mit einem Gespräch über die Ästhetik eines Baumes begrüßt wird.

Was für ein Baum aber auch! Im ›Westöstlichen Divan‹ pries Goethe ihn in einem Gedicht an die Adresse seiner Muse Marianne von Willemer:

Dieses Baums Blatt, der von Osten
Meinem Garten anvertraut,
Gibt geheimen Sinn zu kosten,
Wie's den Wissenden erbaut.

Nach Weimar, wie überhaupt nach Deutschland, war der Ginkgo erst gegen Ende des 18. Jahrhunderts gekommen, aus China über Japan, wo ein deutscher Arzt im Dienst der niederländischen Ostindischen Kompanie, Kaempfer mit Namen, ihn als häufigen Tempelbaum entdeckt und 1712 beschrieben hatte. Der erste seiner Art, der von Japan nach Europa gebracht worden war, um 1730, wurde 1754 von Holland nach Kew bei London in den Königlichen Botanischen Garten verkauft. Da steht er heute noch, ein mächtiger Baum, respektvoll »The Old Male Tree Ginkgo Biloba« genannt (biloba – zweilappig –, der Form seiner Blätter wegen). Der Weg, der an ihm vorbeiführt, wurde absichtlich nicht asphaltiert, damit der alte Tempelherr auch an den Wurzeln Wasser und Luft bekommt. Über die botanischen Gärten von Utrecht und Leiden verbreitete der Ginkgo sich dann alsbald über die ganze westliche Welt – zum zweiten Mal in seiner Geschichte.

Der Ginkgo ist – nach den Baumfarnen – wohl der älteste aller Bäume, ein lebendes Fossil aus der Endzeit des Erdaltertums, als es noch keine Vögel und keine Säugetiere gab. Vor 250 Millionen Jahren schon, sagen die Botaniker, traten seine ersten Familienmitglieder auf, und die letzten 50 Millionen davon existierte er als Art ganz unverändert. Er sah Saurier zur Lebensuntüchtigkeit heranwachsen, sah die ersten Vögel sich vom Boden erheben, erlebte als längst fertiger Baum das Erscheinen immer neuer Säugetierarten und dann – erst kürzlich, aus seiner Sicht – das des Homo erectus.

Während die Erdgeschichte den Ginkgos anderswo klimatisch nicht mehr behagte, überlebte der *Ginkgo biloba* in China, wo er als ein »konservativer Endemit« in splendid isolation die ganze Evolution der Lebewesen und alle seine Feinde aussaß.

Heute, in einem neuen Zeitalter des Baumsterbens, schauen die Ginkgos so strahlend frisch, als wollten sie die Sorgenvollen unter uns fragen: Ist was?, selbst in New York, an der Fifth Avenue, auf den lärmenden, stinkenden Verkehr herab, ohne Schaden zu nehmen an Leib und Seele (die ich einem Baum zubillige). Für viele andere, phylogenetisch weit jüngere Baumarten laufen die Fließbänder von General Motors und Ford, Daimler-Benz und Volkswagen zu schnell, als daß die Bäume Zeit hätten, sich im Wege der Evolution an die automobile Giftfracht anzupassen.

Meine bescheidenen Ginkgo-Kenntnisse machten mich, der ich in der heute üblichen äußeren Verwahrlosung der Reisenden daherkam, in den Augen des kleinen, mich nun ins Haus führenden Herrn akzeptabel in einer Umgebung aus altem englischen Silber, noch älterem chinesischen Porzellan und öfter zu Besuch weilenden Exzellenzen. Darunter rechnet man in der Residenz São Thiago den deutschen Botschafter in Lissabon, einige ältliche, mit dem europäischen Großadel versippte Marquesas und, last not least, den »Pretender to the Throne of Portugal«, wie man einen von der portugiesischen Geschichte längst Vergessenen aus der Braganza-Dynastie hier skurril tituliert.

Mir wurde, meiner Natur-Vorlieben wegen, »The Birds Room« überlassen, eines von zehn nummernlosen Gästezimmern, das nach alten Stichen an seinen Wänden so heißt; sie haben ornithologische Motive, darunter eine Wildente, die mit einer komischen Halsverrenkung nach einer Libelle schnappt. Dieses Bild sowie zwei sich unter meinem Fenster immer wieder genüßlich flöhende Hunde, fünf Sorten Marmelade zum Frühstück, homemade, und immer auch Schwarzbrot auf dem langen Refektoriumstisch im Speisesaal – alles zusammen sollte alsbald bewirken, daß ich mich wohl fühlte und in guter Haltung sogar einen abendlichen Schlips um den Hals ertrug.

Ich schloß die Tür hinter mir; einen Zimmerschlüssel gab es so wenig wie Zimmernummern. It's not gentlemanlike, you know, schien die Ente, deren linkes Auge auf mich gerichtet war, blinzelnd zu sagen.

Während ich sie amüsiert betrachtete, fiel mir auf, daß ihre breiten Watschelfüße ziemlich genau der Form der Ginkgoblätter glichen, weshalb schon die alten Chinesen den Baum, wie ich heute weiß, Ya Chi nannten, Entenfuß. Aber obwohl er Blätter trägt, gehört er nicht zu den Laubbäumen, und obwohl er wie die Koniferen zu den Gymnospermen, den »Nacktsamern« gehört, ist er dennoch kein Nadelbaum. Und so paßte alles auf das schönste Unbestimmte zusammen: der Herr, das Haus und der Baum. Solche marginalen Unbestimmtheiten, das leitet sich von der Quantenphysik her, machen die Zukunft unberechenbar. Sie sind der Stoff, aus dem auf Reisen die kleinen geistigen Abenteuer wachsen.

Ich vertiefte mich in Lord Byrons Gedichte. Um seinetwillen, nicht des Ginkgos wegen, war ich nach Sintra gekommen, in sein Glorious Eden.

Sintra, eine gute halbe Autostunde nordwestlich von Lissabon gelegen, in einem mäßig hohen kleinen Waldgebirge und mit dem Atlantik in Sichtweite, ist seit Byrons Zeiten ein touristisches Muß aller nach Portugal kommenden Gebildeten. Kein auf sich haltendes Reisebrevier, das den britischen Poeten und Playboy, Lord und Liederjan nicht aus einem Brief zitiert, den Byron im Juli 1809, kaum daß er seinen Schulden entflohen war, aus Lissabon an einen Freund in England schrieb: »Es ist aber nur gerecht zu sagen, daß das Städtchen Sintra in Estremadura vielleicht das schönste in der ganzen Welt ist...« Später wird er dichten: »Sieh Cintras glorreich Eden dort sich heben...« Und so weiter im überschwenglichen, oft genug zwischen Kitsch und Kunst einhertaumelnden Wortrausch dieser von Jean-Jacques Rousseau und dessen sentimentalischer Natursicht beeinflußten Zeit.

Glorious Eden, da war es heraus, dieses auf den ersten Blick eher leichtgewichtige Dichterwort, das dennoch in keinem Fremdenverkehrsprospekt fehlt, der die Gegend um Sintra beschreibt. Es ist Ursache und Treibkraft des bildungsbeflissenen nordeuropäischen Iberien-Tourismus bis heute: Byron und kein Ende. – Zyniker sind an dieser Stelle versucht zu sagen, daß die zivilisatorischen Exkremente, als die sich der Massentourismus heute auch über Sintra ergießt, symbolisch vorgezeichnet waren in jenem Sommer 1809: Byron, mittellos geworden durch seinen großspurigen Lebenswandel, hatte seine Reise mit einem Griff in den Nachttopf seines Freundes Scrope Davis finanziert, der den Spielgewinn einer volltrunken verbrachten Nacht nachlässig in sein Nachtgeschirr gestopft hatte, neben dem Byron ihn schnarchend antraf.

Mir fiel dieses Detail aus der Vita des Lords ein, als ich auf dem Platz vor dem Sommerpalast der portugiesischen Könige um die in der Abendkühle dampfenden Misthaufen kurvte. Hinterlassenschaften der Pferde, die vor den immer bereitstehenden Kutschen auf neubyronsche Romantiker warteten. Der Dunggeruch vermischte sich innig mit den

Dieselabgasen der vielen auf dem Platz geparkten Touringbusse.

O Sintra! Schönstes Städtchen in der Welt? Das war es auch sicher schon zu Byrons Zeiten nicht gewesen, noch ohne Busse, Pizzabuden und Andenkennepp. Im nahen Lissabon ging er, wie er rüde nach England schrieb, nur mit Pistolen aus, fluchte auf portugiesisch, litt an Diarrhöe und zahllosen Moskitostichen. Poeten haben oft zwei Wahrheiten in der Brust: die eigene und keine.

Da ich der Natur wegen gekommen war, schenkte ich mir Alt- und Neustadt von Sintra, ging auch nicht in den Palast, in dem König Manuel I. auf die Rückkehr Vasco da Gamas und seiner Indien-Flotte gewartet und Philipp II. nach der Beugung Portugals unters spanische Joch Wohnung genommen hatte.

In den Waldfalten der Serra de Sintra dann fand ich Byrons Eden:

Die starren Felsen morsche Klöster tragend
Des Berges Moos, vom Sonnenbrand gebräunt,
Den weißen Korkbaum, Klüfte überragend,
Das tiefe Tal, das sonnendurstig weint,
Die ruhige Flut, die bläulich widerscheint ...

Byron-Kommentatoren haben des Dichters glorioses Paradies in Monserrate lokalisiert, ein paar Kilometer außerhalb von Sintra. In der XXII. Stanze seines Versepos ›Childe Harold‹, das Byrons abenteuerliche Reise über Portugal und Spanien, Malta und Albanien nach Konstantinopel zum Gegenstand hat und das ihn europaweit berühmt machte, findet sich ein Hinweis auf das Paradies eines gewissen Vathek, unweit des »Prinzenpalastes« von Sintra gelegen. D. G. Dalgado, ein portugiesischer Gelehrter, war noch 1919, 110 Jahre nach Byrons Portugalaufenthalt, so gekränkt über des Engländers Willkür, allein Portugals Natur bewundernswert, die Portugiesen aber schmutzig, feig und faul zu finden und also unwürdig dieser Natur, daß er ein ganzes Buch – ich entdeckte es in Münchens Staatsbibliothek – darauf verwandte, in Byrons Lyrik viele, auch einem Genie unverzeihliche Sachfehler nachzuweisen.

Auf den »Prinzenpalast« sei der Dichter gekommen, weil zu jener Zeit ein Prinzregent im Königsschloß von Sintra residierte; um kein anderes Schloß könne es sich handeln. Und Vathek, das nun weiß der Literaturbeflissene, ist der Titel eines noch heute vielgelesenen orientalischen Schauerromans des englischen Schriftstellers William Beckford. Der wiederum hatte sich im Jahre 1794 in Monserrate eingemietet und Park und Palast nach seinem – pseudoorientalischen – Geschmack erneuert.

Aber Beckford war nicht der erste spleenige Engländer auf Monserrate gewesen. Vor ihm, von 1790 bis 1794, hatte ein Gerard de Visme das Gut von der Familie des Vizekönigs von Indien, den Castros, gepachtet und an der Stelle des im großen Lissaboner Erdbeben 1755 eingestürzten Hauses einen neugotischen Palast errichtet, den Beckford in Anlehnung an seinen papierenen Kalifen Vathek orientalisierte – eine dem ererbten (Beckford) oder zusammengerafften (De Visme) großen Geld zu allen Zeiten oft eigentümliche Empfindungslosigkeit gegenüber gewachsenen fremden Kulturen.

Lange vor Byron also hatte wenigstens einer, Beckford nämlich, Monserrate als »Paradies auf Erden« beschrieben, als »Garten der Hesperiden«. Nie habe er, las man von ihm in England, Pflanzen von außergewöhnlicherem Wuchs und außergewöhnlicherer Lebenskraft gesehen wie auf diesem meernahen, von oft nebliger Feuchte und subtropischen Temperaturen begünstigten Boden.

So war Lord Byron zu seinem Eden gekommen, das, wie wir nun wissen, schon damals nicht freie Natur, sondern ein von Gärtnerhand geformter Park war. Eden ist ja immer nur als Garten, nie als ungezähmte Natur gedacht worden, vor deren Wildheit die Rousseaus und die Byrons allenfalls in Angst, nie in Anbetung auf den Knien lagen.

Von der Quinta de São Thiago, in der ich wohnte, kann man das Paradies bequem zu Fuß erreichen. Nicht ein abweisender Erzengel bewacht es mit dem Schwert, sondern, von neun bis sechs, eine liebenswürdige Matrone mit klappernden Stricknadeln. Für den Gegenwert von 20 Pfennigen zugunsten der Wohlfahrtseinrichtung Santa Casa da Misericordia, Gruppen die Hälfte, erhält man Einlaß.

Für zwei Groschen, Damen und Herren, ist hier nach dem geistigen der natürliche Tod eines Zeitalters zu besichtigen, das man Romantik nennt. Die pantheistische Gottheit Jean-Jacques Rousseaus und Lord Byrons hat sich augenscheinlich abgewandt von dieser vegetativen Inkarnation einer Naturidee, die eine Kopfgeburt weltschmerzlichen romantischen Denkens war, mit der Illusion einer zweiten, anthropogenen Schöpfung als Hebamme und mit der Lüge, dies sei die bessere, weil humanere Natur, als Ziehmutter.

Rousseau, der in Wissen und Wissenschaft die Quellen aller irdischen Übel sah und in seinem »Zurück zur Natur« deren Heilung; Byron, der die Natur eingestandenermaßen nur mit den Augen eines Malers wahrnahm, die Sätze, die er schrieb, als deren Topographie verstand und seine Wörter als deren Farben, der aber nie, schon im Urteil hellsichtiger Zeitgenossen nicht, zu einer auf Wissen, auch nur auf Nachdenken beruhenden Natursicht gelangte – diese beiden Protagonisten der Naturromantik sind im Park von Monserrate in ihrem Scheitern zu besichtigen: ihre Ästhetik erwürgt vom Efeu, ihre harmoniesüchtigen Sentiments widerlegt vom gnadenlosen Kampf der Pflanzen um Licht, ihr Tränenfluß, der einst so viele Gärten Europas zum Blühen brachte, versiegt zum zittrigen Strahl aus dem Gießschlauch eines letzten Gärtners dort, wo einst 15 seiner Zunft der Natur mit Säge und Pflanzspaten menschliche Vorstellungen davon aufzwangen, wie sie zu wachsen, wie sie auszusehen habe.

Das schwierigste Problem aller Gärten – angefangen bei den mittelalterlichen Klostergärten, verschärft bei den Architekturgärten der Renaissance und nur scheinbar beherrscht in den geometrischen Buchsbaum-Orgien des französischen Rokoko – dieses Problem ist bis auf den heutigen Tag die Grenze, wo ein jeder Garten am Ende in seine natürliche Umgebung übergehen muß. Mit der wachsenden Ausdehnung, welche die Gärten im Verlauf ihrer langen Geschichte nahmen, mit ihrem Bedeutungswandel auch vom Kräuter- zum Lustgarten, verboten sich die Mauern. Man trieb die Alleen nicht nur in Versailles, oft unter Auslöschung ganzer Bauerndörfer, so weit an den Horizont, daß die Baumreihen oder Buchswände sich vor dem Blick perspektivisch schlossen.

Als die Engländer sich gegen die sterilen französischen Palastgärten aufzulehnen begannen und der vorgefundenen Natur nur noch sanfte Gewalt antaten, sie formten, wie ein Maler sie im Kopf haben mochte, mit gekurvten Wegen, weiten Rasenfreiflächen, pflanzlichen Vorder- und Mittelgründen, mit Licht- und Schattenwirkungen sowie mit perspektivisch raffiniert gegeneinander versetzten Baum- und Buschgruppen, da gingen sie das Problem der Grenzen mit Wassergräben an und versenkten Zäune in sie hinein, damit das schweifende Auge keine Belästigung erfahre.

Der Monserrate-Park ist als englische Schöpfung ein Landschaftsgarten, wenngleich einer mit starken exotischen Akzenten. Seiner Hanglage wegen, an der Flanke eines Hügelzugs, verboten sich Wassergräben als Grenzen. Man löste das Problem gut kapitalistisch, indem man mit unwiderstehlich großem britischen Geld alle Nachbargüter aufkaufte und deren Flächen beließ, wie man sie vorfand: als meist lichten Wald, in dem Nadelhölzer sowie Eichen, Akazien und immergrüne Bäume wie Lorbeer und Wildoliven vorherrschten, teils gemischt und teils, so die Pinie, im Reinbestand.

Die Quinta de São Thiago, mein Quartier, gehörte bis in die zwanziger Jahre dieses Jahrhunderts ebenfalls zum Monserrate-Besitz, der vor seiner Auflösung über 140 Hektar groß gewesen war. Alle diese Quintas um Sintra, bis heute nicht selten von bedeutendem, auch kunsthistorischem Wert, waren in den Händen des portugiesischen Adels oder des Lissaboner Besitzbürgertums. Sie dienten der Erholung von weltweiten Geschäften. Sein Geld machte man anderswo. Im Besitz enthaltene landwirtschaftliche Nutzflächen wurden verpachtet. Man selbst genoß ein Landleben, wie es mit Horaz schon die reichen Römer geschätzt hatten und Vergil es einer römischen Oberschicht in seiner ›Georgica‹ agrardidaktisch zu vertiefen suchte.

Aber Vergils augusteisches Landleben ist längst, war wohl immer schon weitgehend von der Wirklichkeit abgehobene Literatur, zum Nachlesen mehr denn zum Nachleben geschrieben. Die »Vita rustica« der reichen urbanen Römer – ein angelesenes soziales Klischee, Me-too-Verhalten würde man heute sagen, ein mit Sesterzen erkauftes »Et in Arcadia ego«. Auch ich in Arkadien! Den ärmeren Schichten Roms dagegen blieb dies Arkadien eine »lorbeerumduftete Hoffnung«, um ein Wort Hermann Brochs aus seinem Roman ›Der Tod des Vergil‹ zu zitieren. Aber indem sie Arkadien als Traum begriffen, waren sie der Wahrheit sehr viel näher als jene, die in ihm zu leben wähnten: Das geschichtliche Arkadien, die gebirgige Mitte der Peloponnes, ist ein unwirtliches Land, wo keineswegs »goldige Äpfel die Wälder durchhingen« (Broch), sondern kriegerische Gedanken.

Aus dem antiken Traum von einem glücklichen Arkadien wurde, nicht nur in Portugal, eine politisch mißbrauchte Ideologie: Indem die Grundherren ein Leben nahe der Natur, also nahe dem Ursprung alles Seienden lebten, eines, das darum ethisch priviligiert zu sein schien, gottnah, wenn nicht gottgegeben gar, wehrten sie, lange genug, den auf soziale Veränderung gerichteten Willen der Unterprivilegierten ab. Marie-Antoinette inszenierte in Versailles mit ihren Hoffräulein, allesamt bäuerlich kostümiert, ein parfümiertes Landleben.

Daß die Natur denen, die sie solcherart besaßen, nur seelische Nahrung zu geben hatte, nicht auch materielle, war für sie von Vorteil: Der Wald wurde wenig oder gar nicht genutzt; für seine licht- und raumbedürftige Verjüngung sorgten und sorgen sporadische Feuer. Ansonsten spendete er Abgeschiedenheit und Schatten und selige Gefühle. Heute indes, und schon seit den zwanziger Jahren unseres Jahrhunderts, ist dieser in Monserrate inzwischen in Staatsbesitz übergegangene lusitanische Wald dabei, sich ebenso lautlos wie unerbittlich, krakengleich, Byrons Eden zurückzuholen, dem er unter dem Diktat englischer romantischer Ideen seit Mitte des 18. Jahrhunderts hatte weichen müssen. Die einstigen Grenzen des Parks verengen sich mehr und mehr um den sich maurisch gebenden Palast der Cooks. Diesen Palacio allein wird der Wald einstmals, wenn alle Berichte über Monserrate mit »Es war einmal...« beginnen werden, aussparen und inmitten seines dann dichten Grüns dulden wie eine überreife schöne fremde Frucht.

Die Cooks also endlich. James Cook, so liest man es gelegentlich in Reisebeschreibungen, habe 1856 Monserrate von der portugiesischen Castro-Familie gekauft. Aber der es kaufte, hieß in Wahrheit Francis Cook und war ein reicher englischer Geschäftsmann: Mit dem viel früheren Seefahrer und Entdecker James Cook hat er nur den in England nicht eben seltenen Nachnamen gemein. Es ist eine Frage wert, wovon Sir Francis – er wurde 1886 geadelt – mehr verstand: von der Natur, die er als neuer Herr auf Monserrate zum dritten Mal, nach De Visme und Beckford, zu verschwenderischer Pracht formte, oder vom Geld, denn er erwarb das riesige Gut im Tausch gegen Effekten im Nominalwert von 40 000 Reis – der Kurswert betrug weniger als die Hälfte. Die Castros brauchten Geld, und das schnell. Gerade aus Indien zurückgekehrt und geschlagen mit dem zu Repräsentanz verpflichtenden Status von Ex-Vizekönigen, standen sie vor den Ruinen ihres im großen Lissaboner Erdbeben von 1755 zusammengestürzten Palastes. War für Voltaire dieses Desaster pompejanischen Ausmaßes (es kostete mehrere Zehntausend Menschen das Leben) ein Beweis gegen Leibnizens Lehre von dieser als der »besten aller möglichen Welten« – für Großspekulanten war es eher, wie auch das Großfeuer, das 1988 die Lissaboner Altstadt zerstörte, eher ein Beweis dafür.

Nur fünf Jahre brauchte Francis Cook, um das verfallene Beckfordsche Palais auf dessen Grundmauern so zu errichten, wie es noch heute zu sehen ist, und die Gartenlandschaft drumherum nach seinem Geschmack neu zu ordnen und zu bepflanzen. Weil Geld kein treibender Dünger für Pflanzen ist, zumal für Bäume nicht, werden sich Cooks Gärtner im wesentlichen auf vorsichtiges Roden und auf das Ausbringen von Blumen und Büschen beschränkt haben, auf eine neue, verschwiegene Führung der Wege und auf dramatische Akzente aus Palmen und Baumfarnen, die vor allen anderen Pflanzen »Eden« signalisieren.

Eine Viererlösung wurde verwirklicht. Der Verkaufsprospekt über Monserrate aus dem Jahre 1929, von dem ein Exemplar noch in der Bibliothek von São Thiago gehütet wird, nennt sie: Allgemeiner Garten, Rhododendron-Garten, Botanischer Garten und Tropischer Garten. Klar voneinander geschieden waren sie wohl nie; heute sind ihre Grenzen unter der üppigen Naturverjüngung der Randwälder, des Farns und vor allem des Efeus vollends verwischt.

SINTRA – DIESSEITS VON EDEN

Wer die annähernd 3000 Pflanzenarten, von denen in englischen Gartenzeitschriften früherer Jahre die Rede gewesen ist, identifizieren wollte, müßte wohl einen Urlaub auf Knien verbringen und würde dennoch kein Bild von Byrons Eden ernten.

So boten sich mir nur zwei Arten der Betrachtung an: ein aufs Ganze gerichteter, panoramahaltiger Blick von der den Palast umlaufenden Terrasse und ein aufs Detail beschränktes Studium hier sich abspielender vegetativer Dramen.

Ein Panoramagang ist schnell abgeschritten. Er beginnt mit der den Palasteingang beherrschenden Pracht der Strelitzien, auch Paradiesvogelblumen genannt. Kanaren-Touristinnen schleppen sie armweise und in Plastikfolien verpackt nach Hause.

Der weitere Gang führt westwärts um den Palast, dem Atlantik zugewandt, der blau durch das Schwarzgrün der Kiefern und Zypressen schimmert. Manchmal halten diese Bäume in ihren von Alter und Wind ausgedünnten Armen, wie ein Bild in einem beschädigten alten Rahmen, minutenlang ein in der Ferne dahingleitendes weißes Schiff. Ich konnte mich solchen unzeitgemäßen Metaphern und wenig reporterhaften Abschweifungen um so ungestörter hingeben, als der Park, während ich dort war, tagelang geschlossen, also leer von Besuchern blieb; man drehte in seinem exotischen Inneren einen Kostümfilm, und der technische Rummel konzentrierte sich auf ein steingefaßtes Seerosenbecken mit einer zu ihm hinabführenden Prachttreppe aus bemoostem Marmor – Baulichkeiten, an denen sich einem Kinopublikum die vergangene Zeit augenfälliger darstellen läßt als etwa an den dichten Nadelbärten um den Stamm einer mächtigen kanarischen Kiefer. Sie zieht den Blick auf sich, wenn man den Terrassengang fortsetzt und, nun südwärts gewandt, den Meerblick gegen eine Bergsicht eintauscht.

Der Monte Bedel, der das Panorama hier abschließt, gehört zum Monserrate-Besitz. Mit seinen 300 Metern Höhe wirkt er nur deshalb als Berg, weil die Serra, der die Stadt Sintra den Nachnamen gab, sich nach einem Zehn-Kilometer-Anlauf vom Atlantik her, über flaches fruchtbares Land, in einem einzigen Schwung aufstellt, eine mächtige Woge, auf deren Kamm sich der Wald zu brechen und in windbewegten Streifen, den Schluchten folgend, zurückzufluten scheint, hinab wieder zum Monserrate-Park, der blüten- und blattschwer auf halber Höhe dieser versteinerten Woge liegenblieb.

Mit dem Blick zum Monte Bedel erschließt sich auch das ästhetische Prinzip, das die englischen Landschaftsgärten beherrscht: die Einteilung in Vordergrund, Mittelgrund und Hintergrund. Der Vordergrund, das ist hier die säulengeschmückte Palastterrasse mit ihrer Blumenumpflanzung. Deren Vielfalt lenkt den ruhesuchenden Blick auf den Mittelgrund, der fast immer eine große Rasenfläche ist, in Monserrate nicht anders als in England oder im Münchner Englischen Garten. Damit es dem Blick auf ihn nicht langweilig wird, setzen raffiniert gestaffelte Baumgruppen, Koniferen und Zypressen, dunkle Akzente auf das helle Grün des Grases. Das freilich hat aufgehört, makelloser Rasen, lawn, zu sein und ist wieder zu Wiese geworden, aus der lange Rispengräser schießen und Disteln hervorstechen.

Dieser Mittelgrund schließt sich vor einer Kulisse aus kanarischen Phoenixpalmen mit langwedeligen erdwärts gebogenen Kronen und, fächerartig himmelwärts strebend, kalifornischen Washingtoniapalmen. Dazwischen und dahinter die Araucarien, mächtige und vom Alter deutlich gezauste stachelige Südamerikaner, deren Vorfahren einst als Samen in der Westentasche eines gewissen Archibald Menzies, Pflanzensammler des Botanischen Gartens von Kew, England, ihren Weg nach Europa antraten.

Menzies war Bordchirurg und Botaniker auf dem königlichen Vermessungsschiff des Kapitäns Vancouver gewesen. So kam er in den neunziger Jahren des 18. Jahrhunderts auch nach Chile. An der Tafel des spanischen Gouverneurs, an die er geladen worden war, wurden zum Nachtisch, landesüblich bis heute, die rohen Samen von *Araucaria araucana* gereicht. Menzies kannte sie nicht, steckte sie darum, statt in den Mund, direkt in die Tasche und ließ sie alsbald in seinem Bordgewächshaus in Töpfen keimen. Als das Schiff in England zurück war, ging Menzies mit fünf hübschen und gesunden kleinen Bäumen an Land. Einer von ihnen lebte in Kew hundert Jahre lang.

Es ist zu vermuten, daß sowohl Beckford als auch Cook

viele, wenn nicht alle der in Monserrate angepflanzten Exoten aus Kew bezogen. Dieser wohl berühmteste aller botanischen Gärten ist bis auf den heutigen Tag eine allererste Adresse, wenn es um Bestimmung oder Bezug fremdländischer Pflanzen geht. Ausgeklügelte, an die Bedürfnisse von Samen oder Schößlingen angepaßte Verpackungen ließen und lassen die empfindliche lebende Ware meist gut ankommen, ob mit der Karavelle von damals oder der Boeing von heute.

Es ist ziemlich sicher, daß auf diesem Weg auch der kalifornische Redwood-Baum, *Sequoia sempervirens,* den Weg nach Sintra in Portugal fand – auch er übrigens eine Entdeckung von Archibald Menzies. Ich fand diesen Riesen, dessen schrundige, von Siena-Rot durchschossene Borke jedem Daumendruck nachgibt, in einem anderen Park von Sintra, in Pflanzreihen stehend, wie man das bei uns von den handgemachten Fichtenkulturen kennt.

Die weiteren Teile des Parks sind einem Rundblick von der Terrasse entzogen. Hinreichend zu beschreiben wären sie ob ihrer Arten- und Individuenfülle nur in Form einer langatmigen Namensliste. Nur einem Teil des Parks muß ich noch ein paar Zeilen widmen. Es ist der Teil, der mit Abstand vor den anderen als der zu gelten hat, welcher Byron dessen Wort vom gloriosen Eden eingab. Unterhalb des Palastes, im Dämmerlicht riesiger Korkeichen und Platanen gelegen, durchzogen von einem steil fallenden murmelnden Bach, gesäumt von rotblühenden japanischen Kamelien, Rhododendren und Magnolien, eingesprenkelten Fuchsien und Azaleen, senkt sich das Tal der Farne zum Fuß der Serra ab. Farne über Farne!

Aber es sind nicht die niedrigen, harmlosen, wie immer hübsch anzuschauenden Farne unserer Waldböden, es sind die Baumfarne Australiens, von hüfthoch bis haushoch, in Gesellschaft wachsend und allein, immer aber das Filigran ihrer palmartigen Wedel vor den blauen Himmel haltend, sein grelles Licht dämpfend, Feuchtigkeit verströmend und paradiesische Ruhe. Hier, in diesem außerirdisch anmutenden Tal, kommt die armseligste, von der Zivilisation ausgelaugte Phantasie zum Blühen, sieht sie im Geist paradiesisch sanfte Menschen wilde Tiere streicheln ...

Daß Byron in seinem Monserrate-Lob den Begriff »Eden« verwendete, entsprang keineswegs sprachlicher Beliebigkeit, war nicht nur der Gebrauch eines allgemein üblichen Begriffs für ein unüblich schönes Landschaftsbild. Vielmehr war Byron vertraut mit einem abendländischen Denken, das bis in seine Zeit hinein in botanischen Gärten – und ein solcher war Monserrate seiner weltumspannenden Pflanzenvielfalt wegen ja auch – den Versuch sah, Miltons »Lost Paradise« wiederherzustellen, nachdem man es vergebens bis hin zu den beiden Amerikas und in Afrika in gläubigem Ernst gesucht hatte.

Amerigo Vespucci nicht anders als Vasco da Gama und Kolumbus hatten teilgehabt an dieser Suche, und glaubten sich angesichts der unbekannten Pflanzen- und Tierwelt, auch der sanften Menschen wegen, die sie auf ihren Entdeckungsreisen antrafen, oft genug nicht nur dem biblischen Garten Eden greifbar nahe, sondern auch inmitten eines neuen, nach dem siebten Tag erschaffenen Teils der göttlichen Schöpfung. Als die Portugiesen 1419 Madeira gefunden hatten und ihres Staunens kein Ende war ob der paradiesischen Pflanzenpracht eines scheinbar ewigen Frühlings, da tauften sie den ersten dort geborenen Knaben Adam und ein ihm nachfolgendes Mädchen Eva. Und in Brasilien suchten sie mehr als 100 Jahre lang nach dem Garten Eden. Bis zum Ende des 17. Jahrhunderts hielt die Neugier und die Hoffnung auf ihn die Phantasie vieler Menschen gefangen.

Die neuen Pflanzen, die man entdeckte, Tiere ebenso, wurden Bestandteile eines leidenschaftlich gespielten Puzzles, und das zusammengesetzte fertige Bild hieß »Botanischer Garten«. In Südafrika, am Kap der Guten Hoffnung, unterhielten die Holländer seit 1652 einen großen Frucht- und Akklimatisierungsgarten. Er lag am Schnittpunkt der Seewege nach Ost und West und gab nicht nur den skorbutkranken Seeleuten Vitaminkost, sondern den Pflanzen, die von ihnen in Samenform mitgebracht wurden, einen ersten Wurzelgrund. Sogar Gewächshäuser auf den Achterdecks der Schiffe waren, wie wir von Archibald Menzies nun schon wissen, nichts Ungewöhnliches. Sie wurden betreut von gelehrten Pflanzensammlern, wie die Kew Gardens sie ausschickten. Da mag schon stimmen, was man sich dort bis heute erzählt: daß die jungen Pflanzen an Bord der nicht selten lange in Flauten liegenden Segelschiffe den Matrosen zuweilen das knapp werdende Süßwasser streitig machten.

1929 ist das Paradies für jedermann zu haben, der es bezahlen konnte. In einem aufwendigen, reich bebilderten Prospekt der heute noch einschlägig tätigen Messrs. Knight, Frank & Rutley, London, Edinburgh, Monte Carlo und Cannes, wird Monserrate, »One of the world's loveliest spots«, im Auftrag von Herbert Frederick Cook, dem Enkel von Sir Francis, in ganz Europa zum Kauf angeboten. Man kann sich das Paradies nicht mehr leisten. Sein literarisches Etikett Re-Creation, das zwei Jahrhunderte lang auf der Flaschennatur all dieser Paradiese aus zweiter Hand klebte, fiel ab, in den inflatorischen Strom der Zeit zwischen den Kriegen. Und als es wieder auftaucht, ist es verblaßt zur amerikanischen Allerweltsvokabel »Recreation« und bezeichnet nun die faden, rasch wechselnden Erholungsmoden des modernen Menschen.

Das gärtnerische Personal von Monserrate wird reduziert. Die ungeschönte Natur tritt die Herrschaft an. Aber sie will keiner haben. Lediglich die Monserrate benachbarten Quintas, die Sir Francis seinem Palast als schützenden Waldmantel umgelegt hatte, darunter die Quinta de São Thiago, finden Käufer. 1939 stirbt der Enkel. Ein Urenkel schleppt das gerupfte Erbe weiter, über den Krieg hinweg. 1946 bietet er es dem portugiesischen Staat an. Als der zögert, greift Saul Saragga zu, ein Lissaboner Handelsherr, der kein Herr ist. Für 9,35 Millionen Escudos geht das dem natürlichen Vordringen des Waldes langsam anheimfallende Paradies endlich weg. Es bedarf, soll es »Paradies« bleiben, der Pflege.

Aber Saul Saragga ist kein Paradiesvogel, der vom Garten Eden träumend die Schwingen hebt. Er ist ein Aasgeier. Möbel, Teppiche, Bilder – die ganze Pracht des Palastinneren, die der Prospekt in der Bibliothek von São Thiago noch bezeugt, verhökert er. Als der Palast leer und nur ein antiker Sarkophag in ihm verblieben ist, zu schwer zum Abtransport, als auch die Beschwerden der Nachbarn, wohl auch der englischen Touristen sich bei den Behörden häufen, zieht Saragga es vor, Monserrate zu verkaufen – an den Staat. Neun Millionen Escudos, kaum weniger, als er bezahlte, kriegt er zurück, zweieinhalb zusätzliche hat er an der Plünderung verdient. Er macht sich, man ist versucht zu sagen: händereibend, davon. Der Palast schaut ihm aus den längst trüb gewordenen hohlen Augen seiner Fenster stumm hinterdrein.

Das ist nun auch schon wieder 40 Jahre her. Die Augen des Palacio sind unterdes noch trüber geworden, zerbrochen auch hier und dort. Spinnweben, schwer von Staub, fallen mit den arabischen Stuckverzierungen der Decken und den bunten Azulejos der Wände auf schmutzige Böden. Ein steinernes etruskisches Ehepaar lagert beim Sarkophag gleich hinter den blinden Scheiben der Portaltüren, durch die einst die High Society Englands und Portugals in die Salons eintrat.

Am 25. April 1974 beginnt in Portugal die von jungen Militärs getragene sozialistisch-kommunistische »Nelkenrevolution«, so benannt nach den Blumen, die Lissabons Frauen den gegen das verhaßte Rechtsregime Salazars und Caetanos putschenden Soldaten in die Knopflöcher stecken. Die wohl dem Kapitalismus zugerechneten 15 Gärtner von Monserrate, das letzte Aufgebot einer bourgeoisen Romantik in Abwehr der andrängenden Wildnis, werden entlassen.

Was soll einer, der zum literarischen Botanisieren dorthin geschickt wurde, dazu sagen? Vielleicht nur dies: Daß ein Volk, wenn schon nicht glücklich, so doch menschlich zu nennen ist, dessen Revolution, neben einem einzigen Zufallsopfer auf der Straße, nur ein Dutzend Gärtner fraß. Denn zwei oder drei blieben damals auf ihrem – verlorenen – Posten.

Einmal begegnete ich auf der Palastterrasse in Monserrate einem Eleven, der lustlos die unverdrossen vor sich hin blühenden Blumen begoß. Ich fragte nach dem Namen eines auffälligen großen Baumes mit vielen dünnen Luftwurzeln, die er zu breiten Strauchbesen bündelt, zu harten Besen in der Farbe der Revolution: blutrot. Ich radebrechte etwas Ungereimtes, das mir, es wird die Hitze gewesen sein, in den Kopf kam: Ob diese roten Besen nicht wie geschaffen seien, Portugal, Europas ökonomisches Schlußlicht, endlich auszukehren, zu säubern von seinen Saraggas. Er verstand mich nicht, was Wunder.

Ich machte meinen letzten Gang durch Byrons Slum-Eden, dem unübersehbar die Zeichen der Gewalt anhaften, menschlicher wie natürlicher. Ganz Monserrate ist ja überlaufen von Efeu. Er steht selbst vielen Palmen bis unter die himmelhohen Wedel. Sein dichtes Kleid nimmt den neuen Trieben der von ihm heimgesuchten Pflanzen das Licht. Zeichen gärtnerischer Wut und Ohnmacht sind die nicht wenigen Messerschnitte in Efeuwurzeln, welche die Stämme der Bäume wie Krampfadern überziehen. Dann verdorrt zwar der durchtrennte Trieb, aber das mindert nicht den Friedhofseindruck, den der Efeu ja, wo er seuchenhaft auftritt, verbreitet.

Gewalt auch unter den Bäumen. Ich sah Korkeichen mit den Gabeln ihrer dicken Arme halbwüchsige schlanke Palmen würgen, die leichtfertig genug gewesen waren, unter diesen einheimischen Riesen frohgemut das Wachsen zu beginnen. Auf manchen Wegen, die grün sind von Moos, weil kaum ein Fuß sie noch betritt, sah ich den Efeu wie mit gierigen Zungen nach den Sprößlingen der Nordmannstannen lecken, und bald genug wird er sie verschlungen haben.

Was stürzt, wehrt sich im Sterben gegen den Tod. Erste Kadaververjüngung, untrügliches Zeichen des Naturwaldes, ist zu sehen: Aus Baumleichen wachsen neue Triebe, fremde, einer anderen Art zugehörige. So in der Stammverzweigung einer kanarischen Kiefer, in der sich herausfordernd frech ein zwei Handbreit hoher kleiner Thuja ansiedelte. Er ist von der Sorte *Th. plicata*, die zum Riesenlebensbaum wird, mit säulendicken Ästen voll immergrünem weichen Nadelwerk. An einem anderen Ort kämpfen, wohl schon drei Menschenleben lang, eine Korkeiche und eine Platane im selben Wurzelbett um Licht und Raum. Wären sie in der Textur ihrer Stämme nicht so grundverschieden – blatternnarbig, dabei glatt die Platane; schrundig zerrrissen die Eiche – und verlöre die Platane nicht zum Winter das Laub, die Korkeiche dagegen nicht, man würde diesen Titanenkampf nicht bemerken.

Als ich an meinem letzten Tag in Monserrate um drei Minuten nach sechs ans Tor kam, fand ich es verschlossen. Die subtilen Überlegungen Le Nôtres zur bestmöglichen, also unauffälligsten Grenze eines Gartens endeten hier in einer dicken Eisenkette und an einer mannshohen rauhen Mauer, über die ich das lädierte Eden mit Hautabschürfungen verließ. Und mein Mietwagen, den ich auf dem Parkplatz des Paradieses abgestellt hatte, war aufgebrochen.

O Byron, o Rousseau ...

(1989)

Jagdnovelle

Vom Bären und von Joop, seinem Jäger – der ewige, ungleiche Kampf zwischen Mensch und Tier. Auszüge aus der Erzählung.

Wenn der Bär sich sichernd umsah, rollte das locker bebuschte Hügelland über den Horizont und fiel ins Ungewisse, so schnell lief er. Aber es war auch nur der Horizont eines Bären, sehr weit nicht und nicht sehr scharf. Der Adler sieht ein Blatt fallen, der Kojote kann es hören, der Bär kann es riechen, sagten die Sioux, lange bevor die Wissenschaft der Weißen mit Meßdaten und Diagrammen dem Bär die göttliche Aura stahl. Noch immer aber macht er sich witternd ein Bild von der Welt. Hier nun lief er in seinem eigenen, nach Höhle und Darm riechenden Dunst, der sich in den Monaten der Winterruhe im Fell festgesetzt hatte. Mit tiefgenommener, laut atmender Nase laufend, roch er nicht viel anderes, als was ihm sein hochbeiniger Schaukelgalopp aus dem schlotternden Fell schüttete, denn der Wind in seinem Rücken hielt ihn mit diesem Dunst ummantelt. Aber als der Wind sich, unschlüssig, wohin er gehen sollte, einmal im Kreis drehte, nahm der Bär in seinem Eigendunst plötzlich einen Stich ins Aasige wahr, einen schalen Hauch von Blut auch. Das trieb ihm, ein Zeichen seines großen Hungers, sogleich lange Speichelfäden aus dem Maul. Unterm Schaukeln des Kopfes verfingen sie sich im Brustfell und glänzten darin wie Perlenschnüre. Es war Nachmittag, und der Bär lief nach Westen, auf die schon tiefstehende Sonne zu. Der Blutgeruch war ihm wie ein Knüppel zwischen die Beine gefahren und hatte sie aus dem Lauftakt gebracht. Holperig fiel er in Trab. Er windete, blieb darüber stehen, setzte sich kommod auf die Keulen und windete wieder, die schwarze Hundsnase hoch und naß. Der Blutgeruch war überm Boden, wo die strenge Ausdünstung der tauenden Erde ihn aufsog, für jegliche Gewißheit zu schwach, wurde indes beim Höhernehmen der Nase stärker. Als es, im Sitzen, höher mit ihr nicht mehr ging, stand der Bär auf. Duschan spie unter dem Fernglas, in dem er ihn musterte, seit er vor Stunden zwischen den Kopfweiden am Horizont aufgetaucht war, einen vor Unruhe naßgeleckten Zigarettenstummel durch den Sehschlitz der Schießkanzel. Die Glut verlöschte zischend im blutnassen Krautteppich unter dem durchschnittenen Hals eines Jungrindes.

Duschan war Jäger, jedenfalls nannte er sich im Umgang mit Fremden so, einen Bärenjäger sogar, worüber in seinem Dorf alle hinter vorgehaltener Hand lachten, hatte Duschan doch noch nie auf einen Bären angelegt und würde, außer im Fall größter Gefahr für Leib und Leben, auch niemals dazu kommen. Die Bären der großen Wälder gehörten dem Staat, der sie, waren sie reif oder überzählig, an Jagdagenturen verkaufte, die sie für fremdes Geld an reiche Touristen aus dem Westen verkauften, die sie mit Duschans Hilfe schossen – mal gut, mal schlecht, meist gut, denn der Zeigefinger dieser reichen Jäger war, so sagten die Leute in Duschans Dorf, vom vielen Geldzählen hübsch geschmeidig.

So war das mit Duschan, genau besehen. Er war nur der vom Staatsforst beauftragte Hüter der Bären, und das auch nur von zweien, nämlich eines männlichen Tiers und einer Bärin, die in diesen Tagen ebenfalls mit ihren mitten im Winter geborenen Jungen, wohl wieder zwei, aus ihrer Höhle kommen mußte. Duschan war der Herr der beiden Luderplätze, die von Mai bis Oktober mit Futter belegt wurden, damit die Bären das Bauernvieh in Ruhe ließen. Weit auseinander lagen diese Fütterungen, denn Bären sind ungesellige Einzelgänger und große Wanderer. Der Jahreszeit entsprechend belegte Duschan sie mit Mais oder Kartoffeln, Trester auch aus den Schnapsbrennereien und immer wieder einmal mit dem Fleisch von minderwertigen Haustieren oder mit Schlachtabfällen.

Ein Gewehr brauchte er, noch genauer besehen, eigentlich nur für den Fall, daß ein ihm zur Führung auf Bären anvertrauter Jagdgast sich einmal, ganz gegen die Vorschriften, in eine Situation hineintölpeln sollte, in der einem Bär gar nichts anderes übrigbleibt, als anzugreifen. Aber das war noch niemals vorgekommen, denn Duschans Vorschriften besagten, daß der Jagdgast nur aus dem Schutz eines Hochsitzes schießen dürfe und jede andere Art der Bejagung eines Bären, etwa aus einem Kraftfahrzeug heraus oder gar zu Fuß im Gelände, bei Strafe des Amtsverlustes für den führenden Wildhüter und des Verfalls von Schuß und Schußgeld für den Jagdgast, verboten sei.

In einem solchen, auf Baumstelzen stehenden Schießstand saß Duschan nun, das Fleisch nahebei ausgelegt, wie er es immer machte, weil der Bär, so hatte man es Duschan im Forstamt gesagt, durch das Gewöhnen ans Luder jede Scheu vor dem Hochsitz dichtbei verlieren sollte. Darum auch dürfe vom Hochsitz – der so hoch nicht war, kaum mehr als drei Meter über dem Boden – ein Schuß nur zum Zwecke der Tötung eines Bären abgegeben werden. Es sollte im Bär eine Erinnerung an die Gefahr, die von einem Hochsitz dicht beim Luder ausgeht, gar nicht erst aufkommen können. Warum also, verdammt, verhielt der Bär, den er im Glas hatte und der die Vorschriften, die sein Wohl so sehr bedachten, doch kennen mußte? Duschan fragte sich das unter dem Biß der beginnenden Abendkälte und weil er hier schon seit den Morgenstunden saß. Auch hatte er die Seele eines Mannes, der vom Glauben an die obrigkeitliche Weisheit durchtränkt war und seit vielen Jahren aus nächster Nähe mitansah, wie auch Leben und Sterben der Bären seines Reviers dieser Weisheit untertan war; in ihr geboren wurden sie, gefüttert, gezählt und geschieden von kundigen Augen in gut und schlecht, zum Leben bestimmt oder zum Sterben, ein jedes Tier zu seiner, einem Bären angemessenen Zeit, und am Ende mit weit mehr Gewinn für die Allgemeinheit, als ihr Kosten entstanden waren für Futter und den Sold Duschans. Warum also lief der Bär nicht endlich weiter zu dem ihm bestimmten Ort!

Aber der Bär verharrte, wo er stand, und windete mißtrauisch nach rechts und links, nach vorn und über jede Schulter nach rückwärts – mehr als zwei hochgereckte Meter von einem so jammervoll abgemagerten Bär, daß ihm das leere Winterfell vom Bauch auf die Innenseiten der Hinterbeine sackte. Alt sah er aus und elend. Nur der vom schnellen Lauf noch immer rasch gehende Atem stand ihm in der kalten Mailuft heiter weiß vorm Maul. Nichts sonst war heiter an diesem Bär. Die mächtigen Tatzen an den zotteligen Armen gingen, wie Duschan das bei sich lauernd umkreisenden Ringern gesehen hatte, gegenläufig langsam auf und ab. Es hätte des stoßweißen, eine starke innere Erregung anzeigenden Harnens im Stehen nicht bedurft, um zu erkennen, daß es ein männliches Tier war.

Aber es war nicht der Bär, den Duschan aus den Vorjahren kannte und für den er das Jungrind ausgelegt, auf den er gewartet hatte. Seiner Sache sicher, stellte Duschan das Fernglas, das ihm vor Jahren ein deutscher Jagdgast nach glücklichem Strecken eines sehr guten Rehbocks geschenkt hatte, auf die Brüstung der Kanzel. Als er mit raschem Seitenblick auf die nur kurze Leiter zu sich herauf die Hand vom Glas nahm, um sich, mit ihr tastend und den Blick gleich wieder auf den Bär heftend, seines Gewehrs zu versichern, spürte er, daß sie leicht zitterte. Das hatte er lange nicht mehr beim Anblick eines Bären gekannt.

Die Abenddämmerung sog den Bär auf und nahm ihn aus der sichtbaren Welt. Aufkommender starker Südwind riß ihm den weiten Mantel aus Höhlendunst vom Leib und trug ihn in stinkigen Fetzen fort, nach Norden, woher der Bär gekommen war. Der einsetzende Regen brauchte nicht lange, um ihn bis auf die Haut zu durchnässen; der Winterschlaf schien ihm das Fett noch aus den Haaren des Fells genommen zu haben. So hatte er alles verloren: die Gestalt an die Nacht, den Geruch an den Wind und die Kraft an den kleinen Tod im langen Schlaf. Müde leckte er sich im Liegen die Vordertatzen, die rissig waren von zwei Jahren des Wanderns aus dem Exil in einer fernen, fremden Landschaft zurück in die Gegend seiner Geburt. Vertrieben hatten ihn Niederlagen, die letzten drei gar in Folge, am Ende von Auseinandersetzungen mit anderen männlichen Bären um Weibchen und Reviere. Immer wieder abgedrängt an Grenzen, zur Paarung nirgends zugelassen und von schwärenden Bißwunden geplagt, war er weiter und weiter nach Norden geraten, bis er in einem abgelegenen Alpental Ruhe gefunden hatte.

Diese Unterlegenheit trotz seiner Muskelkraft und eines Mutes, den er aus seiner ungewöhnlichen Körpergröße schöpfte, war die Folge seiner Scheu, eine der vielen, von ebenso vielen Bären aufgesuchten Fütterungen anzunehmen;

der Geruch des Menschen, der rings um diese Orte eines gierigen, weltvergessenen Schlingens in Büschen und Bäumen zu hängen schien, hielt ihn fern. Und weil er, als Jungtier noch, in einem Schafpferch einmal halb totgeschlagen worden war und es nicht vergessen hatte, blieb er auch vom Bauernvieh fort. So war er, abgesehen von einem selten genug gefundenen Wurf noch blinder Hasen, auf pflanzliche Nahrung reduziert und ab und zu auf ein glückliches Maulvoll wilden Honigs. Es fehlte ihm an einer, einem Bär von der Natur nicht abverlangten Art von schiefäugiger Aggressivität, die von der bösartig machenden Verteidigung eines bequemen, täglich am immer selben Ort gefundenen Fressens kommt. Es fehlte ihm an Freßgier. *Es fehlte ihm am Schweinischen.* Er wußte es nicht. Er war nur gegangen. Das Alpental, in das er damals ausgewandert war, hatte er nach Jahren der Ruhe wieder verlassen, als sie anfingen, mit schwerem lärmenden Gerät einen Staudamm in den Fluß zu stellen, der das Tal durchzog. Nun war er zurück.

Leise maunzend lag er im Regen, das Fell am Leib angeklatscht und auf dem Rücken pomadig gescheitelt, um sich herum eine große schwarze, vom prasselnden Regen hörbar gemachte Pfütze. Er fror. Sein Herzschlag verlangsamte sich wieder; er hatte noch immer den Winter im Blut. Schlaf kam ihn an, aber er hielt sich, hier im Offenen, aus Vorsicht wach, indem er in der Längsrichtung seines Rumpfes hin und her schaukelte. Es waren diese von den Keulen unter dem Leib ausgehenden rhythmischen Körperstöße, die aus einem anhaltenden, nur vom Atemholen unterbrochenen Brummen dies modulierte Maunzen machten. Es hörte sich an, als ob der Bär zur Orgel des zum Sturm angewachsenen Windes die Oberstimme singen würde. Aber der Regen, der fast waagerecht daherkam, zischte den Gesang nieder, so daß der Bär bald schwieg. Er legte sich auf die Seite, stieß noch ein paarmal leise, wie seufzend, mit der Stimme an und fiel dann in Schlaf. Nach einer Weile begannen seine vier Beine zu laufen, langsam erst, eher unkoordiniert zuckend, dann immer rascher und regelmäßiger, so daß das Wasser der Pfütze, in welchem die Tatzen ins Leere liefen, hoch aufspritzte. Das Maunzen setzte wieder ein, hell und spitz nun und von kurzen Pausen eines Hechelns unterbrochen, das keinen Zweifel zuließ: Der Bär träumte. Wovon er träumte, das kann keiner wissen.

Eine große Stille weckte ihn und brachte ihn rasch auf die Beine, vorn zuerst, die Sinne schärfend, dann hinten. Die Stille kam davon, daß der Regen aufgehört und der Wind sich erschöpft hatte. Verdutzt witterte der Bär der abgezogenen Wetterfront hinterdrein und äugte dabei zu einem in Stücke gegangenen Himmel auf, durch dessen schnell segelnde Wolkenreste ein fast voller Mond schien. Spreizbeinig dastehend, schlug sich der Bär das triefnasse Fell um die Rippen. Das Mondlicht ließ den herausstiebenden Wasserschleier silbrig leuchten. Ein lautes mehrmaliges Klatschen des Fells, das den Tanz der tausend Tropfen begleitete, klang wie frenetischer Applaus von unsichtbaren Händen für ein überaus schönes, theatralisches Bild. Erschrocken ging aus einer nahen Weidendickung in hohen und weiten Fluchten eine Rehgeiß ab. Der Bär hatte keine Mühe, das von ihr verlassene Bett zu finden. In ihm lag, naß noch von der Geburt, ein zitterndes Rehkitz. Der Bär beroch es, grunzte zufrieden und tötete es mit einem Biß über den noch weichen Rücken. Es war sein erster Biß in Fleisch seit langem. (...)

Joop lebte allein. Zwei Ehen waren gescheitert, ein paar offene Bindungen desgleichen. Immer hatte schon den Anfängen jenes Mindestmaß an seelischer Erschütterung gefehlt, das eine Beziehung hinaushebt über das Verlangen, Knöpfe und Haare zu öffnen. Eine Frau hatte eben dazu gehört. Wozu, das wußte Joop so genau nicht zu sagen, zum Leben eben – eine Antwort dies, die nicht mehr war als ein Achselzucken: wie dieses ließ sie den Kopf in Ruhe. Das Ende war jedesmal nur noch eine Frage des Geldes gewesen, ein Fall für Anwälte. Einen Jagdkumpan (das Wort »Waidgenosse« ging Joop nur schwer über die Lippen), dem er in dessen Berghütte beim nächtlichen Tottrinken eines am Abend gestreckten Hirsches gestattet hatte, nach dem Gefühlsverlauf dieser Bindungen an Frauen zu fragen, diesen Kumpan hatte er in einer plötzlichen Eingebung, deren thematische Entlegenheit ihn selber erstaunte, auf den Entropiesatz der Thermodynamik verwiesen: Indem wir, hatte Joop etwa gesagt, handelnd leben, Gefühle verbrauchen, Weltsubstanz konsumieren, verursachen wir, ob wir es wollen oder nicht, eine anhaltende Zunahme der Unordnung in den Lagerstätten der Materie. Also auch in Herz und Seele, hatte er nach einem kurzen Besinnen, das der Vergewisserung einer nicht mehr ganz frischen Lesefrucht diente, hinzugefügt. Denn quantentheoretisch (er hatte dies glitzernde Wort wiederholt und ihm gleich noch einen Mundvoll ähnlich exquisiter Wörter hinterdrein geworfen), quantentheoretisch wären die Engramme seelischer Vorgänge nicht anders zu bewerten als die Objekte, die wir materiell nennten.

Hier aber hatte er das Flügeljucken des Ikarus verspürt – nicht, weil er sich der Zulässigkeit seines letzten Satzes nicht sicher gewesen wäre (Joop las die Physikerphilosophen Heisenberg und Weizsäcker und den Biochemiker Prigogine mit guter Rendite), sondern weil er, hätte sein Gegenüber nähere Aufschlüsse von ihm erbeten, wohl doch in Erklärungsnot geraten wäre. Also hatte er nach seiner Bankgewohnheit an dieser Stelle ein Fragezeichen mitgedacht, eine mentale Randnotiz in Chefgrün quasi; er würde zu Hause den Zweiten Hauptsatz der Wärmelehre – *Die Entropie der Welt strebt einem Maximum zu* – nachlesen. Auch hatte er den Alkohol gespürt. So war er für einen Augenblick versucht gewesen, einfach aufzuhören, mit einem vorgetäuschten Gähnen vielleicht und einem Hinweis auf den nahen Morgen. Aber dazu verabscheute er zu sehr alle nicht zu einem ordentlichen Ende gebrachten Unternehmungen, und es machte keinen wesentlichen Unterschied aus im Grad seines Abscheus, ob es sich um ein Geschäft handelte, eine Frauengeschichte oder einen angefangenen Gedanken von einigem Belang. Joops Lebensmetapher war der große leere Schreibtisch. Alles Unaufgeräumte, Unerledigte erinnerte ihn an ein schlecht getroffenes und waidwund geflohenes Stück Wild, das man, weil kein Suchhund dabei war, verludern lassen mußte. Joop hatte immer einen Hund dabei: seine kurzhaarige Selbstdisziplin, die wie sein Schatten bei Fuß ging und auf einen bloßen Gedanken hin tätig wurde, um die auch in Joops Leben nicht ganz vermeidbaren Fehlschüsse schweifwedelnd zu korrigieren.

Und so war er auch damals mit der seelischen Müllabfuhr,

wie er seinen Hüttenmonolog inzwischen bei sich nannte, zu Ende gekommen – ganz akzeptabel eigentlich, bedachte man Ort und Stunde: Es nähme die Entropie, die ein Maß sei für die bei solchen irreversiblen Prozessen entstehende Unordnung, ständig zu. Am Ende – niemand könnte sagen, wann das sein würde – käme es zu einer Art lauwarmem Super-GAU, einem finalen Gleichgewicht in Gestalt eines homogenen, gleichmäßig temperierten Aggregatzustandes der gesamten, durch unser Tun zu Müll gewordenen Materie. Und zu Müll geworden – darauf käme es ihm ganz besonders an! – auch die Wörter als die Träger unserer Gefühle. Doch wäre, hatte Joop seine Exkursion in schwieriges Gelände beendet, ein solches Entropiemaximum vielleicht ja doch nicht das physikalische Ende von allem, denn was ihn, Joop selber, und seinen privaten Seelenmüllkosmos anginge, so hätte er dessen homogener Lauheit immerhin schon ein paarmal ein Ende bereiten können.

Dieser Schluß schien ihm, als er ihn kritisch nachgekostet hatte, nicht der bestmögliche gewesen zu sein. Er hatte das aufgefangen, indem er, das leere Glas gegen den Jagdkumpan hebend, mit ungezielter Ironie nun doch noch das unsägliche Wort sprach: »Waidmannsheil!« Es wäre nicht nötig gewesen, sein Gegenüber war eingenickt, ermüdet vom Paradigmenwechsel zwischen den entropischen Zuständen der Innen- und Außenwelt. Joop hatte seine Büchse genommen und war leise in den dämmernden Morgen hinausgegangen. Im ersten brauchbaren Licht schoß er von einem Hochsitz aus einen starken Fuchsrüden, der ein vom Muttertier alleingelassenes dösendes Schmalreh beschlich. Er erinnerte sich, danach ein gutes Gefühl gehabt zu haben.

Der Grund für ein solches Gefühl war ihm, als er auf dem Weg von der Bank nach Hause auf diese alte Geschichte gekommen war, nicht mehr einsichtig. Weder hatte damals, daran erinnerte er sich noch, ein Verdacht auf Tollwut ihn auf den Fuchs abdrücken lassen, noch war das Schmalreh schützenswert gewesen in einem Revier, dessen Waldanteil Verjüngungsnot litt unter dem Verbiß des hier wie überall zu vielen Rehwildes. Es wird wohl, dachte er beim Aufschließen der Haustür, die Qualität des Schusses der Grund für das gute Gefühl danach gewesen sein (der Fuchs war im Feuer gelegen).

In der Wohnung, auf seinem sonst leeren Schreibtisch, fand er, von der Haushälterin akkurat in dessen Mitte gelegt, den Eilbrief eines Duschan vor (den Nachnamen konnte er wegen der Konsonantenhäufung darin weder aussprechen noch richtig lesen). Joop erinnerte sich an einen Jagdführer dieses Vornamens, einen Mann diesseits von fünfzig, mit ewiger Zigarette im unrasierten, slawisch geschnittenen Gesicht, die unvermeidliche Ballonmütze des Solidarproletariers darüber, und in den Kaufhauskleidern den Geruch von kaltem Rauch. Er hatte ihm, es war schon ein paar Jahre her, aus Dankbarkeit für einen kapitalen Rehbock, auf den dieser Duschan ihn in einem östlichen Revier zum Schuß gebracht hatte, sein altes Nachtglas geschenkt, war ihm doch aufgefallen, daß der Mann nur schwer die Augen von diesem Glas lassen konnte.

Joop war beunruhigt. Was hatte jener ferne Duschan ihm unter Ausforschung seiner Privatadresse mitzuteilen? Unschlüssig wendete er den Brief mit der ungelenken Schrift hin und her. Schließlich legte er ihn, ungeöffnet, auf den Schreibtisch zurück, nahm ihn aber, wie unter dem Zwang eines neuen Gedankens, sogleich wieder auf und trug ihn zu einer Kommode, auf der er ihn deponierte. Man hätte denken können, daß Joop versuchte, den gewiß entropischen Brief mit Hilfe dieses seltsamen Platzwechsels ungelesen aus seinem geordneten Leben zu entfernen. Jedenfalls schlief er schlecht in dieser Nacht.

Der liebwerte Herr möchte sich ja vielleicht noch erinnern an ihn, und das schöne Jagdglas halte er in Ehren. Zum Dank dafür wolle er dem Herrn nur gleich mitteilen, daß man hier in der Gegend einen Bär gesichtet habe, der dem Herrn wohl recht sein möchte, so groß sei er und, wie er mit eigenen Augen gesehen habe, auch schon so alt, daß das Jagdkomitee ihn gewiß verkaufen werde. Keiner habe diesen Bär je zuvor hier gesehen, und im Bemühen des Herrn um ihn sei Eile nötig, denn wenn der Bär nicht an die Fütterungen kann, weil diese doch vergeben sind an andere Bären, dann möchte er, wie die deutschen Jäger dazu sagen, zu Schaden gehen und sich am Vieh vergreifen, was ungesetzlich ist und dem Bär gewiß nicht erlaubt, warum es noch in diesem Jahr zu seinem Verkauf an die Jagdagentur kommen kann, die damals dem Herrn auch den Rehbock verkauft hat, er wisse es wohl noch, und auch, wie lange so etwas immer dauert. Das alles wollte er dem Herrn aus Dankbarkeit für seine Güte nur sagen und ihn noch bitten, um seine, Duschans, Führung einzukommen, falls es mit der Bärenjagd etwas werden sollte. Nur möchte er den Herrn ergebenst bitten, ihn nicht zu nennen als denjenigen, von dem er über diesen Bär gehört habe, sondern nur ganz normal einen Antrag auf Genehmigung eines Bärenabschusses stellen. Er, Duschan, werde dann alles weitere OK machen...

In diese Lesart übersetzte Joop sich den in einem verqueren Deutsch geschriebenen Brief, wobei seine Lippen sich bewegten, als schmeckte er ein paar neue, scharfmachende Ingredienzen in einer ihm sonst vertrauten Suppe ab. Er studierte den Brief im Fond seines Wagens auf der Fahrt zur Bank, amüsiert ein bißchen und flüchtig die Möglichkeit wägend, dem Vorschlag dieses Mannes zu folgen. Als er aber zu dem Jargonkürzel OK kam, zerknüllte er den Brief in einer ihrer Plötzlichkeit wegen schwer verständlichen Aufwallung von Ärger. Der Chauffeur, der etwas davon bemerkt hatte, sich aber eines Fahrfehlers nicht schuldig wußte, der diese Reaktion seines Chefs hätte auslösen können, blickte fragend in den Innenspiegel. Aber Joop hatte sich schon wieder in der Hand. Es war dieser Amerikanismus gewesen, den Joop nicht hören oder lesen konnte, ohne ihn mit der Vorstellung von einem kuhmäulig mißhandelten Kaugummi zu verbinden. Aber das allein hätte ihn nicht so unbeherrscht reagieren lassen. Es paßte dieses Breitmaulkürzel, in welchem für Joop die ganze ihm widerstrebende Hemdsärmeligkeit der Nordamerikaner eingedampft schien, am allerwenigsten in das geistige Umfeld der Jagd. Diese puristische Auffassung blieb unberührt von einem Gefühl der Pein, das er regelmäßig empfand, wenn er in waidgenössischer Gesellschaft gewissen traditionellen Riten der Jagd nachkommen mußte oder gar den Hautgout ihrer stark abgehangenen Sprache auf der Zunge hatte. Schon gar nicht paßte ein OK zu dem Respekt, den nach seiner Meinung ein Jäger dem Wildtier, in diesem Fall einem Bären gar, schuldete. Denn was unterschied den Jäger noch vom Metzger, wenn er kalten Herzens und die Würde des Tiers nicht achtend, sozusagen in mörderischem small talk tötete?

Aber dann strich Joop den Brief wieder glatt und legte ihn zu den hochkarätigen Bankpapieren in einem offen neben ihm stehenden Attachékoffer. Darin nahm der Brief dieses Duschan sich aus wie ein zerknittertes Postsparbuch unter lauter Goldzertifikaten. Joop hatte ein feines Sensorium für solche omenhaltigen Dissonanzen und liebte es, sie zu ironisieren. Das nahm ihnen die Symbolkraft und machte sie intellektuell leicht verdaulich. Und so reduzierte er diesmal seine Irritation leicht belustigt auf die Dissonanz zwischen dem professionellen Nachtblau seiner Garderobe und dem Lodengrün seiner Gedanken. Er gewann dem Anlaß seines Ärgers sogar noch einen höchst angenehmen Gedanken ab: Schon morgen würde er in die Staaten fliegen, zu einer Sitzung der Weltbank in New York, wohin er zu einem Hearing geladen war. Auf der Tagesordnung stand die Vergabe von weiteren Mitteln an dubios gewordene Schuldnerländer, ein oder zwei osteuropäische darunter.

(...)

Wenn in einem alten Wald zum ersten Mal im Jahr der Bär wieder geht und ein umlaufender Wind die Neuigkeit zu allen Tieren trägt, ändert sich die Luft. Sie wird schwer von den Ausdünstungen der Angst, die alle erfaßt, denen der Bär der große Freßfeind ist, und das ist er allen, die nun harnen und koten und die Druckwellen ihres pochenden Blutes aussenden: schwache die Mäuse und Hasen, starke die Rehe, Hirsche und Sauen. Druckwellen auch von ihren Köpfen, die sie erschrocken aufwerfen, von den Nasen, die flügelbebend den Bär zu orten versuchen, von den Ohren, die sich lauschend im Kreis drehen wie Richtantennen, von den Schwänzen und Wedeln, die die Luft wie Quirle rühren, und von den Pfoten und Klauen, die sich unter der Anspannung vibrierender Muskeln sprungbereit in die Erde pressen und die allgemeine Unruhe zu den Käfern und Spinnen, Schlangen, Fröschen und Eidechsen leiten und auch sie einhalten und mit den Fühlern wittern, mit den Kehlen beben und mit den langen beweglichen Zungen die Luft prüfen lassen.

Eine andersgeartete Unruhe erfaßt die Bäume. Es ist die Jahreszeit, in der der Saft in ihnen steigt, himmelhoch in haardünnen Säulen, ein Wasser, das mit ungezählten Verzweigungen und Verästelungen innen im Holz die äußere Gestalt eines jeden Baumes nachzeichnet, wie die Blutbahnen des Menschen den Menschen. Durchmischt der Wind die Kronen, sieht es so aus, als steckten die Bäume die Köpfe zusammen, und hört es sich an, als redeten sie miteinander, nadelspitz die Tannen und Fichten, tuschelnd mit frischer Blattmasse die Ahorne und Buchen. Im Mai kann man alles glauben. Und es war Mai.

Der Schnee blieb nicht mehr liegen, mit dem der Bär in der Nacht heraufkam. Und da steht er nun inmitten der großen Unruhe der Natur und dreht wieder Steine um nach kleinem Getier, denn das große, das er in einem weitgezogenen Angstkreis um sich herum weiß, ist zu behende für ihn, laufschwach vor Hunger und Müdigkeit, wie er ist. Bald werden die Funde unter den Steinen unergiebig, da muß man den Ort wechseln, weiß er. Er fällt vom Schritt in den Trab und aus dem Trab in einen Schaukelgalopp, von dem er nicht wirklich weiß, wohin er ihn führen wird.

Er führt ihn an eine große Lichtung. Ein schwerer Wintersturm hat sie in den geschlossenen Wald gerissen, und die niedergeworfenen Stämme liegen mit Kronen und Ästen aneinandergefesselt am Boden, übereinander und quer zueinander, wie es gerade über sie kam. Drüben, am jenseitigen Rand, hat man angefangen, das Chaos aufzuräumen. Holz liegt geschnitten und gespalten ungeordnet herum. Dichtbei ist ein Kohlenmeiler im Entstehen. Der Quandel, in dem das Feuer das um ihn herumgeschichtete Holz verkohlen wird, steht schon, ist aber kalt, denn das frische Holz muß erst abtrocknen, bevor es unter dem Grasmantel des Meilers glosend zu Kohle werden kann. Am Quandel, der ein hohes Gerüst ist, lehnt eine Leiter, aber der Köhler steht nicht darauf. Nicht, daß der Bär einen Köhler sucht, er weiß nichts von diesem und nichts von einem anderen Köhler. Er weiß überhaupt nicht, was er da vor sich sieht und sah dergleichen auch noch nie. Als er sich auf die Hinterbeine stellt und die Vordertatzen auf einen in Brusthöhe querliegenden Stamm stützt, der auf einem anderen gestürzten Stamm liegt, und der auf noch einem, und er nun hoch aufgereckt, aber vom Holz gedeckt, die Lichtung überblickt, sieht er den Köhler. Aber wieder weiß er nicht, was er da sieht, und sah auch dergleichen noch nie. Er sieht, schlecht, wie er sieht, ein sich auf allen vieren langsam vorwärts bewegendes schwarzes Stück Wild, das immer wieder kurz verhält, so als äse es im Weidegang. Es ist der Köhler, der für seinen Meiler lange Holzscheite in einen hohen Tragkorb sammelt und diesen von Zeit zu Zeit nachzieht. Dabei richtet er sich nicht sehr auf und bleibt immer auf den Knien. Der Wind streicht vom Bär weg, so daß er nichts von diesem seltsamen Wild riechen kann, Horn nicht, Haut nicht, keinen Kot und keinen Harn. In der Luft ist nur der alles überdeckende Geruch von massenhaft offenwundigem Holz.

Der Köhler sieht den Bär nicht kommen. Er kommt um die Lichtung herum, von den liegenden Stämmen gedeckt. Vorsichtig setzt er die Tatzen auf, damit kein Astknacken ihn verrät. Als er quer zum Wind ist, stutzt er, kann aber das Wild auch jetzt noch nicht mit den Sinnen deuten, weder mit der Nase noch mit den Augen. Schwarz, den Kopf tiefgenommen, weidet es weiter am Boden hin. Mit dem Korb und den Holzscheiten fängt der Bär nichts an, und auch einen Menschen erkennt er nur am Geruch und am aufrechten Gang. Keines von beiden nimmt er wahr. Und könnte er es, er wollte es wohl nicht mehr wissen. Nur drei Sprünge sind es noch zu dieser Beute, und wäre in ihm noch Vorsicht gewesen, Mißtrauen – nichts davon hätte ihn mehr aufgehalten, denn er hungert nun schon seit vielen Tagen. Er läuft los.

Der Tatzenhieb gegen die Schulter wirft den Köhler um. Der Hieb war so stark, daß der kleine, schmächtige Mann von der Seite über den Rücken gleich weiterrollt, bis er auf den Bauch zu liegen kommt. Im Drehen sieht er über sich den Bär, und der Bär sieht den Menschen. Er erkennt ihn vor allem an der im Liegen nun ausgestreckten Gestalt. Der Köhler lebt schon eine Ewigkeit in diesem großen Bärenwald, und weil er darin meist alleine ist und keiner wissen kann, was einem Bär einfallen mag, wenn er einen Menschen sieht und hungrig ist, hat man ihm gesagt, daß nur ein Totstellen ihn vor dem Gefressenwerden schützen kann. Also stellt der Köhler sich tot.

Es hätte ihm wohl doch nichts geholfen, denn zu gierig ist dieser Bär auf Fleisch. Es rettet den Köhler, daß seine Haut und seine Kleider schwarz gebeizt sind vom Rauch der vielen Meiler, die er in seinem Leben zu Holzkohle machte. Der Rauch sitzt ihm in den Poren seiner Haut und in den Fasern seiner Kleider, und da bleibt er, mag ein Köhler sich so oft waschen und seine Kleider lüften, wie er will. Und dieser beißende Rauchgeruch gleicht dem Gestank von Teer. Es ist so lange noch nicht her, daß der Bär in Straßenteer sprang; in Spuren trägt er ihn noch immer an den Fußsohlen. Vor Abscheu schnaubend zieht er sich, rückwärts gehend, vom Köhler zurück. Der ist weise und tapfer genug, sich dennoch nicht zu rühren. Nach einer Weile lugt er unter einem Arm hindurch und sieht den Bär, keine 50 Schritt entfernt, vor dem Waldrand stehen. Sie belauern sich lange, denn es geht für beide um viel. Jeder will vom andern nicht weniger als das Leben, der Köhler seines vom Bär, der Bär das des Köhlers.

Der Köhler ist ein in Geduld geübter Mann. Eine Angst, die zur Panik neigt, hat er, wenn er sie je gehabt hat, längst unter den Bäumen des großen Bärenwaldes verloren. Und der Bär hat Geduld, weil er auf ein Zeichen wartet, das ihm die wahre Natur der dort drüben liegenden Beute offenbart, ob sie tot ist oder lebendig, ein Aas oder keines, und was es auf sich hat mit diesem schrecklichen Geruch nach Straße und nach dem Geschmier unter seinen Füßen. Geduldig ist der Bär auch, weil ein Weglaufen von hier nur ein Wiederhinlaufen zu den Steinen sein kann und einer Freßbeute darunter, für die er noch kein einziges Mal die Zähne brauchte. Der Köhler überlegt, ob er über die Leiter auf das vier Meter hohe Gerüst des Feuerschachtes in seinem werdenden Meiler flüchten soll. Er verwirft den Gedanken, denn der Bär ist auf eine so kurze Distanz zu schnell für ein Gelingen der Flucht. Auch kann ein Bär das Gerüst leicht erklettern. Was der Bär sich überlegt, kann man nicht wissen.

Es kommt auch nicht mehr darauf an. Im Wald, vor dessen Rand der Köhler noch immer wie tot daliegt, werden Menschenstimmen laut, die rasch näher kommen. Sie gehören drei Waldarbeitern. Mit den ihnen von der Hand hängenden Motorsägen sind sie zum Windwurf unterwegs, um ihn weiter zu räumen und dem Köhler Holz zu schneiden für seinen Meiler. Der Bär tritt rückwärts in die Deckung des lichtstehenden Waldrandes und wartet ab. So rasch gibt er eine große Beute nicht verloren, die an Verlockung für ihn in dem Maße wieder zunimmt, wie ihre schreckliche Ausdünstung durch seinen Rückzug schwindet. Die Waldarbeiter erreichen den Köhler. Der steht auf, hält sich eine von Kratzwunden brennende Schulter und erzählt ihnen in fliegender Eile alles. Die drei werfen ihre Motorsägen an und gehen mit ihnen wie mit doppelhändig vorausgehaltenen heulenden Schwertern entschlossen auf den Waldrand zu, den der Köhler ihnen als den Ort wies, an dem er den Bär zum letzten Mal sah. Als sie dort ankommen, ist der Bär fort. Sie tauschen ihr Bedauern darüber aus, sind aber in Wahrheit froh und lassen ihre Sägen auf dem Rückweg zum Köhler, wo der Bär doch ganz gewiß nicht ist, noch eine Weile laufen.

(...)

Zum Aperitif gab es die Fragen nach dem persönlichen Wohlergehen, zur Fasanenconsommé mit Käsecroutons eine Revue der von Fachkräften aufbereiteten Projekte, zum Zander vom Grill mit Zitronenbutter und neuen Kartoffeln die Kreditvolumina, zum Rehrücken an Wacholdersauce mit böhmischen Serviettenknödeln die Laufzeiten der Kredite, zur weißen Schokoladenmousse die Zinssätze und zum türkischen Mokka die Garantie der politischen Stabilität. Beim neunzigjährigen Armagnac schließlich kam man zur Sache. Der Diktator (Anwesende ausgeschlossen) zog aus der Brieftasche eine Fotoserie, die einen kapitalen Rehbock im Vorher-Nachher-Aufnahmemodus zeigte, und ließ die Bilder in diesem kleinen Kreis aus hochrangigen Jagd- und Finanzexperten herumgehen. Ein großer Ernst trat in die Gesichter. War das am noch lebenden Bock zu sehende Gehörn schon beeindruckend genug, so sprengte es am toten wegen seiner nun großen Nähe zur Kamera alle bekannten Dimensionen. Kein Zweifel, dies war eine Weltrekordtrophäe, und sie würde, sagte der Diktator, auf der nächsten Weltausstellung der Jagd, wohl im Westen, seinem Land Ehre machen. Nicht nur dem Land, sagte Joop, und er hob sein Glas: Waidmannsheil! Der Diktator sagte: Waidmannsdank! Mit diesem Deutsch gab es keine Schwierigkeiten.

Man ging nach nebenan, wo Zigarren gereicht wurden. Der Armagnac ging überraschend gut zusammen mit den handverlesenen kubanischen Sorten, die Fidel Castro dem *querido amigo* zu schicken pflegte. Als die blauen Schwaden unter den Lampen dichter wurden und die Stimmung gelöster, kam dem großen Mann, um den man sich stehend geschart hatte, eine Idee. Er winkte einen der bedienenden Jäger herbei, ging mit ihm, ihn beinahe herzlich beim Arm nehmend, ein paar Schritte abseits und gab ihm einen Auftrag, dessen Ungewöhnliches und wohl auch Kompliziertes am Gesicht des Jägers abzulesen war. Geheimnisvoll lächelnd kehrte der Diktator in die Runde zurück, sagte aber über seinen Einfall nichts. Während er mit Joop dessen Mißgeschick beim gestrigen Ansitz auf einen starken Rehbock erörterte, ihm sein Bedauern ausdrückte und unter höflicher Abwehr Joops für eine neue, der Sache angemessene Jagdgelegenheit zu sorgen versprach (den Sachbezug für die Angemessenheit der Beute aber nicht nannte), gingen beide Flügel der Tür auf, und durch das Spalier von vier unter den Rahmen tretenden Jägern trug ein fünfter, grün uniformiert wie die anderen, auf einem großen silbernen Tablett, wie es dem dekorativen Servieren von Eisbomben dienen mochte, das abgeschärfte, an den Schnitträndern mit weißen Damastservietten und frischem Tannengrün umkränzte Haupt des Rehbocks mit der Weltrekordtrophäe herein. Es kam offensichtlich aus einem Tiefkühlschrank, denn die offenen, glasigen Augen beschlugen sich in der Wärme des Raumes. Am Genick war das Haupt unsichtbar unterlegt, so daß das Gehörn wie am lebenden Tier nach oben wies, wodurch es freilich in eine heikle Gleichgewichtssituation geriet. Als das Arrangement – eine Folge seiner hastigen Zurichtung wohl – tatsächlich nach der Seite zu kippen drohte, traten zwei der Spaliersteher hinzu und legten beidseitig rasch Hand an. So kam die Gruppe unter dem dezenten Händeklatschen der kleinen Gesellschaft in die Raummitte, wo sie das Tierhaupt auf einem eilends herbeigezogenen Clubtisch abstellte.

Joop spürte Übelkeit in sich aufsteigen beim Anschauen der sich langsam wieder klärenden Augen, wodurch sich der tote Blick belebte und Joop sich von ihm unangenehm befragt fühlte. Doch hätte er nicht zu sagen gewußt, wonach der Bock ihn zu fragen schien. Von den anderen bemerkte keiner dieses Augenspiel und seine Wirkung auf Joop; ihre ganze Aufmerksamkeit gehörte dem Gehörn. Es ekelte Joop auch vor der leicht herausgequollenen Zunge, obwohl sie innen im Maul mit einem quer zu den Kiefern liegenden Tannenreis geschmückt war, dem *letzten Bissen*.

Vielleicht wäre Joop nicht von diesem Unwohlsein befallen worden, hätte er beim Bedenken dessen, was er sah, lieber *Lichter* statt Augen gedacht, *Äser* statt Maul und *Lekker* statt Zunge. Aber der Zahlenmensch Joop, für den jegliche Art von Schönung einer Bilanzfälschung nahekam, tat sich, wie man weiß, schwer mit dem Deutsch der Jäger, welches alles, was krude ist oder blutig am Waidwerk, oder beides zugleich, mit solch sanften Wörtern kamoufliert, daß die Dinge ihren Schrecken verlieren, ja, um ihrer sprachlichen Schönheit willen beinahe wünschenswert werden, in jedem Fall aber läßlich und damit vergebbar durch den Geist: Ego te absolvo. Für Joop war es dasselbe in Grün.

Weil er immer noch unter einem leichten Ekel litt, beteiligte er sich nicht an der kenntnisreichen, knöcherne Punkte addierenden Bewertung der Trophäe, was aber niemandem auffiel, weil die engagierte Unterhaltung in der Landessprache geführt wurde. Schließlich trug man auf einen Wink des Diktators das Tablett mit dem Rehhaupt hinaus und wandte sich anderen Dingen zu. Joop fühlte sich gleich besser. Von gelegentlichen, stichwortartigen Verdolmetschungen ins Bild gesetzt, erfuhr er, daß nun von einem Bär die Rede war, einem ungewöhnlich großen Tier, das aus den Alpen in ein waldreiches Mittellandrevier eingewandert sein mußte, weil es dort nie zuvor gesehen worden war, ein extrem scheues Tier auch, so daß bisher nur der Wildhüter jenes Reviers diesen Bär zu Gesicht bekommen habe, er und – man lachte herzlich – ein armer Hund von einem Köhler, den der Bär, als er ihn holzsammelnd auf allen vieren am Boden herumkriechen sah, für ein Wildschwein gehalten haben mußte, ihn auch anfiel, aber nicht tötete, nicht einmal sehr verletzte, weil er sich totgestellt hatte. Es sei anzunehmen, mutmaßte man, daß es die beiden mit der Angst voreinander zu tun gekriegt hätten. Nun werde über die Erlegung dieses Bären nachgedacht, er sei alt und gefährlich – das hätte eine Kommission Seiner Exzellenz in die Hauptstadt berichtet, und der große Mann überlege seither, ob nicht er diesen Bär strecken sollte; die Region würde sich geehrt fühlen.

In Joop stieg eine wahnwitzige Gewißheit auf, die ihn in dieser Runde im Rang neben den Diktator rückte. Sie ging einher mit einer Hitzewallung, deren Wiederschein sich als feurige Rötung auf seinem Gesicht ausbreitete, und als fehle es ihr, weil starke und auch widersprüchliche Gefühle sie immer wieder neu anfachten, an Platz, lief diese Rötung Joop auch noch über den Hals in den Kragen und kam schließlich schweißig zu den Hemdmanschetten heraus, ins Innere seiner Hände, die er daraufhin in den Jackentaschen verbarg. Alle bemerkten es, und alle schwiegen. Die Rauchschwaden vor dem Licht zogen schleierig wie Wolken, die einen Wechsel des Wetters anzeigen. Joop fingerte nach dem Kragenknopf, rief sich aber zu: *Nur das nicht!* Doch dieser tief aus seiner Seele kommende Angstruf galt nicht allein der Banalität eines so oder anders getragenen Hemdknopfes. Joop fürchtete bereits, was er erst erhoffte, und wußte schon, was er noch nicht wissen konnte. In seinem Kopf war plötzlich die Erinnerung an jenen Abend bei sich zu Hause, als er bei laufendem Fernseher in Arbeit vertieft gewesen war und dann der zornige Schrei eines Grizzlys sein Bewußtsein überschwemmt hatte.

Versonnen und auf eine Weise lächelnd, von der sich hätte sagen lassen, der Diktator lächle seinen eigenen Gedanken zu, blickte dieser Joop an, und so anhaltend auch, daß es bald nicht mehr schwer zu erraten war, und alle in der Runde es auch errieten, was der große Mann in seinem Herzen bewegte. (So, stets mit dem Herzen bei der Sache, sahen sie ihn, sah ihn das Volk, wenn er das Wohlergehen des Staates bedachte.) Aber in seinem Herzen waren des Diktators Gedanken wohl doch nicht, als er Joop den Bär anbot.
(...)

Im Ungewissen darüber, ob sein Fleisch heute kommt oder wieder ausbleiben wird, rührt der Bär sich nicht aus seinem Lager unter der gestürzten Fichte. Der Wald bleibt still bis weit in die Nacht. Dann hört er Schritte, doch sie sind weit, und für die Nase geben sie nichts her, der Wind steht weg von ihm. Aber er kommt schon mal aus seinem Loch, schüttelt sich die Erde aus dem Fell, gähnt mit so weit aufgesperrtem Maul, daß die Kiefer knacken wie ein brechender Ast, und läßt sich auch sonst Zeit mit dem Abmarsch zum erhofften Luder. Als er endlich geht, geht er ohne Hast und so lautlos, als berührte er den Boden mit Daunenkissen und nicht mit vier brotlangen krallenbewehrten Sohlen.

Es dauert, bis er an die Köhler-Lichtung kommt. Nebel weht ihm entgegen und wird um so dichter, je mehr sich der Bär der Schneise nähert. Es ist ein fettiger Nebel. Es ist ein blutiger Nebel. Es ist ein fleischiger Nebel. Es ist ein Nebel zum Draufkauen, und der Bär kaut ihn und zieht ihn sich in die Lungen und verdünnt ihn mit Speichel, so dick ist dieser Nebel, nun, da der Bär am Anfang der Schneise steht, die tot vor ihm liegt mit dem Kadaver drauf, der diesen Geruchsnebel braut. In der Ferne vergeht das Schrittgeräusch des Mannes, der das Fleisch brachte. Der Bär seufzt – was immer die sagen mögen, die sagen, daß ein Bär nicht seufzt. Er seufzt vor Lust, kann den Speichel nicht halten und nicht mehr die Beine, die unter ihm zu laufen beginnen, als trügen sie nur seine Lust und nicht seinen schweren Leib. Am Kadaver angekommen, macht er sich lächerlich, ist ein ungeschlachter Teddybär, der plötzlich auf seinem Steiß sitzt, mitten im Pferdeblut, in das er schlitterte, als er den schlecht kalkulierten Lauf zur Beute abbremsen mußte, Beine voraus auf einem Boden, der lehmig und nackt ist, zerwühlt von den Forstmaschinen, mit denen sie die Lichtung hier räumten, und glitschig von Blut. In kleinen Pfützen steht es um den Kadaver. Der Bär schlappt mit der Zunge dran herum, läßt es aber bald wieder bleiben. Vom Blutaufschlappen wird ein Bär nicht satt, schon gar nicht ein großer Bär. Also schlägt er die Reißzähne in den Bauch des Kadavers und will ihm ans Gedärm, blind und taub und stumm und dumm vor Gier. So trifft ihn Joops Kugel.

Sie kommt aus einem Feuerschein, der so grell ist, daß er nicht nur den Schützen und dessen Beute blendet, sondern auch den Mond, der sich eine Wolke vors Gesicht zieht. Und die Kugel kommt aus einem Krachen, das dem Bär nicht nur das Gehör nimmt, sondern vor Schock auch den Schmerz in der zerfetzten linken Schulter. Für den Blitz, für das Krachen und für den Schock, auch für die zerstörte Schulter sorgte ein Fingerdruck so federleicht, daß eine Ameise, hätte sie sich zwischen Joops Finger und den Abzug seiner Büchse geschmuggelt, davon nicht getötet, nicht einmal ernstlich gequetscht worden wäre. Joops Nacken wird gänsehäutig, Mari steht hinter ihm: *Wir können uns das nicht leisten!*

Die Kugel, die er dem Herzen des Bären antrug, passierte knapp darüber und trat unter der letzten linken Rippe wieder aus, wo sie zum Bauch des Bären auch noch den des Pferdes öffnete, so daß sich die grüne Brühe aus dem einen mit dem roten Blut aus dem andern mischt. Es sickert und tropft und spritzt auch ein wenig im Rhythmus der Herzschläge. Darüber verebbt der Schock in langen Wellen. Sie pulsen an die Innenwände des Bärenschädels und überschwemmen die Augen mit rotem Schmerz. Eine ungerichtete Wut befällt den Bär, und er brüllt sie hinaus. Es ist ein Brüllen, das die Nacht spaltet und den Wind weckt, der in die Bäume fährt, daß sie aufrauschen. Zwischen zwei Stimmstößen steht er auf, kerzengerade und hochgereckt das gleich wieder brüllende Maul. Der linke Arm hängt ihm wie ein windleerer Luftsack am Leib, den rechten hebt er gegen die Kanzel und macht ein paar taumelnde Schritte auf sie zu. Joop sieht das und hört den Bär rufen: *Was tust du mir an?* Aber der Bär ruft nichts, sein Rufen ist in Joops Kopf, er brüllt ja nicht einmal mehr. Seine Stimme verröchelt im Blut, das ihm aus einem kaputten Lungenflügel über die Stimmbänder ins Maul läuft. Er kaut nun sich selber.

Wie er so dasteht, bietet er Joop die Brust, und Joop denkt in wilder Trauer, daß es Zeit ist, die *Hinrichtung* zu Ende zu bringen. Er sucht das Herz im Visier, atmet tief, hört auf zu atmen und bringt das Fliegengewicht seines Fingers auf den vergoldeten Abzug. Was daraus wird, sieht er nicht im Feuerschein des Schusses. Dafür weiß er, was nun im Leib des Bären geschieht: Die Kugel treibt in den Körpersäften eine Bugwelle vor sich her, die Gefäße und Nerven zerreißt. Im Durchgang zum Herzen faltet sich ihre weiche Bleispitze auf zum Pilz und verbreitet den harten Kern ums Doppelte seines Kalibers.

Und als ob das noch immer nicht genug ist zum Sterben,

zerlegt sich ein Teil des Geschosses in Splitter, die dem Bär auch noch die großen Brust- und Rückenmuskeln spicken. Was nun noch übrig ist von Joops Geschoß, das legt sich hinter dem Herzen quer, wie ermüdet von dessen Lebenskraft, hat aber noch genügend Energie, um im Rücken des Bären einen handtellergroßen Krater aufzureißen, aus dem das Blut blasig wie Lava herauskocht. Es stehen wieder kleine fette Wolken in der Nachtluft.

Aber lange bevor Joop dies alles auch nur denken kann, ist der Bär über dem Pferdekadaver tot zusammengesunken. Joop entblößt sein Haupt. Duschan sagt »Waidmannsheil!«, wie es deutsche Jäger ihm beigebracht haben, und reicht Joop die Schnapsflasche. Joop murmelt ein verlegenes, verlogenes »Waidmannsdank!« und trinkt von dem Fusel. Aber nicht der Fusel schüttelt ihn jetzt durch, schüttelt ihn, bis er versteinert, stieren Blicks und stumm. Duschan spürt diese Not, versteht sie aber nicht. Er geht. Der Mond geht schließlich auch, so lange sitzt Joop allein in der Kanzel. Der Nachtwind hat die Finger sanft im Fell des Bären.

(1989)

Das füg auch keinem Pferde zu

Und noch einmal, anläßlich der neu entflammten Diskussion über das Barren: vom Elend der Springreiterei in der Hochleistungsgesellschaft.

Es liegt ein Zauber über dem Pferd wie über keinem Tier sonst, ein Tabu auch, das vielen Menschen, den allermeisten, nicht nur den Verzehr seines toten Fleisches unmöglich macht, sondern auch schützend sein lebendes umgreift, seine Seele gar, die aus dem seidig bewimperten großen Auge selbst zu den ganz Unsentimentalen zu sprechen scheint und ihnen die Hand, sie wissen nicht, wie und warum, streichelnd an Stirn, Nüstern und Hals des Pferdes zieht.

Am Grunde dieses Zaubers liegt des Pferdes kentaurische Aura, seine fast leiblich zu nennende Verwachsenheit mit uns durch vier Jahrtausende menschlicher Geschichte, der geschriebenen und der in Mythen bloß geraunten. Die anfängliche Jagdbeute erlief sich durch die Zeiten göttlichen Rang. Poseidons Rosse stürmten mit schaumigen Mähnen über die See. Achill erhielt von seinem Wagenpferd Xanthos, dem Hera Stimme verlieh, den Schlachtentod geweissagt. Als Grani, König Sigurds Roß, ohne den Ermordeten zu Gudrun heimkehrte, »da senkte Grani ins Gras sein Haupt / Der Hengst wußte, sein Herr war tot«. Es nehmen solche alten Texte den Belesenen unter den Pferdeliebhabern bis heute nicht den Schauder, obwohl sie, aufgeklärt durch die Ethologie, heimlich mutmaßen, es senkte Grani am Ende eines langen Weges das Maul wohl bloß fressend ins Gras.

Ein Pferd ist ein Mensch ist ein Pferd ist ein Mensch, ein kentaurisches Wesen eben, hälftig dies und das und darum für viele von uns eingeschlossen in die hippologische Spruchform des Kantschen Imperativs: Was du nicht willst, daß man dir tu', das füg auch keinem Pferde zu!

Mögen sie anderswo, um den Gaumen zu delektieren, Hunde schlachten, mögen sie in Australien wegen der zu vielen schon gestapelten Wolle die Schafe herdenweise mit Schnellfeuerwaffen niedermähen und die Känguruhs nicht minder; mögen sie in der DDR junge Schweine, weil unverkäuflich, an die Mauern schleudern oder, bei uns, die Kälber mutterlos und um eines weißen Fleisches willen anämisch halten; mögen sie jungen Stieren den Weidegang wegrationalisieren und sie auf kotdurchlässigen Spaltböden mästen, Hühner käfigen und Gänse stopfen, bis ihnen die Leber als stoffwechselvergiftetes, grün-fettiges Geschmier, das das Zungenmekka der Gourmets ist, schier den Leib sprengt; mögen sie Hundewelpen als Versandware und Schaufensterauslagen behandeln, den Nachwuchs der Zootiere aus Raummangel auch in die Höllen asiatischer Tiergroßhändler liefern; mögen sie Hekatomben von Versuchstieren zu Minenhunden unserer eigenen, oft genug durch Genußsucht heraufbeschworenen Leiden machen – wir haben uns im Elend der Tiere eingerichtet.

Die Nachrichten davon, die Bilder ziehen an uns vorbei wie Wolkentrübungen eines überwiegend heiteren Himmels. Die Wahrheit, die sie uns vermitteln sollen, ist wegen der Wiederkehr des immer Gleichen längst ermüdet und emotional kraftlos geworden; zu mehr als einem kleinen Ekel, einer kurzzeitigen – oft willkommenen – Appetitminderung reicht es selten. Und die Minderheiten der Unermüdlichen, der Dauererregten, die auf Straßen und Plätzen mit Handzetteln auf das Elend aufmerksam machen, gelten der Mehrheit als moderne Bußprediger, an denen man abgewandten Gesichts rasch vorübergeht, der eigenen Mitschuld flüchtig oder gar nicht gedenkend.

Und dann schlägt ein Mann irgendwo im Oldenburgischen einem namenlosen Pferd einen Holzknüppel vor die Vorderbeine, damit es sie im Sprung über ein Hindernis besser hebt, und die Nachricht davon erhält in den Medien den Stellenwert eines tektonischen Großbebens.

Kollektive Gemütsverwerfungen setzen ein, Kohl und Kufstein geraten ins Abseits, und de Maizière spielt nur noch die zweite Geige. Im Fernsehen kommt es zu Streitgesprächen von einer die Gesichter der Verbalkombattanten bleich machenden Heftigkeit, zu einer Aufwallung der Gefühle, die den sonst so gelassen strömenden Redefluß der

Profis um Wortfindlinge wie »barren« und »pliestern« hoch aufschäumen läßt. Aus den Seiten der bunten Blätter springen uns Pferde an, wenig fehlt, und sie hätten Tränen in ihren schönen dunklen Augen. Kleinfingerhohe Schlagzeilen fliegen wie Steine gegen ruhmbedeckte Reiterdenkmäler, an denen Namen wie Klimke und Winkler stehen. Letzterer ist rot befrackt zu sehen, alle seine Goldmedaillen an bunten Bändern um den Hals – ein Schellenbaum der deutschen Reiterei, der nicht, so der Vorwurf gegen ihn, warnend geklingelt habe. Er habe gewußt, was die ausgeschwärmten Rechercheure der Redaktionen nun nach und nach zutage fördern: Eisenstangen vor die Füße der Pferde statt Bambusrohr, Kronenkorken und Igelfelle auf den Hindernisholmen, Reißzwecken in den Peitschen und blanke Stromkabel in den Sporen. Fahrradkettenglieder als Gebißauflage für die Heftigen. Zwangsjacken in Einzelhaft für die Renitenten. Säure unter die Gamaschen für die vermeintlich Springfaulen, ihr Fell weggeätzt bis aufs rohe, den Schmerz des Stangenanstoßes vervielfachende Fleisch.

Allgemeines Magenumdrehen unter den Kommentatoren. »Ein Sport ist am Ende«, schlagzeilte die Münchner Abendzeitung.

Dieses Ende, wenn es denn eines sein sollte (was zu bezweifeln ist), dauert nun schon sehr lange, waren doch all die Dinge, über die man sich nun erregt, schon zwischen 1970 und 1975 Gegenstand großer Reportagen im Fernsehen und in Blättern mit Millionenauflagen. In Bildern zeigten sie all die Marterinstrumente vor, die man erst heute entdeckt zu haben glaubt. Fritz Thiedemann bekannte sich zum Barren mit zwei Zentimeter dicken Eisenstangen (»Bloß ein Klaps für die Pferde!«). Gert Wiltfang war wegen just dieser Praxis und wegen einer Anzeige, ätzende Salben auf Pferdebeine gestrichen zu haben, ins Gerede gekommen und gesperrt worden. In der Schweiz lief ein Tierschutzverfahren gegen Bruno Candrian wegen des Gebrauchs von nägelbeschlagenen Hindernisstangen im Training. Hartwig Steenken gab öffentlich zu, seine Stute Fairneß »regelrecht verheizt« zu haben. 21 000 Pferde im besten Alter, ließ die Arbeitsgemeinschaft Deutscher Tierschutz damals verlauten, würden »als Abfallprodukte des deutschen Reitsports« in die

Schlachthöfe Italiens und Frankreichs geliefert, wo das Pferdefleisch-Tabu geringer ausgeprägt ist als bei uns.

Mögen solche Zahlen auch dubios sein, als Alarmsignal hätten auch weit geringere taugen müssen. Es waren dies ja selbst damals schon, vor 15 Jahren, beileibe nicht die ersten Signale, daß es im Springsport nur mit den Hindernishöhen und mit der Kasse noch bergauf ging.

Das Warnen begann 1956, gleich nach den Olympischen Reiterspielen in Stockholm. Ganz Pferde-Deutschland war im Siegestaumel: Halla hatte den verletzten Hans Günter Winkler fehlerlos über alle Hindernisse getragen – Goldmedaille! (Ich habe später die ins nationale Kraut geschossene, in Fach- und Laienkreisen nicht totzukriegende Legende von Winklers schmerzbedingter Hilflosigkeit im Sattel und Hallas Alleingang – quasi nach dem Motto: »Hans Günter, halt dich gut fest, ich mach' das schon! Wir reiten für Deutschland!« – zerstört durch die Veröffentlichung einer Bild-für-Bild-Analyse des Wochenschaumaterials von diesem Ritt. Der Nachweis von Winklers nur beeinträchtigter, keineswegs abwesender Reiteinwirkung minderte die Leistung der zum Menschen hochstilisierten Halla nicht; ich teilte ihr nur ihren wahren Anteil an diesem spektakulären Sieg zu und gab ihr ihren Pferdestatus zurück; er blieb beeindruckend genug. Winkler akzeptierte damals meine Dokumentation; er hatte es immer gewußt, aber geschwiegen. Wie heute wieder? Darauf komme ich noch.)

Einer hatte damals im nationalen Taumel kühlen Kopf bewahrt: Erich Glahn, eine hippologische Kapazität der fünfziger Jahre, Richter in vielen Konkurrenzen. In seinem Buch ›Reitkunst am Scheideweg‹ schrieb er bald nach Stockholm hellsichtig: »Und wir, die wir dies (den Halla-Ritt – d. Verf.) sahen und die wir nach Jahrzehnten eines Reiterlebens mehr als die Jugend über den Weg nachzudenken verpflichtet sind, wohin dies alles gelenkt werden könne, waren dennoch nicht geneigt, die anderen Bilder zu vergessen, die uns diese Weltbesten boten. Reiterliche Unreife und mangelnde Technik geben dem Menschen kein Recht, in quälerischer Art mit stoßenden Hilfen und Marterinstrumenten von Gebissen und Hilfszügeln, nur zur Befriedigung unsachlich gelenkten Ehrgeizes, mit unzulässigen Mitteln zu arbeiten. Unsere Spitzenorganisationen sind längst und immer wieder gewarnt. Haben sie nicht gesehen, daß die internationale Reitkunst nicht nur in der großen Dressurprüfung und der Military, sondern auch hier am Scheideweg steht?«

Sie haben nichts gesehen, sagen sie nun, in den drei seither vergangenen Jahrzehnten, in denen die Marterinstrumente den Pferden mit fröhlichem Zynismus (Video-Ton Paul Schockemöhle beim »fachgerechten« Barren: »Dem zimmere ich noch einen, das kann der ab!«) weiterhin vor die Beine gehauen, ins Maul gezwungen, in die Flanken gestoßen wurden.

Dabei gab es doch genug zu sehen:

– einen Vizeweltmeister der Springreiter, der während der Weltmeisterschaft 1970 im französischen La Baule das Maul seines Pferdes massakrierte, um das Tier schwierig zu machen für die Konkurrenten, wenn nach dem Reglement die Pferde getauscht wurden;
– einen Weltmeisterschaftsdritten, der auf selbigem Turnier seinem Pferd mit aller Kraft einen Maulriß (»Insterburger«) verpaßte, um es für einen Fehler zu strafen, den er nach Ansicht der Fachwelt selbst verschuldet hatte;
– einen amtierenden Weltmeister, der zwei Tage absatteln mußte, um das blutig gerissene Maul seines Pferdes zu schonen;
– einen hoch Favorisierten, der 1971 in Aachen sein von vorausgegangenen Prüfungen ermüdetes Pferd nach einem fehlerhaften Durchgang mit der Springkandare, einem besonders scharfen Gebiß, zweimal im Zorn tief auf die Hinterhand niederriß;
– den Tod renommierter Pferde auf dem Felde der Ehre, vulgo des Geldes: Grand-Prix-Spezialist Turvey des Italieners Mancinelli, Loch an Easpaig des Iren Ringrose, der »Hochjumper« Madison Time des Engländers Harvey Smith, Tasso des Deutschen Hartwig Steenken, der Jägermeister Winklers, Robin und Weisel Fritz Ligges';
– die auf den mörderischen Geländestrecken von Avandaro und Haras le Pin zu Tode gekommenen Military-Pferde Ballerina und Loughlin, Opera und Dzwiek und die 41 Stürze von 40 Startern bei der Geländeprüfung in Punchestown;

– das vorzeitige Ausscheiden berühmter Pferde aus dem Sport: das bekannteste Beispiel ist Winzer (1961), den Alwin Schockemöhle über eine 2,22 Meter hohe Mauer zum damaligen Hochsprungrekord ritt und der dann an der Berufskrankheit der Springpferde litt: Hufrollenentzündung.

Genug. Ich kenne freilich noch mehr Pferdenamen, hochberühmte darunter, die sang- und klanglos aus den Schlagzeilen verschwanden.

Nicht alle Aktiven schweigen. Als ich Anfang der siebziger Jahre Hans Günter Winkler, den sie nun schmähen, mit meiner Meinung konfrontierte, es würden Pferde als hochspezialisierte Fluchttiere der Grassteppe, als Raumgreifer zwischen den Horizonten nur unter leiblicher Not oder reiterlichem Zwang springen, da antwortete er mir auf ein Tonband (das es noch gibt): »Ja, ich glaube, Sie haben recht. Es ist ja auch erstaunlich, wenn man sieht, wie die Masse der Pferde sich die Drangsaliererreien und unsachgemäße Behandlung gefallen läßt. Normalerweise müßte man annehmen, daß diese Pferde hinter sich packen würden, den Reiter runterzerren und einmal drauftreten. Mehr hätten, also ich muß das leider sagen, die meisten nicht verdient.«

Was Winkler damals nicht recht schmeckte, als ich dieses Zitat zusammen mit der ganzen Misere der internationalen Springreiterei im ›Stern‹ veröffentlichte, das mag ihm heute zur Ehre gereichen und ihm in der Abwehr des Vorwurfs, er habe stets geschwiegen, nützlich sein.

Gedächtnisstarken, am Reitsport interessierten Lesern mag spätestens an dieser plakativen Stelle einiges von dem, was sie hier lesen, bekannt vorkommen. Die Mißbräuche der Pferde, die ich, kurz nur, allzukurz, skizzierte, ihre Namen und die Umstände ihres Leidens, ihres Todes gar stammen zu einem guten Teil aus dem längst vergriffenen Buch ›Bemerkungen über Pferde‹, das 1971 ein Fernsehmensch namens H. S. veröffentlichte, der sich zehn Jahre lang den Mund verbrannte, bis er ihn schließlich, müde der Vergeblichkeit seiner Bemühungen um ein auf Wissen gegründetes Verhältnis zu den Tieren, 1981 schloß.

Ich hätte ihn auch nicht wieder aufgemacht, wäre nicht diese Zeitung zu mir gekommen mit einem sehr viel anders gearteten Wunsch als dem von ›Sport-Bild‹: Man habe von Fredy Knie erfahren, ich kennte einen Dressurreiter, der seinem Pferd die Zunge kürzen ließ, weil es dieselbe unschön zum Maul habe heraushängen lassen, was im Dressurviereck zu einem Punkteabzug führt. Vielmehr: Ob ich nicht Lust hätte, unter Verwendung längst von mir und anderen Geschriebenem und Gesagtem, »das Pferd gegen die Skrupellosen unter seinen professionellen Verwesern (sic! – d. Verf.) zu verteidigen – biologisch, ästhetisch, politisch, ökonomisch«, und ob »ein eingeschachteltes Pferd nicht auch ein Kasten für unsere Phantasie« sei?

Da biß ich an. Und wollte mir den geschickt beköderten Haken gleich wieder aus dem Mund ziehen, als ich, während ich an diesem Text zu schreiben begann, den Fernseher anmachte: Military-Weltmeisterschaft in Stockholm (schon wieder Stockholm!). Bei aller Achtung für eine junge, sympathische deutsche Mannschaft, im Glauben auch an das von ihr behauptete besonders geartete, von Ausbildungsheimtücke freie Verhältnis zu ihren Tieren – dennoch immer wieder die üblichen Bilder: Schweißbedeckte, keuchende Pferde, denen man nur zu oft die Müdigkeit und die Verwirrung über die Komplexität der (festen) Hindernisse ansah, hilflos mit allen vieren strauchelnd oder sich mit grotesken Verrenkungen ihres Bewegungsapparates gerade noch rettend. Oder auch nicht. Knochen, die auf Holz prallten oder Stein und nur dank vorsorglich eingeseifter Bandagen gerade noch darüber hinwegschlitterten. 32 Hindernisse, und kein einziges, in dessen Nähe auch nur ein Pferd, ließe man ihm den eigenen, naturbestimmten Willen, kommen würde. Sie trugen so heimelige Namen wie Pleasure Pond (Vergnügungsteich) oder Bull Finch (Dompfaff).

Bei diesem Vogelnamen kam mir in den Sinn, wie spielerisch Katzen, die großen zumal, diese Hindernisse bewältigen würden, könnte man sie dazu abrichten. Mit ihren langen, geschmeidigen Rücken, den tiefliegenden Sprunggelenken, beweglich federnden breiten Tatzen und der größten Kraft in den Vorderbeinen, mit einem räumlichen, uns verwandten Sehen auch würden sie selbst für das ungeübte Auge Karikaturen aus diesen Pferden machen. »Hochtrainiert« seien sie, »topfit« für diese Sprünge, hörte ich den Kommentator begeistert sagen. Aber kein Training, fair oder heimtückisch, schafft die physiologischen Handikaps aus der Welt: Der Rücken des Weidegängers Pferd ist im Vergleich mit der springend die Beute greifenden Großkatze kurz und weitgehend starr. Die Sprunggelenke liegen hoch, die Füße sind unbewegliche Hufe unter Röhrenbeinen mit einem Querschnitt von fünf Quadratzentimetern. Das Sehvermögen ist überwiegend monokular und peripher, nahezu einen Vollkreis überblickend, angepaßt an die Steppentiervergangenheit des Fluchttiers Pferd, dem die Natur statt einer Brille die Panik verschrieb.

Ich war versucht, die Arbeit an diesem Text einzustellen: »Was soll's?«, dachte ich. Wo Mahnungen nichts helfen, Wissen nichts fruchtet, wo sich die Bilder über die Jahrzehnte gleichbleiben und das anthropomorphe Schönreden heimtückischer Praktiken (»fachgerecht«) nie endet, wo alles längst gesagt ist, was dazu zu sagen ist, da wird einer, der nicht endlich schweigt, leicht zum Narren: Si tacuisses ...

Auch kann ich mich über Schockemöhle & Co. nicht mehr so recht ereifern. Ich sehe in ihnen heute eher Opfer als Täter. Durch Neigung oder Berufswahl, Liebe zum Pferd vielleicht gar wuchsen sie hinein in einen Sport, der nur allmählich und anfänglich wohl auch ohne ihr Zutun mehr und mehr zum nackten Schaugeschäft verkam. Gesponsert (welch ein Wort!) von den Geldmillionen so ehrenwerter Gesellschaften wie Daimler-Benz und, über Eurocard, deutscher Großbanken, gemanagt (wieder so ein Wortbastard, aber hergehörig!) von so skrupelfreien Heldenvermarktern wie Ion Tiriac und beklatscht von einem Publikum, dessen Tier-Kriterium der Null-Fehler-Ritt ist, sind sie nun, was sie sind: ganz normale Mitglieder einer Hochleistungsgesellschaft und stolz darauf. Dem sozialen Darwinismus stehen sie näher als dem biologischen.

In den sechziger Jahren bekam in Verden an der Aller, auf der Auktion der Züchter des Hannoveraner Pferdes, einen Blumenstrauß (nebst Handkuß für die Dame), wer den Preis für ein Zukunftspferd auf 10 000 Mark hochgetrieben hatte. Da hätten die Auktionäre solcher Veranstaltungen heute viel zu küssen. Der Applaus beginnt erst bei 100000 so richtig. Was auf der 71er Verdener Auktion ein Wahnsinnspreis für »das bedeutendste und schönste Verdener Auktionspferd aller Zeiten« war (Katalogtext), 90000 Mark, das regt heute keinen mehr auf. Nahe bei einer Million liegt der Preis für ein hochklassiges Nachwuchspferd.

Der Springsport am Ende? Wo ein Formel-1-Pilot wie Ayrton Senna zwölf Millionen Mark im Jahr erhält und nun mit Aussicht auf Erfolg 26 Millionen fordert, wo ein begnadetes Wadenbein wie Diego Maradona seine zusammengekickten Millionen mit zwei maßgekleideten Super-Ferraris vor dem Trainingscamp zur Schau stellt, wo man Twens wie Boris Becker und Steffi Graf die Werbemillionen nur so ans Hemd klebt, da ist noch viel, viel Luft im internationalen Springzirkus, der doch auch die Medien und die Massen anzieht. Daß dieser Luft vermehrt Abdeckereigestank beigemischt sein wird – herrjeh, da wird man eben, als Fachmann und Funktionär, es noch ein bißchen lauter sagen müssen als bisher schon: daß durch Zuchtwahl bestimmt alles viel besser werden wird, die Pferde immer perfekter, weil zum Springen schon geboren!

Das ist krasser Lamarckismus, ist Glaube an die Vererbbarkeit einer von einem Organismus zu seiner Lebenszeit erworbenen Eigenschaft. Lamarck, ein Vorläufer Darwins, postulierte 1809 sein »Erstes Gesetz« zur Widerlegung der Lehrmeinung von der Konstanz der Arten: »Bei jedem Tiere, welches den Höhepunkt seiner Entwicklung noch nicht überschritten hat, stärkt der häufigere und dauernde Gebrauch eines Organs dasselbe allmählich, entwickelt, vergrößert und kräftigt es proportional der Dauer des Gebrauchs. Alles, was die Individuen durch den Einfluß der Verhältnisse, denen ihre Rasse lange Zeit hindurch ausgesetzt ist und folglich durch den Einfluß des vorherrschenden Gebrauchs oder konstanten Nichtgebrauchs eines Organs erwerben oder verlieren, wird durch die Fortpflanzung auf die Nachkommen vererbt, vorausgesetzt, daß die erworbenen Veränderungen beiden Geschlechtern oder den Erzeugern dieser Individuen gemein sind.«

Berühmt geworden ist Lamarcks Beweisangebot für seine Thesen von der Vererbbarkeit erworbener Eigenschaften: Es kämen der lange Hals der Giraffe und ihre unproportional langen Vorderbeine vom generationenlangen Hochrecken des Mauls in die Bäume, weil der Boden ihres Lebensraums vegetationsarm sei. Hinzu käme, daß den Tieren ein Vervollkommnungsdrang innewohne, der zu sinnvollen Veränderungen führe.

In der Molekulargenetik ist der Lamarckismus nur noch eine historische Fußnote, zahllose Versuche, ihn experimentell zu beweisen, sind gescheitert. Die »Wunderstute« Halla, von der schon die Rede war, hatte ihr Springvermögen, wie alle Pferde, die »Häuser springen können«, durch Dressur und langes Training erworben, ganz im Sinne Lamarcks also. Bei Halla traf das darüber hinaus noch auf besondere Weise zu, hatte sie doch ihre Karriere als Traberin begonnen und war seitdem eine »irre Ziege«, wie Winkler sie, zwischen Liebe und Verzweiflung, nannte. Als sie aus dem Sport ausschied, ließ man sie mehrfach durch ausgesuchte »Springvererber« decken. Es war also auch der Lamarckschen Forderung nach zwei, im Sinne des Zuchtziels »veränderten« Elternteilen genüge getan. Heraus kamen, springsportlich geredet, nur Nieten.

Es ließe sich überdies noch sagen, daß in Halla, da sie doch nach landläufiger Meinung 1956 in Stockholm über die Hindernisse setzte, als habe sie beim Start schon die schwarzrotgoldene Fahne am Fuß des Siegesmastes angeschlagen gesehen, der Lamarcksche »Vervollkommnungsdrang« ganz besonders am Werke war. An ihm muß es wohl liegen, daß die Reiter, wie letzte Woche wieder bei der Military in Stockholm, von ihren Pferden als »tollen Mitkämpfern« schwärmen. Der Freiburger Haustier-Ethologe Klaus Zeeb, mit dem ich im westfälischen Dülmen filmische Studien an annähernd wild lebenden Pferden trieb und im Schweizer Nationalzirkus Knie solche an Zirkuspferden, sagte einmal (ein bißchen überspitzt, wie Bonmots halt so sind): »Reiter erkennen ein Pferd als Pferd nur dann, wenn ein Sattel draufliegt.«

Was also nun – das Pferd in den Zoo? Das fragten sie mich 1971 schon. Ich habe heute darauf dieselbe Antwort: »Man mißversteht mich gründlich, wenn man aus diesen Zeilen herausliest, ich plädiere dafür, den lieben Pferden Zucker in die Rosette zu blasen und die Funktionäre der Reiterei nur noch aus dem Tierschutzverein zu wählen. Ich wollte nur die unerbittlichen Zwänge aufzeigen, in die das Leistungspferd als Sportgerät der Leistungsreiter geraten ist. Der Spitzensport pervertiert rapide zum Gladiatorentum. Panem et circenses. Die Spiele der Reiter sind das Brot der Pferde. Es ist das härteste, das sie jemals aßen: Lorbeer, Menschlichkeit, Fairneß, Ritterlichkeit – das sind die Vokabeln der Festtagsredner.«

Hans Heinrich Isenbart, der letzte Ritter – ich sag's ohne jede Ironie –, betete vor dem Großen Zapfenstreich, der 1970 das Dortmunder CHI-Turnier beendete: »... wollen wir daran erinnern, daß wir es in unserem Sport mit einem lebenden Wesen zu tun haben, das ganz auf uns angewiesen ist, auf unseren Schutz und unsere Liebe. Sein Vertrauen ist seine Macht über uns, die Geduld mit ihm ist der Zügel der Freiheit ...«

Und so weiter.

(1990)

Das unerlöste Land

Der Wahrheit Mitteleuropas auf der Spur: Triest, eine Stadt für Detektive des Intellekts. Und ein ganz klein wenig auch so etwas wie die politische Utopie des Horst Stern.

Man richte seine Ankunft in Triest so ein, daß man seiner Koffer und aller Hotelangelegenheiten ledig ist, wenn die Sonne sich anschickt, über dem Golf unterzugehen. Sie muß noch, schirmt man das Auge gegen sie ab, drei Handbreiten über dem Horizont stehen, in 260 Grad, also ein wenig südlicher als West. Das ist für alle der Himmelsgeografie Unkundigen die Richtung auf Venedig zu, jenseits des großen blauen Golfes, welchem die Königin der Adria zum Verdruß der Stiefschwester Triest den Namen gab.

Man spaziere zu einer solchen Stunde von der Piazza Vittorio Veneto südwärts durch die Via Roma, und man wird auf eine Goldader nach der anderen stoßen. Gemeint sind die neun oder zehn im rechten Winkel zum Hafen hinunterlaufenden Querstraßen wie die Milano, die Machiavelli, die Rossini, Bellini und Mazzini. Nur in der kurzen Stunde des Sonnenuntergangs werden sie dem Glanz ihrer großen Namen gerecht. Sie füllen sich dann an ihren hafenseitigen Enden mit einem Licht, das auf dem blauen Spiegel des Golfes gleißend daherkommt und in sie einströmt wie geschmolzenes Gold in die schwarzen Gußformen von Barren, denn schwarz und barrengleich, jeder Farbe und Struktur vom Gegenlicht beraubt, bieten die hohen Häuserfronten dieser engen Straßen sich nun dem Auge dar, und man geht von einer zur anderen, als passiere man eine Reihe von eigens zum Hinschauen hingestellten, lang ausgezogenen Sehrohren, die gerichtet sind auf die wahren Schätze dieser Welt.

Oder man richte seinen Aufenthalt in Triest nach einem ganz anderen Wetter, als es zum Erleben eines Sonnenuntergangs von der eben beschriebenen Art nötig ist: Man komme im Winter, wenn die Meteorologen die Bora voraussagen, diesen katabatischen Wind, der von den rauhen Karstbergen, die Triest umstehen, niederfährt in nicht selten orkanartigen Böen. Sie treffen die Stadt mit Geißelhieben, daß sie mit ihren Fenstern und Türen wie mit Knochen klappert und mit den sturmdurchtosten Straßenschluchten stöhnt wie ein dantesker Höllenchor. So schlimm ist dieser bitterkalte, manchmal tagelang anhaltende Wind, daß die Behörde an Stellen, die ihm besonders ausgesetzt sind, Halteseile spannt, damit die Triestiner nicht vor ihm her ins Meer getrieben werden.

Ein guter Platz zum Beobachten dieser Naturgewalt ist der hoch am Hang über der Stadt gelegene Obelisco-Platz an der Straße nach Villa Opicina. Man erreicht ihn mit »Il Trenino«, einer kleinen elektrischen Zahnradbahn, die, wenn das Wetter es erlaubt, von der Piazza Oberdan steil aufwärts fährt. Aber man sichere sich, wenn man oben angekommen ist und die Bora wütet, gut. Der Blick hinunter auf das Meer mag zu solchen Zeiten Verwunderung auslösen bei denen, die mit den Ursachen und Wirkungen der Elemente unvertraut sind, ist doch das Wasser des Hafens und des näheren Golfes nicht so erregt, wie es die Heftigkeit des Sturmes vermuten ließe. Aber die Bora ist, aus Nord bis Ost kommend, ein ablandiger Wind, wie die Seeleute sagen; er braucht eine längere Strecke Wegs über das Meer, bis er es zu hohen Wellen türmen und vor sich her jagen kann.

So oder so ähnlich las ich es vor vielen Jahren über Triest, und es weckte mein Interesse an ihm. Als ich dann jüngst mit meinen Besuchen begann, merkte ich bald, daß Sonnenuntergang und Bora die zwei einzigen Gewißheiten sind, die man über die Stadt Triest heute noch nach Hause tragen kann, wenn man als Besucher anderes mit ihr im Sinn hat als die Entwirrung ihrer sie heute identitätslos erscheinen lassenden österreichisch-französisch-italienisch-slowenischen Geschichte. Es sind in ihr die habsburgischen Seemachtträume des beginnenden 18. Jahrhunderts so gut verwoben wie die an dessen Ende mit dem Säbel gemachten napoleonischen Landkartenkorrekturen. Italienischer Aufruhr dann mit Bomben gegen das 1814 wiedergekehrte, trotzdem nun bis 1918 bleibende österreichische Regime, das, niemand bestreitet es, Stadt und Hafen großen Reichtum brachte. Nach 1922 faschistisches Römergehabe im Umgang mit der slowenischen Bevölkerung Triests. Reichsdeutsches Sieg-Heil-Geschrei 1943. Und schließlich, bei Kriegsende, ein Griff Titos in des Westens Gesäßtasche, wo Tito ein gut gefülltes Portemonnaie vermutete. Englische Besatzungstruppen beendeten das. Bis Triest 1954 endgültig wieder an Italien kam und sein Hinterland an Jugoslawien.

Geht man durch die Wohnquartiere Triests und studiert die großen Klingelbretter in den Hauseingängen, dann findet man in der Internationalität der Bewohnernamen die meisten dieser geschichtlichen Spuren wieder. So angefüllt die Stadt ist mit italienischen und slowenischen, deutschen, österreichischen und französischen Lauten, englischen auch und israelitischen, so angefüllt ist ihre Historie mit politischer Gewalt und einem (heute nur noch unter vieles erstickender Asche glimmenden) Haß zwischen Lateinern und Slawen und ihren sich bis heute hart im Stadtraum stoßenden Kulturen. Ohnehin übersättigt bis zum Erbrechen mit Nachrichten von Haß und Hader, verliert der Reisende jede Lust, über das alles noch nachzudenken. Grillparzer fällt einem ein: »Von der Humanität über die Nationalität zur Bestialität.«

Für diese Unlust an der komplizierten Geschichte Triests gibt es noch zwei andere Gründe, einen alten und einen neuen. Den neuen zuerst: In einer Zeit, in der die Geschichte Mitteleuropas sich häutet wie sonst nur durch das Agens großer Kriege, schrumpft die Geschichte des Triestiner Raums zu einer knappen europäischen Fußnote. Berlins Brandenburger Tor wirft, seit es sich geöffnet hat, so viel Licht auf die alten Schatten anderer zerrissener Städte, daß deren Geschichte dem Blick außerregionaler Beobachter entschwindet. Auch zerbröselt rasch die Tragik der geografischen Grenzlage Triests zwischen West und Ost, die ihr, einer italienischen Provinzstadt doch nur, immer wieder das Interesse großer europäischer Blätter wie ›Le Monde‹ und ›Nouvel Observateur‹ sicherte. Die Grenzen zwischen den Blöcken wurden durchlässig, und die politischen und wirtschaftlichen Hirne beider Seiten bemühen sich um Kompatibilität. Triest bereitet sich, das wird uns noch beschäftigen, auf die Rolle eines mitteleuropäischen Wirtschaftszentrums vor.

Und damit ist, nach dem neuen, der alte Grund angedeutet, der dem Besucher Triests die Lust nimmt, auf die Details seiner wechselvollen Geschichte mehr als einen kurzen, der zeitlichen Orientierung dienenden Blick zu werfen: Wie sehr auch immer die neuere Geschichte Triests, die 1719 mit seiner Erhebung zum Freihafen durch Österreichs Karl VI. begann, sich seither durch die Zeit mäandrierte, sie hatte in dieser Stadt immer nur ein Ziel – Geld. Zu einer Rivalin Venedigs, was Triest im 18. Jahrhundert war – freilich in einer Zeit des beginnenden Niedergangs der Serenissima –, konnte die Stadt ja nicht werden durch Schöpfungen der Architektur oder der bildenden Künste.

Für eine Fahrt durch den Canale Grande der Lagunenstadt, etwa zum gotischen Ca' d'Oro, wird man das meiste, wenn nicht alles von Triests Architektur, wie immer eindrucksvoll sie im Zentrum auch sein mag, drangeben. Natürlich hinkt der Vergleich, wiewohl er für den zur Selektion gezwungenen Reisenden wahr ist. Er hinkt nicht nur der unterschiedlichen Stilepochen wegen, sondern weil die Architektur Triests ganz anderen Motiven entsprang als die zeitlich frühere Venedigs. Sie ist Ausdruck eines multinationalen imperialen Glanzes, der sich einem großbürgerlichen Merkantilismus aufprägte. Nichts Karnevalistisches, keine Mantel-und-Degen-Mentalität flossen hier in die Entwürfe der Architekten ein, es bestimmte das Regolamento contro il fuoco, die Feuerordnung von 1754, die massigen, kompakten Bauformen. So wurde Triest, cum grano salis ob seiner Lage am Meer, zu einem Wien, das an der schönen blauen Adria liegt: neoklassizistisches Ringstraßen-Ensemble, theresianisches Barock auch, und alles versüdlicht hier und da mit orientalischem Pluderhosendekor und verschandelt mit etlichem faschistischem Brutalismus nach Art des hochgereckten Mussolini-Kinns.

Es ist diese Architektur auch schon das Beste unter Triests nennenswerten Kulturgütern, mißt man sie, oder gar ihre Werke der bildenden Kunst, mit der Elle der namhaftern norditalienischen Stadtkommunen. Was unter dem habsburgischen Doppeladler von Österreichern und Italienern, Deutschen, Slowenen, Griechen und Juden in Triest geschöpft und geschaffen wurde, war in aller Regel das große

Geld. Begünstigt wurde es neben dem Wiener Freihandelsprivileg durch die freie Lage am offenen Meer an einer Schnittstelle zwischen Orient und Okzident.

Seinen Reichtum hat Triest längst wieder, wenn es ihn denn je nennenswert eingebüßt haben sollte. Venedig, und nicht nur Venedig, ist endgültig auf die Plätze verwiesen. Seriöse Sozialstatistiken aus den letzten Jahren führen Triest, das doch europaweit als ein Ort der müden Weißhaarigen und der chancenlosen Auswanderer gilt, noch vor der Industriemetropole Mailand und gleich nach Bologna in der Spitzengruppe der am Pro-Kopf-Einkommen gemessenen reichen italienischen Städte. Hinter den meist nur zurückhaltend mit Säulen, Simsen und Portalen prunkenden Fassaden der Banken, vor allem aber der in den dreißiger Jahren des 19. Jahrhunderts von Österreich aus gegründeten Versicherungen, allen voran der finanzpolitisch mächtige Generali-Konzern, ruhen große Vermögen, wahre Rentenberge und hochwertige, weltweit hergegebene Policen für die Risikofreude und die Zukunftsgewißheit einer Zeit, die, Triest betreffend, immer wieder als stillstehend, ja als rückwärts gewandt beschrieben wird.

Wenn es die Stadtgeschichte nicht ist, deretwegen man neugierig wird auf Triest, und weniger noch das Geld als Ziel seiner Geschichte; wenn seine Architektur, soweit sie sehenswert ist, ganz ähnlich in Ljubljana und Zagreb und besser in Wien anzuschauen ist; wenn seine Kunstwerke zu fahlen Schatten verblassen im Aureolenschein des nahen Venedigs; wenn Istriens Strände schöner und die alten dalmatinischen Häfen venezianischer, mediterraner sind in ihrer Anmutung; wenn des armen Trogirs Altstadt die des reichen Triests als Slum erscheinen läßt, ja wenn es sich von Triest überhaupt nur geografisch-politisch sagen läßt, man sei in dieser Stadt des k. u. k.-Ambientes und des hohen slowenischen Bevölkerungsanteils noch in Italien – was dann ist es, das Triest immer wieder in die Bücher und in die Zeitungsseiten bringt?

Man kommt erst darauf, wenn man es sich als weitgereister, des Vergleichens fähiger Besucher in der Stadt an den Schuhsohlen abgelaufen hat, daß eine Reise der üblichen Art – schwelgend in historisch-ästhetischen Vergnügungen oder in leiblichen Genüssen – im Falle Triests nicht dafürsteht. (Man muß also in Antwort auf die immer wieder gestellte Frage, warum so wenige Touristen in Triest Aufenthalt nehmen, vielmehr die Stadt auf dem Weg nach Jugoslawien nur durchfahren, nicht Zuflucht nehmen zu dem achselzuckenden Zynismus eines Fremdenverkehrsbeamten: Non c'è un parcheggio, es gäbe halt keinen Parkplatz in Triest.) Sieht man von der wirklich herrlichen Lage der Stadt in der Armschmiege der Karstberge und am venezianischen Golf mit seinen Sonnenuntergängen ab, so ist der Gefühlswert Triests für den anspruchsvolleren Reisenden nicht eben hoch. Wenn es gleichwohl nicht gar so wenige Europäer gibt, die immer wieder einmal in Triest hereinschauen, so kann man darauf wetten, daß sie entweder mit der schönen Literatur im Kopf ankommen, auf den Spuren der Svevo, Saba, Slataper, Joyce & Co (darin immerhin noch ein Rilke eingeschlossen ist), oder daß sie der Lust am Widersprüchlichen frönen und dem Versuch seiner Auflösung. Triest ist eine Stadt für Detektive des Intellekts.

Einer der heitersten Widersprüche und darum zur Einstimmung in die Verquertheiten der Stadt geeignet, gut für den Anfang auch deshalb, weil in der Geschichte verwurzelt (also doch!), ist der Sinngehalt des Oberdan-Platzes. Er hat seinen Namen von einem Giugliemo Oberdan, der Mitglied war in der italienischen irredentistischen Bewegung gegen Habsburg. Terra irredenta, unerlöstes Gebiet, das war Triest für sie. 1882, an einem Tag, an dem Österreich die fünfhundertjährige habsburgische Herrschaft über Triest feiern wollte, half Oberdan, eine Bombe nach Kaiser Franz Joseph zu werfen. Der Monarch entkam dem Attentat unversehrt. Oberdan brachte es an den Galgen. Um die Todeszelle herum, in der er seine letzte Nacht verbrachte, in einer an der Nordseite des Platzes gelegenen damaligen Kaserne, bauten die Faschisten in den dreißiger Jahren eine Art Forum: Viva Italia und Tod dem Tyrannen! Mussolini konnte nicht ahnen, daß er sein eigenes Ende in die Steine schreiben ließ.

Das gegen Österreich revoltierende Triest machte Oberdan zwar zu seinem Märtyrer, zum Blutzeugen seiner Italianità, das verfehlte Ziel der Bombe aber, den Kaiser Franz Joseph, zum Schutzpatron eines Festes, das bis heute gefeiert wird und als Kaiserfest eine im Italienischen geläufige Vokabel ist. Der 18. August, Geburtstag von Cecco Beppe, wie sie Franz Joseph liebevoll nennen, hat seinen festen Platz im Jahreskalender, und nicht wenige Triestiner, gleichviel ob italienischer oder slowenischer Abkunft, fahren an diesem Tag ins nahe Friaulische, nach Giassico bei Cormons oder nach Cervignano. Da hängen sie dann die Bilder des Sissy-Ehemanns an die Wände, Bilder, wie alle Welt sie von ihm kennt: kahlköpfig, rotbäckig, weißbärtig. Von einer echt österreichischen Blaskapelle lassen sie sich zum Gran Ballo aufspielen und zur (unernsten) Andacht: »Gott erhalte, Gott beschütze unsern Kaiser, unser Land!« Sie ziehen ihren Kindern Lederhosen zu Sepplhüten an, trinken Bier zu Bratwürsten und blättern an den Verkaufsständen in alten und neuen Büchern über die guten alten Zeiten, als »Triest noch bei Österreich war«. Da kann man Titel finden wie ›Österreich war ein ordentliches Land‹, ein modernes Sammelwerk im Sprachmischmasch des Triestiner Dialekts, ein vergnüglicher Bestseller, der zwei heutige – italienische! – Journalisten zu Verfassern hat. Eines ihrer hintergründigen Witzworte sagt, daß die Triestiner den Kaiser Franz Joseph wohl ganz gerne wieder hätten, aber in Bergsalieri-Uniform möchte es schon sein, per favore!

Die Nachdenklichen unter den Besuchern der Kaiserfeste verstehen das Rekurrieren zeitgenössischer Polit- und Populärliteratur auf die Habsburger Monarchie weder nostalgisch noch lustig. Es steckt die Utopie von einem Mitteleuropa bester Kaffeehauskultur darin: Österreich und Ungarn, Slowenien und die ČSFR, Bayern auch, wenn es will – sie alle das *Hinterland* von Triest als dem Zugang der Binnenkapitalen Wien und Budapest, München und Prag zu den Weltmeeren. Man würde sich gegenseitig besuchen, würde friedlich miteinander reden, in Deutsch oder Französisch, wenn's in den eigenen Sprachen nicht ginge, würde über einem kleinen Braunen oder Schwarzen die Kurse in den Zeitungen studieren und eine Politik der schlauen, das freie Atmen erlaubenden Kompromisse betreiben zwischen den Großen.

Ausgerechnet in Triest, denkt man nach einem ersten Blick vom Caffè Tommaseo auf den auch werktags nur von kleinen Segelbooten befahrenen großen alten Hafen, ausgerechnet in dieser zerrissenen, überalterten Stadt ganz an Europas Rand soll die Utopie der »civiltà mitteleuropea« entstanden sein?

Wo sonst, denkt man nach einem zweiten Blick aufs weithin schiffsleere Meer, wo sonst als in einer Stadt, die sich nach Identität sehnt und nach Einheit mit Völkern, welche sie in ihrer prekären Randlage leicht ins Meer der Geschichtslosigkeit stoßen könnten, bemühte sie sich nicht um eine weit ausgreifende Öffnung nach Norden und Osten. Lange bevor John F. Kennedy sein berühmtes »Ich bin ein Berliner!« gegen den sich immer tiefer auf Europa senkenden Eisernen Vorhang rief, sagte der weltberühmte Bühnenregisseur Giorgio Strehler, ein Triestiner: »Sono mitteleuropeo!« Ich bin ein Mitteleuropäer.

Und nun, wo der Eiserne Vorhang hochging, die Diktaturen zerbrachen, die Grenzen in Mitteleuropa sich öffnen, ist die Utopie der Wirklichkeit hart auf den Fersen. Oder die Wirklichkeit der Utopie, denn sagen nicht immer wieder mal nachdenkliche Politiker von Gewicht, daß die Regionalisierung Europas, der Zusammenschluß willkürlich getrennter, aber geschichtlich und kulturell verwandter Nationenteile ein besseres Fundament für die Vereinigung des alten Kontinents abgäbe als ein allein auf Geld gebautes europäisches Haus der Nationen?

Gerade rechtzeitig zur neuen mitteleuropäischen Ordnung, so als habe man sie hier vorausgeahnt, wurde Triests berühmtestes Kaffeehaus mit seiner Restaurierung fertig: das San Marco in der Via Cesare Battista, auf halbem Weg zwischen Kais und Karst. Es ist weitläufig, ein eckiges großes U, gehalten in reinstem, erneuertem Jugendstil (Generali machte es möglich). Thonet-Gestühl und Marmortische, was sonst. Zeitungsständer und Registrierkasse. Unter der hohen Decke, von der die Qualmspuren des Tabakrauchs und der nicht minder wolkigen politischen Debatten vergangener Jahrzehnte getilgt sind, läuft ein Fries aus vergoldeten Blättern, Lorbeer, was sonst. Gipserne Medaillons dazwischen mit Masken der Commedia dell'arte. Beste Kaffeehaus-Kultur von Zagreb, Wien, Prag und Budapest, »civiltà mitteleuropeo« eben, was sonst.

Während ich dies schreibe, stolpere ich, spät am Abend

auf neue Fernseh-Nachrichten vom einig Vaterland aus, in eine politische Magazinsendung. Und worüber reden sie in den Kaffeehäusern Prags und Wiens und später noch einmal in einer Talkrunde mit ungarischen, polnischen, tschechischen Intellektuellen? Über »Mitteleuropa«. »Mitteleuropa«, höre ich György Konrád sagen, »ist keine Idee, es ist eine Wahrheit mit viel Poetik und Phantasie.« Freundliches Lächeln dazu auf den Gesichtern der teilnehmenden bundesdeutschen Journalisten und Politiker, eine Spur zu überlegen und einer großeuropäischen Zukunft allzu gewiß. Es kommt ein solches Lächeln der Frage gleich, ob Mitteleuropa sich nicht am besten dadurch definieren lasse, daß man dort das Fischmesser kenne und niemals einer Dame eine gerade Zahl von Blumen schenke.

Beim Zuhören fiel mit Claudio Magris ein, der eloquente Germanistikprofessor in Triest, der in einem klugen Buch die Utopie eines Mitteleuropas an der sie nährenden, sie begründenden, sie rechtfertigenden Kulturkonstanten Donau, soll man – realpolitisch – sagen: aufhängte? Ich traf Magris im San Marco. Zwischen unseren Kaffeetassen lag ein anderes seiner Bücher, das Triest und seine Widersprüche in dessen belletristischer Literatur spiegelt: ›Eine literarische Hauptstadt in Mitteleuropa‹. Nana, dachte ich, daß Joyce hier seinen ›Ulysses‹ begann, Slataper den Karst besang und Italo Svevo die literarische Psychoanalyse der Triestiner wort- und ehebrüchigen ehrbaren Kaufleute betrieb, das rechtfertigt, bei allem Respekt, den Buchtitel nicht. Und sagte es. Magris wies auf den Orginaltitel: ›Trieste. Un 'identità di frontiera‹. Zu dieser Grenz- oder Nichtidentität Triests paßt auch der Schluß des Buches, ein Zitat des Karst-Poeten Slataper, der 1912 schon im Hinblick auf das Anderssein von Triest, das man nur leben, nicht predigen könne, schrieb: »Wenn dann jemand kommt, fällt uns nichts anderes ein, als ihn durch diese grauen Straßen zu führen und uns zu wundern, daß er nicht versteht.«

Ich bin nicht sicher, ob *ich* Triest verstehe. Ich befürchte auch für mich eine gewisse Gleichgültigkeit des Seufzers einer Triestiner Journalistin, Elena Comelli, im ortsansässigen, zuweilen selbstquälerischen Piccolo: »Den Klischees entflieht man nicht.« Und wie denn auch – es sind die alten, immer wieder durch die Mühlen der Medien gedrehten Klischees, die ständig die Neugier immer neuer Medienleute anziehen, die sie dann – mit freundlicher Unterstützung leicht zynischer beamteter Auskunftspersonen – neu beleben: Alte, in Pelze gehüllte Damen, die im Schloß Miramare vor dem Bild des Kaisers Franz Joseph weinen und ihm Blumen bringen. Alte Herren, in Flanell und Kaschmir gekleidet, im ritualisierten Flaniergang zwischen Pensionskasse und Kaffeehaus. Eine Arbeitslosigkeit, die nur vor den Leichenbestattern haltmacht. Die Unità Sanitaria Locale, eine Art Gesundheitsverwaltung, als der größte Arbeitgeber der Stadt: um die 5000 Pfleger, Schwestern und Ärzte für die vielen Depressiven, Suizidgefährdeten, Verrückten, Süchtigen. Triest, die »Nekropolis«. Triest, das »Pensionopolis«. Triest, das reiche, das sterbensmüde, das aus der Zeit herausgefallene, das nichts mehr verstehende oder nichts mehr verstehen wollende. Triest, in dem die Einwohnerzahl (240 000) unter den Stand des 19. Jahrhunderts gesackt ist, als es die viertgrößte Stadt der Donaumonarchie war. Triest, die Gerontokratie, in der dreimal soviel beerdigt wie geboren wird und bald die Hälfte seiner Menschen jenseits von 65 sein wird. Triest, das verkalkt ist wie seine Karstberge, zu denen es sich metaphernhaft hingezogen fühlt, während es seinem Hafen den Rücken zuwendet. Triest, das »zuviel gelebt hat«, laborierend bis heute an seiner Geburt per Kaiser-Schnitt, seinem »Leben per Dekret«.

Es umstellen diese und andere Klischees das Bild der Stadt wie ein mit grellbunten Plakaten beklebter Zaun, so daß man schon gar nicht mehr hinsehen kann in sie. Es ist ja wahr, daß es diese alten Damen gibt; an einem Sonntagvormittag zählte ich auf den besonnten Stühlen vor dem Caffè degli Specchi, gelegen am ungemein schönen, weitläufigen Platz Unità, 36 weiße, sorgsam ondulierte Köpfe in Reihe. Wahr auch, daß die gut situierten alten Herren, die in den Kaffeehäusern die Rentenberichte des Piccolo studieren, nicht erfunden sind. Daß Triests Friedhof Santa Anna ein belebter Ort ist, wo man ständig erweitert und verschönt und die Toten jahrgangsweise bettet, zwischen vier- und fünftausend per anno. Daß es der Stadt an Gemütskranken und Drogensüchtigen nicht mangelt. Daß der Karst seit langem poetischer Gegenstand der Verehrung ebenso ist wie Weekend- und Picknickziel, während die Hafenbecken verfallen und die Marmorkais zu Großparkplätzen verkamen.

Aber ist das alles? Keine Zeit, keine Lust, in die Viale XX Settembre zu gehen? Sie ist eine baumbestandene, hinter einer brausenden Magistrale liegende Nebenstraße, in der sich das Klischee von Triest als einer Stadt ohne Jugend totlachen läßt. In keiner anderen Stadt Europas, nicht einmal auf der zur Paseo-Zeit von Jugend wimmelnden Madrider Plaza Sta. Ana sah ich solche großen Ansammlungen von lachenden, schwatzenden, sich kosenden und streitenden jungen Menschen, wie in dieser »Spatzenallee«. Mein Reiseführer unterm Arm sagt dazu: »Es gibt wenig junge Leute in Triest. Die Jungen, die hierbleiben, wirken sehr ernst, sehr gesetzt.«

Keine Zeit, keine Lust, zum weit draußen gelegenen Containerhafen zu gehen? (Kaffeehaus- und literaturbeflissen, wie ich gekommen war, tat auch ich mir diesen Gang nur widerwillig an.) Hier schlagen sie pro Jahr 130000 Container um, die Hälfte fast des Genua-Aufkommens (Erweiterungsarbeiten zielen auf 400000 Container). Und am Pipeline-Terminal werden, gleichauf mit Marseille, jährlich 20 Millionen Tonnen arabisches Öl entladen; Ingolstadt in Bayern und Wien hängen an dieser transalpinen Pipeline. Weniger angenehm als ernüchternd in diesem bedeutendsten Kaffee-Hafen Italiens ist auch der Weg zwischen vergammelten Lagerhäusern hindurch, vorbei an so gar nicht nach Caffè espresso duftenden Dieselmonstern, zur Hafenverwaltung. Hier zeigen sie jedem, der es hören und sehen will, glaubhaft die Pläne für Triest nach 1992, das Jahr, in welchem Europa endlich handels-einig sein wird.

Begeistert vergewaltigen die Hafenplaner ihr Italienisch mit so sperrigen Begriffen wie Roll-on-Roll-off-Terminal, worunter sie die Be- und Entladung von Schiffen mit Handelsgütern verstehen, zum Beispiel Autos aus Japan, die während der Seefahrt auf den Lastwagen bleiben. Die daran geknüpften Erwartungen sind plausibel: Die verrotteten, zeitfressenden Landstraßen aus den EG-Ländern Türkei und Griechenland nach Mitteleuropa machen für den Schwerlastverkehr von und nach diesen Ländern einen technisch und infrastrukturell dafür gerüsteten Hafen Triest zu einer logischen und kostengünstigeren Alternative. Ein »Adria-Terminal«, der die Häfen Venedigs und Rijekas zu Ausflugs- und Kreuzfahrerstationen degradieren soll.

Und auch auf diesem Gebiet haben sie große Pläne. Triest, dessen zu Buche schlagender Fremdenverkehr heute bescheiden ist, will im Bereich des toten Alten Hafens einen pleasure port namens »Polis« bauen, in dem die Eisenbahnzüge mit den Touristen bis nahe an die Gangways der Musikdampfer fahren sollen, mit Marinas für Yachten auch und Platz für Banken, Busse und Boutiken. Die Industrie- und Finanzgiganten Fiat und Generali sind hier die geldgebenden Partner, bei den Güterhafenprojekten Rom, Triest und die Region – 1100 Milliarden Lire insgesamt. Sie bauen schon.

Den Schreibblock voll mit diesen und noch viel mehr Zahlen und Fakten, Kostenrechnungen und Bilanzierungen, denkt man: Zum Teufel mit dieser Faktenhuberei! Wen interessiert das schon, wenn es nicht einmal die Triestiner selber interessiert! Eine Umfrage vom September 1989 erbrachte, daß »eine breite Bevölkerungsschicht die reale Situation von Triest nicht kennt«. Von 100 Bürgern der verschiedensten Schichten und Berufe antworteten 90 auf die Frage, was sie an Triest interessiere: die Schönheit und die Lage der Stadt, die harmonische Architektur des Stadtzentrums sowie der Karst und das Meer. Basta. Die Auswerter der Umfrage bemerkten dazu: »Bei der Frage nach weiteren Vorteilen oft längere Pausen, ja einigen Befragten ist tatsächlich nichts anderes mehr eingefallen.« Negativ angemerkt wurden unter anderem die Verschlossenheit der Menschen, die hohen Preise, die Unhöflichkeit der Kaufleute und der Bedienungen.

Die Umfrage zitiert dazu den Historiker Elio Apih: »Der Triestiner hält sich für etwas Besonderes, denn er trägt die Geschichte einer in gewissem Sinne privilegierten Stadt auf seinen Schultern. Dieser Vorteil führt oft zu einem Exzeß der Selbstüberschätzung, den man dann mit Passivität und Selbstmitleid wieder abbaut.« – »Von hier bis zu den Verrückten einerseits und der habsburgischen Nostalgie andererseits ist es nur ein kurzer Schritt«, schrieb Il Piccolo an den Rand eines weiteren unter den vielen, sich ähnelnden Kommentaren zur Pathologie der »rätselhaften Bastardin«, wie der Pariser ›Nouvel Observateur‹ Triest nannte.

Ach ja, die Verrückten von Triest! 1973 hatten sie die Aufmerksamkeit der ganzen westlichen Welt. Der Psychiater Franco Basaglia hatte in dem damaligen Regierungspräsidenten Michele Zanetti einen Politiker gefunden, dem es, wie dem Arzt, grauste vor der Zwangspsychiatrie, die in der Anstalt San Giovanni die kranken Menschen stapelte »wie Gemüse«. Von einem damaligen Patienten bewahren sie dort diesen Text auf: »Ich schreibe im Stehen auf einem an die Wand gehefteten Blatt, da mir keine bequemere Stellung möglich ist, wenn ich mich nicht zwischen Schmutz und Auswurf auf den Boden legen will. Wir sind etwa 45 Personen, eingeschlossen in einem Raum von 25 Quadratmetern. Es gibt sechs Bänke mit jeweils drei Sitzplätzen und acht am Boden befestigte Eisenschemel, also 26 Sitzplätze. Die übrigen irren wie blinde Fliegen im Raum umher, in zerlumpten Kleidern, einige barfuß, unter physisch und moralisch gleichermaßen verzweifelten Bedingungen. An einer Seite des Raums befindet sich eine Toilette. Ohne eine Tür oder sonstwie geartete Abtrennung, verbreitet sie während des ganzen Tages einen Übelkeit erregenden Gestank...«

1906 gegründet und dem Wiener Psychiatrischen Krankenhaus nachempfunden, ist San Giovanni noch heute eine wirklich schöne und weitläufige, in einen großen, hügelansteigenden Park gebaute dezentralisierte Pavillon-Anlage. Als sie eröffnet wurde, bewohnten 30 Patienten einen Pavillon. 1971 waren es 76. Das Belegungsmaximum waren 750 Personen. Als Basaglia kam, waren es an die 1200. Basaglia, es ist inzwischen verstorben, gehörte zu den gesellschaftskritischen neuen Psychiatern, deren Credo Patrick McGrath so formulierte: »Ich glaube, daß wir ein Recht haben, uns vor Gefährdungen durch Geisteskranke zu schützen. Aber wir haben kein Recht, nach unserem Standard psychisch Kranke mit Medikamenten vollzupumpen oder zu versuchen, ihre Psyche zu ›rekonstruieren‹. Psychiatrie heute ist eine elaborierte, rationalisierte Form gesellschaftlicher Kontrolle, die normalerweise durch ein medizinisches Modell von Gesundheit gerechtfertigt wird, eine Kolonialisierung der Persönlichkeit.«

1973 gingen für die Patienten von San Giovanni, soweit sie nicht unwiederbringlich jenseits von sich selber waren, die

Anstaltstore auf. »Freiheit ist die Therapie« war das Motto, und es steht bis heute auf den Hauswänden. »Casa Rosa Luxemburg« liest man am Haupthaus. Die politische Linke hatte sich dieser unerhörten Begebenheit bemächtigt und brachte sie in einer bourgeoisen Stadt wie Triest dadurch nur noch mehr in einen Verruf, der bis heute anhält, italienweit, denn diese Triestiner Öffnung wurde in Rom Gesetz und blieb es. Aber man will es, die politische Rechte nun, reformieren. Die Angehörigen dieser Gestörten, die kommen und gehen können, wie sie wollen, fühlen sich überfordert, geängstigt auch durch einige Akte der Gewalt von seiten der Patienten. Basaglia vor seinem Tod: »Wie kann man ein Gesetz reformieren, das noch nie eine echte Chance bekam?«

Neben berechtigter Angst vor diesen Menschen machen sich Unverstand und schlecht gespielte Anteilnahme breit: In Triest, erzählte man mir in Fremdenverkehrskreisen, hätten sich einige dieser »Ärmsten« im Karst verlaufen, und einer sei sogar von »Bestien« gefressen worden. Andere hätten sich in aller Öffentlichkeit nackt ausgezogen. Wenn man weiß, daß die größte im Karst vorkommende Bestie der Steinmarder ist, allenfalls der Fuchs, und wenn man bedenkt, daß die öffentliche Entkleidung auch an Triests Stränden, unmittelbar neben Autostraßen, für viele Menschen durchaus auch zur geistigen Gesundheit gehört, dann wird einem die Einschätzung solcher Argumente erleichtert.

Ich redete lange mit Basaglias Nachfolger in San Giovanni, Lucio Damiani. Die Situation spiegelte den Genius loci wider: Ein Chefarzt ohne Vorzimmer, in Jeans, Pullover, offenem Hemd. Während er mir leise Auskunft gibt, geht immer wieder die Tür, und es treten Menschen ein, deren Gesichtern man eine geistige Störung, wenn auch nur von minderer Schwere, deutlich ansieht. Sie wollen, durchaus rational, Anweisungen von ihrem dottore, ihr Zusammenleben betreffend in den offenen Pavillons des Klinikums oder in den sieben küchen- und bettenbestückten Dependancen im Stadtgebiet, in denen 32 Fachärzte und 250 Pfleger für 3000 bis 3500 freiwillig kommende Patienten sorgen, rund um die Uhr. Sie kommen nicht nur freiwillig, sie können auch ungehindert gehen, wenn sie es wollen. Bis 1971, sagt Damiani, kamen auf 600 Patienten drei Ärzte. Nein, die Freiheit allein sei eben nicht die Therapie. Nein, Todesfälle oder gar Morde habe es in Triest nicht gegeben. Doch Widerstand sei noch immer spürbar, aber auch öffentliche Ermutigung, langsam, durch Eltern kranker Kinder. Ja, natürlich gebe man auch Medikamente, aber während man bis zur Öffnung San Giovannis reine Symptombehandlung getrieben habe, Kuriererei an Menschen, die durch ihre zwangsweise Verwahrung in einer unmenschlichen Umgebung erst richtig – oder überhaupt erst – krank geworden seien, betreibe man heute nach besten Kräften die Lebensbegleitung der Kranken bis in deren Familien hinein. Über 100 Jugendliche seien an landwirtschaftlichen Kooperativen beteiligt, an Tischlerei, Videokunst, Malerei und Theater. Das alles sei gewiß nicht der psychiatrischen Weisheit letzter Schluß, aber der Menschlichkeit bester ...

Ich ging drei Tage lang in San Giovanni spazieren. Die Häuser sind heruntergekommen. Die Triestiner Universität, die mit einigen Instituten in die von Kranken geräumten großen Gebäude einziehen soll, kommt nicht: Stadt und Provinz können sich nicht über die Kostenträgerschaft einigen. Dabei wäre es so schön gewesen, so lehrreich und so gerecht: Die modernen, am Menschen und an der Natur angewandten Wissenschaften, die an der Spitze des gesellschaftlichen Fortschritts marschieren und menschliches Leben zu dem machen halfen, was es heute schon ist: voller Ängste und Neurosen, Entfremdungen und Naturzerstörungen – die Adepten dieser Wissenschaften in Wohngemeinschaften mit denen, die mit dem Fortschritt nicht Schritt halten konnten, die aus sich selber flohen. Ich sah ihre von ihnen auf die Außenwände gemalten Träume: ein Hubschrauber, der die zugemauerten Fenster verläßt und in den Himmel steigt; eine real existierende Feuerleiter, auf der ein an die dahinterliegende Wand gemaltes Ich nach oben steigt, dorthin, wo für unsere Augen nichts anderes ist als ein vor sich hin rottendes Dach.

Ich setzte mich, ein bißchen Angst im Nacken und ein bißchen Brüderlichkeit im Herzen, zu den Kranken in ihr Café. Ich weiß nicht, wie, aber es fiel mir dort Bernhard Grzimek ein, der in seinem Frankfurter Affenhaus den letzten Käfig leer gelassen hatte. Mit einem großen Spiegel an der hinteren Wand. Ich habe mich darin auch schon einmal gesehen und fand es gar nicht so lustig.

O Triest, du rätselhafte Bastardin – entweder man vergißt dich und deine Kompliziertheiten, oder man kehrt wieder. Zu sehen, was man anderswo nicht besser sehen könnte, gibt es wenig. Zu denken, was sich nur hier denken läßt, dagegen viel.

(1990)

Das Gebirge der Seele

Eine Bilanz der vielen Niederlagen. Und doch so etwas wie eine Utopie: das Schauen von Landschaften.

Als der Zug hinter Dortmund einbog in eine nachtschwarze Industrielandschaft aus Eisen und Beton, Dampf und Rauch, da schien mir der im Koffer mitgeführte Text, den ich am Morgen darauf vorzutragen hatte, im Cappenberger Schloß als einem von der Nordwanderung des Ruhrkohlenbergbaus gefährdeten Ort, sinnlos zu sein, gar eitel: David mit der Wortschleuder gegen Goliath, und viel zu leichtgewichtig das polemische Titelgeschoß gegen diese industrielle, nicht allein in Cappenberg auf die Zerstörung von Landschaften und Geschichtsdenkmälern hinwirkende Macht: »Vom Kohlemachen oder Was kosten 700 Arbeitsplätze unter Tag? 900 Jahre deutsche Geschichte.«

War das Zynismus? Das war es wohl, wenn Zynismus verstanden wird als Imponierverhalten des Unterlegenen im Rangkampf der Zeitgeister, als ein Zähnefletschen, das nicht mehr von der Absicht kommt, auch zu beißen, sondern von einem inwendigen bitteren Lachen, das die Augen nicht mehr erreicht. Zweifelnd an der Weisheit meiner Zusage, noch einmal, wie zu oft schon, klugredend teilzunehmen an einem Forum der Machtlosen, fuhr ich durchs nächtliche Revier, allein in einem kalten und dunklen Abteil des ratternden Nahverkehrszuges Dortmund-Lünen. Vom regengesättigten Licht der Neonlampen auf den Werkshöfen neben den Gleisen fiel ab und zu ein unsicherer Schein auf ein Stück Ödland: ein paar Büsche auf fahlem, zerrissenem Grün, darin ein Bach, dem man ansah, daß er stank – räudige Flecken unbebauten Landes, fußballfeldgroß und hier, wie anderswo auch, unter »Natur« verbucht.

Irgendwie schien mir dieses nasse, kalte Licht auch die Arbeit meiner vergangenen Jahre zu beleuchten. Zugehörig einst dem Bettelorden amtierender Naturschützer, war ich Mitverlierer so vieler Kämpfe um Moore und Auwälder,

Watten und Sände. Und um gemächlich dahinmäandrierende klare Bäche, deren grüne Ufer sie in Beton faßten, um sie für den schnellen Geradeauslauf des Wassers zu »ertüchtigen« – zu schaumbedeckten Vorflutern. Gerade so, wie sie die Cappenberger Stiftskirche des heiligen Norbert von Xanten mit einem in die alten Mauern eingezogenen Stahlkorsett für die zu erwartenden bergbaubedingten Verwerfungen unter ihren Fundamenten »ertüchtigten« – dies ihr Wort für die technische Verfremdung eines Sakralbaues aus dem 12. Jahrhundert. (Wer so redet, dachte ich, kaltschnäuzig im Jargon der Macher, der reiht sich ein bei Leuten, die nach einem Wort Oscar Wildes den Preis von allem kennen und den Wert von nichts.)

Hingehalten vom Gesetzgeber, seit anderthalb Jahrzehnten, im Begehren, endlich die Lüge zu tilgen aus den Naturschutzgesetzen des Bundes und der Länder, es sei die Landwirtschaft, selbst die industrielle, der Natur nicht abträglich, solange die Pestizide und Herbizide, die Kunstdünger und die Jauche aus schamlos betriebenen Massentierhaltungen »ordnungsgemäß« ausgebracht würden, wie der Euphemismus für »rücksichtslos gewinnorientiert« im Naturschutzgesetz heißt.

Im Stich gelassen schließlich von den Gerichten im Streit um landschaftsfressende, dabei gesamtwirtschaftlich fragwürdige Großobjekte wie, um nur dieses eine zu nennen, den Rhein-Main-Donau-Kanal, der die liebliche, den Menschen, den Blumen und den Faltern freundlich gesonnen gewesene Altmühl in ein Streckbett aus Beton und Eisen zwingt, in die gottlose Gerade, die der Natur, außer im organisch toten kristallinen Bereich, fremd ist. Das Volk, in dessen Namen sie Recht zu sprechen meinen, bleib dabei so abstrakt wie das allgemeine Wohl, mit dem sie den zerstörerischen Interessen der Mächtigen zur Hand gehen, Worthülsen, wie sie sich längst türmen auf überdüngten, EG-grünen Wiesen und entwässerten, zu Blumentopferde gemachten Mooren, in luftkranken Wäldern und an den Ufern vergifteter Flüsse.

Und nun dies: Über 800 schutzwürdige Objekte, lese ich bei den Denkmalschützern, Kirchen, Schlösser, Burgen, Bürgerhäuser, Hofanlagen, Bildstöcke, Plansiedlungen, historische Ortskerne allein im Westfälischen, bedroht vom nordwärts wandernden, auf Halde produzierenden, mit Steuergeldern ausgehaltenen Ruhrbergbau. Er ist dabei, allein in Cappenberg den goldenen und steinernen Zeugen deutscher Geschichte, vom staufischen Barbarossa-Reliquiar bis zum Schloß des preußischen Freiherrn vom Stein, den Boden unter den Füßen wegzuziehen.

»Natur« also – da stocke ich schon. Was ist das, diese Natur, die so viele Menschen, vornweg die Politiker, als zu bewahrende »Schöpfung« im Munde führen und die als Reizauslöser in der Konsumgüterwerbung der nackten weiblichen Brust seit längerem Konkurrenz macht? Genauer gefragt: Was ist noch übrig von der Natur, das verlohnt, von ihr soviel Aufhebens zu machen?

Ich werde die an dieser Stelle fällige ökologische Jeremiade kurzhalten, nicht vom Regenwald reden und nicht vom Ozonloch, obwohl beiden, blickt man in die Medien, ein gewisser Unterhaltungswert nicht abzusprechen ist.

Daß die Buchhalter des weltweiten Artensterbens mit dem Durchstreichen der Namen von Pflanzen und Tieren kaum noch nachkommen, sei abgetan mit einem kurzen Beileidsgemurmel, wie am offenen Grab eines Menschen, der uns eigentlich nie viel anging in seinem Leben, aber es gehört sich eben so. Wir tun ja auch was für die Hinterbliebenen. Zum Beispiel zahlen wir den Bauern Geld dafür, daß sie an ihren Feldrainen aufhören mit dem Totspritzen all dessen, was nicht zum Dutzend Nutzpflanzen zählt, die wir unter rücksichtsloser Verdrängung anderer, Unkraut genannter Arten kultivieren, exzessiv bis zum wirtschaftlichen Schwachsinn. Das Geld ist, zum Beispiel, für Distel und Brennessel gedacht, von denen zwei Dutzend Insektenarten leben, Schmetterlinge darunter.

So sind wir. Wir bewahren die Schöpfung. Wir bekennen auch unsere Sünden. Die Flurbereinigung, die jahrzehntelang jedes Feldgehölz für eine den Ertrag mindernde Flurschande hielt und in jeder Hecke ein Hindernis sah für die freie Traktordurchfahrt freier Bauern, diese Behörde, die bis vor kurzem den Theodoliten und den rechten Winkel anbetete, läßt endlich wieder den lieben Gott meiner Kindheit einen guten Mann sein: Nicht nur bleiben Hecken hier und da nun stehen, bleiben Tümpel unaufgefüllt, in denen der Wasserfloh haust und der Froschlaich reift. Man sieht auch in Dorfnähe hier und da wieder einen nicht asphaltierten Feldweg; man weiß nun, was Aristoteles schon wußte: daß fliegenfressende Schwalben den altmodischen Lehmmodder zum Nestbau brauchen.

Noch eine Behörde murmelt heute ihr mea culpa: die Wasserbauämter. Deren Konversion gar geht bis zum »Renaturierung« genannten Konvertiteneifer. Nicht nur lassen sie nun dem einen oder anderen Bach seine Mäander, sie baggern sie ihm dort sogar wieder aus, wo sie sie ihm einst mit dem Lineal austrieben. Man gibt den Restmooren neues Wasser und zieht an den Seeufern geduldig neues Schilf auf wie Schnittlauch im Blumentopf. Aber das Wasser ist leider zu oft verdorben, es schmeckt den Forellen nicht und nicht dem Schilf. Moor und Feuchtwiese wollen auch nicht so einfach in ein zweites Leben hinein. Sonnentau und Knabenkraut, Iris und Wollgras, die man an ihren Wuchsorten den geldbringenden Fichten zuliebe ausrottete, lassen auf sich warten.

Für den klassischen Naturschutz, den rein biologisch orientierten, scheint der jahrzehntelange Grabenkampf so gut wie verloren zu sein. Eine Hand ist fast schon zuviel, um an ihren Fingern die Prozente der Republikfläche abzuzählen, auf denen der Schutz des Gesetzes ruht. Es ist zudem überall ein fragwürdiger Schutz. Wegegebote für das Publikum, wo es sie gibt, sind nicht durchzusetzen. Landwirtschaft, Jagd und Fischerei sind in aller Regel erlaubt. Als ich in den ersten Novembertagen dieses Jahres das Naturschutzgebiet Lange Rhön besuchte, eines der allerletzten Rückzugsgebiete des Birkwildes, da lief mir eine Jagdgesellschaft über den Weg, Schützen, Treiber und freilaufende Hunde, vor deren Nasen die Birkhähne aufstanden und in explosivem Flug das Weite suchten. Aber wo finden sie das: wildtiertaugliche Weite?

Es sind unsere Naturschutzgebiete hoffnungslos isoliert, eingekeilt zwischen intensiv genutztem, chemisch hochbelastetem Land und darum untauglich für wandernde Arten und den lebensnotwendigen Austausch ihrer Gene. Die Forderung nach einer Vernetzung der Naturschutzgebiete und ihrer Aufstockung auf zehn Prozent der Landesfläche, damit es zu einer Art Trittsteinfunktion der Reservate kommt, liegt seit zehn Jahren unbeantwortet auf den Regierungstischen.

Man könnte hier einwenden, es habe die letzte DDR-Regierung am Ende ihrer Amtszeit doch nahezu zehn Prozent ihres damaligen Territoriums noch rasch unter Schutz gestellt, handstreichartig fast: 5000 Quadratkilometer, die letzten Wildnisareale und historischen Kulturlandschaften von Rang. Aber ach, es war mehr ein deklamatorischer Akt! Naturschutz ist nun Sache der neuen industrie- und verkehrshungrigen Länder, und Friedrich Zimmermann, Bonn, diktierte kurz vor seinem politischen Exitus in den deutsch-deutschen Einigungsvertrag, es würden die DDR-Verordnungen zum Naturschutz allesamt nur mit der Maßgabe gelten, daß sie auf den Neu- und Ausbau von Bundesverkehrswegen keine Anwendung finden. Die ›Süddeutsche Zeitung‹ schlug einen kürzeren Text vor: »Die Verordnungen zum Naturschutz gelten mit der Maßgabe, daß sie nicht gelten.«

Augustinus hat in seiner Schrift ›De Trinitate‹ um 400 nach Christus der himmlischen Dreieinigkeit ihre menschliche Entsprechung zugeordnet: »memoria, intelligentia und voluntas« – Gedächtnis, Einsicht und Wille.

Im Gedächtnis des Menschen, »memoria«, sieht Augustinus die einheitsstiftende Kraft menschlichen Geistes, die fähig ist, sich aus der Heterogenität äußerer Dinge, wie den Erscheinungsformen der Natur, ein Innenbild zusammenzuschauen und es im Gedächtnis zu bewahren, so daß es auch bei körperlicher Abwesenheit der Bildteile stets auf das lebendigste in ihm präsent ist. Augustinus hielt das mit Recht für einen ungeheuren seelischen Reichtum, angehäuft in den weitläufigen Innenräumen menschlicher Erinnerungsfähigkeit. Und es nahm ihn wunder, wie wenig oder gar nicht die Menschen darauf achthaben. Er schrieb:

»Da gehen sie hin und bewundern die Höhen der Gebirge, das mächtige Gewoge des Meeres, die breiten Gefälle der Ströme, die Weiten des Ozeans und die Kreise der Gestirne – *und dabei verlassen sie sich selbst.* Sie staunen nicht darüber, daß ich, während ich all dieses nannte, nichts davon mit

Augen sah. Und doch könnte ich davon nicht reden, sähe ich nicht die Berge, die Wogen, die Ströme und die Sterne, die ich gesehen habe, und den Ozean, von dem ich sagen hörte, innen in meinem Gedächtnis, in ungeheuren Räumen, als sähe ich sie draußen.«

Der Text kam zu literarischer Berühmtheit. Neun Jahrhunderte nach seiner Formulierung in Hippo Regio, dem heutigen algerischen Bône, deklamierte ihn der italienische Humanist und Dichter Francesco Petrarca, als er 1336 von Avignon aus den Mont Ventoux bestiegen hatte, auf dem Gipfel dieses höchsten Provenceberges. Petrarca war hingerissen sowohl von der Weisheit des Afrikaners, die bis in seine, des Dichters, Seele reichte, als auch von der eigenen Fernsicht in die bezaubernde Landschaft zu Füßen des Mont Ventoux.

Man vergewaltigt weder Augustinus noch Petrarca, wenn man sagt, daß in diesem geistigen Zusammentreffen von Theologie und Poesie auf dem kahlen, vom Mistral gesandstrahlten Berg die Wurzeln einer neuen Naturperzeption liegen, eine Sichtweise anhebt, die es einmal bis zur Untermieterin im Lehrgebäude der Geographie bringen sollte: das geistige Sehen von Landschaften, die Geopsyche.

Aber wie es einer Untermieterin manchmal so ergeht – sie galt dem professoralen Hauptmieter lange Zeit als suspekt, zeigte sie doch ganz unwissenschaftlich ihre Seele her und bekannte den Wert der Emotion, setzte also, o Schmach, das Objektive dem Subjektiven hintan! Wenig galt und gilt ihr die fachübliche, vorwiegend physikalische Sichtweise der Landschaft als eine geomorphologische Assoziation gegenständlicher Einzelbestandteile wie Berge, Täler, Quellen, Flüsse und Seen, Wiesen, Felder und Wälder, nicht zu vergessen Wolken, Regen, Nebel, Hagel, Schnee und Eis. Weit mehr ist sie am Ästhetischen interessiert, an dem im Gemüt des sensiblen Naturbetrachters entstehenden schönen Bild aus der Zusammenschau von Farben und Konturen und der Wahrnehmung von Düften und atmosphärischen Druckverhältnissen. »Landschaft«, sagte der Dichter-Geograph Josef Ponten, »ist ein an die Erdrinde gebundenes seelisches Ereignis.«

Die Natur bekam eine Physiognomie, ein durchgeistigtes Gesicht, das Landschaft hieß. Man erkannte, daß dieses unscheinbare, zuvor auf politische Regionen angewandte Wort zum Senkblei taugte, mit dem sich auch die Tiefe menschlichen Naturfühlens ausloten ließ.

Kann sich einer die Rheinlandschaft ohne ihre Burgen, ohne ihre Pfalz bei Kaub vorstellen? So fragte der geopsychisch infizierte Geograph Herbert Lehmann. Dabei fehlte ihr substantiell doch wenig oder nichts, nähme man sie ihr weg. Jeder von uns, der in seinen Reiseerinnerungen kramt, kann solche Landschaften nennen: die Wachau, die Loire, die Toscana, die Tempellandschaften Siziliens, die südenglischen Parks mit ihren Herrensitzen und die weiten Heiden und Moore Schottlands mit ihren Schlössern – jeder setze die Aufzählung für sich selber fort. Man weiß nicht recht, was man an diesen Orten mehr rühmen soll: die Baulichkeiten oder die Landschaften, in die sei eingebettet sind. Man ist versucht, auf jeden Teil solcher Zweisamkeiten das altprovenzalische, die Rhôneprovinz meinende Motto anzuwenden: *Ohne Sonne bin ich nichts.*

Von einer rein biologisch verstandenen Natur läßt sich Gleiches nicht sagen. Darum gebe ich einem Zusammengehen des klassischen, biologisch-ökologisch orientierten Naturschutzes mit dem Denkmalschutz keine großen Erfolgschancen; zu leicht hätten es die Gegner einer solchen Allianz, die Unvereinbarkeit, wo nicht gar die natürliche Gegnerschaft der Partner zu begründen. Es wird der Naturschutz das Adelsschloß im biologisch intakten und faunistisch bedeutsamen Moor, die Straßen zu ihm hin und hinein, die Besucher und ihre Autos nicht lieben; legte man es still und überließe es dem Verfall – es wäre ihm stillschweigend recht, und er würde nicht viele Gedanken verschwenden an den kulturellen oder geschichtlichen Wert des Bauwerks. Zum Glück prallen die Interessen nur selten so extrem aufeinander. Daraus lassen sich Gemeinsamkeiten ableiten. Gedanken dazu müssen wiederum die Landschaft kreisen als dem menschlichsten unter den Naturorten des Menschen.

Der Schutz unserer wenigstens optisch noch erhaltenen Kulturlandschaften, zu denen immer auch der Schutz der in sie eingebetteten Baudenkmäler gehört, ist letztlich Menschenschutz. Stellen wir den politisch Mächtigen und den finanziell Potenten vor Augen, daß auch ihre Kinder und Kindeskinder zu technoiden, in Phantasie und Geist verarmten Wesen heranwachsen werden, wenn wir ihnen durch die Gefährdung oder gar Zerstörung der kompositorischen Einheit aus landschaftlicher Naturschönheit und baulicher Geschichtsträchtigkeit das Spielmaterial nehmen für die Entwicklung ihrer kleinen Seelen hin zu mehr Menschlichkeit statt zu noch mehr Haß und Gewalt.

Wenn die Mächtigen und die Potenten die freilebende Pflanze und das wildlebende Tier schon nicht schonen und auch nicht den in Geschichte und Kunst eingebundenen, behauenen Stein, dann machen sie vielleicht doch vor dem Seelenheil der eigenen Kinder halt und kommen auf diesem Umweg zum Schutz auch der Geschöpfe und Formen der Natur.

Die biologische Substanz einer Landschaft kann längst verdorben sein und ihre technologische Endnutzung in der Meinung der Macher dann nur folgerichtig. Ein ehrwürdiges Bauwerk kann dem Verfall nahe sein und damit in der Meinung einer Kommune das Geld seiner Restaurierung nicht wert. Aber in beiden kann immer noch Schönheit sein und schwer wiegen. Einem vergifteten Fluß auch noch die seinen Lauf begleitenden ehrwürdigen alten Häuser zu rauben, das erst nähme ihm wirklich das Leben, weil selbst in seinem Spiegel sich dann nichts Menschliches mehr regte. (Ich sehe an der Kloake Neckar noch immer Kinder spielen und darüber staunen, daß der Fluß ihnen die Wolken vom Himmel holt und das Fachwerk von den Rebhängen.) Einem durch schwefelige Luft bedrohten Bauwerk von Würde und Wert auch die Landschaft noch zu verderben, in die seine Erbauer es ja nicht gedankenlos stellten, das ist, als risse man ihm auch noch die sein Elend mildernden Kleider vom Leib, um sie gegen Kies oder Kohle zu verhökern.

Solche Gedanken offensiv zu vertreten, zornig und notfalls aggressiv, und in den Geisteswissenschaften, in Literatur und Journalismus Dolmetscher dafür anzuwerben, darin sehe ich eine mögliche Antwort auf die Frage nach den Erfolgsaussichten eines Bündnisses zwischen Landschafts- und Denkmalschutz.

(1990)

Baum oder Zahl?

Es bleibt dabei: Konjunktur gegen Natur. Die gefälschten Bilanzen der Wachstumsideologen zeigen, warum die vielbeschworene »Versöhnung zwischen Ökonomie und Ökologie« blanker Mumpitz ist.

Der um die Natur besorgte Zeitgenosse fühlt sich zunehmend genervt durch den inflatorischen Gebrauch, den die Politik von einem ihrer Lieblingsbegriffe macht: »Die Versöhnung von Ökonomie und Ökologie«. Seit Jürgen Möllemann bei seinem Amtsantritt als Bundeswirtschaftsminister vollmundig versprach, mit den beiden Antagonisten im »oikos«, dem gemeinsamen Haus, endlich die Friedenspfeife zu rauchen, mehren sich auch wieder, man ist versucht zu sagen: die Tabakrezepte dafür. Doch kann man sicher sein, daß auch die Möllemannsche Ankündigung sich in (gelb-)blauen Rauch auflösen wird.

Ähnlich steht es mit der sogenannten »Schöpfung«. Zwar ist ihre oft beschworene »Bewahrung«, wie im Himmel ja schon immer, nun auch auf Erden Chefsache, seit der Kanzler sie oft und gern im Munde führt. Aber was Kohls Schöpfer nicht schafft, schafft sein Töpfer nimmermehr. Die wie die Wunden der Natur offen zutage liegende Wahrheit ist, daß in einer auf relativ engem Raum wirtschaftenden Industrienation von Weltbedeutung eine Versöhnung von Ökonomie und Ökologie sowenig stattfinden kann, wie der Glaube daran Müllberge ins Nichts zu versetzen vermag. Daß auch nur der westdeutsche Status quo zu halten sein werde, ist angesichts der Lage in Ostdeutschland unwahrscheinlich genug.

Woher also nehmen die Möllemanns den Glauben, sie könnten den Stein des Sisyphos endlich nach oben bringen und es auch noch schaffen, daß er dort liegenbleibt? Beliebt als Zuspruch ist die »neue ökologische Sensibilität« unserer Wirtschaft. Und ist der grüne Baum etwa nicht zu ihrem liebsten Werbesignet geworden? Ziert der bunte Regenbogen nicht die Betonlaster? Dokumentierte der gute Stern auf unseren Straßen nicht unlängst ein grünes Gewissen der S-Klasse, als er eine umweltpapiergrau gerasterte (sic!) mehrseitige Werbebeilage in allen großen Gazetten des Landes schaltete und darin seine Umweltmaßnahmen gleich im Dutzend rühmte? Färbten die Rüsselsheimer ihre Auto-Inserate nicht ganzseitig grün ein? Opfert die Chemie nicht viele Umsatzmillionen für den Lachs im Rhein?

Alles nur Polemik? Dann schauen wir uns doch ein paar der ach so sachlich vorgetragenen Rezepte einmal an.

»Die Gestaltung der Natur muß zu einem vorrangigen Ziel der Wirtschaft werden.« So stand es unlängst in einem Artikel des in Berlin lehrenden Sozialökologen Hans Immler in der ›Zeit‹. Das Sprechblasenhafte solcher Postulate beginnt schon damit, daß kaum einer der Postulierer sagt, was er unter »Natur« eigentlich versteht. Wie mit der sprichwörtlichen Stange im Nebel stochern sie mit diesem Allerweltswort, das fürs Reformhaus so gut taugt wie für den Wald, im Grünen herum. Aber gut, nehmen wir den Wald her – sozusagen als Wetzstein zur Schärfung obiger ökonomischer Zielvorgabe.

Die »Gestaltung« des Ökosystems Wald der Ökonomie anheimzugeben – das kann doch wohl nur den Rückfall in die Zeiten der forstlichen Sächsischen Reinertragslehre des vorigen Jahrhunderts bedeuten, als sich schon einmal die Ökonomen der Natur gestalterisch annahmen: alle Bäume des Wirtschaftswaldes – und das ist beinahe der gesamte deutsche Wald – möglichst von einer einzigen Sorte und immer zur selben Zeit gepflanzt und zur selben Zeit, nach 90 Jahren und im Kahlschlag, geerntet. Der Wald als Kartoffelacker.

Das ist gerade erst, und noch lange nicht überall im forstlichen Denken, überwunden. Es waren »ökologische Moralisten« (vor deren Eifer in wirtschaftspolitischen Traktaten stets gewarnt wird), welche die Abkehr von einem Forst herbeiführten, »der aus Bretterreihen besteht, die oben mit Grün verputzt sind« (Robert Musil), hin zu einem Wald, der wegen seiner vielfältigen Wohlfahrtswirkungen eine »grüne Menschenfreude« sein soll (Bert Brecht). Wie gesagt: Gerade erst und lange nicht überall überwunden. Denn noch immer ist die Fichte (»Willst du deinen Wald vernichten, so pflanze nichts als Fichten«), ungeachtet aller biotischen und abiotischen Katastrophen, von denen ihre Reinbestände – auf oftmals ungeeigneten Böden wachsende und daher höchst »instabile« Wälder – mit schöner Regelmäßigkeit heimgesucht werden, der Brotbaum der deutschen Forstwirtschaft und wird es noch lange bleiben.

Soviel zum Wald. Und wie hat man sich unter der Annahme ihrer wirtschaftlichen Gestaltung die Zukunft der letzten Großmoore vorzustellen, die Lebensraum sind für eine Fülle von Tier- und Pflanzenarten und ein Wasserreservoir für die Menschen dazu? Die Ökonomen, von denen ihnen künftiges Heil kommen soll, sind doch auch in ihnen, wie im Wald, längst schon am Werk: Die einen baggern ihnen den in Jahrtausenden gewachsenen Torf ab, um damit eine rasche Mark zu machen in Form von Blumenerde für Tante Lisbeths Natur auf dem Balkon. Andere, wie Daimler-Benz demnächst bei Papenburg, betonieren die Steilwände und Schleuderpisten einer Test-Arena für »umweltfreundliche« Autos hinein. Wieder andere Ökonomen, es ist so lange noch nicht her, legten die Moore trocken, damit durch ihre Umwandlung in Süßwiesen den deutschen Turbokühen etwas Standesgemäßeres geboten werden konnte als nasse Füße, Knabenkraut und Sonnentau. Bis diese Kühe dann ihrer so vielen Milch wegen (unter Einstreichen von Prämiengeld) wieder geschlachtet werden. So wie man das Moor (unter Einstreichen von Fördergeld) schlachtete. Dummerweise kalben Moore nicht.

»Das verbrauchte Naturvermögen muß durch Abschreibungen beziehungsweise durch Ersatzinvestitionen wiederhergestellt werden«, schreibt Immler. Auch dies ein Palmwedel ökonomischer Friedensstifter. Ich könnte viele Moore und andere Biotope namhaft machen, deren Naturvermögen verbraucht ist und die darum abgeschrieben wurden. Aber wiederhergestellt hat sie das nicht. Es muß wohl doch ein paar Unterschiede geben zwischen einer Ökobilanz und einem Ökosystem. Es ist wohl so auch nicht gemeint.

Wie ist es denn gemeint? Was ist eine »Ersatzinvestition« für ein zerstörtes Moor, für eine zu Tode gedüngte Orchideenwiese, für einen von Hirschen und Rehen aufgefressenen Bergmischwald, für ein eingedeichtes Gezeitenbiotop, für verjauchte Grundwässer, chemisch vergiftete Maisböden, zu Kies gemachte Eiszeitdrumlins, für eine überbaute Trockenrasenlandschaft? Was ist eine »Ersatzinvestition« für die zum Verkehrsstrich kanalisierte Altmühl und für das mit Rollbahnen zubetonierte Erdinger Moos? Lauter Abschreibungsobjekte.

Von *betrieblichen Ökobilanzen* ist dann gern die Rede. Die Forderung nach Bilanzen, die jene für die Produktion verbrauchten Naturgüter monetär bewerten und als Produktionskosten in die Ergebnisrechnung einstellen, beschäftigte schon vor zehn Jahren den St. Gallener Volkswirtschaftler Hans-Christoph Binswanger. Die Absicht war, dadurch – wenigstens rechnerisch – Geld freizumachen für Ersatzinvestitionen, sprich die Sanierung der Natur. Zu dieser Zeit schon setzte es auch Kritik an einer Bruttosozialproduktrechnung, in der auf chaplineske Weise Negativposten wie Naturzerstörung und Verkehrsunfalltote positiv zu Buche schlagen: Irgendeiner verdient ja immer daran – und sei's auch nur der Totengräber – und mehrt die Leistungsbilanz der Statistiker.

Marktwirtschaftliche Instrumente wurden entwickelt. Saubere Luft etwa sollte man, wenn man sie industriell zu verschmutzen gedachte, kaufen müssen per Zertifikat, und waren beim Staat keine Zertifikate mehr zu haben, weil der von ihm abgesetzte Verschmutzungsgrenzwert für eine bestimmte Region erreicht war, dann sollte der freie Börsenhandel mit diesen Papieren einsetzen: Wer verkaufe, müsse aufhören, Dreck in die Luft zu blasen; der Käufer erwarb im selben Umfang das Recht dazu. Es war der Versuch, die Marktwirtschaft vollends in den Himmel zu heben.

Es ist mir immer verborgen geblieben, wie ein Minus, das man mit einem Minus multipliziert, ein Plus ergeben kann, und darauf läuft es in meinem Verständnis von Natur im Grunde ja hinaus, wenn man zerstörte Natur mit einem zutiefst gestörten menschlichen Verhalten ihr gegenüber multipliziert und sich davon Gewinn für beide, Mensch und Natur, verspricht. Und ist ein Verhalten nicht tief gestört, das die Bilanzierungskünste des Marktes auf Ökosysteme anwenden will und Landschaftsruinen demnächst womöglich behandeln möchte wie Abschreibungsobjekte, auf welche Ökosteuern nachzuzahlen sind, wenn eine steuerbegünstigte schonende Nutzung der Natur zu Ausbeutung und Zerstörung geriet? Und was dann? Geldströme zu ihrer Neubelebung einleiten in die gestörten Kapillarnetze von Tieren und Pflanzen?

Und wie bewertet man den verlorengegangenen Nutzen eines Naturpotentials? Der Münchner Biologe und Kybernetiker Frederic Vester wagte sich an einen Versuch. Er wollte einer geldorientierten Gesellschaft ein paar Zuckerle geben, um sie zu einem Nachdenken über die Natur in Kategorien zu veranlassen, die ihnen geläufig sind: in denen des Geldes. Keinesfalls dachte er daran, einem schrecklichen Reduktionismus des Lebendigen den Weg zu bereiten. Er erforschte das Leben eines Blaukehlchens im Jahresrhythmus und bilanzierte die materiellen und ideellen Werte, die dieser kleine, selten gewordene Vogel der menschlichen Gesellschaft erbringt. Ich kann nicht einmal anfangen, die Rechnung hier nachzuzeichnen, so umfangreich geriet sie. Vester brauchte ein halbes Jahr für die fiktive monetäre Bewertung dieses nur wenige Gramm wiegenden Federbällchens, und es wurde ein ganzes Buch daraus. Das Ergebnis war, daß die auf fünf Jahre hochgerechnete Leistung des kleinen Schädlingsvertilgers, Schönlings und Kunstzwitscherers bei einem materiellen Eigenwert von 3,1 Pfennigen sich auf 1357,13 Mark beläuft. (Als bayerische Schulen sich um das Buch seines großen didaktischen Wertes wegen für den Umweltunterricht bemühten, lehnte das Kultusministerium übrigens ab. Das Werk entspreche nicht den bayerischen Schulbuchnormen. Soviel zur gesellschaftlichen Akzeptanz einer Ökobilanz.)

Wer will, kann nun im Vester-Modus anfangen, den Ersatzwert von einigen tausend verdrängten, bedrohten, zerstörten Tier- und Pflanzenarten zu erforschen und zu beziffern; nicht zu vernachlässigen sind die ungezählten organischen und anorganischen Stoffe in der Luft, in den unterschiedlichsten Gewässern und Bodenzusammensetzungen. Und der sollte auch den Menschen als ein längst beschädigtes Teil der beschädigten Natur in seine Rechnung einstellen. Zwar dürfte dieser mit einem Wasseranteil von 60 Prozent seiner Körperstoffe nicht die Welt kosten, dafür aber gehen die Ersatzteile, die durch umweltinduzierte Krankheiten und unnatürliche Lebensweisen für ihn immer nötiger werden, arg ins Geld. Und so gesehen ist es ökonomisch sinnvoller, ihn an der – selbstverschuldeten – Zerstörung seiner natürlichen Lebensgrundlagen einfach sterben zu lassen als ihn kostenintensiv zu reparieren.

Über den Fragen nach der Moral eines solchen Verhaltens, das die kompliziertesten Lebensvorgänge monetarisiert und Naturbetrachtung auf ein Kosten-Nutzen-Denken reduziert, steht noch das unversöhnbare zeitliche Mißverhältnis zwischen ökonomischen und ökologischen Produktionsabläufen. Der Kieler Biologe Berndt Heydemann, der heute auf dem Stuhl des Umweltministers von Schleswig-Holstein sitzt, lehrt, daß das Prinzip der natürlichen Evolution die zeitliche Verknüpfung aller ihrer Abläufe sei, die Überlappungen der gehenden und kommenden Lebewesen unter stetiger Anpassung an sich wandelnde Umweltbedingungen über riesige Zeiträume hinweg. Die im Vergleich dazu rasend schnell verlaufene kulturelle Evolution des Menschen benötige nur 100 Jahre, um in diesem erdgeschichtlich lächerlich kurzen Zeitraum einen so noch nie dagewesenen Artenschwund und die weitgehende Vergiftung der Biosphäre zu bewerkstelligen. Den Tempo-Unterschied beziffert Heydemann mit 1:1000.

Naturproduktion ist Urproduktion. In einem tausendjährigen Baum ist das Sonnenlicht von 1000 Jahren gespeichert. Wir haben nicht einmal die Zeit, unsere Wirtschaftsbäume auch nur ihr zwei- oder dreihundertjähriges natürliches Leben zu Ende leben zu lassen; mit 90 sind sie »hiebreif« – ab in die Säge! Das sind die wirklichen »Zahlen« der Natur – und daneben stehen jene schlauen Tüftler, die die Produktionskraft und die Geduld der Natur mit Marktinstrumenten an die Kurzatmigkeit und Raummentalität menschlichen Wirtschaftens anpassen wollen, daneben steht der Homo oeconomicus nackt da, seine neuen Kleider aus Naturfaser sind die alten durchsichtigen Plastikklamotten.

Es kann in der Nutzung der Natur nur das alte forstliche Prinzip der *Nachhaltigkeit* einer weiteren Zerstörung wehren: niemals mehr entnehmen, als auf natürliche Weise nachwachsen kann. Auf industrielle Verhältnisse angewandt: nicht stärker verschmutzen, als sich von selber wieder reinigen kann. Das schließt bei dem schon bedrohten Gleichgewichtszustand eines strapazierten Ökosystems die technische Sanierung nicht aus. Aber das nenne man nicht »Versöhnung«. Kläranlagen und Filtersysteme sind Ausdruck eines Mindestmaßes an menschlichem Anstand, mehr nicht. Es hat die – unter gesetzlichem Druck – von der Wirtschaft akzeptierte Forderung, technische Nothilfe und Vorsorge zu leisten, in der Regel auch nur für solche Räume Sinn, deren Naturkörper das Präfix *Natur* schon nicht mehr verdienen: Industriereviere, Siedlungsgebiete, Verkehrsareale, landwirtschaftlich genutzte Felder und Wälder. Addiert man diese Flächen, kommt man leicht auf mehr als zwei Drittel des Bodens unserer Republik, denn der Wald, der bisher das andere Drittel stellte, ist selbst da, wo er noch halbwegs gesund ist, von höchst unterschiedlicher Naturnähe. Die ökologisch noch funktionierenden terrestrischen Naturräume decken – definitionsabhängig – kaum mehr Flächenprozente, als sich an drei, vier Fingern einer Hand abzählen lassen.

Worüber also reden »ökologische Moralisten«, wenn sie über *Natur* reden? Sie reden zuvörderst über ein paar wenige Prozente unseres Landes – weniger als zwei, die sie, als Schutzgebiete, schon unter ihren (löchrigen) Fittichen haben, und zehn, die sie gern hätten. Die Ausweitung dieses Raumverlangens ist nicht utopisch. Es werden, wenn Agrarpolitik wieder etwas mit wirtschaftlicher Vernunft zu tun haben soll, große Flächen dafür aus der landwirtschaftlichen Produktion ausscheiden müssen. Sie einem neuen Subventionsunfug auszuliefern, nämlich der von manchen Politikern herbeigewünschten Produktion sogenannter Nachwachsender Rohstoffe für industrielle Betriebs- und Treibstoffe in riesigen pestizidbedürftigen Monokulturen, kann wohl nicht angehen.

Freilich verlangt der Naturschutz, bei der Auswahl der Gebiete, die ihm zugeschlagen werden sollen, mitzureden. Unsere heutigen Schutzzonen sind in der Regel nicht nur zu klein und ohne genügend Abschirmung gegen die intensiv genutzten Flächen um sie herum, von denen ihnen Unruhe und Begiftung zugetragen wird. Auch liegen sie isoliert und zu weit voneinander entfernt, als daß sie der Stabilität der Arten durch Austausch von Genen dienen könnten. Verbindung, die vielbeschworene »Vernetzung«, tut not, ein System von Trittsteinen für wandernde Arten muß her, Schutzflächen, die nicht politisch selektiert wurden als Gnadenakte oder opportunistische Gefälligkeiten kommunaler Politik, sondern nach wohlerwogenen, durch Forschung legitimierten biologischen Grundsätzen.

Das, diese bescheidene Landnahme, verstehen Ökologen unter »Ersatzinvestitionen«, die die Industriegesellschaft der Restnatur längst schuldet. Und in solchen Räumen, bekämen sie sie denn, wäre keine wirtschaftlich motivierte »Gestaltung« nötig. Dann könnte man getrost die Hände in den Schoß legen und auf die Wirkung der Regenerierungskräfte einer endlich in Ruhe gelassenen Natur warten – 30 Jahre, 50 oder 100. Denn das ist so das Zeitmaß *ihrer* Geschäftsjahre.

»Umweltpolitik«, sagt Heydemann, »heißt vor allem, die Natur auf genügender Fläche in freier Selbstverwirklichung zu belassen, ohne daß sie Nutzen abwirft, ohne einengende Pflege und Dauerbehandlung.«

Es wird also aus ökologischer Sicht, wie die gesellschaftlichen Kräfteverhältnisse bei uns nun einmal sind, günstigenfalls auf zwei Arten von »Natur« im Flächenverhältnis 9 : 1 hinauslaufen: die Wirtschaftsnatur (um diesen Wortbastard mangels eines besseren Ausdrucks zu gebrauchen) und die Naturwirtschaft (ein Wort, das nicht viel besser ist). Aber der Wortbestandteil »Wirtschaft« in beiden ist mir wichtig und hat seine Berechtigung insofern, als man die eine Natur nicht reinlich von der anderen wird scheiden dürfen: Es gibt in der »Wirtschaftsnatur« mehr oder weniger große Gebiete, die, wenn auch nicht mehr Natur pur, so doch noch von einiger, wenn auch sehr unterschiedlicher Naturnähe sind. Dazu gehören trotz seiner Gefährdung durch Verfichtung, Vergiftung und Wildverbiß der Wald, ferner (noch) einige ostdeutsche Seenlandschaften, Flußauen wie Peene, Spreewald, Isardelta oder Taubergießen, Watten und Sände der (langsam kollabierenden) Nordsee, nord- und süddeutsche Restmoore, natürliche Heiden, artenreiche Magerwiesen und Trockenrasengebiete.

Umgekehrt wird das, was ich »Naturwirtschaft« nenne, also zuvörderst die zehn Nationalparks und die ausgewiesenen Naturschutzgebiete, immer wirtschaftlichen Einflüssen unterliegen: dem Tourismus, der Jagd, der Fischerei. Das ist vielfach heute so, und ich sehe nicht, wie sich das in unserem dichtbesiedelten Staatsgebiet und angesichts alter Rechte der politisch einflußreichen Naturnutzer ändern soll.

Je stärker sich nun eine jede der beiden Arten von »Natur« als Folge des zukünftigen politischen Gewichts von Ökonomie und Ökologie entwickeln wird – hin zu noch mehr Wirtschaft die Wirtschaftsnatur oder hin zu mehr Natur die Naturwirtschaft –, desto größere Gefährdungen wird es für beide geben. Die Gefahren für die ökologisch noch halbwegs intakten, relativ kleinen Bestandteile der Wirtschaftsnatur muß man im Fall des anhaltenden Siegeslaufs ihrer Territorialherrin Ökonomie nicht eigens an die Wand malen: noch mehr Zerstörung, noch mehr Verschmutzung. Aber wie kann paradoxerweise ein Mehr an Natur ein Weniger bedeuten? Ökologisch sicher nicht, in einem sozialen Sinne aber sehr wohl.

Die Natur, soweit sie diesen Namen noch verdient, ist ja heute schon den nordamerikanischen Indianern vergleichbar, denen man, nachdem man sie in die Gefahr des Verschwindens brachte, Reservate von fragwürdigem Wert zuwies. Die »soziale Akzeptanz« des Indianers durch die übrige Gesellschaft steigerte man dadurch nicht. Man machte ihn zu einem besuchens- und bestaunenswerten Exponat in einem Freilandmuseum für Völkerkunde; anstatt ihn – mit allen sozialen Chancen – zu integrieren, grenzte man ihn aus.

Analog dazu läßt sich sagen: Weisen wir der Restnatur, nachdem wir ihre ehemals großen Bestände an den Rand des Verschwindens brachten, nur Reservate zu und fahren wir außerhalb ihrer Grenzen damit fort, die dort noch befindlichen naturnahen Gebiete im Wirtschaftsareal zu vernichten, dann schwindet insbesondere für unsere Kinder und Kindeskinder die Möglichkeit, in ihrer nahen bis weiteren Umgebung und in ihrem Alltag noch Naturbilder in sich aufzunehmen und diese als ein zu ihrem Leben Gehöriges sehen zu lernen. Folglich wächst einer in Reservaten gehaltenen

Natur der Kuriositätswert des animistischen Indianers zu in einer durch und durch materialistischen, technoiden Gesellschaft, die dem Betonlaster das Emblem des Regenbogens und der Industrie insgesamt das Gütesiegel Grüner Baum fraglos abnehmen wird.

Um Natur zu erleben, geht man dann ferientags ins Freilandmuseum für Naturkunde und wird, wie vielfach heute schon eine weitgehend der Natur entfremdete Bevölkerung, auf »Lehrpfaden« an Schaubildern und Namenstafeln an Bäumen entlanggeführt, nicht anders als an seltenen Tieren im Zoo. Der Rohrkolbenteich als Exotarium, die Weißtanne als schöner Fremdling, Knabenkraut und Wollgras, Trollblume und Enzian, Waldeibe, Aspe, Moorbirke und Zirbel als wunderliche, nie gesehene Gestalten. Und nicht anders als im Zoo heute wird die Wissenschaft dann morgen auch im Naturreservat naive Publikumsfragen nach Sinn und Zweck einer solchen Naturschaustellerei mit dem Hinweis auf die ethische Verpflichtung des Menschen beantworten, bedrohte Arten, die in ihrer normalen Umwelt nicht mehr lebensfähig sind, als Kleinodien unseres Naturerbes der Nachwelt zu erhalten.

Und wo bleibt das Positive? Es ist ja doch nicht so, daß Wirtschaft Natur immer nur zerstört; sie bemüht sich hier und da auch, sie wiederherzustellen. Als Beispiel für solche Initiativen mag der Versicherungskonzern Allianz dienen. Er hat 100 Millionen Mark in eine Stiftung »Zum Schutz der Umwelt« eingebracht und aus dieser Kasse schon etwas Geld herausgegeben für eine Rückwandlung des verbauten und versauten Neckarufers bei Stuttgart in eine naturnahe Flußaue (zwei Millionen Mark), ferner für einen »Mauer-Park« in Berlin, der dem Stadtteil Prenzlauer Berg ein menschliches Antlitz zurückgeben soll (4,5 Millionen) und für die Rettung des Spreewaldes durch Zahlungen an Bauern für landschaftspflegerische Maßnahmen, Nisthilfen für den Schwarzstorch und anderes mehr (drei Millionen).

Versagen wir uns um des Positiven willen kritische Fragen nach der Wirksamkeit solcher Wiederbelebungsversuche an einzelnen Körperteilen des insgesamt schwer erkrankten Patienten; eine gebesserte Lunge ermöglicht ihm vielleicht ja das apparatelose Atmen. Versagen wir uns auch nach einem

Blick auf die zwei Millionen Mark zur Rettung von ganzen zwei Neckarkilometern den Vergleich mit den Milliarden für die weitgehende, noch anhaltende Zerstörung der Altmühlnatur durch den Bau des Main-Donau-Kanals und die Vernichtung des Erdinger Mooses durch den neuen Münchner Großflughafen, der übrigens den Namen des leidenschaftlichen Förderers beider Projekte tragen wird: Franz Josef Strauß.

Richten wir den Blick lieber in die Zukunft. Aber auch da schlagen weit mehr als die guten Taten die ökologischen Untaten zu Buch. Zum Beispiel nach einer Hauruck-Planung die sogenannte »Küstenautobahn« von Lübeck nach Stettin im Weichbild der vorpommerschen Ostseeküste, nur eine von sieben (!) in den neuen Ländern geplanten, mit einem Gesamtvolumen von 23 Milliarden Mark. Sie wird Natur fressen wie kaum eine zuvor und Lawinen aus Blech und Menschen an die Strände und in die Wälder, an die Ufer und in die Dörfer der Boddenlandschaft schwemmen. Ein Schelm, der Böses dabei denkt, daß ihr Einpeitscher, der Bundesverkehrsminister Günther Krause, Abgeordneter des Wahlkreises Wismar ist, dessen Durchgangsstraßen zu sind von Wessi-Lastern, die mit ihrer Glücksfracht aus westdeutschen Konsumhochburgen den Verkehr dort binnen eines Jahres vervierzehnfachten. Es stört ihn nicht der Einspruch des Bundesumweltamtes, es macht ihm nichts aus, die noch vor kurzem geäußerte Hoffnung des Kollegen Töpfer auf einen »ökologischen Qualitätssprung« in Ostdeutschland zum Kabinettsgeschwätz von gestern zu machen, das ihn nichts angeht. Und damit alles rasch passiert, will er die demokratischen Einspruchsrechte halbieren. Wer in seinem Haus dagegen aufmuckt, der fliegt. Er ist beinahe schon so tüchtig wie die Altgedienten in Kohls Kabinett, zum Beispiel Bundesverteidigungsminister Stoltenberg: Er will in des Herrgotts Schöpfung mit Roland-Raketen herumfuhrwerken lassen, auf der Halbinsel Zingst im neuen ostdeutschen Nationalpark »Vorpommersche Boddenlandschaft«.

Darf es noch etwas mehr Zukunft sein? Die BASF gab bekannt, daß sie von 1992 an ihre jährlichen Aufwendungen für den Umweltschutz reduzieren werde, auf 100 Millionen Mark im Jahr – die Summe, die im Allianz-Topf der milden

Gaben liegt. Nach Umblättern der Zeitungsseite, auf der das stand, erfuhr man, wen die Großchemie hinfort »hegen« und »pflegen« will: ihre Aktionäre. Zitat: »Dividendenkonstanz als erste Pflegemaßnahme« (›Süddeutsche Zeitung‹ vom 27. Mai 1991).

Die gute Nachricht zum Schluß: Die ersten Hinrichtungen, die im US-Bundesstaat Arizona nach 28 Jahren der Aussetzung jetzt vollstreckt werden sollten, fielen aus: Es fehlte an der Genehmigung der Umweltbehörde zur Verbringung des nicht veratmeten Zyanidgases in die Atmosphäre.

(1991)

Quellennachweis

»Ach, Sie sind Tierfreund?«
Aus: Lauter Viechereien. Geschichten von Tieren mit Familienanschluß. Franckh'sche Verlagshandlung: Stuttgart 1957. © Horst Stern

Ein Atemzug pro Stunde
Aus: In Tierkunde eine 1. Die Buchausgabe der Funkvorträge. Franckh'sche Verlagshandlung: Stuttgart 1965. © Horst Stern

Der deutsche Wald kann mehr als rauschen
Aus: Gesang der Regenwürmer und andere Kuriosa, erzählt streng nach der Natur. 13 neue Funkvorträge. Franckh'sche Verlagshandlung: Stuttgart 1967. © Horst Stern

Lanzarote – Land aus Asche
Aus: Tiere und Landschaften. Franckh'sche Verlagshandlung: Stuttgart 1973. © Horst Stern

Was denn – nichts über Dackel?
Aus: Sterns Bemerkungen über Hunde. Kindler Verlag: München 1971. © Horst Stern

Das hält ja kein Pferd aus
Aus: Stern Nr. 16/1971. © Horst Stern

Bemerkungen über den Rothirsch
Filmmanuskript. Süddeutscher Rundfunk 1971. © Horst Stern

Wissenschaft und Journalismus
Aus: Mut zum Widerspruch. Reden und Aufsätze. © Kindler Verlag: München 1974

Die sogenannte heile Welt
Aus: Mut zum Widerspruch. Reden und Aufsätze. © Kindler Verlag: München 1974

Offener Brief an den Jäger Walter Scheel
Aus: Zeitmagazin Nr. 9/1975. © Horst Stern

Auch 1985 noch ein Veilchen
Aus: Der Spiegel Nr. 5/1977. © Horst Stern

Ordnung gegen Natur
Aus: Rettet die Vögel. Wir brauchen sie. Hrsg. von Horst Stern, Gerhard Thielcke, Frederic Vester, Rudolf Schreiber. Herbig Verlag: München 1978. © Horst Stern

Waldeslust gestern, heute, morgen
Aus: Rettet den Wald. Hrsg. von Hans Biebelriether, Peter Burschel, Richard Plochmann, Wolfgang Schröder, Horst Schulz. © Kindler Verlag: München 1979

Tierversuche in der Pharmaforschung
Aus: Tierversuche in der Pharmaforschung. Originaltexte der Fernsehfilme und neue Materialien – kontrovers diskutiert. © Kindler Verlag: München 1979

»Sehr geehrter Herr Bundeskanzler ...«
Aus: Geo Nr. 12/1979. © Horst Stern

Zwischen Bomben und Busen
Aus: natur. Nullnummer, Herbst 1980. © Horst Stern

Die alternative Regierungserklärung – Umweltpolitik
Aus: natur Nr. 5/1983. © Horst Stern

Die ermüdete Wahrheit
Aus: natur Nr. 11/1983. © Horst Stern

Die ungehaltene Rede
Aus: natur Nr. 1/1984. © Horst Stern

Mann aus Apulien (Auszüge)
Aus: Mann aus Apulien. © Kindler Verlag: München 1986

Sintra – diesseits von Eden
Aus: Geo Nr. 5/1989. © Horst Stern

Jagdnovelle (Auszüge)
Aus: Jagdnovelle. © Kindler Verlag: München 1989

Das füg auch keinem Pferde zu
Aus: Frankfurter Allgemeine Zeitung vom 11. 8. 1990. © Horst Stern

Das unerlöste Land
Aus: Frankfurter Allgemeine Zeitung vom 15. 9. 1990. © Horst Stern

QUELLENNACHWEIS

Das Gebirge der Seele
Aus: Frankfurter Allgemeine Zeitung vom 8. 12. 1990. © Horst Stern

Baum oder Zahl?
Aus: Die Zeit vom 21. 6. 1991. © Horst Stern